SECRETARY

秘书

工作一本通

（上册）

 镡铁春◎编著

沈阳出版发行集团

沈阳出版社

图书在版编目（CIP）数据

秘书工作一本通 / 镡铁春编著 .–– 沈阳 : 沈阳出
版社 , 2023.9
ISBN 978–7–5716–3596–1

Ⅰ . ①秘… Ⅱ . ①镡… Ⅲ . ①秘书 – 工作 Ⅳ .
① C931.46

中国国家版本馆 CIP 数据核字（2023）第 126579 号

出版发行：沈阳出版发行集团 | 沈阳出版社
　　　　　（地址：沈阳市沈河区南翰林路 10 号　　邮编：110011）
网　　　址：http://www.sycbs.com
印　　　刷：艺通印刷（天津）有限公司
幅面尺寸：170mm×240mm
印　　　张：35.5
字　　　数：533 千字
出版时间：2023 年 9 月第 1 版
印刷时间：2023 年 9 月第 1 次印刷
责任编辑：马　驰　王玉位
封面设计：中北传媒
版式设计：何洁薇
责任校对：荣英涵
责任监印：杨　旭

书　　　号：ISBN 978–7–5716–3596–1
定　　　价：98.00 元（上下册）

联系电话：024–24112447
E – mail：sy24112447@163.com

序言

　　秘书是"掌管文书并协助机关或部门负责人处理日常工作的人员"。秘书工作的定位是助手、参谋，既要当好领导的助手，同时也力求做好领导的参谋。

　　秘书的日常工作可概括为"办文、办会、办事"。

　　办文工作是秘书工作的重中之重。所谓"办文"，就是指围绕文书文件所产生的一切工作，既包括"写文"，也包括"走文"。"写文"通常指的是公文写作，这是秘书极为重要的一项工作技能，也是秘书在日常工作中时常会接触到的一项工作。特别是对于党政机关和企事业单位的秘书来说，公文质量的高低是个人能力的体现，直接关系着秘书的工作与前途。"走文"指的是成文后文件的收发、运转和传递等工作，也是秘书需要负责的工作。

　　办会工作是指组织党组会、常务会、专题会、座谈会等会议。秘书要组织好一次会议，涉及场所选择、参会人员、会议议程、会议通知、会场布置、会议材料、后勤保障和会议记录等多环节的工作。秘书要能把会议组织好、承办好，处理会议突发情况，保证会议顺利进行。办会的效果直接体现秘书的工作能力和工作水平。

　　办事工作就是办理好相关事务，即办公室日常工作、沟通协调、调查研究、辅助决策、督查、保密、值班等。办事的效果和效率直接影响单位的办公效率和办公水平，它也是最考验秘书综合素养和能力的工作。

　　本书上册主要介绍了公文写作的基本知识、多种公文的写作方法、技巧和格式，以及公文的收发、运转、传递、存档等工作。在介绍不同公文文种的写作方法时，采用理论与案例相结合的方式，不仅对每个文种的概念、特点、分类、写作格式、注意事项等理论知识做了较为精要的介绍，还在每一小节后精心挑选了公文的经典案例，供秘书写公文时参考。

本书下册主要介绍了如何做好"办会""办事"工作，详细介绍了如何做好办公室日常工作、会议组织工作、接待工作、沟通协调工作、调查研究工作、信息工作、辅助决策工作、督查工作、保密工作、值班工作等内容，采用理论与实际相结合的方式，对这些工作的概念、原则、要求等内容进行了解读，还指出了秘书在实际工作中可能会遇到的问题，并为之提供了行之有效的解决办法。除此之外，书中还引用了一些具有实用性和参考性的真实案例，通过以案说理的形式来帮助读者掌握相关知识和方法。

不管您是在党政机关、社会团体、企事业单位从事秘书工作，还是刚刚毕业有志于从事秘书工作，相信本书的内容能为您提供一些帮助。我们相信，您读完本书后，可以掌握秘书工作的一些方法，能解决一些工作中遇到的实际问题，提升自己的工作能力和职场核心竞争力。

本书在编写过程中，参考了《党政机关公文处理工作条例》《中央和国家机关会议费管理办法》《归档文件整理规则》等资料和相关著作。由于编者水平有限，所以书中难免会有一些纰漏和不成熟之处，恳请读者批评和指正。

目　录

第四章
公务类公文写作

第五章
规章制度类公文写作

第六章
计划总结类公文写作

第七章
礼仪类文书写作

第八章
其他常用文书写作

第九章
公文的处理与管理

—— 下　册 ——

第十章
办公室日常工作，提质亦要增效

第十一章
会议组织工作，会议成败的关键

第十二章
接待工作，待人接物的艺术

第十三章
沟通协调工作，角色定位很重要

第十四章
调查研究工作，获取信息的重要途径

第十五章
信息工作，辅助决策的重要依据

第十六章
辅助决策工作，秘书人才的成功之路

第十七章
督查工作，实现决策的重要保障

第十八章
保密工作，组织发展与稳定的关键

第十九章
值班工作，不可或缺的经常性工作

第一章
秘书的必备素质与能力

秘书工作由来已久，在不同历史阶段表现出不同的形态与特征。随着社会的发展，秘书工作也从最初的文字记录衍生出了多种新的内容。

本章主要介绍秘书及秘书工作的内涵，秘书应具备的素质与能力，帮助读者了解秘书及秘书工作的内涵，为学习秘书工作技巧打下坚实基础。

第一节　秘书工作与秘书职责

从历史文化角度来说，秘书和秘书工作是我国传统文化的重要组成部分。那些浩如烟海的古代典籍，那些传承至今的史料文化，有很多都是由古代的"秘书"完成的。

我国古代并没有"秘书"这一职位，但处于不同朝代，为君主出谋划策、记录文字、占卜吉凶的人，都可以算作"秘书"。到了现代，随着我国经济社会的发展，秘书已经成为国家党政机关、社会各行各业中的一个重要职业。

关于秘书的定义，说法众多。根据《秘书国家职业标准》所说，秘书是从事办公室程序性工作、协助上司处理政务及日常事务并为决策及实施提供服务的人员。从这一定义可以看出，秘书并不是单纯的打字员、接待员，而是能够为领导提供决策辅助，帮助领导处理日常公务，代替领导监督决策落实情况的人。从这一角度来说，文员、内勤、主管、助理等岗位都涉及秘书工作，在某种程度上来说，在这些岗位上工作的人也都是领导的"秘书"。

本书之所以采用《秘书国家职业标准》对秘书的定义，不仅在于其综合了各种说法之所长，还因为其对秘书工作的具体内容进行了说明。自古及今，秘书工作不断丰富发展，从早期的文字记录，到现在的办公、办文、办事等多项职能，不得不说，秘书工作是越来越复杂了！

秘书工作虽然复杂，但是想要做好秘书工作并不难，只要了解了秘书的职责，便能将复杂的秘书工作简化。由于党政机关、企事业单位的规模大小、职责范围都有所不同，所以秘书负责的工作也会有所不同。但是，对于大多数党政机关的秘书来说，他们的主要职责都是大同小异的。

在党政机关、企事业单位中，秘书的职责主要是写公文、办事，而现代秘书的职责要更为多元，既有协调调研、辅助领导进行管理、辅助做出决策、整理传达信息等协调服务工作，又有文书、会务、信访等日常事务管理工作。

一、公文写作及处理工作

公文是各党政机关行使职权、进行管理、沟通联系的重要工具，它在机关、单位工作中起着承上启下、综合全局、协调各方、承内联外的作用。从公文可以看出一个单位、部门的工作水平，可以影响到对一个单位、部门工作情况、班子能力及其他方面的评价。公文写作是秘书必须熟练掌握的一项基础工作，公文的后续处理工作也是秘书的基本功。

秘书要会写公文，能写好公文，即必须具备较强的领悟能力、调研能力、学习能力，还要有深厚的理论和知识积累，熟悉领导管理的相关业务，并且能将这些知识熟练地运用于公文写作中。秘书在公文写作中要不断整理自己思维，使想法在写作过程中逐渐明晰，使经验得到不断提炼和积累。秘书在公文起草、修改、定稿、签发过程中，要接触方方面面的领导和同事，不断受到启迪与启发，不断整合各种资源，完善想法和文章。这样写出来的公文才能很好地体现领导的思想和集体的看法，这样的公文也才具有全局意识。

公文处理，包括了公文的收发、登记、分送、拟办、批办、承办、催办、签发、整理、编目、归档等，它们是行政管理的重要组成部分。秘书要能简明、精确、有条理地办理与管理公文事务，其质量与效率对机关、单位的工作成效有直接影响。

二、办公室日常工作

办公室日常工作主要指秘书要辅助领导完成办公室的日常工作，完成领导临时交办的工作等。领导临时交办的工作多具有突发性，但却是秘书经常会面对的工作。这些工作复杂多变，既有突然发生的自然灾害，也有突然出现的社会冲突，很难预测，因此需要秘书具有较强的灵活应变能力和组织协调能力。相比于那些突然发生的交办工作，代替领导参加会议、协助领导处理公务则属于经常性工作。这些工作虽然琐碎，但也需要认真对待，如果处理不好，就会给领导带来不必要的麻烦。

三、会议组织工作

会议是领导传递信息、安排工作的重要手段，是参会者交流信息、领会上级意图的重要方式。秘书需要通过出色的会议组织工作，将会议各环节工作落实到位、各细节问题梳理清楚。

在会议组织工作中，秘书需要做好会前准备、会中服务和会后处理阶段的各项工作，具体包括准备会议议题、制发会议通知、布置会场、撰写会议纪要、收拾清理会场等工作。

四、接待工作

接待是秘书的一项重要职责，接待工作做得是好是坏，不仅关乎秘书的个人形象，也关乎机关、单位、部门的外在形象。作为机关的"门面"，秘书必须要重视接待工作，并在接待工作中给客人留下好的印象。

接待工作因接待对象的不同而有所差异，但接待时的基本要求却相差不多，如热情大方、以礼相待、不铺张浪费、不搞形式主义、节省时间等。

五、沟通协调工作

沟通协调是秘书辅助领导进行管理的基本工作，其目的是让机关、单位内部人员能够同心协力朝着共同目标努力工作。秘书在领导的授权下，以沟通协调的方法，调节机关、单位内部的人际关系，消除彼此之间的矛盾，让机关内部风气焕然一新。

沟通协调工作涉及机关、单位工作的方方面面，包括目标协调、计划协调、政策协调、关系协调、财务协调、工作安排协调、组织人事协调等。涉及如此多方面的内容，秘书是无法面面俱到地全部完成的。事实上，机关、单位内部的事务并不是仅靠秘书的沟通协调便能解决的，因此，秘书要有针对性地开展沟通协调工作，把握好工作的尺度。

六、调查研究工作

调查研究是领导做出正确决策的基础。秘书需要在领导做出决策前，针对与决策相关的问题，深入开展调查研究工作，为领导做出决策提供辅助支持。领导做出决策后，秘书还需要继续开展调查研究工作，验证决策的效果及正确性，协助领导及时纠正存在的问题。

七、信息工作

信息无处不在，有用信息可以帮助领导做出正确决策，无用信息则会影响领导决策的准确性。为此，秘书必须要具有综合处理信息的能力，既要能迅速收集、整理信息，也要能去伪存真、剔除无用信息。

传统的信息工作要求秘书完成收发信息即可，但现代信息工作要求秘书能够综合处理信息，即完成从信息的收集、整理开始，到信息的存储、反馈为止这一系列工作。

八、辅助决策工作

决策是领导的重要任务，辅助决策则是秘书的重要职责。秘书虽不具有将谋划付诸实践的职权，但却要有为领导出谋划策、提出合理建议的能力。不过，需要注意的是，秘书开展辅助决策工作，要"谋"而不"断"，可以为领导出谋划策，但不能替领导做出决断。

【案例1】

秘书小李为人热情开朗，专业技术能力过硬，语言表达能力也很强，但在最近一年中，他却被频繁调换工作岗位，似乎每一位领导都不太喜欢他。原来，每次开会时，小李总是在大庭广众之下提出与领导不同的意见，经常跟领导"对着干"。有的领导脾气比较好，直接忽视了他的意见；有的领导则认为他在捣乱，严厉批评了他。即使如此，小李依然"我行我素"，认为自己并没有错。

在这个案例中，秘书小李所犯的错误并不是提出了与领导相左的意见，而是代替领导做出决策。小李提建议是可以的，但他提建议的方式、方法却是错的。他作为秘书，要为领导提供可参考的意见，而不是让领导遵从自己的意见。摆正自己的定位，是做好辅助决策工作的重要原则之一。

九、督查工作

督查是上级机关检查、督促下级机关做好工作的重要手段，秘书的督查工作则是协助领导对一些重大决策、重大问题，从上而下进行检查督促，确保其有效落实和解决。对于党政机关秘书来说，督查工作最主要的内容就是对决策的执行与落实进行监督、检查，着力解决决策实施偏差、办事效率低下的问题。

十、保密工作

在日常工作中，秘书会接触到许多涉密资料和文件，因此保密也是秘书的重要职责。秘书的保密工作不只是不泄露涉密内容，同时还包括制定保密制度、开展保密宣传、处理泄密事故、管理涉密文件等，所有在秘书权责范围内需要保密的事项，都需要由秘书负责。

十一、值班工作

值班指的是工作人员在值班时间内处理公务的活动，是各级党政机关都会有的经常性工作，也是需要秘书负责的一项工作。秘书的值班工作既包括值班工作制度的建立及任务的分配，也包括具体值班任务的完成。秘书需要按照本单位的值班工作制度，认真负责地完成每一项值班工作。

了解秘书工作和秘书职责是走上秘书之路的第一步，想要更好地胜任秘书工作，还需要进一步了解秘书工作的特点与原则。

第二节　秘书工作的特点与原则

秘书工作纷繁复杂，每一项工作都有不同的工作方法，很难以一套固定的方法去完成所有秘书工作。秘书要了解和做好各项工作，先要了解秘书工作的特点与原则。

一、秘书工作的特点

秘书工作的内容及性质决定了秘书工作的特点。总体来说，秘书工作有综合性、事务性、专业性、政治性、保密性、突击性等特点。

（一）综合性

秘书不像一些业务部门、生产部门员工那样，可以各司其职，分管某个方面的工作，而是要对各部门的工作都有所了解。如果说领导是组织的大脑，那秘书就是联络大脑及其他组织器官的神经，负责连通领导和组织中的其他部门负责人。为此，秘书需要具有较强的综合能力，在思考问题、处理工作时，从全局出发。从这一角度来说，秘书工作具有综合性的特点。

（二）事务性

秘书要辅助领导做出决策，需要完成许多事务性工作，这些工作有大有小，有的持续时间很长，有的很快就能完成。办文、办会、办事这些事务性工作构成了秘书的基础工作，做好这些基础工作，秘书才能走上更高舞台、承担更重责任。从这一角度来说，秘书工作具有较强的事务性。

（三）专业性

秘书工作虽然繁乱，但从整个行业来看，秘书是一个对专业性要求很高的岗位。秘书在入职时，应具备一定的职业专业性，了解秘书的任职资格及素质能力要求；在处理某些具体工作时，秘书还应具备相关的专业知识。因此，想要做好秘书工作，不仅要有可以综合处理各项工作的能力，还要有良好的专业性能力。从这一角度来看，秘书工作是具有专业性的。

（四）政治性

党政机关秘书在处理事务性工作时，会参与一些政务活动。党政机关的秘书工作必须严格坚持党的路线、方针、政策，以及国家的法律法规，秘书应具备较高的政治敏锐性和判断力，在处理好事务工作的同时，辅助领导做好政务工作。从这一角度来说，秘书工作具有政治性的特点。

（五）保密性

从秘书的工作职责可以看出，保密性也是秘书工作的主要特点。秘书在上传下达、沟通联系过程中，既要与下级机关或其他部门保持密切联系，又要时刻注意信息保密。秘书应该树立起牢固的保密意识，时刻提醒自己不要泄露秘密。从这一角度来说，秘书工作具有保密性。

（六）突击性

秘书工作虽然具有较强的程序性，但在很多时候，秘书也会面对许多突发状况。这是由秘书工作的突击性特点所决定的，是每个秘书都无法回避的问题。想要做好突发事件应对，秘书除了要将每一件事务性工作都做到位，还需要锻炼自己的心理素质、提升自己的应变能力，多做计划，多做预案，才能在遇到突发事件时，快速合理地加以解决。

二、秘书工作的原则

基于上述秘书工作的特点，秘书在开展秘书工作时，就要依据一定的方法与原则去行事。一般来说，秘书工作要遵循实事求是、准确无误、及时有效、合理优化、服从领导等原则。

（一）实事求是

实事求是是秘书工作的基本原则，也是党政机关、企事业单位其他人员开展工作时必须要遵守的原则。秘书在工作中是否做到了实事求是，不仅关系着秘书工作的成败，也影响着领导决策的成败。

调查研究工作要坚持实事求是，信息工作也要坚持实事求是，公文写作要坚持实事求是，辅助决策也要坚持实事求是……秘书在开展秘书工作时，要以实事求是为第一要务，只有这样才能将秘书工作做出实效。

（二）准确无误

准确无误既是秘书工作的基本原则，又是对秘书工作的质量要求。无论是办文、办会，还是办事，秘书都要保证准确无误地完成。

"办文"准确无误是指秘书要按照规定的格式规范正确撰写公文，要保证公文内容能准确反映领导意图与决策思想。"办会""办事"准确无误是指秘书提供给领导的信息要真实可靠，为领导提出的建议要完善周到。秘书要时刻保持认真、谨慎的工作态度，准确无误地完成领导交付的每一项工作。

（三）及时有效

及时有效是对秘书工作的时效要求，即要求秘书用更少的时间更为高效地完成秘书工作。从提高秘书工作效率的角度出发，对于那些可以简化的办事程序，要不断精简，并形成规范化、制度化的工作方法。大多数秘书工作都有时限要求，秘书应该在时限要求内及时有效地完成领导安排的工作。

（四）合理优化

合理优化是对秘书工作的整体要求，即要求秘书科学调配自己职权范围内的各项资源，使资源得到优化配置的同时，提升秘书工作的质与效。

（五）服从领导

服从领导是秘书工作的职业要求，无论是党政机关秘书，还是商务秘书，与领导保持一致都是重要的工作原则。当然，这种服从并不是盲目服从，也不是谄媚迎合，而是遵从领导的意图，辅助领导做出正确决策。当领导的意图存在偏差时，秘书便要将"服从"变更为合理化建议，从而更好地为领导服务。

第三节　秘书应具备的素质

　　秘书工作说容易也容易，说难也难，经验与素质是影响秘书工作难易程度的重要因素。对于秘书新人来说，素质的重要性要排列在经验之前，是否拥有秘书的必备素质，将会影响到秘书开展工作的实际效果。

　　秘书的基本素质主要表现在基本修养、心理素质和智力能力这三个方面。继续细分，基本修养包括政治修养、品德修养、作风修养等内容；心理素质包括人格、气质、性格、意志等；智力能力则包括智力水平、知识结构、能力结构等。

一、秘书的基本修养

　　秘书是领导的"左右手"，是领导的"代言人"，他们的形象、修养会对领导和单位带来或好或坏的影响。在与人接触过程中，秘书应展现出较高的基本素养，这不仅是开展秘书工作的基础，也是秘书在党政机关、企事业单位中为人处事的基础。

　　（一）政治修养

　　秘书工作具有很强的政治性，这就决定了秘书必须具备较高的政治修养。一般来说，党政机关秘书的政治修养主要表现在坚定的政治方向、高度的政治责任感、较高的政策水平、强烈的法制观念等方面。

　　党政机关秘书要有坚定的政治方向，始终与党中央保持一致，严格遵守秘书工作纪律，坚持党性原则；

党政机关秘书要有高度的政治责任感，要将秘书工作与国家发展建设相融合，勇于奋斗，甘于奉献；

党政机关秘书要有较高的政策水平，能够全面把握党和国家的路线、方针、政策，在实际工作中正确传达党和国家的政策精神；

党政机关秘书还要有强烈的法制观念，在秘书工作中要严格按照法律法规来规范自己的行为，决不能违反党纪国法。

除了以上政治素养外，党政机关秘书还应做到自觉服从领导安排。但需要注意的是，如果明知领导违纪犯错，却依然不加阻止，甚至随声附和，那不仅做不好秘书工作，而且还会因为违反党纪国法而受到处罚。

（二）品德修养

秘书的品德修养主要包括品质与道德两个部分。品质主要指秘书的思想认识水平以及世界观、人生观、价值观等，道德则是秘书道德意识与道德行为的体现。秘书想要更好地开展秘书工作，就必须要加强自己的品德修养。

秘书的品德修养还包括职业道德的养成。恪守职业道德，认真完成本职工作，也是秘书品德修养的重要组成部分。

（三）作风修养

作风是一个人外在的态度与行为，主要包括思想作风、工作作风和生活作风等。党政机关秘书的作风直接关系到党政机关的形象，在日常工作中，秘书必须要找准自己的定位，在思想、工作和生活作风上都要严格要求自己，不搞特殊，不娇纵任性，更要摒弃媚上欺下的行为。

二、秘书的心理素质

秘书在工作中所面临的压力是比较大的，为了更好地完成工作，也为了自己的生命健康，秘书需要增强自身的心理素质，以更好的精神状态去面对复杂多变的秘书工作。

心理素质是人在社会实践中形成的，通过自身所表现出来的一种心理特征，主要表现在人格、信念、气质、性格、意志等各个方面。对于秘书来说，提升人际交往能力和工作能力，不断加强个人修养，有益于增强心理素质。

人格是一个抽象的概念，其并不指代某一种行为或特质，而是表现在各个方面，内涵极为丰富。对于秘书来说，健全的人格是开展工作的必要基础，同时也是提升基础素养的前提条件。比如，拥有独立、正直的人格，可以让我们更好地坚持主见，更好地找准自己的位置。

除了人格之外，信念、气质、性格、意志等心理素质的养成，也可以帮助秘书更好地解决工作与生活中的各种事务。秘书可以根据工作的需求，有针对性地加强某一方面的素质，从而更好地适应工作、完成工作。

三、秘书的智能结构

秘书的智能结构是以知识为基础，以知识结构为拓展的一种重要素质。秘书既需要拥有足够的智力水平，又需要拥有系统完善的知识结构，只有这样才能做好从理论到实践各个环节的工作。

（一）智力水平

这里的"智力水平"并不是智商水平，而是指由观察力、注意力、记忆力、想象力等共同构成的一种综合能力水平。秘书只有不断提升自己这几方面的能力，才能游刃有余地应对各种工作。

除了提升这几个方面的能力外，秘书还要能通过观察力去感知、通过注意力去聚焦、通过记忆力去存储、通过想象力去重构，综合运用这些能力，可以让秘书更好地发挥辅助决策作用。

（二）知识结构

知识结构指的是一个人所具有的知识构成情况。对于秘书来说，单一的知识结构显然不足以应对工作中的各种挑战，复合型知识结构才是秘书需要建立的知识结构。对此，秘书并不需要做到无所不知、无所不晓，而只需要掌握基础知识、专业知识和一些相关知识即可。

基础知识指的是人文社科知识，如政治、经济、法律、历史、文化艺术等方面的知识；自然科学知识，如物理、化学、生物、天文、地理等方面的知识；逻辑学、系统论、控制论等学科知识。相对来说，人文社科知识对秘书最重要，是秘书开展工作的知识基础。自然科学知识是重要的知识补充，可以帮助秘书提升自身修养。

专业知识是指那些与秘书工作相关的专门知识，是秘书知识结构的核心内容。对于秘书来说，专业知识除了秘书学、会议学、文书学、办公自动化等内容外，还包括党史、法学等与秘书工作密切相关的专业知识。

相关知识是指那些既不属于秘书专业知识，也不属于基础学科知识的内容，如行政管理学、经济管理学、社会心理学、新闻传播学等。由于秘书需要与许多不同行业、不同领域的人打交道，所以也要掌握一些不同行业的相关知识。

秘书可以在日常工作中及时总结、提炼，立足于本职工作寻找自身"素质洼地"，进而有针对性地进行补足，这样才能做好秘书工作。

第四节　秘书应具备的能力

秘书的能力是衡量秘书能否胜任秘书工作的重要因素，也直接影响着秘书工作的质量和效率。秘书除了要拥有完善的智能结构外，还必须具备合理的能力结构。

秘书的能力结构与秘书工作息息相关，是秘书在实践活动中会经常应用到的各种本领的有机结合，它主要包括表达能力、管理能力、办事能力、调研能力、交际能力、操作能力等。

一、表达能力

在秘书应具备的诸多能力中，表达能力是居于首位的。所谓表达能力，就是运用语言、文字、动作、表情来表现客观事物和主观感受的一种能力。对于秘书来说，表达能力主要表现在口头表达、书面表达、体态表达三个方面。

（一）口头表达

口头表达能力是运用口头语言表达思想内容的能力。秘书需要同领导、同事、群众进行大量沟通，这些沟通很多都需要通过口头表达来完成。

对于秘书来说，"会说话"是一种重要的能力，关乎着秘书工作的成败。那么，怎样才能有"会说话"的能力呢？秘书可以从以下几个方面入手。

首先，秘书要会说真话。在向领导汇报工作时，要如实讲述，不虚构、不粉饰；在与群众交谈时，要言语真诚，不夸大、不做作。

其次，秘书说话要有针对性。秘书在与人沟通时，要正确把握对方的意图和需求，了解对方的特点，说话要讲究时机、切中要害、言之有物。没有针对性的话语说得再多也无法吸引对方的兴趣；毫无重点的话语说得再多，也都是废话。

最后，秘书说话要讲求规范。无论是与领导说话，还是与群众说话，都要用词规范、准确，不能无所顾忌地乱说一通。在与人交流时，要注意语言的轻重，不随意谈论他人隐私，也不炫耀自己的成绩，要注重言语的艺术性，让他人听得舒服。

（二）书面表达

书面表达能力是秘书的基本功，指的是秘书运用文字表达思想内容的能力。对于秘书来说，书面表达能力不只是能否写好各种类型公文那么简单，它还是诸多能力的综合体现。

【案例1】

根据《党史博采》记载，胡乔木于1941年开始担任毛泽东的政治秘书，凭借深厚的理论功底和文字修养，深受毛泽东器重。没多长时间，胡乔木便以渊博的学识、优美的文辞、较高的政治理论素养，在党内外享有盛名，更曾参与起草了《关于若干历史问题的决议》《再论无产阶级专政的历史经验》等文件。

想要写好一篇公文，秘书不仅要有出色的文笔技巧，还要有较高的政治理论修养和思想觉悟、丰富的文化知识储备，以及足够多的理论资料……从这一角度来看，文笔技巧只是公文的一件"华丽外衣"，真正想要让公文出彩，还要靠理论修养和知识积累。因此对于秘书来说，书面表达能力的提升不应只局限在写作技巧的训练上，还应该不断提升自己的政治理论修养和文化知识储备。

（三）体态表达

体态表达是运用动作、表情等非语言手段来表达思想内容的能力，在一些特定交际场景中，使用恰当的体态语言往往能够取得口头语言和书面语言无法达到的效果。不过，相比于口头表达和书面表达，体态表达的养成和运用要更困难一些，秘书需要有意识地在日常工作与生活中不断提升自己的体态表达能力。

首先，秘书要有意识地控制那些无意识的体态表达。体态表达与个人的思想、情绪、教养、心理、意志等都有较大关联，很多人在日常生活中都或多或少养成了一些无意识的体态语言。对于经常接触涉密事项、辅助领导做出决策的秘书来说，无意识的体态语言很可能会暴露保密信息，或给他人带来不好的印象。因此，秘书要有意识地控制那些无意识的体态语言的表达。

其次，秘书要有意识地运用体态语言去表达。体态语言运用得当，可以有效弥补口头语言的不足，让口头语言传递的信息更形象、更生动。秘书要有意识地学习那些具有"正能量"的体态语言，并主动在口头表达中融入一些体态语言，如用微笑表示认同等。

最后，秘书还要有意识地学会领会他人的体态语言。体态语言所表达的语意多是模糊的，不同人做出的同样动作可能会表达不同的意思。为此，秘书在日常工作中要多学习、多积累经验，仔细观察领导及同事的体态语言表达，提升自己的理解和领会能力。

二、管理能力

秘书既要辅助领导做好决策，又要帮助领导分担管理工作，除了承担办公室行政管理、机关单位事务管理等工作外，秘书还要随时接受领导授意，完成某项活动的组织与管理工作。基于此，秘书必须具备足够强的管理能力。

计划能力是秘书需要掌握的第一个管理能力。无论在处理何种工作时，秘书都需要展现出良好的计划能力。计划是否符合实际、是否具有可操作性、是否能够顺利实现……秘书需要在正确理解领导意图的情况下，纵观全局，制定出周密完善的计划。

组织能力是秘书需要掌握的第二个管理能力。秘书作为执行者，需要在领导的授意下完成许多工作，这些工作的完成无不需要严密的组织安排。以会务活动来说，一场会议能否顺利进行、取得成效，很大程度上取决于秘书的会议组织工作做得是否到位。

协调能力是秘书需要掌握的第三个管理能力。秘书在完成各项工作时，需要以各种方法与不同的人进行沟通，遇到冲突与矛盾时，还要以各种方法协调矛盾双方的关系，从而更好地推进工作。想要处理好上下关系，维护团队内部的团结稳定，秘书必须要具备较强的协调能力。

三、办事能力

秘书的大量时间和精力会用在为领导办理各种事务上，这就要求秘书不仅要头脑灵活，更要"身手矫健"。秘书不能只把自己当作领导的"智囊"，出谋划策但却不愿出力，只有用自己的双手亲自解决各种"麻烦事"，才能把秘书工作做好。

办事能力既体现在秘书对秘书工作流程的了解情况上，也体现在对突发事件的应急处理上。秘书既要熟悉秘书工作的基本流程，也要提高自己处理突发事件的能力，既要办成部门中的大事，又要做好部门中的小事。

四、调研能力

调研能力指的是收集信息、调查研究、分析论证的能力。秘书若想做好辅助决策工作，就必须具备调研能力。调研主要分为调查和研究两部分，调查部分即运用科学方法迅速、全面地获取信息、资料；研究部分则是对搜集而来的信息、资料进行细致分析，从而得出正确结论。

秘书可以在日常工作实践中，不断提升自己的调研能力。通过实地考察，深入基层，去到第一线，获取一手信息；通过不断归纳、提炼，去伪存真，来提升自己的分析能力。只有这样，才能为领导的决策提供辅助。

五、交际能力

秘书需要同各式各样的人打交道，交际能力是秘书不可或缺的重要能力，很多时候甚至要比办事能力更为人所重视。不同于表达能力，交际能力的内涵更为广泛，涉及人际交往的各个方面。

首先，秘书要对外呈现出良好的内在与外在形象，既要做到待人诚恳、热情，又要做到举止端庄、大方。

其次，秘书要对外展现出善良、谦虚、宽容等传统美德，要理解他人、关心他人、帮助他人，以诚待人。

秘书工作是一个需要具备多方面能力的综合工作，秘书并不需要在刚入职时便具备所有能力，但却要在此后的秘书工作实践中，不断丰富、完善自己的能力结构。秘书更要多学习、多实践，让自己尽早成为一名复合型人才。

第二章
公文写作基本知识

　　要写好公文，先要了解公文。本章主要介绍公文的含义、种类、特点、作用、格式规范等内容，帮助秘书更好地了解这些公文写作的基本知识。

第一节　公文的含义和种类

公文是法定机关或其他社会组织在公务活动中，按照特定的体式，经过一定的处理程序形成和使用的书面文字材料。公文有狭义和广义之分。狭义公文，主要指法定公文，即党政机关公文；广义公文，指党政机关、各种法定社会组织行使管理职权、处理公务活动时所用的文字材料。

《党政机关公文处理工作条例》第一章第三条对党政机关公文的定义做出了明确规定：党政机关公文是党政机关实施领导、履行职能、处理公务的具有特定效力和规范体式的文书，是传达贯彻党和国家的方针政策，公布法规和规章，指导、布置和商洽工作，请示和答复问题，报告、通报和交流情况等的重要工具。

一、公文、文书、文件的区别

对秘书来说，了解公文含义的同时，还要能区分公文、文书、文件，它们在概念、格式和写作技法上存在明显区别。

公文与文书比较好区分，公文是文书的一大类别，文书还包括私人文书，以及其他各种文字材料。可以看出，文书的范围比较广泛，而公文的外延要远小于文书。

公文与文件是不容易区分的两个概念，一些机关单位制发的公文就被称为文件，二者之间并没有太过明确的区分。不过，从党政机关公文办理工作实践之中可以看出，文件通常用来称呼那些政治性、政策性较强的并没有特定版头的公文。

二、公文的种类

关于公文的种类，《党政机关公文处理工作条例》第二章第八条中列举了15种类型的公文，分别是决议、决定、命令、公报、公告、通告、意见、通知、通报、报告、请示、批复、议案、函、纪要。

这些公文类型的名称都非常相似，多只是"一字之差"，但正是这"一字之差"决定了不同类型公文在应用范围及写作要求上的差异。

除了上述15种法定公文外，秘书还会接触到各种应用公文的写作，比如计划、总结、调查报告、简报、讲话稿、规章制度、信函、合同等。每一种应用公文，都有特定的格式和相应的写作技法，只要掌握了具体方法，就能不断提升公文写作水平。因此，本书在后续章节中除了会详细介绍15种法定公文的撰写方法，还会介绍其他常用的应用公书的撰写方法。

第二节 公文的特点和作用

公文是机关、单位按照规定程序制发的，具有特定内容与作用、规范体例与格式的文书，是机关、单位发挥管理职能，进行信息沟通，开展公务活动的重要手段及工具。了解其特点与作用，可以帮助秘书更好地组织公文内容、运用公文写作技巧。

从具体内容及其制发规范来看，机关、单位公文有权威性、政策性、指导性、规范性、严密性、定向性等特征。从这些特点出发，又可以总结出公文的一些具体作用。

一、公文的特点

（一）权威性

党政机关公文是各级党政机关根据相关法律赋予的权限和职责制作和发布的，表达的是各级党政机关对具体问题的看法、意见和要求。因此，权威性是党政机关公文的首要特点。

党政机关通过公文来将各级单位、部门紧密联结起来，如果公文缺少权威性，那各级党政机关便无法统一思想、统一认识，无法协调一致行动。

（二）政策性

党政机关公文在内容上多以传达政策为主，着力于解决具体问题，是各级党政机关开展工作的重要指导。任何一份党政机关公文，都不能偏离党和国家的政治目标，不能违背党和国家的路线方针政策。因此，党政机关公文有很强的政策性。

（三）指导性

公文多针对具体问题制发，在内容上不仅体现着上级机关、单位的指示精神，同时也对下级机关、单位要完成的任务、开展的工作、解决的事项给出了具体指导。因此，公文也具有指导性特征。

（四）规范性

机关、单位在制发公文时，无论在语言表达上，还是格式上，都要严格遵从具体规范，不得随意更改公文的种类名称、体式结构。在行文规则、整理归档、清退销毁等方面，也都有明确要求。因此，规范性也是公文的一个主要特点。

（五）定向性

公文通常是面对特定对象的，什么样的公文由谁制发，发送到什么单位，都有明确的规定。由于一些公文会涉及机密、商业秘密，所以其可阅读者及传达范围，都要受到严格限制。从这一角度来说，定向性也是公文的一个特点。

二、党政机关公文的作用

基于公文的内容及特点，可以将公文的作用总结为指导与传达工作、请示与答复问题、总结与推广经验、记录与积累资料。

（一）指导与传达工作

公文是传达党和国家方针政策法令的重要手段，也是上级部门实施领导工作的重要工具。上级机关、单位可以运用各类不同形式的公文，对下级机关、单位的工作进行指导，对经济社会发展各方面工作做出安排。同时，公文也可以用来检查下级机关、单位对上级机关、单位安排工作的完成情况，监督下级机关、单位对上级机关、单位指示、精神的贯彻情况。

《关于做好2023届全国普通高校毕业生就业创业工作的通知》，便是由教育部印发，部署各地教育厅、人力资源和社会保障厅、部属高校的一项通知，其内容主要是要求各相关单位贯彻党的二十大精神，实施"2023届全国普通高校毕业生就业创业促进行动"，千方百计促进高校毕业生多渠道就业创业。从作用上来说，这一公文便是上级机关指导下级机关有序开展工作。

（二）请示与答复问题

公文是上下级机关或不相隶属机关进行联系的载体，下级机关、单位可以利用公文对工作中的有关事项请示上级机关、单位，上级机关、单位则可以在掌握下级机关、单位的工作情况后，以公文形式对下级机关的请示事项进行答复。

（三）总结与推广经验

公文也是机关、单位总结推广经验的重要手段。上级机关、单位及时发现并总结有关地区、部门中的有益经验，而后以公文形式将其转发给下级机关、单位，要求下级机关、单位学习、借鉴，从而更好地开展自身工作。下级机关、单位也可以将总结的工作经验以公文形式汇报给上级机关、单位。

《国务院关于2020年度国家科学技术奖励的决定》是由国务院下发给各省、自治区、直辖市人民政府，国务院各部委、各直属机构的一份决定，其主要说明了国家科学技术奖励颁授情况，同时也号召全国科学技术工作者向全体获奖者学习。

（四）记录与积累资料

记录机关、单位活动内容是公文的一项重要作用。每一份公文都可以看作是一份档案资料，既是各单位、各部门开展工作的重要参考，也是各单位、各部门开展工作的资料记录。

第三节　公文的格式规范

公文有严格的格式规范要求，这既符合机关单位公文特点的要求，也是发挥公文作用的必然选择。撰写公文需要依据《党政机关公文处理工作条例》第三章的规定，并严格按照《党政机关公文格式》国家标准操作。

《党政机关公文处理工作条例》第三章第九条规定，公文一般由份号、密级和保密期限、紧急程度、发文机关标志、发文字号、签发人、标题、主送机关、正文、附件说明、发文机关署名、成文日期、印章、附注、附件、抄送机关、印发机关和印发日期、页码等组成。

《党政机关公文格式》国家标准（GBT 9704—2012）则将版心内的公文格式各要素划分为版头、主体、版记三部分，页码因为位于版心外，所以未被计入版心内公文格式要素之中，但其同样也是公文格式规范中的重要内容。

一、版头格式规范

公文版头主要包括份号、密级和保密期限、紧急程度、发文机关标志、发文字号、签发人、版头中的分割线等内容。

（一）份号

份号是公文印制份数的顺序号。为了准确掌握公文的印制份数和分发对象，更好地了解每一份公文的去向，秘书在将同一公文印制若干份时，需要将每份公文都按顺序编号。尤其是那些涉密公文，必须要标注份数序号，其他公文则可以根据需要标注。

标准格式说明：份号用6位3号阿拉伯数码编制，顶格排列在版心左上角第一行。第1份公文的份号应编制为"000001"，第100号公文的份号应编制为"000100"。

（二）密级和保密期限

密级和保密期限指的是公文的秘密等级和保密的期限，其中，公文的秘密等级是公文涉密程度的标志，主要分为绝密、机密和秘密三级；保密的期限是对公文密级时效的规定，一般有1年以内、1年及1年以上、长期和期限不做标注（一般按保密期限20年认定）几种。

秘书需要根据公文的涉密程度，标注公文的密级和保密期限，严格管理涉密公文，防止秘密泄露。

标准格式说明：用3号黑体字，顶格编排在版心左上角第二行。密级使用汉字"绝密""机密""秘密"标注，保密期限中的数字要使用阿拉伯数字标注，二者中间用"★"连接，如"秘密★1年""机密★10年"。

（三）紧急程度

紧急程度指的是公文送达和办理的时限要求，根据紧急程度，紧急公文应当分别标注"特急""加急"，电报应当分别标注"特提""特急""加急""平急"。秘书处理紧急公文时，必须要标注紧急程度，这样公文传递与处理人员便可以优先保证紧急公文的传递与执行。

标准格式说明：用3号黑体字，顶格编排在版心左上角，位于份号、密级和保密期限正下方。

（四）发文机关标志

发文机关标志由发文机关全称或者规范化简称加"文件"二字组成，在一些公文中，也可以直接使用发文机关全称或规范化简称命名。当多个党政机关联合发文时，可以并用联合发文机关名称，也可以单独用主办机关名称。

标准格式说明：使用小标宋体字，颜色为红色，居中排布，上边缘至版心上边缘35mm，整体上要注重美观、庄重、醒目。联合行文时，如需同时标注联署发文机关名称，一般应将主办机关名称排列在前。若有"文件"二字，应当置于发文机关名称右侧，以联署发文机关名称为准，上下居中排布；如果联合行文机关过多，则要保证公文首页有正文内容。

（五）发文字号

发文字号由发文机关代字、年份、发文顺序号组成，其中，发文机关代字是发文机关名称的简化缩写，年份是发文当年的年度，发文顺序号是党政机关发文的流水号。一般在联合行文时，多使用主办机关的发文字号。

标准格式说明：在发文机关标志下空两行位置，以3号仿宋字标注，居中排列。年份、发文顺序号都用阿拉伯数字标注，其中，年份要标全称，并使用六角括号括住，如"〔2022〕"；发文顺序号不必加"第"字，亦不编虚位（1不写为01），只需在阿拉伯数字后加"号"字即可，如"1号"。将三个部分结合到一起，便可以得到完整的发文字号，如"国发〔2022〕1号""国办发〔2022〕3号"等。

（六）签发人

签发人由"签发人"三字加全角冒号和签发人姓名组成，上行文应当标注签发人姓名，以表示此公文由该签发人负责。

标准格式说明："签发人"三字用3号仿宋字体，签发人姓名用3号楷体字，皆居右空一字，编排在发文机关标志下空两行位置。若有多名签发人，则要按照签发机关的排列顺序，从左到右、从上到下依次均匀编排签发人，每行排两个姓名，各行姓名均保持对齐排列。

（七）版头中的分隔线

在版头部分与主体部分之间，有一条版头中的分隔线，其为一条与版心等宽的红色分隔线，位于发文字号之下4mm处居中位置，主要用来将版头部分与主体部分分隔开。

二、主体格式规范

公文首页红色分隔线（不含）以下、公文末页首条分隔线（不含）以上的部分称为主体，主要包括标题、主送机关、正文、附件说明、发文机关署名、成文日期、印章、附注、附件等内容。

（一）标题

标题大多由发文机关名称、事由和文种组成，公发文机关名称必须使用发文机关的法定全称或通用简称；事由是对公文内容的高度概括；文种名称则表现了公文内容的行文类别。秘书在为公文拟定标题时，必须简明扼要地说明公文内容，不能含糊其词，偏离主题。

标准格式说明：用2号小标宋体字，编排于红色分隔线下空两行位置，一行或多行居中排布。回行断句时要保证词意完整，排列对称，长短适宜，可采用梯形或菱形方式排列。

（二）主送机关

主送机关指的是公文的主要受理机关，即对公文负有办理和答复责任的机关。在标注时应使用机关全称、规范化简称或是同类型机关统称。如果主送机关过多，使得公文首页无法显示正文，应将主送机关名称移到版记中的抄送机关之上。一些如通告、公告之类的普发性公文，也可以不写主送机关。

标准格式说明：编排于标题下空一行位置，顶格居左，回行时仍顶格，最后一个机关名称后面要标注全角冒号。如《教育部关于做好2023届全国普通高校毕业生就业创业工作的通知》中，位于标题下的"各省、自治区、直辖市教育厅（教委），新疆生产建设兵团教育局，有关省、自治区人力资源社会保障厅，部属各高等学校、部省合建各高等学校"便是主送机关。

（三）正文

正文是公文的主体，是表述公文内容的板块，也是公文首页就必须显示的内容。在结构上，正文主要包括开头、主体和结尾三部分内容，在具体写作时，这三部分内容架构与表达需要根据公文的具体类型来确定。

标准格式说明：用3号仿宋字体，编排于主送机关名称下一行，每个自然段左边空两字，回行后顶格。文种的结构层次依次可用"一、""（一）""1."
"（1）"来标注，其中第一层用黑体字，第二层用楷体字，第三层和第四层用仿宋字。

（四）附件说明

附件说明是公文附件的顺序号和名称，是用来说明公文所附材料名称及件数的内容。有附件的公文便需要注明附件顺序和名称。

标准格式说明：有附件的公文，在正文下空一行左空两字处编排"附件"二字，后标注全角冒号和附件名称。如果附件不止一个，则可以用阿拉伯数字标注附件顺序号。如果附件名称较长需要回行时，则要与上一行附件名称的首字对齐。

（五）发文机关署名

党政机关公文一般以发文机关名义署名，可以署发文机关全称，也可以署发文机关规范化简称，所署名称要与标题中的发文机关名称一致。

标准格式说明：在加盖印章的公文中，单一机关行文时，发文机关署名要居中编排在成文日期之上；多机关联合行文时，需要按照发文机关顺序将发文机关署名整齐排列在相应位置。

在不加盖印章的公文中，单一机关行文时，发文机关署名要编排在正文或附件说明下空一行右空两字位置；多机关联合行文时，要先编排主办机关署名，而后再依次向下编排其余发文机关署名。

（六）成文日期

成文日期即公文的生效时间。一般来说，会议通过的决议、决定多以会议正式通过的日期为准，机关负责人签发的公文以签发日期为准。若是联合行文，则以最后签发的机关负责人签发的日期为准。

标准格式说明：在加盖印章的公文中，成文日期一般右空四字编排，用阿拉伯数字将年、月、日标全，年份应标全称，月、日不编虚位（1不写为01）。

在不加盖印章的公文中，在发文机关署名下一行编排成文日期，首字比发文机关署名首字右移二字，如成文日期长于发文机关署名，应当使成文日期右空二字编排，并相应增加发文机关署名右空字数。

在加盖签发人签名章的公文中，成文日期要编排在签发人签名章下空一行右空四字位置。

（七）印章

印章是公文生效的标志，公文中有发文机关署名的，应当加盖发文机关印章，并与署名机关相符。有特定发文机关标志的普发性公文和电报可以不加盖印章（纪要也不加盖印章）。印章用红色，公文中不得出现空白印章。

标准格式说明：在加盖印章的公文中，单一机关行文时，印章端正、居中下压发文机关署名和成文日期，使发文机关署名和成文日期居印章中心偏下位置，印章顶端应当上距正文或附件说明一行之内；多机关联合发文时，一般将印章一一对应、端正、居中下压发文机关署名，最后一个印章端正、居中下压发文机关署名和成文日期，印章之间排列整齐、互不相交或相切，每排印章两端不得超出版心，首排印章顶端应当上距正文或附件说明一行之内。

在加盖签发人签名章的公文中，单一机关制发的公文加盖签发人签名章时，在正文（或附件说明）下空二行右空四字加盖签发人签名章（一般用红色），签名章左空二字标注签发人职务，以签名章为准上下居中排布；多机关联合行文时，应当先编排主办机关签发人职务、签名章，其余机关签发人职务、签名章依次向下编排，与主办机关签发人职务、签名章上下对齐；每行只编排一个机关的签发人职务、签名章；签发人职务应当标注全称。

当公文排版后所剩空白处不能容下印章或签发人签名章、成文日期时，可以采取调整行距、字距的措施解决。

（八）附注

附注主要说明公文的发布层次、印发的传达范围等事项，请示件需要在附注处标明联系人的姓名和联系方式。

标准格式说明：有附注的公文，要将附注居左空两字加圆括号编排在成文日期下一行。

（九）附件

附件是公文正文的补充、说明或参考资料，其顺序号和标题应当与附件说明的表述一致，格式要求与正文相同。

标准格式说明："附件"二字及附件顺序号用3号仿宋字顶格编排在版心左上角第一行。附件标题居中编排在版心第三行。附件要另面编排，且在版记之前，与公文正文一起装订。如附件与正文不能一起装订，应当在附件左上角第一行顶格编排公文的发文字号并在其后标注"附件"二字及附件顺序号。

三、版记格式规范

公文末页首条分隔线以下、末条分隔线以上的部分称为版记，主要包括抄送机关、印发机关和印发日期等内容。

（一）抄送机关

抄送机关是除了主送机关外需要执行或知晓公文内容的其他机关，既可以是本单位的上级、平级机关，也可以是本单位的下级或不相隶属机关。秘书要严格按照工作需要和保密要求确定抄送机关，在书写时应当使用机关全称、规范化简称或者同类型机关统称，先列上级机关，再列平级机关，最后列下级机关。

标准格式说明：抄送机关一般用4号仿宋字，编排于印发机关和印发日期上一行、左右空一字。"抄送"二字后加全角冒号和抄送机关名称，回行时与冒号后的首字对齐，最后一个抄送机关名称后标句号。

若出现需将主送机关移至版记的情况（首页位置无法放置正文），需将"抄送"二字改为"主送"，编排方法与抄送机关相同。如果既有主送机关又有抄送机关，那便要将主送机关放置在抄送机关上一行，中间不必加分隔线。

（二）印发机关

印发机关是公文送印机关，即公文的印制主管部门。如果发文机关没有专门的公文印制主管部门，那发文机关便是印发机关。

标准格式说明：用4号仿宋字编排在末条分隔线之上，左空一字。翻印公文时，翻印机关和翻印日期要用4号仿宋字编排在印发机关和印发日期下一行位置。

（三）印发日期

印发日期是公文的送印日期，其有别于公文的成文日期，印发日期不早于成文日期。

标准格式说明：用4号仿宋字编排在末条分隔线之上，右空一字，年、月、日用阿拉伯数字标全，年份要标全称，月、日不编虚位，后加"印发"二字。

四、页码格式规范

页码是公文页数的顺序号，是公文不可或缺的一部分。通过页码可以快速对公文进行查阅、统计、检索。

标准格式说明：用4号半角宋体阿拉伯数字，编排在公文版心下边缘之下，数字左右各放一条一字线；一字线上距版心下边缘7mm。单页码居右空一字，双页码居左空一字。公文版记页前有空白页，则不为空白页和版记页编排页码。公文附件与正文一起装订时，页码要连续编排。

第三章
公文写作的方法与技巧

公文写作要把握好立意、主题、结构、材料、语言，秘书要增强公文写作能力、提高公文写作水平，需要从这几方面入手。

本章主要围绕公文写作的立意、主题、结构、材料、语言这几方面内容，介绍一些公文写作常用的方法与技巧。

第一节　公文写作，立意为根

公文写作先要确定好立意，一篇公文要表达什么内容、传递什么思想，要站在何种角度、何种高度上传递这些内容与思想，这些便是公文的立意。如果不先搞清楚立意，那写出来的公文要么杂乱无章，要么偏离主题，要么缺少重要信息，要么出现错误，让公文的质量大打折扣。

公文是尤其要讲究立意的，不论是下级机关的请示报告，还是上级机关的决定安排，都要基于一定事实，站在一定高度上。秘书要具有一定的全局意识、大局观念，既要准确把握本机关发文的思路与意图，又要结合党和国家的方针政策，以及人民群众的愿望与需求，只有这样才能让公文切合实际、切实可行。

那么，秘书如何提升自己的公文立意水平呢？一般来说，秘书可以从立高度、挖深度、换角度、寻新度四个方面提高公文立意水平。

一、立高度

从高处立意是公文立意的一个主要方法，这里的"高度"一是指全局高度，二是指时代高度。秘书人员在对待不同的事务时，需要从不同的"高度"去审视、思考。

（一）全局高度

所谓"全局高度"，即在对待事务时，不能停留在表层就事论事，而是要将其放入到全局工作中观察，以点带面，以小见大，进而发现其深刻含义。

举例来说，在面对某个地区的某项工作时，秘书在撰写公文时，不要局限于这项工作的具体意义，而是要将这项工作置于地区的全局工作中，看其对全局工作有何推动、促进作用，进而再发现其深刻意义。

【案例1】

某机关要举办一次职业技能培训会，领导要在大会上做开幕发言，小张负责为领导撰写发言稿。

小张在发言稿中充分叙述了这次职业技能培训会对于职员职业技能提升的重要意义，语句真挚，内容完整。但领导却对这份发言稿很不满意，认为并没有展现出此次培训会的真正意义，缺少深度。于是，领导安排秘书老王重新撰写发言稿。

老王从本地区实际情况出发，介绍了此次培训对本地区的重要意义，同时结合地区发展实际，提出此次培训是促进地区经济发展及人才队伍建设的关键一步等内容。

领导对老王将此次培训会放入到地区经济发展大局中进行介绍，感到非常满意，同时也让小张多向老王学习。

上述案例所讲的便是立足于全局来确定公文立意的方法，秘书人员多从这个角度去思考问题，便可以得到不同寻常的主旨表达。

（二）时代高度

所谓"时代高度"，便是要将公文立意与时代背景及发展趋势相结合，把公文撰写的意图向这些方向上靠拢，会使得公文立意变得高远。

这里说的时代背景和发展趋势，并不只是说当前各行业的发展趋势、潮流理念，同时也包括当下党和国家的路线、方针、政策，以及上级机关关于本机关的指导方针。秘书要做的，就是从官方文件、领导讲话、机关刊物、行业新闻中，总结提炼这些内容，而后再将其运用到公文写作之中。

"碳中和""新常态""文化自信"等词语正是时代背景的凝练表达，秘书在写作时可以将公文立意尽量往这些时代背景上靠，这样整个公文便能呈现出更好的效果。

二、挖深度

从深处立意是公文立意的另一个主要方法，秘书人员需要深入挖掘素材，还需要对领导的要求进行提炼加工，既要纵向深入挖掘，也要全面立体把握素材。

（一）深入挖掘素材

好的立意不是凭空想出来的，而是不断对素材深入挖掘得来的。面对同样的素材时，秘书要多思考、多分析，将其背后那些抽象化的内容都找出来，把其规律、意义、内涵、机制都罗列出来。如此，秘书才能透过事物现象，发现其内在原因，找到其本质规律。

（二）提炼加工领导要求

除了依靠挖掘素材来获得立意外，秘书在撰写公文时，还会收到一些领导提出的要求。这些要求往往不够具体，有的只是一个大方向，有的过于细碎，有时还会存在彼此矛盾的情况。这时，秘书人员便要通过提炼加工领导要求，来确定公文的立意。

三、换角度

转换角度也是一种公文立意的方法，在面对同一个事物时，从不同角度去观察，所获得的见解与思考也是不尽相同的。同样一段材料，有人能得出"百姓收入水平逐年提高"的结论，有人则能得出"在高质量发展中实现共同富裕"的结论，角度不同，所得结论不同，所展现出的效果也会有所不同。

在公文写作中，秘书只有找到最佳角度，才能呈现出最有意义的内容。一般而言，秘书可以从政策理论、上级关注、受众共鸣三个角度着手。

（一）政策理论

在分析具体工作时，秘书可以从本机关单位、本行业领域的基础理论出发，但不要拘泥于阐述理论，而是要将其与政策文件、上级指示、领导讲话相结合，让二者之间产生一种巧妙的关联，进而升华公文内容。

（二）上级关注

上级关注或指示也可以作为一种立意的角度。比如，撰写上行文汇报工作，在叙述具体工作完成情况时，将立意往上级关注的工作或下达的指示精神上靠，领导说"提质增效"，公文中就写具体工作如何在指示精神下完成了"提质增效"；领导说"力争上游"，那就在公文中写如何实现"力争上游"。

（三）受众共鸣

如果说上行文的角度可以偏向上级关注点，那下行文便可以以受众共鸣点作为立意的关键。秘书想要让公文内容更容易被接受，就要搞清楚公文的目标受众是谁，他们有什么特点，怎样的内容才能引起他们的共鸣……通过思考这些内容，秘书便可以顺利找到立意点。

四、寻亮度

立意要新，要有亮点，这既是公文立意的方法，也是成功立意的关键。在公文写作中，秘书要在公文中加入一些与众不同、引人注目的内容，提出一些创造性、有针对性的工作方法，这些都会为公文增色不少。

立意寻亮点一方面可以总结有特色的工作方法、工作经验，另一方面则可以在法规制度框架内写出新意。任何党政机关公文都不能跨越法律法规的范围搞创新，但通过深化理解法律法规，在其基础上搞创新却是可行的方法。

公文的立意是基于事实的，它从事实、材料中来，但却并不是对事实、材料的平铺直叙，而是经过秘书挖掘、提炼之后，得来的新颖、高深的主旨。很多时候，立意一出，公文所能达到的效果上限便已确定，后续只在遣词造句、框架结构上做文章。

第二节　公文写作，主题为魂

在公文写作中，秘书在选定立意后，便要确定公文所要表达的主要观点、基本主张和政策要求。选定的主题通常在文章一开篇就要展现出来，而且还要贯穿公文始终。

公文主题对公文的材料选择、结构布局、语言运用有很大的约束作用，一旦主题确立，后续的材料、结构、语言等方面的内容也就基本确定了。从这一角度来说，正确确定主题，也是公文写作的关键。

在党政机关中，那些被领导批注为"不知所云""不得要领"的公文，都是主题不明确，或偏离主题叙事的公文，洋洋洒洒一大篇，没有几句能贴边。除此之外，有些秘书能围绕主题撰写公文，但要么是来回兜圈子说废话，要么是选定的主题毫无意义。

那么，什么样的主题算得上是好主题呢？定好公文主题后，又要注意哪些问题呢？一般来说，选定公文主题时，秘书需要考虑五个特征；确定好主题后，秘书还要注意四个方面的问题。

一、好主题的五个特征

好的公文主题要满足五个基本特征，即方向正确、思想严谨、立意集中、内涵深刻、观念出新。

（一）方向正确

方向正确是大问题，秘书必须要加以重视。首先，秘书在撰写公文时，要符合党和国家的路线、方针、政策，坚持正确方向；其次，秘书在撰写公文时，要符合上级或本级机关的决议、部署、安排，以及相关规章制度；最后，秘书在刚接到领导命令时，不要急于寻找材料、撰写文稿，而要先弄清楚领导的意图、要求是什么。

没搞清正确方向是确定不出好的主题的，如果方向不正确，秘书在撰写公文时不仅会犯错，而且还会"不得要领""文不对题"。

（二）思想严谨

公文的主题要具有严谨的思想性，秘书不能随意将某些表意含糊的词句作为公文的主题，更不能将脱离实际的口号作为主题。好的公文主题要言之有物，要能落于实处，同时要对具体工作有较强的针对性。

（三）立意集中

好的主题要集中反映一种思想，不能出现立意涣散的情况。有的秘书想在公文中利用一个主题表达多个思想，最终不仅主要思想没有表达清楚，整个公文也让人云里雾里。在一篇公文中，只能有一个主题，这个主题要集中表现一个思想，而不能表现多个思想，这是选定主题时必须要注意的问题。

（四）内涵深刻

公文的主题要有深度，不能停留在问题表面，秘书需要通过深入挖掘、细致分析、精心提炼来选定公文主题。只有这样获得的主题，才能深刻揭示事物背后的规律，提升公文的思想性和指导性。

公文最忌讳的就是洋洋洒洒一大篇，但内涵却严重不足，文中既没有鲜明观点，也没有实际内容。秘书在写作公文时，要充分动脑思考，要选那种有内涵、有深度的主题，更要言之有物，有真知灼见。

（五）观念出新

公文的主题要出新。主题的出新就是要让主题能更好地跟上时代发展的步伐，顺应党和国家的路线、方针、政策，既体现出时代精神，又处处彰显着大局思维。对此，秘书需要在主题中融入新想法、新主张、新观点，着力提出新决策、新策略。

二、注意四个问题

确定好主题后，秘书还需要仔细审视所定的主题是否存在问题，或是还有需要完善的地方。对此，秘书需要注意以下四个方面的问题。

（一）"纸上谈兵"要不得

好的主题来源于脚踏实地的调查研究，而不是坐在办公室中苦思冥想。没有哪个好主题是秘书头脑中固有的，或是由领导直接交代安排的，想要获得好主题，秘书必须立足于任务、安排本身，深入到第一线开展调查实践，并从中耐心寻找。

如果把领导交代的大方向、总意图当作公文主题，而不去思考、不去挖掘、不去实践，最终写出的就是"纸上谈兵"的公文，读起来可以，执行起来却比较难。秘书人员一定要避开这种"纸上谈兵"的主题，也不要写那些"纸上谈兵"的公文。

（二）"脱离实际"很危险

选定的主题要符合本机关的实际情况，不要领导说什么就是什么，而要在深刻理解领导意图的情况下，以充足的事实为依据，弥补领导想法中的不足。

（三）"闭门造车"无用功

很多时候，公文主题并不是秘书苦思冥想就能想出来的，而是要集思广益。有些好主题是在大家的"头脑风暴"中产生的，咨询领导和同事，有时也能获得好的主题。在这个过程中，一些秘书自以为的"好主题"，也会逐渐被验证或被筛除掉。

（四）"浅尝辄止"不可取

好主题离不开秘书的深思熟虑。思考是件困难的事，思考出好的想法更是难上加难。但没有量变的积累，又怎能有质变的提升呢？所以，秘书必须要重视深思熟虑对选定主题的重要性。如果某个主题是未经深思熟虑就确定的，那秘书则要思考一下这一主题是否还存在某些不足之处，是否需要修改调整。

第三节　公文写作，结构为骨

结构是公文的"骨架"，一篇好的公文要脉络清晰、结构严谨、层次分明。一篇公文，总写什么、分写什么，秘书要有所考量；先写什么、后写什么，秘书也要做好安排。

公文的结构就是公文内容的组织与衔接，是公文内部联系与外部形式的统一，主要包括开头、结尾、层次、段落、过渡、照应等内容。在了解这些公文结构要点之前，秘书需要先掌握公文结构的基本要求。

一、公文结构的基本要求

在公文写作中，秘书需要注意公文内容的完整性、连贯性和严密性，这也是公文结构的基本要求。

（一）完整性

公文的内容要完整、明确，要少写、不写虚的内容，多写、细写实的内容，而且还要做到开头、主体、结尾齐备，不能无故残缺。

（二）连贯性

秘书不仅要保证公文各部分内容间的连贯性，而且还要注意公文各部分内容间的联系。比如，除注意开头、主体和结尾三部分的连贯性外，秘书还要注意主体部分中的各内容是否连贯、协调。

（三）严密性

前文所说"协调"，便是公文结构严密性的要求。公文各部分内容既要相互连贯，又要有严密的逻辑关系；既不能前后不相干，也不能前后矛盾。有些秘书写的公文，常常出现上句没交代清楚，就直接开始新内容的论述，这样会导致公文内容割裂，结构散乱。

二、公文结构的要点

了解了公文结构的基本要求，秘书还要掌握公文结构的要点。在公文结构的诸多要点中，层次、段落、过渡、照应是比较值得关注的重点。

（一）层次

层次是一种大于"段"却小于"篇"的结构单位，一些法规类公文中常用的"总则""第一章""第二章""附则"便属于层次的范畴。公文结构的完整性与严密性都需要通过合理安排层次来实现。

在具体形态上，公文的层次主要有并列式和递进式两种。对不同事物进行考察分析，对同一事物的不同侧面进行考察，或是对事件发生的不同原因进行分析，多采用并列式层次；对事物由表及里地探究，从事物原因推导出事物结果，则多采用递进式层次。

（二）段落

段落是一种小于"层次"却大于"句子"的结构单位，是为了便于表意、阅读而人为设定的一种划分文章结构的单位。相比于层次安排，公文写作中的段落安排要更容易一些，秘书只要注意段落的完整性，注意段落长短适中即可。

（三）过渡

过渡是层次、段落之间进行衔接的手段，如果把公文的层次、段落想象成一块又一块的板，那过渡便是"板"与"板"之间的黏合剂。在大多数公文的总论与分论之间，都需要运用过渡手段；一些公文的几个分论之间，有时也会使用过渡手段。

具体的过渡手段主要有过渡段、过渡句和关联词三种，当前后文内容差异较大时，多会使用过渡段来实现内容的转换；如果前后文内容差异不大，但需要表示转折意思，则只用关联词语"但是""然而"即可完成过渡。

（四）照应

照应就是公文前后内容彼此呼应，这是公文结构中的一大要点，它可以让公文内容严密、完整，防止出现公文前后脱节、松懈的情况。在公文写作中，常见的照应形式主要有首尾照应、序列照应和注释性照应等，秘书只要根据需要选用即可。

三、常见的公文结构类型

在党政机关公文实践中，公文的类型与结构通常是固定的，秘书可以根据实际情况选择适合的结构。

（一）篇段合一式结构

那些内容相对简单、篇幅较简的公文，如公告、通知、批复等，可以采用篇段合一式结构来撰写。全篇只有一段，一段只叙一事，文字简洁，语言精练，通俗易懂，能够很好地表达公文的主题。

（二）分项式结构

分项式结构多为"总分总"形式，先总述目的、原因、内容主旨，而后再分述各项具体内容，最后以一段文字总述全文，照应开篇。这类结构在公文写作中应用得较为普遍，请示、决定、会议纪要、通知等公文都常采用这种结构。

（三）条文式结构

当需要表述的事项较多时，可以使用条文式结构。这种结构可以对复杂事项条分缕析，做到主次分明、先后有序。法律规章类公文便多将一个事项作为"条"，从头到尾以条文式结构罗列。

（四）分部式结构

如果要表述的事项较为复杂，则可以采用分部式结构，将公文内容分为几个层次，每一层次列一小标题来概括这部分内容的主旨，同时确保每个段落都能表达出完整意思，若干段落可以组合成完整篇章。

秘书撰写公文时，可以根据内容的多少与复杂程度来选择公文结构。在写作过程中，秘书要处理好各层次、各段落间的关系，以免使公文结构变得松散，内容变得凌乱。

第四节　公文写作，材料为肉

材料是公文的血肉，没有充足的材料，秘书写出的公文就会显得空洞无物。巧妇难为无米之炊，要写一篇好的公文，秘书人员就要在平时多收集、多保存各种材料。

大到国家的大政方针、上级的文件精神、领导的重要讲话，小到本机关的工作进展、典型情况，媒体的新闻报道，大众的意见反馈，等等，都属于材料的范畴。秘书在写作公文时，选对用对材料，可以为公文增色不少。

一、材料积累的策略

"兵马未到，粮草先行"，材料就是公文写作的"粮草"，秘书只有认真做好材料的收集与积累工作，才能在接到公文写作任务后，保质保量完成工作。很多党政机关的年轻秘书都有深厚的文学功底，但他们却很少能一上来就承担起独立撰写公文的任务，这并不是他们写不好文章，而是他们不了解情况，没有基本的材料储备，不知道如何把材料运用到公文之中。

材料的内容庞杂，范畴广泛。鉴于此，秘书需要采取一定策略来收集积累材料，不能"眉毛胡子一把抓"，最后付出了时间，却连一点有价值的材料也没抓住。

（一）立足本机关情况

材料的收集与积累要立足于本机关，从本机关的基本情况着手。对于秘书来说，走上秘书岗位之时，就要对本机关的工作情况、工作任务、工作计划了然于心，在工作中更要花费一些时间与精力收集本机关的相关资料。

（二）放眼整个行业和系统

秘书人员还要将眼光放在本机关所处的行业、系统中，多了解这一行业、系统的情况、相关政策。在写作公文时，秘书如果只围绕本机关、本单位来写，就会显得眼光不足、格局不够，好的秘书会将本机关的事放到行业中、系统中去思考，进而提出自己的见解与观点。为了实现这一点，提前收集和积累行业与系统中的相关资料，就显得尤为重要。

（三）关注党和国家路线、方针、政策

收集党和国家路线、方针、政策相关的材料更是不能缺少的，要收集好这方面的材料，秘书要时刻关注党和国家对各项工作的安排。

二、材料积累的注意事项

在收集和积累材料过程中，秘书需要遵循一定的原则，不能盲目贪多，要学会甄别材料价值，知道如何剔除无用材料。一般来说，秘书在积累材料时要注意以下几个方面。

（一）注意更新必要材料

在收集和积累材料过程中，秘书要对材料的时效性有一个正确的估计，对于那些长期有效的材料可以特别保存，对于那些在特定时间内有效的材料则要注意更新。这样既有利于材料价值的维护，也可以防止使用失效材料。

（二）注意筛除陈旧材料

秘书必须要让自己"材料库"中的材料始终保有价值，也就是说，那些无法反映出新思想、新动向、新精神的材料，需要及时剔除出"材料库"。秘书收集和积累材料时，不能只知道"增"，而舍不得"减"，有增有减才能让积累的材料永葆价值。

（三）注意材料的整体价值

某个材料单独使用时，可能并不具备太大价值，但若将其放在全局中考察，就会发现其可以与其他材料放在一起产生强大的整体价值。这就要求秘书在收集、积累材料时，要仔细观察材料与材料之间的联系，将那些具有整体价值的材料放置在一起保存。

（四）注意材料的长远价值

有些材料对于眼前工作可能没多少价值，但对于今后开展的工作却具有相当高的价值。对此，秘书应该多留意潜在价值很高的材料。

三、"一手材料"的收集方法

相比于政策文件这些现成材料，秘书更需要收集那些"一手材料"。如果把从政策、文件、资料中获取的，由他人整理过的材料称为"二手材料"，那么由秘书自己从工作、生活中总结而来的资料，就是"一手材料"。在公文写作中，无论是"一手材料"，还是"二手材料"，都有其价值所在，但相比于"二手材料"，运用"一手材料"更容易为公文增色添彩。所以，秘书必须要掌握一些常用的材料积累方法，并有意识地收集和积累"一手材料"。

（一）记笔记

记笔记是一种最方便的积累材料的方法，秘书可以把阅读重要材料时发现的基本观点、重要论据、名言警句等记录下来，或是把优秀公文范例的要点摘录出来，也可以将自己阅读材料的心得、体会、意见记录下来，这些内容都是有价值的材料。

（二）剪贴板

除记笔记之外，秘书也可以用"剪贴板"的方法，将报刊资料上的材料剪下来，并按照特定专题贴在一起。使用这种方法时要注意剪贴用纸的选择，尽量选那些质地比较好、规格较一致的白纸，装订时按照标题拟定总目、添加封面，这样查找时会更为方便。

（三）集卡册

这种方法结合了记笔记与剪贴板的优点，秘书可以随时随地将好的材料内容摘录到卡片上，再将卡片归类整理。集卡册可以更好地保存资料，不会像记笔记那样杂乱，也比剪贴板要方便。

（四）电子存档

利用电脑存储材料是当前较常见的做法。秘书平日阅读互联网资料或国家政策文件时，可以将那些有用的内容截图或摘录下来，并按照特定方法归类整理。前文提到的材料收集方法，都可以应用到互联网场景之中。

第五节 公文写作，词句为翼

公文不追求花哨的语句，但却对遣词造句有特殊的要求。秘书不必为了辞藻华丽下苦功，但却要保证公文中的一字一句都要符合写作规范。

公文是传达党和国家路线、方针、政策，发布行政法规制度，请示答复问题，指导安排工作，沟通交流经验的重要工具，拥有自身独特的语言特点。其特点具体可以概括为简洁、准确、严谨、规范。

一、简洁

简洁就是言简意赅，用一句话说清的事不要说两句；可以用短句表达的地方不要用长句；可以不说的内容那就不要说。一些秘书在撰写公文时，会将自己平时的写作习惯带入其中，写出来的公文不够简洁。对此，秘书在完成稿件后，可以从以下几个方面去审读修改。

（一）是否有重复啰唆之处

想要让语句简洁，就要将那些可有可无的字、词、句都去掉，使公文中的每一个字都有作用。"也""同时""如此一来""并且存在"这些词是否有必要留存于句中，删去之后是否会改变句子的意思，秘书必须仔细斟酌、认真审读。

（二）是否有句子冗长之处

公文写作并不是不允许有长句子存在，但长句子要用得恰当、用对地方才行，否则就会出现句子冗长、表意不清的情况。如果把握不好长句子，秘书不妨在公文中多用短句子，这样不仅能言简意明，也能少出错误。

在审读时，秘书要注意是否在名词前使用了过多定语，如果存在这种情况，便要看是否存在语句过于复杂、不好理解的情况。若存在这些问题，就要将长句子调整为短句子，让内容表述得更简单、更直接一些。

二、准确

准确就是要做到词能达意，不产生歧义，不让人误解。在遣词造句时，除了要做到言简意明，还要注意用词准确。公文写作中，如果选字用词出了问题，则会导致文稿表意出错，影响机关工作的正常开展。对此，秘书必须在选字用词上多加注意。

在用词准确方面，秘书需要注意公文中一些习惯性用语的使用。

（一）开头词语

"依照""遵照""根据""经批准""鉴于"……这些词语都可以放在公文开头，引出行文的依据、目的和原因。公文写作不需要拐弯抹角，也不需要在开篇做过多铺垫，很多公文一上来就直接点题，使用这些词语就能很好地引出公文内容。

（二）承接词语

在表示承接语意时，公文中会有一些特定的承接词语，比如"现批复如下""做如下决定""现予公布""特公布如下""现将有关情况通报如下""现答复如下""建议如下"等。不同的词语有不同的应用场景，适用不同类型的公文，秘书需要正确运用这些词语。

（三）结尾词语

不同类型的公文在结尾时使用的词语有所不同，比如，下行文常用"特此公告""此令""参照执行""将贯彻执行情况及时报告"等结尾词语；上行文常用"特此请示""请批复""特此报告"等结尾词语；平行文则多用"望早日见复""盼予函复""特此函复"等结尾词语。

三、严谨

严谨就是要求公文语言平实，不要乱用比喻、夸张等修辞手法，语言运用要恰到好处、点到即止。一些看似中性实则贬义的词，不能用错；一些需要具体描述的内容，不宜用比喻手法虚写；避免使用"大概""可能""差不多"等模糊词语。在审读公文时，秘书还需要注意公文内容是否存在搭配不当、关系不清的地方。

四、规范

规范指的是公文语言运用要符合组词造句的规则，这是公文写作的基本要求，主要涉及句法、文字及标点符号的使用规则。在公文写作时，秘书人员要使用书面语言，不要将一些方言、口语或网络语言用到公文之中。

除此之外，秘书在撰写公文时，还要讲究措辞得体，注意用语分寸。若要在公文中请求上级机关批办解决某事，应该使用"拟办"等词，而不能使用语气强硬的词。

第四章
法定公文写作

　　党政机关的秘书会频繁使用法定公文，通过它们传达党和国家的方针政策、指导工作、交流情况、沟通信息，它们也是一定范围内人们行为的规范和准则。

　　法定公文具有特定的格式，并且不同种类的公文格式也不尽相同。为了方便秘书快速掌握各种法定公文的写作，本章详细讲解了《党政机关公文处理工作条例》中的15种法定公文的写作格式与规范。

第一节　决议

　　决议是指党的领导机关就某些重要事项，经过法定会议讨论通过其决策，并要求有关单位和人员进行贯彻执行的重要指导性公文。决议具有规范性、权威性和指导性等特点。

　　从决议的定义可以看出，决议属于会议文件，跟本章后面要讲的会议纪要一样都是会议的产物，用于记载、传达会议上讨论、决定的事项。不过，二者又有所不同。

　　决议和纪要的区别。

　　1.内容不同。决议的内容通常是一些重大决策事项，比如党的代表大会或人民代表大会上讨论通过的一些重大决策事项，而会议纪要的内容可轻可重，有国家大事，也有日常小事。

　　2.形成过程不同。决议必须通过法定会议讨论，并通过一定程序的表决后形成统一的观点和决定，而会议纪要起草完成后只要经过相关负责人审阅后就能定稿。

　　3.效力不同。决议的效力更大，一旦形成，有关方面必须严格执行，而纪要主要是起引导、指导的作用。

一、决议的分类与特点

根据内容和作用，决议可分为以下四种类型。

（一）审议批准性决议

该类决议主要是指审议批准某些法律、法规、文件、组织等，决议的对象是请求会议审议批准的法律、法规、文件、议案、组织等，其内容不固定，可以是某人在某次会议上的工作报告，也可以是会议上所讨论的重要文件，或者重要工作事项等，如《中国共产党第二十次全国代表大会关于十九届中央委员会报告的决议》。

（二）方针政策性决议

该类决议主要是针对党的路线、方针、政策而确定的一些大政方针，如《关于建国以来党的若干历史问题的决议》。

（三）专门问题性决议

该类决议主要是就某些重大问题进行分析、讨论，然后做出相关决定而发布的决议，通常是具有长期性和战略性的重要文件，比如《中国共产党第二十次全国代表大会关于〈中国共产党章程（修正案）〉的决议》。

（四）公布号召性决议

该类决议主要用来宣布某一重要会议的精神及所取得的成果，号召人们认真贯彻会议要求，如《中国人民政治协商会议第十三届全国委员会常务委员会关于学习贯彻中国共产党第二十次全国代表大会精神的决议》。

决议跟其他文种不同，主要有以下三方面特点。

（一）规范性

决议的形成非常规范，决议草案需要通过法定会议，并按照法定程序进行讨论、表决，只有通过的才能形成最终的决议，继而下发；那些没通过的草案不能形成最终的决议，不能下发。

（二）权威性

决议是针对重大问题和重要事项所做的决策，一经公布，上下都要坚决执行，不得违背，具有权威性特征。

（三）指导性

决议提出的要求、表达的观点和对事项的评价都具有指导意义。

二、决议的写作要点与具体格式

决议有固定的格式，一般使用严肃庄重的语言。结论性的语句，所表述的内容通常比较宏观。秘书要了解决议的几个写作要点。

（一）正确把握会议精神

决议传达的是会议的中心思想和重要决策，想要写好决议首先要正确把握会议精神。秘书需要了解该会议的背景、形势及目的，需要清楚会议要解决的主要问题是什么，需要弄明白会议的肯定性意见，当然其他意见和要求也需要了解，只有弄明白该会议决策的各种方案和最佳方案，才能写出一篇好的决议草稿。

（二）准确表达会议观点

决议中要写清楚会议的名称、时间以及对议题的观点、态度，写作时要用通俗易懂的语言，准确表达决议的观点，不能含糊其词，尤其注意不能使用"很多人认为""有些人认为"等的模糊表达。

（三）正确使用常用语

决议正文每段开头通常会使用一些常用语，如"大会认为/会议认为""大会强调/会议强调""大会提倡/会议提倡""大会号召/会议号召"等，秘书要将其灵活用于决议中，使上下文自然衔接，让决议的层次更加分明，结构更加严谨。

（四）注意结语

一般决议正常结束就好，但是对于方针政策性决议通常还要加一个号召性的结语，用于鼓舞士气，通常使用"大会号召/会议号召"来开头，然后使用短语、排比来增强气势。如《中国人民政治协商会议第十三届全国委员会常务委员会关于学习贯彻中国共产党第二十次全国代表大会精神的决议》中就以"坚定信心、同心同德，埋头苦干、奋勇前进，为全面建设社会主义现代化国家、全面推进中华民族伟大复兴而团结奋斗！"来结尾。

决议的格式比较固定，通常包括标题、题注、正文和落款四部分，每部分具体格式如下：

（一）标题

决议的标题有三种形式。

1."发文机关+事由+文种名称"，如《中共中央关于党的百年奋斗重大成就和历史经验的决议》。

2."会议名称+事由+文种名称"，如《中国共产党第二十次全国代表大会关于十九届中央委员会报告的决议》。

3."事由+文种名称"，如《关于建国以来党的若干历史问题的决议》。

（二）题注

用于标注该决议的成文时间，即该决议正式通过的日期，一般放在标题下面的小括号内，居中放置，内容是会议名称、通过时间，即"××会议××××年××月××日通过"，如果公文标题中已经写出了会议的名称，那括号内也可只写"××××年××月××日通过"。

（三）正文

决议的正文由开头、主体和结语三部分组成。

决议的开头一般是简要地说明大会/会议听取了什么、学习了什么、审查了什么、批准了什么、通过了什么，用来陈述做出决议的原因、根据、背景、目的或意义。

决议的主体因具体内容不同侧重点不同，如果是批准事项或通过文件的决议，需要强调意义、提出号召；如果是安排工作的决议，要写明工作的内容、措施、要求；如果是阐述原则问题的决议，要把道理说清楚。

决议可以有结语，也可以没有，如果有结语通常是紧扣决议事项有针对性地提出希望、号召和执行要求。

（四）落款

决议的落款在正文的右下角，主要是盖公章和写明做出该决议的会议名称和日期，不过大多决议通过的会议名称和日期都以题注的形式在前面写明了，正文后面也可以不用再特意说明。

秘书了解了决议的写作要点和具体格式后，还要根据不同类型的决议进行写作。如果是审议批准性决议，通常正文的第一句话是审批意见，如"大会/会议审查、批准……"或"大会/会议审议并一致通过……"，然后用"大会认为/会议认为"之类的句子概括该文件的主要精神，并点评文件的一些重要内容，评价文件的作用和意义。

如果是方针政策性决议，一般有前言、主体、结语三项内容：前言要简明扼要地写明做出该决议的依据，可以是理论依据，也可以是事实依据。理论依据可以是有关政策、法规，也可以是做出决议的目的、意义。事实依据可以是做出该决议的原因、背景，也可以是对该决议内容的说明；主体是该决议的具体事项，要写明会议通过的具体决议内容，对相关文件、事项作出的结论，以及对有关工作所作的安排、部署、措施等；结语可以是对决议事项的评价，或对某些精神的强调，或具体的执行要求，通常是以提出要求、发出号召结束。

三、案例参考与分析

【案例1】

中国共产党第二十次全国代表大会关于十九届中央纪律检查委员会
工作报告的决议

（2022年10月22日中国共产党第二十次全国代表大会通过）

中国共产党第二十次全国代表大会审查、批准十九届中央纪律检查委员会工作报告。大会充分肯定十九届中央纪律检查委员会的工作。

大会认为，党的十九大以来，在以习近平同志为核心的党中央坚强领导下，各级纪律检查委员会深入学习贯彻习近平新时代中国特色社会主义思想，认真落实新时代党的建设总要求，坚定贯彻党的自我革命战略部署，深入落实全面从严治党战略方针，忠实履行党章赋予的职责，坚定不移推进党风廉政建设和反腐败斗争，推动新时代纪检监察工作高质量发展，紧紧围绕党和国家工作大局发挥监督保障执行、促进完善发展作用，为全面建成小康社会、实现第一个百年奋斗目标，迈上全面建设社会主义现代化国家新征程、向第二个百年奋斗目标进军提供坚强保障，向党和人民交上了优异答卷。

大会要求，高举中国特色社会主义伟大旗帜，坚持马克思列宁主义、毛泽东思想、邓小平理论、"三个代表"重要思想、科学发展观，全面贯彻习近平新时代中国特色社会主义思想，贯彻落实党的二十大作出的战略部署，深刻领悟"两个确立"的决定性意义，增强"四个意识"、坚定"四个自信"、做到"两个维护"，弘扬伟大建党精神，坚定不移全面从严治党，深入推进新时代党的建设新的伟大工程，推动完善党的自我革命制度规范体系，坚持以严的基调强化正风肃纪，一体推进不敢腐、不能腐、不想腐，坚决打赢反腐败斗争攻坚战持久战，锻造忠诚干净担当的纪检监察队伍，为全面建设社会主义现代化国家、全面推进中华民族伟大复兴而团结奋斗。

【案例分析】

这是一篇审议批准性决议，由标题、题注和正文组成。标题采用"会议名称+事由+文种"的格式；正文首先说明了"大会审查、批准十九届中央纪律检查委员会工作报告"，然后表明了态度"大会充分肯定十九届中央纪律检查委员会的工作"，接着用"大会认为"进行了具体说明，并点明该文件的作用和意义，最后用"大会要求"提出要求，并发出号召。整篇决议语言简明，浑然一体，具有高度的权威性和号召力。

第二节　决定

　　决定是用于对重要事项作出决策和部署、奖惩有关单位和人员、变更或者撤销下级机关不适当的决定事项的公文。它具有权威性、广泛性、单一性等特点。

　　决定和决议都属于决策类的公文，并且都是针对一些重要事项所做的决策，但二者有所不同，不能混用，秘书要根据实际情况选择正确的文种。

> 　　决定和决议的区别。
>
> 　　1.形成过程不同。决定可以是经过法定会议表决产生的，也可以是通过集体讨论并按照法定程序表决形成，或者直接由领导机关经过研究决定形成的；决议必须通过法定会议讨论，并通过一定程序的表决才形成。
>
> 　　2.内容不同。决定通常是就某个具体事项所作出的部署和安排，侧重于具体的方法和指导意见；决议通常是针对全局性事项所做的统筹性安排，侧重于评论和论证，用以说明指导思想、方针、政策等问题。
>
> 　　3.目的不同。虽然决定和决议都要求认真贯彻执行，但是决定要求得更加严格。

一、决定的分类与特点

　　根据决定的内容和作用，可分为以下四种。

（一）决策知照性决定

该类决定主要用于发布一些重要事项、处理某些具体问题，如《全国人大常委会关于我国加入世贸组织的决定》。

（二）部署指挥性决定

该类决定主要是针对某个重要问题、某项重要事项所做的统一部署，具有决策性和指挥性，下级单位要认真贯彻执行，如《中共中央关于完善社会主义市场经济体制若干问题的决定》。

（三）奖惩性决定

该类决定主要用于奖励或惩罚有关单位或个人，如《中共中央宣传部关于授予陆军工程大学"星火"理论宣讲服务政治教员群体"时代楷模"称号的决定》。

（四）变更撤销性决定

该决定主要用于变更或撤销相关机构的人事安排或不适当的决定事项，如《国务院关于撤销××同志××省省长职务的决定》。

跟其他文种相比，决定具有以下三个特点。

（一）权威性

跟决议一样，决定也是就某些重大问题和重要事项所做的决策，事关全局，一经下发，下级单位必须无条件严格贯彻执行。

（二）广泛性

跟其他文种相比，决定的使用频率更高，各政府机关单位遇到重要问题或重要事项、重大行动时，都可以使用决定来统一部署。

（三）单一性

决定通常只针对某一问题或某一事项做出决策，相对来说比较单一，便于下级单位贯彻执行。

二、决定的写作要点与具体格式

决定也有固定的格式，用语要有决断力，行文中不能使用有歧义或可能会引起误解的语句，表达要清晰明确。

决定的写作要点主要有以下四点。

（一）广泛听取各方意见

秘书在撰写决定之前，要就决定所涉及的问题进行广泛调研，广泛听取各方意见然后根据实际情况再行动笔，好的决定要能妥善解决实际问题。

（二）符合政策规定

决定的权威性要求其内容必须符合相关政策法规的要求，不能出现违反政策法规规定，或内容前后矛盾的决定。

（三）严谨明确

不管是对重要事项的决策和部署，还是对相关人员的奖惩，或者是对下级机关不适当事项的变更或撤销，都是严肃事项，所以行文要严肃慎重，观点要明确，表达要清晰，结构要严谨。

（四）详略适当

和决议相比，决定的结构样式更多，秘书要根据不同类型的决定对内容有所侧重。

如果是决策知照性决定，通常内容比较单一，文字比较简短，如本节【案例1】的正文就只有一句话。

【案例1】

全国人民代表大会常务委员会关于批准《中华人民共和国和肯尼亚共和国关于刑事司法协助的条约》的决定

（2022年10月30日第十三届全国人民代表大会常务委员会第三十七次会议通过）

第十三届全国人民代表大会常务委员会第三十七次会议决定：批准2017年5月15日由中华人民共和国代表在北京签署的《中华人民共和国和肯尼亚共和国关于刑事司法协助的条约》。

对于此类决定，如果有必要也可以对批准事项的缘由进行详细描写，不过对决定事项的部分则不用过多说明。

如果是部署指挥性决定，因为传达的是具体的部署，所以要侧重于决定事项部分，批准事项的缘由部分则可以简单带过。通常这类决定的内容较多，并且复杂，行文时大多采用逐条列项的方法，这样看起来就会更加清晰明了。

如果是奖惩性决定，通常先介绍被奖励或惩罚的单位或个人的一些基本情况，接着介绍他们的先进事迹或错误事实，然后再写奖励或惩罚的依据，并提出号召或要求。

如果是变更撤销性决定，要阐明变更或撤销的具体原因，依据是什么，决定是什么，要根据相关法律法规，不能抛开法律法规随意变更或撤销。

秘书掌握决定的写作要点后，还要掌握决定的具体格式。决定通常包括标题、正文、落款三部分，每一部分的具体格式如下。

（一）标题

决定的标题有两种形式。

1."发文机关+事由+文种名称"，如《全国人民代表大会常务委员会关于批准〈中华人民共和国和肯尼亚共和国关于刑事司法协助的条约〉的决定》。如果决定是由正式会议通过或批准的，则在标题下方居中位置的小括号内标注通过或批准该决定的会议名称及通过日期，格式是"日期+会议名称+通过"，如本节【案例1】所示；如果该决定不是正式会议通过或批准的，则不需要标注。

2."事由+文种名称"，如《关于深化预算管理制度改革的决定》，这类决定的标题没有发文机关和成文时间，需要在正文结束后注明。

（二）主送机关

如果该决定有应知照的单位或群体，应在标题下面正确标注出主送机关；如果该决定是普发性的，或者没有特定的主送机关，则不用标注主送机关。

（三）正文

决定的正文通常需要写明做出该决定的依据、决定事项和决定结语。

1.决定依据

一般在正文开始部分写明做出该决定的依据、原因、目的或意义，秘书要根据不同类型的决定确定需要书写的内容。如果是部署指挥性决定，则需要说明该部署的缘由；如果是奖惩性决定，需要写明奖励或惩罚的依据；如果是变更撤销性决定，也要写明变更或撤销的原因、依据。

2.决定事项

该部分是决定的主体，需要写清楚该决定的具体内容。注意只有达成一致的意见才能写成决定，没有达成一致的意见不能写入决定，写作时可以采用篇段合一式、分条列项式、部分表达式。

篇段合一式。就是全文就一段。如果决定的内容单一，所要写的文字也很少，就可以采用这种表达方式，如本节【案例1】所示。

分条列项式。如果决定涉及的事项比较多，可以采用分条罗列，将涉及的不同事项按照主次分成若干条，这样的内容会层次清晰，让人一目了然。

部分表达式。对于一些特别重要并且篇幅较长的决定，可以采取部分表达式，将正文按照不同的主题思想分成不同的部分，然后再分条列项。

3.决定结语

该部分内容通常要写明执行该决定的具体措施和要求，发出号召或提出希望。要注意措施要切实可行，要求要具体，号召或希望要铿锵有力。

（四）落款

正文之后，还要注明发文单位的名称并加盖印章，还有成文日期。不过，不是所有的决定都要有落款，如果已经在前面标题下用小括号标注了通过会议的名称及通过日期的就不用再落款了。

三、案例参考与分析

【案例2】

国务院关于取消和调整一批罚款事项的决定

国发〔2022〕15号

各省、自治区、直辖市人民政府，国务院各部委、各直属机构：

为进一步推进"放管服"改革、优化营商环境，国务院开展了清理行政法规和规章中不合理罚款规定工作。经清理，决定取消公安、交通运输、市场监管领域29个罚款事项，调整交通运输、市场监管领域24个罚款事项。

国务院有关部门要自本决定印发之日起60日内向国务院报送有关行政法规修改草案送审稿，并完成有关部门规章修改和废止工作，部门规章需要根据修改后的行政法规调整的，要在相关行政法规公布后60日内完成修改和废止工作。罚款事项取消后，确需制定替代监管措施的，有关部门要依法认真研究，严格落实监管责任，创新和完善监管方法，规范监管程序，提高监管的科学性和精准性，进一步提升监管效能，为推动高质量发展提供有力支撑。

附件：国务院决定取消和调整的罚款事项目录

国务院

2022年7月30日

附件

国务院决定取消和调整的罚款事项目录

序号	罚款事项	实施部门	设定依据	处理决定	替代监管措施
1	对取得生产许可证的企业未依照规定定期提交报告，逾期未改正行为的罚款	市场监管部门	《中华人民共和国工业产品生产许可证管理条例》第五十三条	取消	强化落实企业主体责任，通过"双随机、一公开"等方式进行事中事后监管，督促相关主体及时改正。
……	……	……	……	……	……
……	……	……	……	……	……

【案例分析】

这是一篇变更撤销性决定，该决定语言简练，表达准确，详略得当，结构严谨，内容齐全，由标题、主送机关、正文、落款四部分组成。

标题采用了"发文机关+事由+文种名称"的格式，标题下面只有该文件的编号，没有标注其他内容，所以落款部分注明了发文单位的名称及成文日期。

该决定有明确的应知照单位，所以在标题下面标注了"各省、自治区、直辖市人民政府，国务院各部委、各直属机构"。

正文一开始就点明该决定的目的和意义，对于取消和调整的具体原因、依据、处理决定、具体措施则在附件里进行了详细的说明；接着又使用篇段合一式写明了决定的具体事项，"决定取消公安、交通运输、市场监管领域29个罚款事项，调整交通运输、市场监管领域24个罚款事项"；最后一段详细写明了执行该决定的具体措施和要求。

第三节　命令

命令，简称为"令"，是国家行政机关及其领导人发布的指挥性和强制性的公文。只有具有发布权限的上级机关才能对下级机关发布这种公文，该类公文适用于公布行政法规和规章、宣布施行重大强制性措施、批准授予和晋升衔级、嘉奖有关单位和人员。命令具有强制性、权威性、严肃性、专用性等特点。

命令与决定的区别。

1.使用权限不同。命令在公布行政法规和规章、宣布施行重大强制性措施时，需要严格遵守《宪法》规定的权限；决定要求没这么严格。

2.适用范围不同。命令的适用范围较小，只用于一些特定的具体事项；而决定既可用于一些特定事项，也可用于一些非特定事项。

3.表达方式不同。命令更简洁，行文时只需表达相关事项和要求就行；决定除了要表达相关事项和要求，还要写明具体的方法，以及阐述做出该决定的目的和意义。

秘书在选用文种前，要明确自己单位是不是有发布命令的权限，如果没有那就不能使用该文种，可以考虑一下与其相近的决定；如果有使用命令的权限，写作时要注意命令与决定的区别。

一、命令的分类与特点

根据命令的不同用途，可将其分为不同的类型。

（一）公布令

该类命令是由国家权力机关、行政机关根据相关法律发布一些重要法律、行政法规、规章规定时所使用的一种文书。

（二）行政令

该类命令是由国家行政机关用来宣布实施某项重大强制性行政措施的文书。国务院及其部门、县以上人民政府才有权发布这类命令，如戒严令、通缉令等。

（三）任免令

该类命令是用于任免国家行政领导机关的干部或其他工作人员时所使用的一种文书。

（四）嘉奖令

该类命令是中央机关对取得重大功绩的个人或集体进行公开表彰时所使用的一种文书。

跟其他文种相比，命令具有以下四个特点。

（一）强制性

命令都是依据国家相关法律法规制定的，所以命令是最具强制性的文种。命令一经发布，受令者必须无条件服从，并迅速执行，不得违抗，不得拖延，不能做任何改动和变通，否则就会被严惩。

（二）权威性

命令是国家权力的集中体现，具有权威性。只有法律规定有权使用的机关及首长才能发布命令，其他机关、群众团体、企事业部门都无权发布。

（三）严肃性

所有命令都是严肃的，行文要简洁、有力，一经发布就要严格执行，不能朝令夕改。

（四）专用性

命令的使用范围较小，只能用于发布一些行政法规和规章以及重大行政措施，或是人员的奖惩、任免。

二、命令的写作要点与具体格式

因为命令具有强制性、权威性、严肃性等特点，所以使用该文种的时候要注意行文简洁，用词准确，语气要坚定有力，观点要明确。

撰写命令时，秘书要把握以下三个要点。

（一）语言要精简、准确

命令语言不仅要言简意赅，还要准确，能准确表达领导或机关的意志，不让人产生任何误解。

（二）内容要有所侧重

命令一般要明确能做什么，不能做什么，撰写的时候要有所侧重，比如戒严令侧重于不能做的事情。

在具体格式上，命令通常由标题、编号、主送机关、正文、落款五部分组成。

（一）标题

命令的标题有两种形式。

1."发文机关+事由+文种名称"，如《国务院关于在我国统一实行法定计量单位的命令》。

2."发文机关+文种名称"，如《中华人民共和国国务院令》，一般公布令的标题采用这种形式，因为公布令正文非常简单，如果再把事由写入标题，就会跟正文重复。

（二）编号

命令的编号有两种形式。

1.按文种单独编号

这种方式不按年编排，而是从国家领导人任职开始编排，到任职期满结束。

这种编号不标识机关代字以及年份号，只标注发令的顺序号，如果政府换届但领导人连任，则不需要换令号，比如本节【案例1】中的《中华人民共和国主席令》的编号就是"第一二五号"。

2.跟其他文种统一编号

一般用机关名义发布的行政令大多采用这种编号，如《国务院对民航2402机组的嘉奖令》，其编号就是"国发〔1990〕3号"。

（三）主送机关

命令的主送机关跟决定的一样，如果面向社会公开发布，可以省略主送机关；如果有特定的受令者，则需要在标题下方标注受令者。

（四）正文

命令的正文主要包括缘由、事项、执行要求三部分内容。

1.缘由，就是发布该命令的原因，可以用"为……，特发布此令"。

2.事项，是命令的主体部分，这部分内容根据不同的类型写法不同。

3.执行要求，用来要求受令者从某一时间开始严格执行该命令，通常以"从×××年××月××日起施行"。

不同类型的命令，其正文的内容也不尽相同。如果是公布令，正文只要将公布的内容、公布的依据、公布的要求写清楚就可以了。

如果是行政令，一般可分三部分来写：第一部分写发令的原因、依据、目的或意义等；第二部分写命令事项，这是正文的重点，要写清楚命令什么机关在什么时候或什么地点强制执行什么行政措施，如果内容较多，可以采用分段列项的方式，让其更加清晰；第三部分写执行要求，可以提出一些奖惩措施或执行说明。

如果是嘉奖令，正文通常也分三部分来写：第一部分写明嘉奖的缘由，要简明扼要地将被嘉奖对象的先进事迹写清楚，包括事件发生的时间、地点、经过、结果、影响、被嘉奖对象的表现等；第二部分写嘉奖决定，写清楚到底给被嘉奖对象什么样的奖励，如果涉及物质奖励最好略提一下；第三部分就是希望和号召。

如果是任免令，则非常简洁，只需写明任免的依据、内容即可，如下面的【案例1】。

【案例1】

中华人民共和国主席令

第一二五号

根据中华人民共和国第十三届全国人民代表大会常务委员会第三十七次会议于2022年10月30日的决定：

免去陈文清的国家安全部部长职务；

任命陈一新为国家安全部部长。

中华人民共和国主席　习近平

2022年10月30日

秘书撰写命令时，要先判断写的是什么类型的命令，这样才能更好地把握该命令的要点。

（五）落款

命令的落款是发令单位名称或签署人的职务和姓名，还有就是签署时间。

三、案例参考与分析

【案例2】

贵州省森林草原禁火令

（2022年10月1日贵州省人民政府令第209号公布　自2022年10月1日起施行）

为有效防范森林草原火灾，确保人民生命财产和森林资源安全，根据《中华人民共和国森林法》《森林防火条例》《草原防火条例》及《贵州省森林防火条例》等有关规定，特发布本禁火令。

一、禁火时段

从2022年10月1日起至2023年5月31日为全省森林草原禁火期。

二、禁火区域

全省行政区域内所有林区、草原及其周边100米范围内的野外区域为禁火区域。

三、禁火内容

在禁火期和禁火区域内，禁止一切野外用火，必须严格执行以下规定：

(一)严禁携带火种和易燃易爆物品进入林区和草原。

(二)严禁焚烧秸秆、杂草杂物、烧灰积肥及其它农事用火行为。

(三)严禁在进行祭祀活动时点烛、焚香、烧纸、燃放烟花爆竹和放孔明灯等用火行为。

(四)严禁吸烟、点火照明、取暖、野炊和举办篝火等活动。

(五)严禁烧蜂窝、烧山狩猎、烧火驱兽等行为。

(六)严禁其他易引发森林草原火灾的活动、行为。

四、禁火区特殊用火规定

(一)确需在禁火区域内野外生产用火的，必须经县级人民政府或者其委托的林业主管部门审批同意，且采取必要防火措施。

(二)因防治病虫鼠害、冻害、抢修设备等特殊情况确需野外用火的，必须经县级人民政府或者其委托的林业主管部门审批同意，在符合条件时组织实施。

(三)其他确需在禁火区域内用火的，必须严格根据法律法规规定办理审批手续，并采取必要防火措施。

五、其他

(一)各市(州)、县(市、区、特区)人民政府严格落实森林防火行政首长负责制，林业、应急和公安等部门按照三定职责落实部门责任，护林员按照责任区域落实巡护责任。森林经营(管护)单位和个人在其经营(管护)范围内负有森林防火责任，必须落实各项禁火措施。电力、通讯、燃气等行业，易燃易爆品仓库、寺庙、农家乐等重要风险点，要进行全面排查，及时消除森林火灾隐患。

(二)进入林区、草原的车辆和个人，应自觉接受检查登记，并严格执行先扫

"防火码"再进入的规定。任何单位和个人不得拒绝和阻挠。

(三)任何单位和个人发现野外用火，应当向森林草原防火主管部门及时反映；发现森林火情时，要立即向当地森林防灭火指挥部办公室或当地政府报告。

对违反本禁火令的，将按照有关法律法规严肃处理，涉嫌犯罪的，移送司法机关追究刑事责任。

【案例分析】

这是一篇行政令，用来发布"禁火"这一强制性的行政措施，内容条理清晰，态度明确，通过使用"禁止""严禁""必须严格执行"表明决心。

该命令的标题采用的是"发文机关+事由+文种"的形式，标题下方的小括号内注明了该命令的编号以及实施日期，因为属于面向社会公开发布，所以没有标注主送机关。

正文一开始就说明了该命令发布的缘由，并点出该命令是根据什么法律法规制定的。命令的主体部分因为涉及内容较多，采用分段列项的方式罗列四点，说明了禁火的时间段、禁火区域、禁火内容、禁火区特殊用火规定，因为有的点包括的内容较多，又分条列出，让人一目了然。最后提出执行要求，并注明了惩罚措施。

第四节　公报

公报是党政机关和人民团体用于公布重要决定或者重大事项的一种公文文种。党政机关通过报刊、电视、广播、互联网等媒体，将一些重要决定事项或重大事件以公报的形式发布，以便国内外民众知晓。

一、公报的分类与特点

公报根据内容可分为以下四类。

（一）新闻公报

该类公报往往以新闻的形式将重要决定或者重大事项向党内外、国内外公布，其具有及时性和真实性，阅读对象没有限制，如《金砖国家外长会晤新闻公报》。

（二）联合公报

有时，不同政党、不同国家、不同团体之间就某些重要事项或问题会进行会谈、协商，最后达成一致意见或达成谅解，双方联合签署发布的文件就是联合公报，如《中华人民共和国政府和柬埔寨王国政府联合公报》《上海合作组织成员国政府首脑（总理）理事会第二十一次会议联合公报》等。

（三）会议公报

该类公报是党政机关将一些重要会议、会谈的情况或决定的事项以公报的形式发布，如《中国共产党第二十届中央委员会第一次全体会议公报》。

（四）统计公报

国家和政府统计机关有时会发布一些关于国民经济、社会发展情况的综合性公报，如《2021年全国科技经费投入统计公报》。该类公报有权威的数据统计，是有关部门制定政策时的参考。

公报具有以下几个特点。

（一）重要性

公报的发文机关，一般是党和国家的领导机关，所公布的内容通常是涉及党内外、国内外普遍关心的重要决定或者重大事项。

（二）新闻性

公报的内容都是最近发生的事件或刚做出的决定，是大家关心、应知而未知的事项，所以发布要及时、准确，具有新闻的特点。

（三）公开性

公报是周知性公文，是完全公开的，不需要保密，其阅读对象没有限制，所以没有主送机关和抄送机关。

（四）多样性

公报一般通过新闻媒体进行发布，发布形式比较多。如果以新闻的形式进行发布，就是"新闻公报"；如果由两个或两个以上的主体达成协议进行公告，就是"联合公报"；如果是以会议的名义进行发布就是"会议公报"；如果以统计的形式进行公报，就是"统计公报"。

二、公报的写作要点与具体格式

撰写公报要把握以下要点。

（一）语言要准确

公报的内容不是重要决定就是重大事项，针对的是党内外、国内外所有民众，撰写时要确保内容的真实性、准确性，语言要精准、朴实，是什么，不是什么，应该怎么做，不应该怎么做都要准确表达出来，语气要客观、严肃，尽量使用不带任何主观色彩的词语。

（二）主旨要突出

有些公报涉及的内容比较多，不能每一点都详细说明，所以撰写时要紧扣公报的核心内容，突出主旨，详略得当，让人读完就知道该公报主要讲了什么。

公报的基本格式通常包括标题、题注、正文和落款四部分。

（一）标题

公报的标题根据不同的类型，可以采用不同的形式。

1."会议名称+文种"，如《中国共产党第十九届中央委员会第七次全体会议公报》。

2."发表公报双方或多方国名+文种"，如《中华人民共和国、俄罗斯联邦、印度共和国外长第十八次会晤联合公报》。

3."事由+文种"，如《中华人民共和国2021年国民经济和社会发展统计公报》。

（二）题注

公报的题注是公报的发布日期或通过事项的日期，一般用圆括号的形式标注在标题正下方，如《中国共产党第二十届中央委员会第一次全体会议公报》，就在该标题正下方有"（2022年10月23日中国共产党第二十届中央委员会第一次全体会议通过）"字样。

有的公报还会将发布公告的地址标注在题注上，如《澜湄合作第七次外长会联合新闻公报》，就在标题正下方标注"（2022年7月4日，缅甸蒲甘）"。

有的公报会将发布的部门标注在题注上，如《2021年全国科技经费投入统计公报》就在标题正下方，分两行标注出发布部门和发布日期——"国家统计局 科学技术部 财政部"以及"2022年8月31日"。

公报没有主送机关和抄送机关，所以不用标注主送机关、抄送机关，一般也不用标注发文字号。

（三）正文

公报的正文一般由开头、主体和结尾三部分组成。

1.开头部分要简明扼要地介绍公报的时间、地点、人物、事件等。

2.主体部分要详细说明公报所做的决定或公布的事项。

3.结尾部分一般是强调意义，有时还会提出要求和希望。

不同类型的公报，其正文写法略有差异。

新闻公报，开头部分要简要叙述最重要的新闻事实，主体部分要详细写明整个事件的具体过程，如人物、事件、事因、结果等，结尾部分可根据事情情况决定写或不写。

联合公报，开头部分要交代一些具体情况，如会晤的时间、地点、人物、事件等，主体部分则主要介绍双方议定的具体事项以及相关的立场、态度、评价、做法等，结尾部分可以点出会议的意义，也可交代一下会议的气氛或双方对会谈的肯定态度，当然也可不写。

会议公报，开头部分通常简要说明会议的基本情况，如会议的时间、地点、出席人员、主持人等；主体部分主要介绍会议的主要活动及决定事项，一般采用分条列项的方法；结尾部分通常是提出号召、希望或要求等。

统计公报，开头部分要简要说明公报的依据，以及取得的成绩和存在的问题，主体部分采用文字、图表等进行详细说明，结尾部分可以用注释来进一步说明，也可以没有。

（四）落款

如果公报没有在题注、正文部分交代公告的日期，那就在正文之后的落款部分注明发文单位名称和日期。

三、案例参考与分析

【案例1】

中华人民共和国、俄罗斯联邦、印度共和国外长第十八次会晤联合公报

（2021年11月26日）

一、中华人民共和国、俄罗斯联邦和印度共和国外长于2021年11月26日以视频方式举行第十八次会晤。本次会晤是在全球新冠肺炎疫情带来负面冲击、经济处于复苏之中，以及恐怖主义、极端主义、贩毒和跨国有组织犯罪、自然和人为灾害、粮食安全和气候变化等威胁持续背景下举行的。

二、外长们就进一步加强中俄印三方合作交换了意见，讨论了众多重要的地区和国际问题。外长们回顾了2019年6月在日本大阪举行的中俄印领导人非正式会晤，以及2020年9月在俄罗斯莫斯科举行的中俄印外长会晤，指出需要定期举行高级别会议，促进中俄印三国更紧密合作。

三、外长们对遭受新冠肺炎疫情负面影响的人们表达了支持，强调了对包括流行病在内的全球卫生挑战作出及时、透明、有效和非歧视性的国际反应，以公平和可负担的方式获得药品、疫苗和关键健康用品的重要性。外长们强调了广泛接种疫苗对抗击新冠肺炎疫情的重要性，重申了在抗击疫情过程中继续合作，特别是通过分享疫苗制剂、转让技术、发展本地生产能力、促进医疗产品供应链的必要性。在此背景下，外长们注意到世界贸易组织正在进行的关于新冠肺炎疫苗知识产权豁免的讨论以及《与贸易有关的知识产权协定》和《多哈宣言》的灵活性的使用。

四、外长们强调抗击新冠肺炎疫情需要开展集体合作，注意到世界卫生组织、各国政府、非营利组织、学术界、工商界正在采取的抗疫措施。在此背景下，外长们呼吁世界卫生组织在新冠肺炎疫情和其他全球卫生挑战方面加强政策应对，并呼吁推动新冠疫苗成为全球公共产品。

五、外长们一致认为，中俄印合作将不仅有利于三国自身经济增长，也有利于全球和平、安全、稳定与发展。外长们强调，在尊重国际法和《联合国宪章》原则的基础上，加强开放、透明、公正、包容、平等和具有代表性的多极国际体系以及联合国在国际体系中的核心协调作用至关重要。

六至三十三、（略）

三十四、外长们支持中国举办2022年北京冬奥会和冬残奥会。

三十五、中国和俄罗斯外长感谢印度外长成功组织此次中俄印外长会晤。印度外长将中俄印合作主席国职责移交中国外长。下次中俄印外长会晤日期和地点将通过外交渠道商定。

【案例分析】

这是一篇联合公报，标题采用了"发表公报双方或多方国名+文种"的形式，标题正下方的题注写明了公报的发布日期。

　　正文部分的开头简明扼要地介绍了会晤的三方——中华人民共和国、俄罗斯联邦和印度共和国外长，会晤的时间——2021年11月26日，会晤的方式是视频，此外还简单介绍了此次三方会晤的背景。主体部分主要介绍了三方议定的具体事项，其中使用了"外长们强调""外长们一致认为""外长们重申""外长们支持""外长们谴责"等惯用语将三方的立场、态度明确表达出来。结尾部分交代了各方对会晤的肯定态度。

第五节　公告

公告是国家机关向国内外宣布重要事项或者法定事项的一种公文。所谓"重要事项"，主要是国内外都关注的，有关国家政治、经济、军事等方面的重大举措，这些举措可能会涉及其他国家，这时需要使用"公告"让国内外都知晓。所谓"法定事项"，主要是指国家权力机关、行政机关等部门依据我国相关法律法规和法定程序予以公开的事项。

公告与公报的区别。

1.内容不同。二者都是用来公布一些重要事项或重要会议，公告的内容非常简要，公报的内容很具体。

2.使用功能不同。公告可以宣布法定事项，但公报不能。

3.约束力不同。公告的约束力更强，公告宣布的都是重要事项或法定事项；公报因为兼具新闻性，所以只要是国内外关注的事都可以发布。

一、公告的分类与特点

根据公告的内容，可将其分为以下两类。

（一）重要事项公告

这类公告通常由国家机关发布，内容涉及国家的政治、经济、科技等诸多方面，比如公布国家领导人出访、一些重要的科技成果等。

（二）法定事项公告

这类公告通常由政府或政府相关职能部门按照相关的法律法规向国内外宣布一些法定事项，或颁布法律、法规。

只有国家权力机关、行政机关，以及被授权的部门才能使用公告，其他地方行政机关通常不能使用公告。

公告主要具有以下三个特点。

（一）广泛性

公告所发布的"重要事项或法定事项"面向的是"国内外"，如果该事项仅限于告知国内或没有在国内外构成影响，则不能使用公告发布。

（二）重大性

公告所发布的内容大多涉及国家大事，会在国内外产生一定影响，体现国家权力机关的威严。

（三）单一性

一般公告比较简洁，宣布的事项比较单一，一个公告只说一个事项，如本节【案例1】就只说了"药品召回管理办法"这一个事项。

【案例1】

国家药监局关于发布《药品召回管理办法》的公告

（2022年第92号）

为贯彻落实《中华人民共和国药品管理法》《中华人民共和国疫苗管理法》等法律法规要求，国家药监局组织修订了《药品召回管理办法》，现予发布，自2022年11月1日起施行。

特此公告。

附件：药品召回管理办法

国家药监局

2022年10月24日

二、公告的写作要点与具体格式

撰写公告时，要谨记以下三个要点。

（一）语言庄重、精准

公告中的观点代表的是国家和政府的立场，不能含糊其词，不能轻率，语言要精练、准确、严肃、庄重。公告的主题必须符合党和国家的最高利益，小到一个标点符号的使用都要符合规范，都要做到精准无误。

（二）篇幅完整、简短

公告内容比较单一，主要是陈诉事实，公告只陈述一个事项，相关内容不用展开论述，直接用概括性的语言将事项叙述清楚即可，坚持能少说绝不多说的原则。

（三）层次分明、清晰

考虑到公告的政治影响深远，如果内容较多要尽量分条列项，通常一条一个独立的含义与要求，让人一看就明白它的意思。

在具体格式上，公告一般包括标题、文号、题注、正文和落款五个部分。

（一）标题

公告的标题主要有三种形式。

1. "发文机关+事由+文种名称"，如《国家药监局关于发布〈药品召回管理办法〉的公告》。

2. "发文机关+文种名称"，如《中国证券监督管理委员会公告》。

3. "事由+文种名称"，如《关于个人养老金有关个人所得税政策的公告》。

（二）文号

公告的文号主要有两种情况。

1.标注文号

大多数公告都会在标题下面标注文号，方便排序、使用和管理。文号可以不写明机关名称，直接写明序号就行，可以是"第××号"，也可以是"××××年第××号"，如本节【案例1】标题下面的文号就没有注明机关名称，直接是"2022年第92号"；文号也可以注明机关名称，如"××部公告×××年第××号"。

2.不标注文号

有些机关很少发布公告，只是偶尔发布一下，可能就不标注文号，如【案例2】。

【案例2】

国家铁路局政府网站与政务新媒体2022年三季度自查公告

按照《国务院办公厅秘书局关于印发政府网站与政务新媒体检查指标、监管工作年度考核指标的通知》确定的检查标准，国家铁路局对局政府网站与政务微博开展了自查，网站和微博整体运行情况良好，检查结果均为合格。

本季度我局政府网站、政务微博发布信息1110条，收到政府网站找错平台留言16条，均及时进行了处理反馈。

（三）题注

如果落款处没有制发公告的日期，可以在题注处表明发布公告的日期。

（四）正文

公告的正文通常由公告缘由、公告事项、公告结语三部分组成。

公告缘由是发布该公告的原因、目的、依据等，需要用简短的语言概括说明一下即可，不用长篇大论；有的公告则没有这部分，直接陈述事项。

公告事项是公告的主体部分，需要写清楚什么时间、什么地点，将要进行什么重大工作，或发生什么重要事项等。如果内容单一，就采取篇段合一的方式去写，如本节【案例1】；如果内容较多，就采取分条列项式写法，如本节【案例3】。

公告结语，一般会使用"特此公告"惯用语结束，如果公告太过简单，只有一小段，也可不写结语。

如果该公告有附件，可以将附件添加在公告结语下面，落款上面的靠左位置，如本节【案例3】所示。

（五）落款

落款一般在正文的右下角，需要注明"发文机关名称+成文日期"并加盖印章；如果公告标题中已经含有发文机关名称，那落款可以省略；如果是重要的公告，还要在发布日期后面写上发布公告的地点。

三、案例参考与分析

【案例3】

关于发布第三批适用增值税政策的抗癌药品和罕见病药品清单的公告

财政部 海关总署 税务总局 药监局公告2022年第35号

为鼓励制药产业发展，降低患者用药成本，现将第三批适用增值税政策的抗癌药品和罕见病药品清单等公告如下：

一、自2022年12月1日起，本公告附件1中的抗癌药品和罕见病药品，按照《财政部 海关总署 税务总局 国家药品监督管理局关于抗癌药品增值税政策的通知》（财税〔2018〕47号）、《财政部 海关总署 税务总局 药监局关于罕见病药品增值税政策的通知》（财税〔2019〕24号）规定执行相关增值税政策。

二、自2022年12月1日起，《财政部 海关总署 税务总局 药监局关于发布第二批适用增值税政策的抗癌药品和罕见病药品清单的公告》（财政部 海关总署 税务总局 药监局公告2020年第39号）所附"抗癌药品和罕见病药品清单（第二批）"中罕见病药品制剂序号9"氘丁苯那嗪"按本公告附件2确定的税号执行。

三、各批清单中的抗癌药品和罕见病药品制剂需已获准上市，对应剂型以国家药品监督管理部门实际批准上市剂型为准。

四、本公告附件3所列药品应视为与《财政部 海关总署 税务总局 国家药品监督管理局关于抗癌药品增值税政策的通知》（财税〔2018〕47号）、《财政部 海关总署 税务总局 药监局关于发布第二批适用增值税政策的抗癌药品和罕见病药品清单的公告》（财政部 海关总署 税务总局 药监局公告2020年第39号）所附清单中对应药品活性成分名称/活性成分通用名称一致，并按上述政策规定的实施日期及要求执行相关增值税政策。

特此公告。

附件：

1.抗癌药品和罕见病药品清单（第三批）

2.抗癌药品和罕见病药品（第二批）税号修正清单

3.部分药品活性成分通用名称情况

财政部

海关总署

税务总局

药监局

2022年11月14日

【案例分析】

这是一篇重要事项公告，用精准的语言将"第三批适用增值税政策的抗癌药品和罕见病药品"这个重要事项写得非常清楚。

该公告的标题采用的是"事由+文种名称"的格式，还在标题下面标注了文号，没有题注。正文部分用一句话点明了发布该公告的缘由，主体部分采用分条列项式写法将事项写清楚了，从什么时候开始，什么药品将要执行什么样的增值税政策，最后以"特此公告"惯用语结束。

因为有附件，所以在正文下面、落款上面又添加了三个附件。最后在右下角注明了四个发文机关以及成文日期。

第六节　通告

通告适用于在一定范围内公布应当遵守或者周知的事项，是一种周知性公文。通告的发布和约束范围是有限制的，一般仅限于制发主体所管辖的区域，所公布的事项也是应当遵守或周知的。

通告和公告都是用来传达或宣布需要广泛告知相关事项的公文，不过二者有明显的差异。

通告与公告的区别。

1.所告知事项的重要程度不同。通告宣布的是"应当遵守或者周知的事项"；公告宣布的"重要事项或者法定事项"，公告公布的事项更重要。

2.告知事项的范围不同。通告仅限于"一定范围内"；公告面对的则是"国内外"，公告的范围更广。

3.发布机关的级别不同。通告的制发单位比较广，从中央到基层单位都可以使用该文种；公告大多由党和国家的高级机关发布。

4.发布方式不同。通告既可以通过传媒向外发布，也可以仅限内部行文；公告只能通过传媒方式发布。

一、通告的分类与特点

根据用途不同，通告可分为以下两种类型。

（一）法规性通告

如果通告的内容是大家应当遵守的事项，这样的通告起到行政法规的作用，属于法规性通告，如《关于禁止燃放烟花爆竹的通告》。

（二）周知性通告

通告的内容是大家需要周知或办理的事项，其行政约束力就会小一些，如《工业和信息化部关于公布〈2022年老年用品产品推广目录〉的通告》。

通告具有以下几个特点。

（一）广泛性

通告的适用范围较广，上至中央，下至基层单位、企事业单位内部都可以使用该文种。

（二）周知性

不管通告发布的是应当遵守的事项，还是应当周知的事项，都是为了让一定范围的人或特定范围的人普遍了解、知晓。

（三）约束性

通告常会作为有关方面的行为准则，具有行政约束力及法律效力，要求受通告者必须严格遵守或执行。

二、通告的写作要点与具体格式

撰写通告时，要注意以下几点。

（一）语言要简练、通俗

通告一般篇幅较短，尽量用简明扼要的语言将事项说清楚。行文过程中如果需要使用一些专业术语，尽量选择大多数人熟悉的行业用语，避免使用生僻的术语，如果有必要应作注释。

（二）内容要合理、合法

法规性通告具有一定的约束力和强制力，内容一定要有理有据，并且必须符合国家相关法律法规。

（三）事项要完整、具体

通告的事项要完整，措施要具体，让大家读完就知道应该怎么做。

秘书撰写通告时，先判断适用哪种类型的通告，如果是周知性通告，一般比较简单，只说明原因、事项即可，可使用篇段合一式写法，如本节【案例1】；如果是法规性通告，通常事项比较复杂，可采用分条列项式写法，如本节【案例2】。

【案例1】

工业和信息化部关于公布《2022年老年用品产品推广目录》的通告

工信部消费函〔2022〕235号

根据《工业和信息化部办公厅关于组织开展2022年老年用品产品推广目录申报工作的通知》（工信厅消费函〔2022〕124号），经企业自愿申报、省级工业和信息化主管部门及行业组织推荐、专家评审、面向社会公示等程序，确定《2022年老年用品产品推广目录》，现予公布。

附件：2022年老年用品产品推广目录

工业和信息化部

2022年10月25日

通告的具体格式包括标题、文号、主送机关、正文、落款五个部分。

（一）标题

通告的标题有三种形式。

1. "发文机关+事由+文种名称"，如本节【案例1】的标题。

2. "发文机关+文种名称"，如本节【案例2】的标题。

3. "事由+文种名称"，如《关于征集第四届联合国世界数据论坛主题口号的通告》。

（二）文号

大多数通告都会在标题下面标注文号。文号可以不注明机关名称，直接写明序号就行，如"第××号"，或者"××××年第××号"；文号也可以注明机关名称，如"××部公告××××年第××号"。也有些通告不标注文号。

（三）主送机关

如果发布的是周知性通告，一般会省略"主送机关"，如本节【案例1】就没有注明"主送机关"；如果通告内容涉及决策，并且该决策的落实有明确的下级机构需要负责，则要注明"主送机关"。

（四）正文

通告的正文包括缘由、事项、结语三部分。

1.缘由是发布该通告的原因、目的、背景、必要性等，如果是法规性通告，还要写明法律依据。

2.事项是通告的核心部分，要写明该通告的具体事项，如果涉及内容较多，就采用分条列项式，将事项按照一定的规律分成不同的几个层次，然后分别列出。不管通告内容是多还是少，都要做到言简意赅，中心突出。

3.结语。通告的结语有三种写法：大多以"特此通告"惯用语结束；如果通告很简短，只有一小段，可以不写结语，如本节【案例1】；还有一种就是说明式结语，以向下级或公众提出执行通告的要求，或说明通告生效的日期。

（五）落款

落款一般在正文的右下角，格式是"发文机关名称+成文日期"并加盖印章。如果通告的标题中已经有发文机关名称，发布日期也标注在标题之下，可以没有落款；如果标题中没有发文单位，正文之后必须要注明发布单位和发文日期。

三、案例参考与分析

【案例2】

工业和信息化部关于实施道路机动车辆生产企业和产品准入管理便企服务
措施的通告

工信部通装函〔2022〕119号

为应对新冠肺炎疫情对汽车生产企业的影响，帮助企业纾困解难，加快复产稳产，工业和信息化部决定2022年底前实施道路机动车辆生产企业和产品准入管理便企服务措施。有关事项通告如下：

一、道路机动车辆产品准入事项实施容缺受理、先办后补

车辆生产企业申报《道路机动车辆生产企业及产品公告》（以下简称《公告》）新产品以及已《公告》产品申报变更扩展时，可暂不报送第三方检测机构检测报告，实行容缺受理、先办后补。企业应当确保申报产品符合道路机动车辆产品准入有关技术要求，自行进行相关安全、环保性能测试验证，提交测试验证结果和承诺书，承担相关法律责任。容缺办理的产品在《公告》发布后六个月内，企业应当补充提交第三方检测机构检验合格报告；不能提交合格检验报告的，生产企业应当主动申报撤销《公告》并按承诺承担有关责任。相关申报材料可通过"道路机动车辆产品准入许可系统"在线提交。

二、增加《公告》发布频次

对申报产品分类开展技术审查，提升审核资源配置，提高审查效率，在每月正常发布一批《公告》基础上，每两个月增发一批《公告》。

三、简化零部件产品检验视同要求

车辆生产企业变更或增加零部件供应商，简化相关零部件检验视同要求。对同一企业不同生产地或同一集团下属各企业（全资子公司、控股子公司）按相同图样、技术条件和生产工艺生产的零部件，可以互相视同，不再要求单独进行零部件产品准入检验。企业应当提交相关佐证材料，并切实保障零部件产品质量安全和生产一致性。

四、有条件允许同一集团内不同企业生产

对所在区域确受疫情影响严重的车辆生产企业，可申请由同一集团公司内通过同类别道路机动车辆生产企业准入的其他企业生产受影响的车辆产品。申请企业需提交经集团公司同意的书面申请材料（包括申请理由、生产方案、生产时限等），在明确双方责任、确保车辆产品质量安全和生产一致性符合要求的条件下，经工业和信息化部批准后进行生产。

五、延长企业准入事项整改期限

对于生产企业准入现场审查中不通过、需要进行整改的事项，可在原三个月

整改期限的基础上再延长三个月。

上述措施自发布之日起实施，2022年12月31日截止。

特此通告。

工业和信息化部

2022年6月1日

【案例分析】

这是一篇周知性通告，格式规范，语言通俗易懂，事项写得完整、具体。

这是工业和信息化部发布的对汽车生产企业实施便企服务措施的通告，该通告由标题、文号、正文、落款四部分构成。标题采用的是"发文机关+事由+文种名称"格式，文号采用的是"机关名称+年份+序号"的格式；正文一开始用"为……"说明发布该通告缘由，通告事项因为涉及内容较多，采用了分条列项式写法，将便企服务的具体措施分成五个方面，然后加以阐述，让人清晰明了；结语部分除了说明该通告的生效、截止日期，还使用了惯用的"特此通告"；最后是落款，采用"发文机关名称+成文日期"的格式。

第七节　意见

意见，是发文机关对重要问题提出见解和处理办法时所使用的一种公文。从意见的适用范围可以看出意见针对的"重要问题"，一般事关全局的重大事项才算是"重要问题"，另外还要对该问题提出看法和观点，还要有解决该问题的办法和措施。

> 意见与决定的区别。
>
> 意见和决定都是针对重大问题提出相应的见解和措施，决定具有指挥性，下级必须严格按照决定内容贯彻落实；意见只具有指导性，下级单位可以根据自身实际情况执行。
>
> 意见与请示的区别。
>
> 意见和请示都是下级向上级请求解答问题的公文，请示通常是下级向上级要钱、要人、要物等；意见通常是下级认为某些政策不适合于某事，于是向上级提出了自己的解决办法，希望得到上级的批准后予以实施。

一、意见的分类与特点

根据意见的性质和用途，可将其分为以下几类。

1.指导性意见

它用于上级机关对下级机关进行工作指导，其内容是针对工作中的某些薄弱环节或出现的问题，上级机关用"意见"向下行文，阐明指导思想、工作原则，提出工作思路和措施、办法，给下级机关以及时的指导。

2.实施性意见

它是对某时期某方面的工作规定目标和任务，并提出措施、方法、步骤和实施要求的下行文。

3.建议性意见

它是下级机关向上级机关提出某方面工作的建议、意见或意图推动某方面工作从而提出初步设想和打算的上行文。

4.评估性意见

它是业务职能部门或专业机构就某项专门工作、业务工作在经过调查研究或鉴定评议后，送交有关方面的鉴定性、结论性意见。

意见具有以下几个特点。

（一）灵活性

意见的行文方向非常灵活，可以上行，也可以下行或平行；另外意见对行文机关没有特别的限制，上到中央，下到地方机关，甚至企事业单位、人民团体都可使用。

（二）指示性和参考性

当意见作为下行文使用时，其具有指示、指导的功能，但意见不做硬性规定，也不做具体安排，主要是从宏观上提出见解和解决办法，下级需要结合自身实际情况做具体安排；如果意见作为上行文或平行文使用，具有参考的价值，上级或平级单位做决策时可以做参考。

（三）时限性和连续性

一般情况下，一个重要问题解决后，相关意见就会自动失效；如果该问题长期存在，那相关意见就会一直有效，直到重新出台相关补充或修改意见。

二、意见的写作要点与具体格式

意见的篇幅通常较长，撰写时需要注意以下几个要点。

（一）政策性要强

要写好意见的"总体要求"部分，秘书需要深刻理解和把握党和国家的最新政策、方针。

（二）见解要明确

秘书要在意见中明确表达制发单位的见解，要清楚说明对该问题的具体看法，不能含糊其词。

（三）办法要可行

意见中提出的解决办法和措施要切实可行，具有现实可操作性，不能空有理论，无法落地。

（四）语言要准确

撰写意见时要注意表达的语气，不能用写下行文的语气去写上行文或平行文，也不要用写上行文的语气去写下行文。

具体格式上，意见主要由标题、文号、主送机关、正文、附件、落款六个部分组成。

（一）标题

意见的标题有两种形式。

1. "发文机关+事由+文种名称"，如《教育部关于进一步加强新时代中小学思政课建设的意见》。

2. "事由+文种名称"，如《关于盘活行政事业单位国有资产的指导意见》。

意见的"文种名称"跟其他文种不同，主要有三种形式：如果该意见是常规性意见，则文种名称就是"意见"；如果意见的内容很具体，可直接操作，则文种名称就是"实施意见"，如《关于支持深圳探索创新财政政策体系与管理体制的实施意见》；如果该意见只是宏观上、原则上的见解，则文种名称是"指导意见"。

秘书撰写意见标题的时候要加以区分，要让人看到标题就知道该意见属于什么性质。

（二）文号

意见的文号，一般是"发文机关代字+年份+发文序号"。

（三）主送机关

意见主送机关的标注分两种情况：

1.如果意见是作为独立公文直接下发的，需要在标题下方标注出主送机关单位的全称、规范化简称或统称。

2.如果意见是作为非独立公文，是以通知的形式转发或批转，意见作为该通知的附件，那么在转发时可不标注意见的主送机关。

（四）正文

意见的正文是按照"提出问题—分析问题—解决问题"的逻辑进行书写，一般结构包括缘由、事项、结语三部分组成：

1.缘由，就是发布该意见的原因、目的、背景、依据等。正文一开始要用简短的语言说明为什么要提出这个意见，通常以"现提出以下意见""提出如下意见""制定本实施意见"等引出意见的主体部分。

2.事项，是意见的主体部分，要阐明该意见对相关问题的分析与见解，并提出相应的解决措施。如果涉及的内容繁杂，需要将事项划分好层次，通过小标题进行分段、分条、列项叙述；如果内容多，主题比较集中，那就不用分层，直接列项说明即可。

秘书在写事项时，观点要明确。发文机关的主张要用准确的语言表达出来，让人一目了然；此外，意见中提出的解决办法和措施也要言之有物，切实可行。

3.结语。意见可以自然收尾，不用另外再写结语，如果需要也可用要求式或说明式来结语。

（五）附件

如果意见有附件，需要在正文下面标注出该附件的标题。

（六）落款

如果是直接下达的意见，需要标注出"发文机关名称+成文日期"并加盖印章；如果该意见是通知的附件，则不需要落款。

三、案例参考与分析

【案例1】

国家药监局综合司关于加强医疗器械生产经营分级监管工作的指导意见

药监综械管〔2022〕78号

各省、自治区、直辖市和新疆生产建设兵团药品监督管理局：

为贯彻实施《医疗器械监督管理条例》，贯彻落实《医疗器械生产监督管理办法》《医疗器械经营监督管理办法》要求，进一步加强医疗器械生产经营监管工作，科学合理配置监管资源，依法保障医疗器械安全有效，推动医疗器械质量安全水平实现新提升，现提出以下指导意见。

一、总体要求

各级药品监督管理部门应当认真贯彻落实《医疗器械监督管理条例》《医疗器械生产监督管理办法》《医疗器械经营监督管理办法》要求，按照"风险分级、科学监管，全面覆盖、动态调整，落实责任、提升效能"的原则，开展医疗器械生产经营分级监管工作，夯实各级药品监管部门监管责任，建立健全科学高效的监管模式，加强医疗器械生产经营监督管理，保障人民群众用械安全。

二、开展医疗器械生产分级监管

（一）落实生产分级监管职责。国家药品监督管理局负责指导和检查全国医疗器械生产分级监管工作，制定医疗器械生产重点监管品种目录；省、自治区、直辖市药品监督管理部门负责制定本行政区域医疗器械生产重点监管品种目录，组织实施医疗器械生产分级监管工作；设区的市级负责药品监督管理的部门依法按职责负责本行政区域第一类医疗器械生产分级监管的具体工作。

......

三、开展医疗器械经营分级监管

（六）落实经营分级监管职责。国家药品监督管理局负责指导和检查全国医疗器械经营分级监管工作，并制定医疗器械经营重点监管品种目录；省、自治区、直辖市药品监督管理部门负责指导和检查设区的市级负责药品监督管理的部门实施医疗器械经营分级监管工作；设区的市级负责药品监督管理的部门负责制定本行政区域医疗器械经营重点监管品种目录，组织实施医疗器械经营分级监管工作；县级负责药品监督管理的部门负责本行政区域内医疗器械经营分级监管具体工作。

对于跨设区的市增设库房的医疗器械经营企业，按照属地管理原则，由经营企业和仓库所在地设区的市级负责药品监督管理的部门分别负责确定其监管级别并实施监管工作。

……

四、加强监督管理，提高监管效能

（十一）加强组织领导。各级药品监督管理部门要切实提高政治站位，充分认识在监管对象数量大幅增加、注册人备案人制度全面实施、经营新业态层出不穷的形势下，进一步加强分级监管、提升监管效能、推进风险治理的重要意义。各省级药品监督管理部门要按照国家药品监督管理局统一部署，加强统筹协调，发挥主导作用，建立健全跨区域跨层级协同监管机制，强化协作配合，加强对市、县级负责药品监督管理的部门工作的监督指导，上下联动，一体推进医疗器械生产经营分级监管工作。

……

本指导意见自2023年1月1日起施行。原国家食品药品监督管理总局《关于印发〈医疗器械生产企业分类分级监督管理规定〉的通知》（食药监械监〔2014〕234号）、《关于印发国家重点监管医疗器械目录的通知》（食药监械监〔2014〕235号）、《关于印发〈医疗器械经营企业分类分级监督管理规定〉的通知》（食药监械监〔2015〕158号）和《医疗器械经营环节重点监管目录及现场检查重点内容》（食药监械监〔2015〕159号）同时废止。

附件：1.医疗器械生产重点监管品种目录
　　　2.医疗器械经营重点监管品种目录

国家药监局综合司
2022年9月7日

【案例分析】

根据标题中的"指导意见"可知该意见中的见解是宏观的，各地药品监督管理部门还要结合实际情况进行落实。该意见结构非常完整，包含标题、文号、主送机关、正文、附件、落款六个部分了。

标题采用的是"发文机关+事由+文种名称"的格式，文号采用的是"发文机关代字+年份+发文序号"的格式；因为是直接发文，所以标注了"主送机关"；正文一开始就用"为……，现提出以下指导意见"说明该意见的发文缘由；因为意见涉及的事项多，所以意见事项用"总体要求""开展医疗器械生产分级监管""开展医疗器械经营分级监管"和"加强监督管理，提高监管效能"小标题分了四个层次，每个层次又分条列项叙述，将指导意见写得非常清楚；还有一个说明式的结语；最后在正确的位置标注了附件和落款。

第八节　通知

通知是使用频率最高，使用范围最广，应用最为灵活的一种公文，主要用来发布、传达要求下级机关执行和有关单位周知或者执行的事项。通知的发文机关没有性质和级别的限制，不管是党政机关，还是企事业单位都可以使用通知向下级行文、平级行文，或者向不相隶属的机关单位行文。

虽然通知的使用范围很广，功能也多，但也不能滥用，秘书在写作时要注意不能将本应使用"意见""函""通告"等文种的文件错用为"通知"，尤其是要注意不能将"通知"和"通告"二者混用。

> 通知和通告的区别。
>
> 1.告知范围不同。通告是辖区内普遍告知，以便大家知晓和遵守，告知的范围更大；通知针对的只是下级机关或其他有关单位；
>
> 2.使用对象不同。通告的对象是社会大众，通知的对象是体系内部的机关，可以是下级机关，也可以是平级机关。

一、通知的分类与特点

根据适用范围不同，通知可分为以下五类。

（一）指示性通知

上级机关就某一事项、某个问题向下级机关发布指示、布置工作，但该事项、问题不具"重大强制性"，所以不能使用"命令"；也不属于"重要事项"，所以不能使用"决定"文种，这时就可使用指示性通知。

（二）发布性通知

主要用来发布一些规章制度的通知，标题中通常带有"印发""发布""下发"等字样，如《国务院关于发布〈扫除文盲工作条例〉的通知》。

（三）转发性通知

这类通知又包括三种情况：

1.用来转发上级机关、同级机关或不相隶属机关的公文，标题中含有"转发"字样，如《国务院办公厅关于转发教育部等部门"十四五"特殊教育发展提升行动计划的通知》。

2.上级机关批转下级机关的公文，标题中含有"批转"字样，如《国务院关于批转社会保障"十二五"规划纲要的通知》。

3.上级机关向下级机关行文时使用十五种法定公文之外的文种，比如办法、条例、计划、方案等，或者印发有关文件材料，比如领导人的讲话等，一般标题含有"印发"字样，如《国家医保局办公室 财政部办公厅关于印发〈违法违规使用医疗保障基金举报奖励办法〉的通知》。

（四）晓谕性通知

这类通知只具有告知性，没有指导性，比如会议通知、机构和人事变动通知、放假通知等。

（五）事项性通知

这类通知是上级机关要求下级机关办理某些事项，一般交代完任务后还会提相应的要求，具有强制性和约束力。

通知是机关单位经常会用到的一种公文文种，它具有以下四个特点。

（一）广泛性

通知的制发方没有性质和级别的限制，各机关单位都能使用，并且既可以是下行文，也可以是平行文，不管是传达方针政策，还是布置日常工作都可使用，应用非常广泛。

（二）灵活性

通知的形式灵活多样，不同类型的通知内容也不尽相同，有的简单明了，只有几十个字，有的层次繁多，长达数千字；通知发布方式也很灵活，各机关单位可单独发，也可以联合发布通知，可以采用文件的形式发布，也可以通过媒体发布。

（三）多样性

通知的功能很多，上级既可以用通知布置工作、传达指示，也可以用其发布规章制度、转发文件等，不过其规格要比决议、命令、决定低。如果用它来安排工作，受重视的程度较低，所以重要事项尽量不要用这种文种。

（四）时效性

使用通知办理的事项，都有比较明确的时限要求，受文机关要在规定的时间内保质保量地完成。

二、通知的写作要点与具体格式

撰写通知时要把握以下写作要点。

（一）主旨要明确

撰写前要明确为什么要发这个通知，要写清楚该通知的主旨是什么，到底要解决什么问题，然后根据具体的通知类型选择正确的格式。

（二）内容要清晰

要将事项的相关情况、缘由、问题、时间、地点、任务、要求等都表达清楚，如果涉及解决措施，要切实可行，不能泛泛而谈。

在具体格式上，通知由标题、文号、主送机关、正文、附件、落款六部分组成。不过不同类型通知的具体格式略不相同，这里先简单介绍通知的总体格式，然后再分别介绍不同类型通知的具体结构。

通知的总体格式。

（一）标题

通知的标题由发文机关、事由、文种名称组成，如《自然资源部关于做好采矿用地保障的通知》。

（二）文号

通知的文号跟公告一样，一般是"发文机关代字＋年份＋发文序号"，如"自然资发〔2022〕202号"。

（三）主送机关

通知的主送机关，也就是受文对象。如果是普发性的通知可以省略不写，如果有具体的受文对象，可以写全称，也可以写规范化的简称或统称。如果受文对象比较多，排列时要按照规范和惯例依次排列，如"各省、自治区、直辖市自然资源主管部门，新疆生产建设兵团自然资源局"。

（四）正文

通知的正文由通知缘由、通知事项、结语三部分组成。

1.通知缘由

涉及通知的背景、原因、目的、意义等，通常以"有关事项通知如下"作为开头的结语，以引出通知的事项部分。

2.通知事项

这部分内容是通知的主体，需要说明受文单位应该按照什么原则，去要做什么具体事项，要怎么做，需要注意些什么等；要求表达准确，条理清晰，事项具体，办法可行。如果该部分内容较多，可以用小标题逐一阐述。

3.结语

篇幅较短的通知可以自然收尾，不用另外再写结语，其他通知可以用惯用语"特此通知"来结语，或者用要求式来结语，或者用说明式来结语，如"本通知自发布之日起执行，有效期三年"。

（五）附件

如果通知有附件，需要在正文下面标注出所附文件或材料的名称标题。

（六）落款

在正文右下方处标注出发文机关名称和成文日期，并加盖印章。

不同类型通知的具体格式：

（一）指示性通知

指示性通知通常由标题、正文部分组成。

1.标题

通常采用"发文机关+事由+文种名称"的形式。

2.正文

正文部分主要包含通知缘由、通知事项、结语三部分。

（1）通知缘由，要简明扼要地写明发布该通知的原因，引出后面的通知事项，文字不要太多。

（2）通知事项，如果涉及内容特别多，就用小标题分成几个部分去写；如果内容较多，就采用分条列项的方式去写；如果不多，就按自然段落去写。内容要条理清晰，让人便于理解和落实。

（3）结语，可以用"特此通知"结语，也可以用"请认真贯彻落实"惯用语结语。

（二）发布性通知

发布性通知一般由标题、正文、附件三部分组成。

1.标题

发布性通知主要用来发布一些规章制度，标题一般由"发文机关+被发布规章制度的名称+文种名称"组成，标题中通常带有"印发""发布"等字样。

2.正文

这类通知主要是将有关规章制度以通知的名义发布，规章制度以附件的形式出现，所以通知的正文部分很简单，通知缘由可有可无，最后直接以"现将××规章制度印发给你们，请遵照执行"结语。

3.附件

在正文下面标注出所附文件或材料的名称标题。

（三）转发性通知

转发性通知后面都附有被转发、批转、印发的文件，包括标题、正文、附件三部分。

1.标题

标题一般采用"发文机关+转发/批转/印发+被转文件的标题+通知"的形式，如《国家医保局办公室 财政部办公厅关于印发〈违法违规使用医疗保障基金举报奖励办法〉的通知》。

2.正文

转发性通知的正文通常需要写明转发依据、通知的具体内容以及执行要求三部分，如本节【案例1】。

3.附件

正文下面标注出所附文件或材料的名称标题。

【案例1】

国家文物局关于印发《博物馆运行评估办法》《博物馆运行评估标准》的通知

文物博发〔2022〕28号

各省、自治区、直辖市文物局（文化和旅游厅/局），新疆生产建设兵团文物局，中国博物馆协会：

为进一步规范博物馆运行评估，推进博物馆事业高质量发展，根据《博物馆条例》相关规定，我局制定了《博物馆运行评估办法》《博物馆运行评估标准》，现予公布，自印发之日起施行。

特此通知。

附件：1.博物馆运行评估办法
　　　2.博物馆运行评估标准

国家文物局

2022年11月8日

（四）晓谕性通知

晓谕性通知只要将要通知的事情说清楚即可，内容比较单一，通常采取篇段合一式，由标题和正文组成。

1.标题

标题一般采用"发文机关+事由+文种名称"的形式。

2.正文

正文部分通常不用写通知缘由，不用发表议论，也不用提执行要求，只要用准确的语言将事情说清楚即可。

（五）事项性通知

事项性通知一般由标题、正文组成。

1.标题

事项性通知的标题一般采用"发文机关+事由+文种名称"的形式。

2.正文

正文部分通常包括通知缘由、通知事项和结语三部分。

（1）通知缘由，要说明发布该通知的原因、意义等。

（2）通知事项，要把下级需要办理的事项写清楚，包括目的、措施、意义等。

（3）结语，这一部分通常以"特此通知"惯用语结束。

三、案例参考与分析

【案例2】

人力资源社会保障部　国家卫生健康委关于坚决打击对新冠肺炎康复者就业歧视的紧急通知

人社部明电〔2022〕8号

各省、自治区、直辖市及新疆生产建设兵团人力资源社会保障厅（局）、卫生健康委：

就业是民生之本。近期，部分地方出现滥用"健康码"等检测查询工具，对新冠肺炎康复者实施就业歧视问题，严重侵害劳动者平等就业权益，社会反响强烈。为依法保障新冠肺炎康复者平等就业权益，现就有关事项通知如下：

一、科学认识新冠肺炎病毒传播机理。最新医学研究表明，呼吸道飞沫和密切接触是新冠肺炎病毒传播的主要途径，新冠肺炎患者经治疗后病毒核酸检测阴性，并达到解除隔离管理、出院标准，其日常工作、学习或生活接触不会导致新冠病毒传播。

二、规范新冠病毒核酸检测查询。除因疫情防控需要并科学合理设置新冠病毒核酸检测信息查询期限外，任何单位和个人不得擅自非法查询相关检测结果。

三、依法维护新冠肺炎康复者就业权益。要毫不动摇坚持"外防输入、内防反弹"总策略和"动态清零"总方针，落实就业促进法、传染病防治法、《人力资源市场暂行条例》，切实维护新冠肺炎康复者平等就业权益。严禁用人单位发布或委托发布含有新冠肺炎病毒核酸检测历史阳性等歧视性内容的招聘信息。严禁用人单位、人力资源服务机构以曾经新冠肺炎病毒核酸检测阳性为由，拒绝招（聘）用新冠肺炎康复者。严禁用人单位在劳动者入职和用工过程中对新冠肺炎康复者实施就业歧视。严禁用人单位随意违法辞退、解聘新冠肺炎康复者。支持劳动者对就业歧视侵权问题向人民法院提起诉讼。

四、依法查处、曝光相关就业歧视违法行为。要进一步畅通投诉、举报渠道，严格落实首问负责制，及时有效处理劳动者合理合法诉求。加强排查检查，对用人单位、人力资源服务机构或其他单位和个人非法查询核酸检测结果、超过合理期限设置查询期限、对新冠肺炎康复者实施就业歧视的，要依据职责分工快查快办，采取行政约谈、通报曝光、行政处理、行政处罚等有力举措，发现一起严肃处理一起。对招聘信息中含有相关歧视性内容的，劳动保障监察机构要依照《人力资源市场暂行条例》第43条之规定，从重处理处罚。对涉及其他就业歧视情形或非法使用核酸检测信息的，要依照相关法律规定予以处理。

五、加强宣传引导。人力资源社会保障部门要加强对用人单位和人力资源服务机构的普法宣传，增强市场主体的法治意识和守法自觉。卫生健康主管部门要采取有效举措开展多种形式的科普宣传，最大限度消除对新冠肺炎病毒传播的误解，坚持科学防治，从源头上防止过度防疫和层层加码"一刀切"。对查处的涉及新冠康复者就业歧视典型问题，要主动公开曝光，回应社会关切，形成警示震慑效应。

六、强化责任落实。要加强督促指导和监督检查，对发现的失职失责行为，要限期督促纠正，依法依规对相关单位和责任人员追责问责。人力资源社会保障部、国家卫生健康委将适时对各地区落实情况进行明察暗访，推动各项要求落实落地。

各地区要对抓好本通知的贯彻落实作出专门部署，在落实中遇到的重大问题，要及时报告。

人力资源社会保障部

国家卫生健康委

2022年7月29日

【案例分析】

这是一篇指示性通知，是上级机关就"新冠肺炎康复者就业歧视"这个事项向下级机关发布的指示性通知。

该通知由标题、文号、主送机关、正文、落款构成，正文部分由通知缘由、通知事项和结语三个部分组成。

该通知正文一开头没有直接说发布的目的，而是先介绍了该通知发布的背景，以及造成的后果，然后才引出该通知发布的目的，以"现就有关事项通知如下"惯用语过渡到通知事项部分。因为通知事项涉及的内容较多，于是采用分条列项的方式安排相关工作，最后以要求结语。

第九节　通报

通报是用来表彰先进、批评错误、传达重要精神和告知重要情况的一种下行公文。秘书要注意它与相近的几种文种之间的区别。

通报与通知、命令、决定的区别。

1.通报与通知的使用范围不同。通报只是用来表彰先进、批评错误、传达重要精神和告知重要情况；通知可以在很多地方使用，比如发布、传达一些规章制度，批转、转发一些公文。

2.通报和命令、决定都可以用来表彰先进，但其规格从高到低依次是命令、决定、通报。命令是最高级别的嘉奖，并且不能用于批评，而决定和通报可以用于批评。

一、通报的分类与特点

根据内容和性质不同，通报可分为以下四类。

（一）表彰性通报

用于表彰本地区、本单位具有典型意义的先进人物或先进事迹、先进经验，号召人们学习先进，以此来弘扬正气，提高人们的工作热情和积极性。

（二）批评性通报

用来通报本地区、本单位普遍存在的不良风气或行为，批评反面典型，揭露严重错误，通过剖析典型，纠正错误，让人引以为戒。

（三）情况通报

用于传达重要会议精神、本地区的重要情况，通过交流沟通，达到统一认识，目的一致。

（四）事故通报

用来报道重大事故，通过对事故的综合分析，找出事故产生的原因，使更多的单位或个人引以为戒，以防类似的事件再次发生。

跟其他文种相比，通报具有以下四个特点。

（一）典型性

不管通报的事项是正面还是反面，必须要有典型性、代表性，这样才能给人留下深刻的印象，才能有启发意义，才能达到教育的目的。

（二）教育性

人们可以从通报的典型先进事例中认识自己的不足，然后不断努力进步，进而不断提升自己；人们可以从通报的反面事例中吸取教训，从而保持警惕，不再犯类似的错误。不管正面还是反面事例，通报都有教育大家有所为有所不为的作用。

（三）真实性

通报的案例要保证真实性，其中的数据必须真实、准确，只有这样才有说服力，如果通告事例是"假的""虚的"，那还有谁会相信？

（四）时效性

不管是何种通报，行文都要及时。如果不讲时效性，通告对人的触动就会降低很多，对人的教育指导效果也会大打折扣。

二、通报的写作要点与具体格式

通报的写作跟其他几种文种不同，尤其是表彰性或批评性通报，一般需要夹叙夹议，这样才能起到引导教育的目的。写通报时，注意把握以下几点。

（一）内容要实事求是

上级机关发布通报的目的，是想通过对典型事例的表彰、批评、传达或强调，引起人们的学习或反思，从而达到教育、引导、启发的作用，所以通报中的典型事例必须是真人真事。

现在人们了解事情的途径很多，可以用"火眼金睛"来形容，即便一个很细小的差别都可能被大家发现，从而导致整个事件的真实性被质疑，通报的说服力也会降低，机关的公信力也会受到影响。

为了避免这样的事情发生，秘书写作时一定要坚持实事求是的原则，客观去描写事件。

（二）评价要恰如其分

通报在叙述的时候需要插入评价，秘书在撰写评价时一定要客观，不能人为拔高，也不能故意贬低，要恰如其分。

（三）描述要详略得当

秘书在写通报时，要对材料进行再加工，要根据通报的目的有所侧重，为了加深大家的印象，引起大家的共鸣，描述要详略得当，能突出主题的地方写得具体点，跟主题没关的就一带而过。

（四）要注意语言的色彩

语言也有色彩，写通报时要根据通报的性质选择恰当的语言，如果写表彰性通报多使用具有褒奖性的语言；如果写的是批评性通报，要适当使用谴责性的语言。

通报一般由标题、文号、主送机关、正文、附件、落款六部分构成，如本节【案例1】。秘书写作时大多根据实际情况有所删减，有的省去文号，有的省去主送机关，有的省去附件。

【案例1】

国家发展改革委办公厅关于违背市场准入负面清单典型案例（第四批）的通报

发改办体改〔2022〕907号

中央和国家机关有关部委、有关直属机构办公厅（室），各省、自治区、直辖市、新疆生产建设兵团发展改革委：

按照《国务院办公厅关于进一步优化营商环境降低市场主体制度性交易成本

的意见》（国办发〔2022〕30号）和《国家发展改革委关于建立违背市场准入负面清单案例归集和通报制度的通知》（发改体改〔2021〕1670号）有关工作要求，近期，国家发展改革委会同有关部门、地方发展改革委和第三方机构对违背市场准入负面清单情况进行排查处理，形成《违背市场准入负面清单典型案例及处理情况（第4期）》，现予通报。

请各地区、各部门对照通报所列案例全面自查自纠，认真学习有关经验做法。对主动开展案例排查、整改的云南省发展改革委、云南省西双版纳州、丽江市，山东省发展改革委、山东省滨州市，河南省发展改革委、河南省安阳市提出表扬。请湖南省、广西壮族自治区发展改革委会同有关部门分别对张家界市、钦州市有关案例整改加强督促指导，确保问题有力有序整改到位，有关情况及时报告，国家发展改革委将持续跟踪处理进展。

附件：违背市场准入负面清单典型案例及处理情况（第4期）

国家发展改革委办公厅

2022年10月28日

（一）标题

通报的标题有三种形式。

1."发文机关+事由+文种名称"，如本节【案例1】中的标题。

2."事由+文种名称"，如《关于2022年第三季度烟草行业政府网站及政务新媒体有关工作情况的通报》。

3."发文机关+文种名称"，如"××省质量监督局通报"。

（二）文号

通报的文号跟通告一样，一般是"发文机关代字+年份+发文序号"，如本节【案例1】中的"发改办体改〔2022〕907号"。如果单位平时很少发通报，可以省略不写。

（三）主送机关

如果通报的主送机关是普发性的可以省略不写；如果有具体的受文对象，需要标注出全称或规范化的简称或统称；如果受文对象比较多，排列时要按照规范和惯例依次排列，具体可以参看本节【案例1】中的排序。

（四）正文

通报的正文一般由陈述事实、事实评析、提出要求三部分组成，不过不同类型的通报写法又有差异，具体如下。

1.表彰性通报的正文一般包括四部分：首先对先进事迹进行介绍，将被表彰对象的先进事迹介绍清楚，包括先进事迹发生的时间、地点、经过、结果、影响等，内容要重点突出，详略得当，语言简练概括；其次要对先进事迹进行评析，结合前面的叙述将其先进经验、典型意义提炼出来，为后面的表彰做好铺垫，写作时要注意措辞，表彰要适度，不能太过；然后提出表彰意见，写明对被表彰对象的精神奖励或物质奖励；最后对被表彰对象提出希望，对其他单位或个人提出要求，号召大家向先进学习。

2.批评性通报的正文也包括四部分：首先要写清楚错误事实，将被批评对象的错误事实叙述清楚，包括事件发生的时间、地点、经过、前因后果、影响等都一一列出，写作时要结合处理意见有所侧重，为处理意见提供事实依据；其次对错误事件进行深入分析，指出危害，总结教训，以便引起大家的警觉，并为后面的处理决定做好铺垫；然后提出明确的处理决定，如果较轻，只给予"通报批评"，如果较重除了批评，还要提出纠正的具体办法；最后提出明确的要求，要求大家从中吸取教训，避免再犯类似的错误。

3.情况通报以讲明情况为主，写法比较灵活：可以采用二分式，先概括介绍一下情况，然后对情况进行具体说明；可以采用三分式，先概况一下情况，然后具体介绍情况，最后进行分析，得出结论；还可以采用四分式，在三分式的基础上再加上希望，或要求。

4.事故通报的目的是为了引起大家的警惕，写作时要对事故产生的原因进行深入的剖析，讲清楚危害，并总结经验教训，提出整改意见，引起更多的单位或个人的警惕，以防类似的事故再次发生。

（五）附件

如果有附件，需要在正文下面标注出所附文件或材料的名称标题。

（六）落款

在正文右下方处标注出发文机关名和成文日期，并加盖印章。

三、案例参考与分析

【案例2】

浙江省人民政府关于表彰2019年度浙江省有突出贡献中青年专家的通报

浙政发〔2019〕30号

各市、县（市、区）人民政府，省政府直属各单位：

　　为表彰对我省科技创新和经济社会发展作出突出贡献的中青年专家，激励广大专业技术人才积极投身我省现代化建设事业，省政府决定，授予陈加明等75人"2019年度浙江省有突出贡献中青年专家"称号。

　　希望受表彰的中青年专家珍惜荣誉，再接再厉，发挥示范带头作用，争取更大成绩。全省广大专业技术人才要以先进为榜样，开拓创新，敬业奉献，扎实工作，为我省经济社会发展作出更大贡献。各地、各部门要坚持以习近平新时代中国特色社会主义思想为指导，以"八八战略"为总纲，牢固树立人才是第一资源理念，强化人才强省工作导向，健全完善人才发展体制机制，充分激发人才创新创造创业活力，全力打造人才生态最优省份，为我省"两个高水平"建设提供强有力的人才支撑。

　　附件：2019年度浙江省有突出贡献中青年专家名单

浙江省人民政府

2019年12月23日

【案例分析】

这是一篇表彰性通报，由标题、文号、主送机关、正文、附件、落款六部分组成。

从标题看该表彰性通报属于省级通报，是下行文，所以主送机关是"各市、县（市、区）人民政府，省政府直属各单位"，因为被表彰的人数较多，所以没有详细说明他们的先进事迹。该通报正文开头用简明扼要的语言概括出该通报的核心内容，写明表彰的缘由和表彰的意见，最后提出希望和要求。

第十节　报告

报告是下级机关向上级机关汇报工作、反映情况，回复上级机关询问的一种公文，是一种陈述性的上行文。

秘书在选用报告时要注意该文种与意见、通报之间的区别。

> 报告与意见、通报的区别。
>
> 1.报告和意见的行文方向不同，报告只能上行文，意见却可以上行、下行、平行行文；二者的重要程度也不同，意见是对重要问题提出的见解和处理办法，报告只用于汇报工作、反映情况和回复上级机关的询问。当意见作为上行文时，上级机关需要对下级的意见给予处理和答复，但上级对报告没有答复的责任，通常报告只作为阅知性公文处理。
>
> 2.报告和通报的行文方向不同，报告是上行文，通报是下行文。

一、报告的分类与特点

报告按内容可分以下三类。

（一）工作报告

该类报告是下级机关向上级机关汇报某一阶段的工作进展，工作中采用什么步骤，取得什么成绩、获得什么经验、存在什么问题，可能是什么原因造成的，以及下一阶段的工作安排等逐项写清楚。

（二）情况报告

该类报告主要是下级机关向上级机关反映某些突发情况，或者社会、本机关中存在的一些情况，特别是已经发生或正在发生的一些重大情况、特殊情况或新动向等。

（三）回复报告

这类报告主要是下级机关回复上级机关的询问，具体内容紧紧围绕上级机关询问的事项作答，属于被动行文。

跟其他文种相比，报告具有几个特点。

（一）表达的陈述性

陈述性是报告区别于其他文种的地方。无论下级机关是向上级机关汇报工作，还是反映情况，或者回复上级机关的询问，这些都是已经发生或存在的事实，下级机关只需要在报告中如实陈述就好，写作时要多使用陈述性的语言。如果要写工作报告，只要向上级机关陈述本机关做了什么工作，是怎样做的，取得什么成绩，还存在什么问题，今后有什么打算就行；如果是要反映情况，只要把事情发生的时间、地点、人物、事件、原因、结果叙述清楚就行；如果是回复上级的询问，那直接将问题回答清楚就行。

（二）行文的单向性

报告仅用于下级机关向上级机关行文，是单项的上行文，上级机关收到下级机关的报告后，不需要批复和答复；如果需要上级机关的答复，就不能使用该文种，应使用请示等其他文种。

（三）内容的真实性

报告中的内容必须要真实，数据要准确可信，要有一说一，不能夸大成绩，也不能掩饰问题，要让上级了解到真实的信息。

（四）时间的事后性

选择文种时要记得"事前请示，事后报告"这一说法，报告中的工作都是已经开展的，情况是已经发生的，回复也是在上级询问之后才答复的，都是属于事后或事中行文。

二、报告的写作要点与具体格式

撰写报告时要把握以下两点。

（一）重点突出

报告的材料很多，秘书要根据主旨和目的有选择地使用，不能将所有材料都罗列上去，要做到重点突出，详略得当，让人看完就能领略该报告的中心思想。

（二）篇幅简短

报告不是越长越好，太长的报告让人生厌。秘书撰写报告时要对材料进行分析提炼，去掉一些不能说明主旨的一般材料，尽量使用一些典型材料去说明问题，尽量不写"套话""空话"，要写得言之有物，写得简短有力。

报告一般由标题、主送机关、正文、附件、落款五部分组成，具体格式如下。

（一）标题

报告的标题有两种形式。

1.报告标题大多采用"事由+文种名称"的写法，如《关于数字经济发展情况的报告》。

2."发文机关+事由+文种名称"，如《国家中医药管理局2022年第三季度政府网站和政务新媒体检查报告》。

（二）主送机关

报告是上行文，主送机关不能省略。一般情况下，报告的主送机关只有一个，就是发文单位的直属上级机关；如果主送机关过多，可以用"抄送"的方式处理。注意一般情况下，报告只能直接报送给自己的上级机关，不能越级行文。

（三）正文

报告的正文一般由开头、主体和结语三部分组成。

1.开头

开头部分通常用来交代写该报告的原因、目的、依据、背景、基本情况等，一般比较简短。通常报告的开头有以下几种写法。

（1）目的式开头，直接以写该报告的目的作为开头，通常以"为……"的形式来开头。

（2）背景式开头，交代一下作该报告的工作背景，让人了解该文的目的，如："按照常态化监管要求，我局开展了2022年第三季度局政府网站和政务新媒体检查工作，情况如下"。

（3）根据式开头，交代一下该报告产生的根据，一般以"根据《××××通知》"开头。

（4）叙事式开头，通常以一个事件开始，一般反映情况的报告使用这种开头。

2.主体

这部分内容是报告正文的核心，要围绕该报告的目的和主旨将工作、情况陈述清楚，在准确、实事求是的基础上，还要做到详略得当、条例清晰。

如果是工作报告，正文主体部分应该先写明工作的基本情况，然后详细写明工作中采用什么步骤，取得什么成绩、获得什么经验，最后要写清楚工作还存在什么问题，以及下一阶段的工作安排、意见或建议等。

如果是情况报告，正文主体部分要先写明发生的具体情况，然后分析出现该情况的原因，最后说明处理意见，并提出解决办法。

如果是回复报告，正文主体部分要先说明收到上级的什么文件，需要答复什么问题，然后针对上级的询问展开答复，写明采取什么方法处理的，处理的过程如何，期间遇到什么问题，最后说明取得什么结果。

3.结语

报告的结语可以没有，也可以是惯用语，如"特此报告""请查收""请审阅""以上报告如有不当，请指正"等。

（四）附件

如果有附件，需要在正文下面标注出所附文件或材料的名称标题。

（五）落款

在正文右下方处标注出发文机关名和成文日期，如果在报告中包含相关信息，可不标注。

三、案例参考与分析

【案例1】

政府工作报告

2022年××月××日在××省第××届人民代表大会第×次会议上

××省省长　×××

各位代表：

现在，我代表省人民政府向大会报告工作，请予审议，并请省政协委员和其他列席同志提出意见。

一、2021年主要工作和成效

一年来，我们坚持以习近平新时代中国特色社会主义思想为指导，全面贯彻党的十九大和十九届历次全会精神，深入贯彻习近平总书记重要指示批示精神，认真落实省委工作要求和省十三届人大五次会议确定的目标任务，坚持稳中求进工作总基调，完整准确全面贯彻新发展理念，忠实践行"八八战略"、奋力打造"重要窗口"，争创社会主义现代化先行省，高质量发展建设共同富裕示范区，经济社会发展取得新成绩。全省生产总值××万亿元、增长××%，一般公共预算收入增长××%，城乡居民收入分别增长××%、××%，十方面民生实事圆满完成。

（一）共同富裕示范区建设扎实开局

（二）高质量发展水平有效提升

（三）数字化改革引领体制机制重塑

（四）城乡区域协调发展成效明显

（五）民生保障和社会治理持续加强

二、2022年目标任务和重点工作

2022年工作的总体要求是：坚持以习近平新时代中国特色社会主义思想为指导，认真贯彻党的十九大和十九届历次全会、中央经济工作会议精神，忠诚拥护"两个确立"、坚决做到"两个维护"，坚持稳中求进工作总基调，完整准确全面贯彻新发展理念，加快构建新发展格局，忠实践行"八八战略"、奋力打造"重要窗口"，坚持以供给侧结构性改革为主线，统筹疫情防控和经济社会发展，统筹发展和安全，扎实做好"六稳""六保"工作，稳进提质、除险保安、塑造变革，确保经济运行在合理区间，确保社会大局稳定，推动高质量发展建设共同富裕示范区取得突破性进展、标志性成果，努力在新的赶考之路上为全国大局作出新的更大贡献，以优异成绩迎接党的二十大胜利召开。

（一）千方百计惠企助企，充分激发市场主体活力

（二）千方百计扩大有效投资、激活居民消费，增强内生动力和发展后劲

（三）千方百计稳外贸稳外资，推动高水平对外开放

（四）着力强化创新驱动，加快打造全球先进制造业基地

（五）着力深化数字化改革，持续增创体制机制新优势

（六）着力推进城乡区域协调发展，进一步缩小区域城乡差距

（七）着力推动绿色低碳发展，让绿色成为浙江发展最动人的色彩

（八）着力统筹发展和安全，有效防范化解各种风险挑战

（九）着力办好杭州亚运会、亚残运会，向世界奉献一届中国特色、浙江风采、杭州韵味、精彩纷呈的体育文化盛会

（十）着力保障和改善民生，让人民群众在迈向共同富裕中有更多实实在在的获得感

三、切实加强政府自身建设

……

各位代表！使命催人奋进，实干成就未来。让我们更加紧密地团结在以习近平同志为核心的党中央周围，在中共浙江省委的坚强领导下，忠实践行"八八战略"、奋力打造"重要窗口"，争创社会主义现代化先行省，高质量发展建设共同富裕示范区，以优异成绩迎接党的二十大和省第十五次党代会胜利召开！

【案例分析】

这是一篇工作报告，虽然该报告内容较多，篇幅较长，但因为采用先分层、再分条分段的方式进行陈述，所以条理清晰。

该工作报告正文主体部分又分为三个主题，每个主题都用一个小标题加以说明：第一部分主要写了"2021年主要工作和成效"；第二部分是"2022年目标任

务和重点工作"；第三部分是"切实加强政府自身建设"。每一部分又采取分条列项的方式，将过去一年的工作进展、采取的措施、取得成绩以及存在的问题，以及下一阶段的工作安排都一一列出。最后，以充满激情的号召结束。

第十一节　请示

请示是下级机关向上级机关请求指示、批准时使用的一种公文，属于上行文。

机关工作中请示和报告的使用频率都很高，有时稍不注意就可能将二者混淆，以致本该使用请示却错用了报告，没能得到上级的及时指示，最后耽误了工作的进度，秘书写作时要注意二者的区别，不要选用错误。

请示和报告的区别。

1.性质不同。虽然二者都是上行文，但请示是下级向上级请求指示、批准时使用，上级需要给以批复；报告是下级向上级汇报工作、反映情况或答复询问时使用，上级无须批复。

2.范围不同。请示的内容单一，遵守一文一事的原则，要做到一事一请示；报告可以将几件事放在一起行文。

3.内容不同。因为一事一请示，所以请示的内容比较单一，通常篇幅较短；报告涉及的事项比较多，所以篇幅相对比较长。

4.结尾不同。请示需要上级的批复，结尾时多用期待复文的语句，如"以上意见当否，请批示""请批复"等；报告只是向上级汇报，无须上级批复，所以不能使用"请批复""请批示"等类似的语句，而是使用"特此报告""请审阅"之类的语句。

一、请示的分类与特点

根据内容、目的不同，请示可分为以下两种。

（一）请求指示的请示

下级机关在工作中遇到重大问题、不好解决的疑难问题，或者遇到既没有先例，也无章可循的新情况，或者对上级的某些政策规定不是很清楚，对某些规章制度不明了，或部门之间产生分歧，意见很难统一时，都可以发文请求上级机关指示。

（二）请求批准的请示

下级机关遇到必须要经过上级机关审定或批准才能办理的事项，或者遇到凭自身人力、物力、财力无法解决的困难和问题，或者遇到自身无权决定的事项时，可以发文请求上级机关的批准。

使用请示这种文种时，要知道它的四个特点。

（一）请求性

请求内容应该属于本机关职权之内无权或难以解决的问题及事项。

（二）单一性

请示的单一性跟报告不同，除了行文方向单一，只能向上行文以外，其内容也单一，一份请示只能写一件事。如果同时有好几件事要请示，那每一件都要分别写一份请示，不能偷懒将几件事写成一份请示。此外，请示的主送机关也只有一个，一件事情不能同时向好几个上级机关请示。

（三）事前性

"事前请示，事后报告"，请示必须要在事前行文，不能等事情发生后再去请示。

（四）时效性

通常请示涉及的问题都很紧迫，需要及时得到上级的指示或批准，所以下级要及时行文，及时发送，不能耽误，可能稍有延迟就错过了最好的解决时机。上级收到下级的请示后，也要及时做出指示或批准，不能懈怠，以免耽误工作的进度，造成不可挽回的后果。

二、请示的写作要点与具体格式

撰写请示时，要注意把握以下几个要点。

（一）目的要明确

行文时，要紧扣请示的目的，不可随意表达。

（二）理由要充分

想要获得上级的指示或批准，理由一定要充分。

（三）行文要有逻辑

如果行文没有逻辑，不能突出请示的主题，看完让人不知所云，那上级怎么答复呢？请示通常按照"为什么请示"和"请示什么问题"两个方面展开，要注意前后的联系。

（四）语言要把握分寸

向上级请求指示或批准，语言要保持谦虚恭敬。

在具体格式上，请示一般由标题、主送机关、正文、落款四部分组成。

（一）标题

请示的标题很重要，要准确概括出该请示的中心意向，让上级机关看到标题就大概明白需要解决什么事。"请示"本身就含有请求、希望的意思了，所以"事由"部分不能再出现"请求""希望""申请"等词语。

通常请示的标题采用以下两种形式。

1. "发文机关+事由+文种名称"，如"教育部关于××××的请示"。

2. "事由+文种名称"的写法，如《关于与外国建立合营轮船公司问题的请示》。

（二）主送机关

请示的主送机关就是负责受理和答复该请示的上级机关，不能省略。请示的主送机关只有一个，如果还需要送给其他机关，那就采用"抄送"的方式处理。此外，请示只能送给自己的上级机关，不能送给个人，也不能越级请示。

（三）正文

请示的正文一般由请示缘由、请示事项和结语三部分组成。

1.请示缘由

它虽然只是正文的开头，但非常重要，因为这部分内容是后面提出请示事项的重要依据，也是上级做出批复的重要依据，关系到请示的目的能否达到。写请示缘由时，要用简练的语言向上级说明自己为什么请示，将请示的原因、背景、依据、出发点等交代清楚，让上级机关觉得你的请示合情合理合法，这样请示的目的也就达到了。

缘由部分通常采取叙议结合的方式，叙事要精炼，还要实事求是，议论要合理合法，一般采用"理由……依据……，请示如下"，或者"为了……根据……现请示如下"，或"现就有关问题请示如下"引出后面的请示事项。

2.请示事项

这是请示的具体内容，需要写清楚到底请求上级机关给予什么指示或做出什么答复。不管是写请求指示的请示，还是写请求批准的指示，这部分内容都要清晰明了，让人一目了然。

如果是请求指示的请示，需要写清楚目前遇到了什么问题，有哪些不同意见，现状怎样，请求上级机关在哪些方面给予指示；如果是请求批准的请示，需要明确写出准备干什么，如何干，需要上级在什么地方给予支持或帮助，是要人力，还是物力，还是财力，要多少，具体要求是什么等，不能使用"大概""左右"等模糊性词语。

3.结语

请示的结语不能省略，常常使用惯用语，如"当否，请批示/批复""请指示""以上请示，请予审批""以上请示，如无不当，请批准"等。

（四）附件

如果还有情况需要在附件中说明，那就在正文下面添加上附件，并标注出所附文件或材料的名称标题。

（五）落款

在正文右下方处标注出发文机关名和成文日期，并加盖印章。

三、案例参考与分析

【案例1】

关于申请调拨应急救援物资的请示

××应急〔2022〕15号

××市应急管理局：

6月18日，我县出现自有史以来最大降雨。据气象部门统计，6月17日20时至18日22时，全县面雨量达200.4毫米，4个站点累计降雨量超过250毫米，其中×××乡276.9毫米，××村275毫米，××村271.5毫米，××乡266.9毫米，城区228.1毫米，其余各站点110-250毫米。本轮降水日雨量达227.7毫米，高于1989年7月22日17个毫米。强降雨对我县19个乡镇（街道）、经济开发区企业造成重大经济损失，给人民群众生产生活造成重大影响。截至6月21日14时，全县受灾人口46752人，紧急转移人口10329人；据各部门初步统计，道路受损3241余处；供电中断21条；受损和冲毁河堤3000多处50多公里；倒损房屋575间；农作物受灾2.87万亩；全县各类经济损失约12.3亿元。××县社会经济发展缓慢，行政资金财力薄弱，又是26县的重点县。受上游×××水库建设期间无调蓄能力影响，下游××街道、××街道、××街道防洪能力薄弱，主城区防汛救灾形势严峻。"6.18"特大暴雨给我县基础设施、农作物、群众财产等造成重大的损失。由于救灾需要，各种救灾物资消耗较大，防洪工程、抢险设备、资金等方面的应急救灾能力被极大削弱。为妥善安置受灾群众，保证受灾群众基本生活需求，特申请市应急管理局给予我县调拨帐篷70顶，毛巾被300床，空调被300床，应急救援包300个，雨衣300件，雨鞋300双,应急照明灯300盏，强光手电筒300盏，救生衣300件，救生圈70个，发电机组15台，抽水泵15台，冲锋舟5艘。

特此请示！

××县应急管理局

2022年6月20日

【案例分析】

这是一篇请求批准的请示。××县应急管理局在抗洪救灾中遇到了困难，需要一些救灾物资，这些救灾物资需要上级批准才能领取，于是××县应急管理局向自己的上级——××市应急管理局提出了请示。

该请示主要包括标题、字号、主送机关、正文、落款五个部分，标题采用"事由+文种名称"的形式。正文由缘由、事项、结语三部分组成。缘由部分通过数字说明了××县如今面对的严峻形势；接着又简要说明一些当地的实际情况，接着用"为……特申请"惯用语提出了所要请示的具体事项，既需要上级调拨多少帐篷、多少毛巾被、多少空调被、多少应急包等救灾物资，每一项都非常具体；最后以"特此请示"作为结束语。

第十二节　批复

批复是上级机关用来答复下级机关请示事项的一种公文文种，是一种具有指示性和决定性的下行文。下级机关遇到困难向上级提出请示后，上级机关要及时答复，帮助下级机关排忧解难。

秘书要注意，有时上级机关对下级机关的请示可能给出处理意见后就交给有关机关部门，让有关机关部门直接回复，这就导致回复请示的机关部门跟呈送请示的机关部门可能没有上下级关系，甚至是不相隶属的机关，这时就不适合再使用"批复"这种文体，而是要使用"复函"。

批复与复函的区别。

1.行文方向不同。批复属于下行文，如果呈送请示的机关跟直接回复的机关是上下级关系，那就使用"批复"；复函属于平行文，如果呈送请示的机关跟直接回复的机关是同级或不相隶属的机关，那就使用"复函"。

2.行文语气不同。批复的语气比较严肃，复函的语气要相对委婉一些。

一、批复的分类与特点

根据内容和性质不同，批复可分为以下两种类型。

（一）指示性批复

这类批复不但同意下级机关请示的事项，而且还会对事项的落实、执行中可能遇到的问题给予一些指示性的意见，对下级机关工作的顺利展开具有指导意义。

（二）批准性批复

这类批复主要是对下级机关请求批准的事项做出一个明确的答复，同意或者不同意。

秘书使用批复这种文种时，要注意其以下几个特点。

（一）行文的被动性

上级机关只能等下级机关呈送请示之后才能批复，并且批复的内容必须跟请示的内容相关，不能就没请示的事项进行批复。

（二）回复的针对性

批复就是针对请示而写的，具有极强的针对性，下级请示什么问题，上级就对相关问题给予一个明确的答复就好，不用说一些跟请示事项无关的内容。

（三）意见的权威性

批复的意见代表上级机关对该问题的决策意见，具有权威性，下级机关收到上级机关的批复后要认真贯彻执行，不能违背。

（四）态度的明确性

不管是同意还是不同意，上级机关都要在批复中明确表达出来。如果是请求指示的请示，上级机关要给出明确的指示；如果是请求批准的请示，上级机关要给出同意或不同意的批复，如本节【案例1】所示。批复行文中不能使用模棱两可的语言，不能有模糊的态度。不过，有时也会出现原则同意，但个别环节提出意见要求批复，只要态度明确，这样的批复也是允许的，如本节【案例2】所示。

（五）内容的简明性

因为请示要求"一事一请"，因此一份批复只针对一份请示，并且每份批复中只针对所请示的事项做出原则性、结论性的表态，不用作具体的分析和阐述，所以批复的内容通常简单明了。

（六）时间的紧迫性

下级机关所请示的问题，通常都是需要急于解决或办理的问题，上级机关收到请示后应及时处理。如果问题比较复杂，上级机关需要花一段时间进行调查研究才能给予答复，应及时告知请示单位，以免延误工作。

二、批复的写作要点与具体格式

撰写批复时，要把握以下几个要点。

（一）态度要鲜明

批复是上级机关对下级机关所请示事项的答复，不管同意与否都要有个明确的态度和说法。所以，写批复时态度要鲜明，观点要明确。

（二）理由要充分

对于下级所请示的问题，上级机关批复之前要弄明白具体情况，然后根据相关法律法规、方针政策等给予答复。如果不同意也要给出充足的理由，不能没有任何理由就否定。

（三）考虑要周到

虽然只是针对某个问题的批复，但答复时要多方面考虑，因为很多事是牵一发而动全身，所以尽量考虑周到。

在具体格式上，批复一般由标题、文号、主送机关、正文、附件、落款六部分组成。

（一）标题

批复的标题，大多采用"发文机关+事由+文种名称"的形式，有时可以在标题上表明态度，通常采用"××关于同意……的批复"，或者"××关于……的批复"。

根据标题是否有态度可将批复的标题分为两种。

1.有态度的标题，如《国务院关于同意在广东省暂时调整实施有关行政法规规定的批复》，这类批复通常是批准性批复，标题的"事由"前可加上"同意"二字。

2.无态度的标题，如《国务院关于国家公园空间布局方案的批复》。对于一些指示性批复，或者没有获得上级批准的批准性批复，或者上级只是"原则同意"的批复，标题一般都不含态度。

（二）文号

一般是"发文机关代字+年份+发文序号"，如"国函〔2022〕101号"。

（三）主送机关

批复的主送机关不能省略，必须标注出来，标注时分以下两种情况。

1.只有一个主送机关

如果呈送请示的发文机关只有一家，该批复涉及的事由也跟其他机关、部门没有关系，那么该批复的主送机关就只有一个，如本节【案例1】所示。

【案例1】

国务院关于同意嘉兴秀洲高新技术产业开发区更名为嘉兴高新技术产业

开发区的批复

国函〔2022〕127号

浙江省人民政府：

你省《关于嘉兴秀洲高新技术产业开发区更名为嘉兴高新技术产业开发区的请示》（浙政〔2021〕25号）收悉。现批复如下：

同意嘉兴秀洲高新技术产业开发区更名为嘉兴高新技术产业开发区。

国务院

2022年11月14日

2.主送机关有多个

如果被批复的请示是几个机关或部门的联合行文，那么批复的时候需要将呈报请示的发文机关都作为主送机关列出，比如《国务院关于同意在廊坊等33个城市和地区设立跨境电子商务综合试验区的批复》一文中，将联合行文的"河北省、山西省、内蒙古自治区、辽宁省……商务部"都标注为主送机关。此外，还有一种情况是主送机关也有多个，所批复的事由还要求其他机关单位或部门了解和执行时，这些机关或部门也要标注成主送机关，如本节【案例2】中，就将本批复事由涉及的财政部、生态环境部、国家林草局（国家公园局）都标注为主送机关。

（四）正文

批复的正文由批复缘由、批复内容和结语三部分组成。

1.批复缘由

批复的缘由也是正文的开头部分，可以引述请示的标题及发文字号，如本节【案例1】所示，也可以引述请示的内容，如在《国务院关于同意在廊坊等33个城市和地区设立跨境电子商务综合试验区的批复》中，正文开头是"你们关于设立跨境电子商务综合试验区的请示收悉"，点明批复的依据和单位后，通常以"现批复如下"引出批复内容。

2.批复内容

批复内容是批复的重点，上级机关要根据国家的法律法规、方针政策、实际情况，对下级机关所请示的问题给出明确的答复或具体的指示。写批复内容时要注意观点的明确性，是完全同意，还是不同意，或者部分同意，都要明确表达，不能含糊其词，对于不同意的部分要说明理由。

根据批复的不同类型，批复内容的侧重点也不同。如果是指示性批复，写作时要将具体的指示写清楚，以便下级执行；如果是批准性批复，可以在表明意见后直接结束，也可以就某些方面给出一些指示。

3.结语

批复可以没有结语，如本节【案例1】所示；也可以直接以"特此批复""此复"等惯用语结束；或者使用要求式、说明式结语，如本节【案例2】就采用的是要求式结语。

（五）附件

如果有附件，就在正文下面添加上附件，并标注出所附文件或材料的名称标题。

（六）落款

在正文右下方处标注出发文机关名和成文日期，并加盖印章。

三、案例参考与分析

【案例2】

<h3 style="text-align:center">国务院关于国家公园空间布局方案的批复</h3>

国函〔2022〕101号

财政部、自然资源部、生态环境部、国家林草局（国家公园局）：

自然资源部关于报送《国家公园空间布局方案》的请示收悉。现批复如下：

一、原则同意《国家公园空间布局方案》（以下简称《方案》），请国家林草局（国家公园局）联合财政部、自然资源部、生态环境部等部门印发，并认真组织实施。

二、《方案》实施要以习近平新时代中国特色社会主义思想为指导，深入贯彻习近平生态文明思想，认真落实党中央、国务院决策部署，坚持山水林田湖草沙一体化保护和系统治理，坚持生态保护第一、国家代表性、全民公益性的国家公园理念，逐步把我国自然生态系统最重要、自然景观最独特、自然遗产最精华、生物多样性最富集的区域纳入国家公园体系，加强自然生态系统原真性、完整性保护。建立动态开放的国家公园体系管理机制，科学合理确定国家公园建设数量和规模，完善设立标准和程序，严把创建质量关，科学划定国家公园范围和分区，妥善调处各类矛盾冲突，防范化解风险隐患，成熟一个、设立一个。健全国家公园运行管理体制机制，强化政策支持和监督管理，探索生态产品价值实现机制，引导社会各界参与自然生态保护，科学有序推进国家公园建设各项任务，构建中国特色的以国家公园为主体的自然保护地体系，为维护国家生态安全、建设生态文明和美丽中国提供支撑保障。

三、各省、自治区、直辖市人民政府要加强组织领导，明确责任分工，健全工作机制，完善政策措施，按照《方案》要求，结合当地实际高水平创建国家公园。积极支持国家公园建设，承担国家公园范围内的经济发展、社会管理、公共服务、防灾减灾、市场监管等职责，正确处理生态保护与原住居民生产生活的关系，探索企业、社会组织和公众共同参与国家公园保护管理的有效模式，促进人与自然和谐共生、永续发展，实现生态保护、绿色发展、民生改善相统一。

四、国务院各有关部门要根据职责分工，强化协调配合，细化配套措施，按照国家有关规定在规划编制、政策制定、资金投入、项目建设等方面给予指导支持。国家林草局（国家公园局）要加强统筹协调，会同有关方面做好指导服务、审核评估和监督管理，高质量推进国家公园体系建设，及时研究协调解决《方案》实施中遇到的问题；要严格把关，积极稳妥推进，按程序报批设立国家公园，指导编制和审批国家公园总体规划并监督实施；要密切跟踪《方案》实施情况，适时组织评估考核，建立健全督促整改和退出机制，重大情况及时向国务院报告。

国务院

2022年9月17日

【案例分析】

这是一篇指示批复，由标题、文号、主送机关、正文、落款五部分组成。

标题采用的是没有表明态度的形式，格式是"发文机关+事由+文种名称"；该批复的请示单位虽然只有"自然资源部"一个，但具体事项还涉及其他几个部门，所以主送机关有多个。

该批复正文直接以自然资源部请示的标题开头，点明批复的依据和请示单位，然后以"现批复如下"引出批复的内容；批复的内容一开始就说出了国务院的态度——"原则同意"。为什么这里是"原则同意"，不是"同意"？因为该《方案》只是一个总体方案，不是具体的实施方案，属于一种长远规划，还有很多工作需要去做，还需要其他部门的配合，所以只能用"原则同意"。国务院表明态度后，又点明该事项涉及的几个部门，然后提出了具体的指示性意见，最后以要求结尾。

第十三节　议案

议案是有关机关根据法定程序向同级人民代表大会或者人民代表大会常务委员会提请审议事项。不是所有的机关都有提出议案的权利，也不是所有的机关都能受理议案，议案的提出和受理机关都是有明确规定的。

根据《中华人民共和国宪法》《中华人民共和国全国人民代表大会组织法》《中华人民共和国全国人民代表大会议事规则》和《中华人民共和国地方各级人民代表大会和地方各级人民政府组织法》的规定。

1.具有议案提出权的主体是法定国家机关和符合法定人数的人民代表群体。法定国家机关主要包括人大机关、检察机关、法院机关和各级人民政府，除此之外的其他机关单位等都没有提出议案的权利。

2.议案的受理机关只能是同级人民代表大会或人民代表大会常务委员会，其他机构都无权受理议案。

3.议案的内容只能由同级人大或其常委会审议、通过，然后形成决议或决定。

一、议案的分类与特点

根据内容，可将议案分为以下几类。

（一）法律法规性议案

有关机构提请同级人民代表大会或人民代表大会常务委员会制定、修改、废止某项法律法规的议案，如《关于尽早制定我省普及九年制义务教育实施条例的议案》。如果是立法案需要附法律法规草案，如果是修订法律法规需要附该法律法规修正草案，如《国务院关于提请审议〈中华人民共和国著作权法(草案)〉的议案》。

（二）任免性议案

各级人民政府提请同级人民代表大会或人民代表大会常务委员会审议任命、免去或撤销国家机关工作人员职务。

（三）重大事项性议案

各级人民政府提请同级人民代表大会或人民代表大会常务委员会审议批准一些重大事项的议案。所谓重大事项，就是事关民生大计、影响深远的大事，包括政治、经济、教育、科学、文化、卫生等诸多方面。

（四）预算性议案

各级人民政府提请同级人民代表大会审议通过政府的年度财政预算。各地政府的年度财政预算必须由各级人民代表大会通过后才能批准执行。

议案跟其他文种相比，具有以下几个特点。

（一）处理程序的法定性

议案必须按照法律规定的程序处理。首先由具有议案提出权的主体提出议案，然后由同级人民代表大会或人民代表大会常务委员会按照一定的法定程序审议，审议通过后才能开始实施。这一过程必须要按照法律规定的程序进行，否则议案就会失去效力。

（二）行文对象的特定性

议案的行文对象不是随意的，而是特定的，就是同级人民代表大会或人民代表大会常务委员会，除此之外都不是其行文的对象。

（三）提交时间的实效性

议案不是想什么时候提交就什么时候提交，而是有相应的时间限制。各级人民政府必须要在同级人民代表大会或人民代表大会常务委员会规定的截止日期之前提交才有效，如果超过了这个时限就不能列为议案，只能当建议处理。

（四）生效标识的特殊性

议案生效标识跟其他公文文种不同，不需要加盖公章，只需要有关机关第一行政首长署名就算生效。一般国务院的议案在国务院总理署名之后就生效了，省政府的议案在省长署名之后就生效，其他各级政府议案的生效标识类似。

（五）行文内容的限定性

议案的内容是有限制的，不是想写什么就能写什么，其涉及的内容不能超过本级人民代表大会或人民代表大会常务会的职权范围，否则他们有权不予受理。同时，议案的内容要切实可行，如果不可行也不会被受理，或者受理了也不能通过。此外，写作时要坚持一文一事的原则，不要把诸多事项写进一个议案中。

二、议案的写作要点与具体格式

撰写议案时，要把握以下几个要点。

（一）要做好准备工作

议案有很强的政治性、法律性，尤其是法律法规性议案和重大事项性议案，跟方针、政策、法规息息相关，行文前要提前做好准备工作，掌握议案涉及的法律、法规和政策方针，这样行文才不会出错。此外，有的议案还有附件，比如提请审议事项的草案，还有事项草案的说明材料，都要提前做好准备。

（二）议案内容要切实可行

没有调查就没有发言权，秘书写议案之前要先到人民群众中做调研，在调研的基础上结合实际，才能写出切实可行的议案。

（三）观点要明确

议案通常只交代相关事项，不做议论，议案中的观点要明确，不能含糊其词。

在具体格式上，议案一般由标题、文号、主送机关、正文、附件、签署六部分组成。

（一）标题

议案的标题通常有两种形式。

1."提出议案机关的名称+事由+文种名称"，一般这种形式的标题会在"机关"后面加上"提请审议"或"提请审议批准"字样，如《国务院关于提请审议批准2015年地方政府债务限额的议案》。

2."事由+文种名称"，如《关于尽早制定我省普及九年制义务教育实施条例的议案》。

（二）文号

一般是"提出议案机关代字+年份+发文序号"，如本节【案例1】中的"国函〔1994〕11号"，也可以省略不写。

（三）主送机关

议案的主送机关就是议案提交的法定机关，也就是同级人民代表大会或人民代表大会常务会，如"全国人民代表大会常务委员会""省人大常委会"等。

（四）正文

议案的正文一般由议案缘由、议案事项和结语三部分组成。

1.议案缘由

这部分内容主要阐明为什么要提出这个议案，该议案有什么意义。写的时候有理有据，实事求是，要结合实际情况说明该议案的重要性、紧迫性。

2.议案事项

这部分内容要写出提请大会解决什么问题，一定要清晰明了，让人一目了然。如果提请审议某项法规，要写明该法规的名称，还要将该法规附上；如果提请审议某人的任免，要写明被任免人的姓名，准备免除或担任的职务等；如果提请审议的是某重大事项，要写明决策的内容，并写明具体的解决方案和措施；如果提请审议预算，要写明具体什么地方支出多少。

3.结语

议案的结语通常使用惯用语，如"请审议""请审议决定""现提请审议"等。

（五）附件

如果有附件，需要在正文下面标注出所附文件或材料的名称标题。

（六）落款

议案的落款在正文右下方，格式是"职务名称+署名+成文时间"。虽然议案由各级人民政府提出，但落款却不是政府机关的名称，而是相关机关第一行政首长签署，也不用盖章。

三、案例参考与分析

【案例1】

国务院关于提请审议

《中华人民共和国劳动法(草案)》的议案

国函〔1994〕11号

全国人民代表大会常务委员会：

为了适应建立社会主义市场经济体制的需要，推动劳动制度改革，保护劳动者的合法权益，确立、维护和发展用人单位与劳动者之间稳定和谐的劳动关系，促进经济发展和社会进步，劳动部门同有关部门草拟了《中华人民共和国劳动法(草案)》。这个草案已经国务院常务会议讨论通过，现提请审议。

国务院总理　李　鹏

一九九四年二月十八日

【案例分析】

这是一篇法律法规性议案，由标题、文号、主送机关、正文、落款五部分组成。

标题采用"提出议案机关的名称+事由+文种名称"的格式，提出审议的机关是国务院，对应的主送机关就是全国人民代表大会常务委员会。正文部分由议案缘由、议案事项、结语三部分组成，采用了"为了……"的句式重点说明提请该议案的原因和目的，事项写得简单明了，结语采用惯用语"现提请审议"，最后是落款，采用"职务名称+署名+成文时间"的格式。

【案例2】

××省人民政府关于×××等职务任免的议案

省人大常委会：

根据《中华人民共和国地方各级人民代表大会和地方各级人民政府组织法》第四十四条的规定，现提请：

任命×××为××省发展和改革委员会主任；

免去×××的××省发展和改革委员会主任职务。

请审议决定。

省长 ×××

20××年××月××日

【案例分析】

这是一篇任免性议案。标题使用"提出议案机关的名称+事由+文种名称"的格式，因为提出议案的机关是省级人民政府，所以主送机关对应的就是省人大常委会。一般人事任免性议案不用写缘由，直接根据××规定写出任免人及职务就好，非常简洁。当任免人不止一个时，按照一人占一行的格式写，这样更清晰明了。

【案例3】

××市人民政府关于提请审议
《××市乡村建设条例（草案）》的议案

××市人民代表大会常务委员会：

《××市乡村建设条例（草案）》已于 20××年 ××月 ×× 日经市人民政府第10次常务会议讨论原则通过，现提请审议,建议制定为本市的地方性法规。

附件：关于《××市乡村建设条例（草案）》的说明

市长　×××

20××年××月××日

【案例分析】

　　这是一篇提请制定地方性法规的议案，由标题、主送机关、正文、附件和落款五部分组成。因为提出议案的机关是××市人民政府，所以对应的主送机关是"××市人民代表大会常务委员会"。该议案的正文部分非常简短，只有一句话，开头点明《××市乡村建设条例（草案）》已经按照法定程序通过，议案事项是将已经通过的《××市乡村建设条例（草案）》制定成××市的地方性法规。

第十四节　函

　　函是不相隶属机关之间商洽工作、询问和答复问题、请求批准和答复审批事项时使用的一种公文。秘书要注意"函"的使用对象是"不相隶属"的机关之间，对方可能是一个系统内部的平级机关，也可能是级别更高的机关，但只要对方跟自己的机关在行政和组织上没有领导与被领导的关系，在业务上没有指导与被指导的关系，就属于不相隶属，就可以使用"函"。

> 函与请示的区别。
> 1.方向不同。函是平行文，请示是上行文。
> 2.时间不同。函可以用于事前、事中或事后；请示必须事前行文。
> 3.功能不同。函的功能更多，除了可以请求批准、答复、审批外，还能用来商洽工作、询问和答复问题；请示只能用来请求指示、批准。

一、函的分类与特点

从不同的角度出发，函可以分为不同的类型。

（一）从行文时间的角度出发，函可以分为以下两种。

1.发函

发函是发文机关主动向对方发出的公函。

2.复函

复函是回复对方来函而被动发出的公函。

（二）从内容和用途的角度出发，函可以分为以下八种。

1.商洽函

如果发文机关需要跟平行机关或不相隶属的机关之间商洽一些工作，就需要使用商洽函。

2.询问函

如果发文机关需要向不相隶属的机关询问某些情况，就需要使用询问函。

3.请批函

如果发文机关需要向不相隶属的机关请求批准某些事项，需要使用请批函。

4.答复函

如果发文机关需要回复一些机关的主动来函，需要使用答复函。

5.知照函

不相隶属的机关之间需要相互通知某些事情时，需要使用知照函。

6.邀请函

机关举办某项活动，需要发邀请函要求其他单位来参加。

7.慰问函

按照公务礼仪，有时要对一些遭遇重大灾难方发慰问函以示关注和慰问。

8.转文函

如果有些文件需要转发给不相隶属的机关单位，需要使用转文函。

函的形式灵活多样，秘书人员在写作时要了解函的几个特点。

（一）行文主体的广泛性

函不像命令、公告等公文对发文机关有诸多限制，函对发文机关没有任何限制，不管级别的高低，都可以对外发函，所以使用范围也非常广泛，它是机关单位使用频率最高的一种公文文种。

（二）文种用途的多样性

函的用途很多，询问和答复问题、请求批准和答复审批事项等。

（三）双方关系的平等性

函既不是上行文，也不是下行文，而是平行文，只要双方没有隶属关系就可以用函，这体现了双方的平等关系，它的遣词造句跟上行文或下行文不同，写作时要注意体现平等、沟通的特点。

（四）反映内容的单一性

通常一份函只写一件事，并且函的内容也比较单一，不需要过多地阐述原则、意义等，内容比较简短。

二、函的写作要点与具体格式

撰写公函时，要注意把握以下几个要点。

（一）叙述要清晰

函是用来跟不相隶属机关之间商洽工作、询问和答复问题、请求批准和答复审批事项时使用的，所以在内容方面一定要让对方知道你需要什么帮助，了解你的困难，因此叙述要清晰，理由要充分，相关事项要在对方的能力范围内，才能获得对方机关的理解和支持。

（二）措辞要把握分寸

不管是向平级机关发函，还是向不相隶属的机关发函，都要注意措辞，不要使用指令性强的语言，也不要曲意客套，要不卑不亢，谦和有礼，所提的意见、要求、办法要客观，要注意照顾对方的情绪。

（三）内容要简短

函通常比较简短，尽量避免长篇大论，叙述要言简意赅，不要写一些大而空的东西。尤其是复函，写作时要照顾对方的心理，如果答复是肯定的，那可在开头部分就表明，然后再写其他内容；如果答复是否定的，那开头一般先说明否定的理由，最后再说明否定的态度，这样对方更容易接受一些。

函一般由标题、文号、主送机关、正文、附件、落款六部分组成。

（一）标题

通常函的标题采用以下两种形式。

1."发文机关+事由+文种名称"，如"国务院办公厅关于同意建立数字经济发展部际联席会议制度的函"。

2."事由+文种名称"，如《关于征求〈会计师事务所监督检查办法（征求意见稿）〉意见的函》。

如果是复函，其标题中的文种名称通常写"复函"，如《国务院办公厅关于广安经济开发区升级为国家级经济技术开发区的复函》。

（二）文号

一般是"发文机关代字+年份+发文序号"，如本节【案例1】中的"国办函〔2022〕63号"。

（三）主送机关

函的主送机关通常只有一个，不过如果函中事件涉及多个部门，主送机关也可以有多个，如本节【案例2】所示。

（四）正文

函的正文一般由发函缘由、发函事项和结语三部分组成。

1.发函缘由

发函缘由是函的正文开头，一般写发函的原因、目的、背景等。如果是复函，通常先引用对方发函的标题、文号或者对方发函的主体，然后再写明发函缘由，以"现函复如下"引出发函事项，如本节【案例1】所示。

2.发函事项

这部分内容是正文的主体。如果是商洽函，需要写明商洽原因，具体商谈什么问题，发函人的意见是什么；如果是询问函，需要写明询问的具体问题是什么，还要交代一下询问的缘由；如果是请批函，需要写明具体批准的事项；如果是答复函，需要紧扣发函机关所询问的问题和事项作答。

3.结语

结语部分通常是提出希望或要求，希望对方给自己提供什么支持和帮助，或者对对方有什么要求等。有的函再另起一行，加上惯用语——"特此函复""特此函告"等。

（五）附件

如果有附件，需要在正文下面标注出所附文件或材料的名称标题。

（六）落款

在正文右下方处标注出发文机关名和成文日期，并加盖印章。

三、案例参考与分析

【案例1】

国务院办公厅关于同意建立数字经济发展部际联席会议制度的函

国办函〔2022〕63号

国家发展改革委：

你委关于建立数字经济发展部际联席会议制度的请示收悉。经国务院同意，现函复如下：

国务院同意建立由国家发展改革委牵头的数字经济发展部际联席会议制度。联席会议不刻制印章，不正式行文，请按照党中央、国务院有关文件精神认真组织开展工作。

附件：数字经济发展部际联席会议制度

国务院办公厅

2022年7月11日

【案例分析】

这是一篇答复函。正文开头部分点明了复函的缘由，接着用"现函复如下"引出发函事项，对发函机关所询问的问题做出了明确的回答，并给出了具体的指示，最后以要求结尾。

【案例2】

国家矿山安全监察局综合司
关于征集煤矿水害治理先进适用技术和工作经验的函

矿安综函〔2022〕311号

各产煤省、自治区及新疆生产建设兵团煤矿安全监管部门，国家矿山安全监察局各省级局，有关中央企业，有关高校、科研院所：

为进一步提高煤矿企业水害治理能力和水平，总结、交流、推广煤矿水害治理先进适用技术和工作经验，有效防范和遏制水害事故，经研究，决定广泛征集煤矿水害治理先进技术和工作经验。现将有关事项通知如下：

一、征集范围和内容

煤矿企业、有关高校和科研院所水害防治先进适用技术和工作经验。重点包括：水害防治理念提升，各类水害致灾机理研究和创新；老空水、顶底板岩溶水、顶板砂岩水、离层水、第四系松散含水层水、地表水等各类水害防治；在老空区和地质构造等精准探查、水害风险监测预警、含水层地面区域注浆改造或帷幕注浆、隔水层探查治理、断裂构造注浆加固、地面定向钻掩护治理巷道掘进、充填开采、防水闸墙、应急排水系统、实现地质透明化等方面采用的新技术、新工艺、新材料、新装备；矿井零突水（透水、溃水）目标管理、防治水综合管理和现场管理等方面的经验做法；煤矿水害事故应急救援新装备、新工艺和近年来水害事故救援成功案例。

各级煤矿安全监管监察部门推动煤矿企业提高水害治理能力的工作经验。

二、有关要求

1.请国家矿山安全监察局各省级局组织本单位及辖区煤矿企业、科研院所报送先进适用技术和工作经验材料，各省级煤矿安全监管部门组织本地区各级煤矿安全监管部门报送工作经验材料，并严格筛选把关、统一报送。请有关中央企业、高校、在京科研院所直接报送。请各单位于2023年3月31日前，将有关材料电子版报送至国家矿山安全监察局事故调查和统计司。

2.材料要主题明确、经验典型、重点突出、文字精练、数据准确，不必面面俱到。篇幅原则上不超过4000字。

3.对部分满足科技论文发表要求的经验材料，将择优推荐国内权威核心期刊发表。

联系人及电话：×××，010-××××；电子邮箱：××@××.com。

国家矿山安全监察局综合司

2022年11月18日

【案例分析】

这是一篇知照函，因为该函内容涉及多个部门，所以主送机关有多个。该函开头部分以"为……"句式点明了发布该函的目的是为了"广泛征集煤矿水害治理先进技术和工作经验"。因为发函事项的内容比较多，为了叙述清晰，将其分为"征集范围和内容""有关要求"两个方面进行说明，对于"有关要求"采用分条列项式说明，让人一目了然。

第十五节　纪要

纪要是党政机关用来记录会议主要情况和议定事项的一种公文。纪要的行文方向灵活，通过纪要可以向上级汇报会议情况，可以向下级传达会议精神，或者向不相隶属的机关单位通报会议相关情况。

纪要是根据会议相关材料加工整理形成的公文，不过并不是所有的会议都必须要写纪要，只有那些内容比较重要，并且需要纪要备查，以便相关人员了解会议相关情况时才需要写纪要。

秘书要注意不要把纪要当成会议记录。会议记录要将所有与会人员的发言以及整个过程都真实记录下来，不能有任何遗漏，也不能做任何篡改，只按照实际情况记录下来就行。纪要不像会议记录那样一个字都不能改，而是在会议记录的基础上，按照一定的逻辑顺序重新加工整理而成。

秘书要注意纪要与决议的区别，这点在本章第一节已经讲过，此外，还要注意纪要与决定的区别。

纪要与决定的区别。

1.记录内容不同。纪要不仅要记录会议议定的事项，还要记录会议情况等诸多内容，而决定只记录已经确定的决策或决定事项。

2.重要程度不同。纪要记录的是会议的主要情况和议定事项，可能是重大事项，也可能是日常工作；而决定针对的通常都是重要或重大事项。

3.效力不同。纪要只是将与会人员的意见记录下来，有的意见不一定获得通过，只具有指导、指示的作用；决定则是获得多数人通过的意见，具有一定的法定效力。

4.侧重点不同。纪要需要综合反映会议，决定只反应会议通过的决策。

一、纪要的分类与特点

实际工作中，根据会议的类型和性质不同，可将纪要分为以下四种类型。

（一）大型专题性会议纪要

大型专题会议一般规模比较大，开会时间比较长，与会人员比较多，不过议题比较单一，通常围绕某特定事项展开，然后进行深入谈论，这种会议纪要一般具有一定的深度和广度，对该项工作也有指导作用，比如《全国农村工作会议纪要》。

（二）日常工作会议纪要

一般机关单位都要定期或不定期召开一些处理日常工作的会议，这类会议通常规模小、与会人员少并且固定，这类会议的纪要除了要记录会议情况和事项外，还要将与会人员都记录下来，用来做决策备查和情况通报用，如《××省人民政府常务会议纪要》。

（三）协议性会议纪要

不同机关的代表就共同关心的某个问题召开一次会议，最后达成某个共识，这个共识对参加此次会议的各方都有约束力，形成的会议纪要具有协议性质，如《中韩关于结束中国-韩国自由贸易协定谈判的会议纪要》。

（四）研讨性会议纪要

这类会议是为了让与会人员各抒己见，以达到研究、讨论的目的，会议纪要只需要将各方观点准确表达出来即可，如《突发事件处理预案研讨会会议纪要》。

虽然纪要可以印发给上级机关、下级机关或其他不相隶属的机关，但它属于内部文件，不用向社会公开。

写会议纪要要注意把握以下几个特点。

（一）内容的纪实性

纪要要按照实际情况记录会议情况，包括会议的一些基本情况，与会人员表达的不同观点，该次会议达成了什么共识，形成了什么决议等，虽然不用像会议记录那样"原汁原味"，但也要忠实反映会议的基本情况和议定事项，以便人们日后查考。秘书写会议纪要时，不要去拔高、深化会议，不要对会议内容发表自己的评论，更不能改动会议议定的事项、达成的共识，以及形成的决定。

（二）表达的概括性

纪要是在会议记录、会议文件等相关材料的基础上归纳、整理出来的，撰写的时候要根据会议目的有所侧重，用概括性的语言将会议讨论的问题整理出来。

（三）作用的知照性

纪要的主要作用是让相关人员了解该会议的情况，具有知照性。此外，有些纪要还有指导作用，可以督促会议事项的落实。

（四）称谓的特殊性

秘书使用纪要这种文种时，要注意一般采用第三人称的叙述方式，将"会议/大会"当作主体，通常使用"会议/大会认为""会议/大会指出""会议/大会决定"等惯用语。

二、纪要的写作要点与具体格式

进行纪要写作时，要掌握以下几个要点。

（一）写作之前先列出整体框架

会议结束后，不要着急去写纪要，而是先回想一下这次会议，并将会议情况、会议主要议题、会议精神总结出来，对这次会议有个整体的认识后，再列出会议纪要的整体框架，并将概括的相关内容填入框架之中。

（二）写作中要突出会议主题

整体框架列出后，就可以写纪要了，写作时要注意突出会议主题。通常会议中会产生很多不同的意见，写纪要的时候不可能把每种意见都详细写出，这时需要对一些意见进行概括，然后根据该会议的主题有所侧重，跟主题有关的重点写，无关的简略带过。

（三）纪要内容要如实反映会议精神

虽然纪要是对会议的重新整理，但不能偏离会议精神。秘书不能因为自己赞同某个观点就多写，也不能因为自己反对某个观点就略写或不写，一定要如实去加工、提炼。

（四）要主次分明，条理清晰

会议纪要不是会议记录，写作时要对材料有所选择，对于一些相同或相近的意见要进行归纳总结，并将总结的意见按照主次顺序进行排列，做到重点突出、条理清晰。

（五）写完后要认真检查

纪要写完后，要再对照会议记录检查一下，看是不是跟会议主题保持一致，有没有遗漏重要的信息，是不是体现了领导的决策，确认没有问题后再提交。

纪要一般由标题、成文日期、正文三部分组成，具体格式如下。

（一）标题

纪要的标题主要有两种形式。

1.“会议主持单位+会议名称+文种”，如“××区四届政协专题协商会议纪要”。

2.“会议名称+文种”，如《全国文物拍卖管理工作座谈会会议纪要》。

（二）成文日期

一般在标题下面的小括号内（也有在正文之后的右下角）注明成文日期，格式是“××××年××月××日”。如果是某次会议通过的纪要，还要注明会议名称及通过日期，格式是“××××年××月××日××××会议通过”。

（三）正文

纪要的正文一般也包括开头、主体和结语三部分。

1.开头

纪要的开头部分主要概括介绍本次会议的一些基本情况，包括交代召开本次会议的背景、原因、目的、起止时间、召开地点、与会人员、会议内容、主要议题、取得成果等。

2.主体

主体是纪要的核心部分，一般要概括出会议讨论的主要问题、会议决定的重要事项，会议取得了什么成果，今后要完成什么任务，需要采取什么措施和办法等。纪要的主体一般采取条款式、综合式、摘要式三种写法。

（1）条款式

条款式就是采用分条列项的方法将会议讨论和议定的事项一一列出，一般会议讨论了几个问题就分成几条，这种写法条理清晰，便于有关部门理解和执行。一般日常工作纪要多采用这种方法。

（2）综合式

综合式纪要就是先从整体上对会议内容进行概括，接着将其分成几个大的部分，然后再对每个部分分别陈述，通常使用"会议/大会认为""会议/大会指出""会议/大会决定"，"会议/大会听取了""会议/大会讨论了""会议/大会研究了"等惯用语来分加以区分。

（3）摘要式

摘要式纪要就是将与会者的典型性、代表性发言要点提炼出来，然后按照发言顺序罗列出来或按照发言内容的性质归类排列出来。一般座谈会、学术会的纪要采用此法。

3.结语

纪要可以没有结语，也可以有结语，如果有结语一般采用希望/号召式结尾，也可能采取要求式结尾，惯用语是"会议/大会希望""会议/大会号召""会议/大会要求"等。

三、案例参考与分析

【案例1】

专题会议纪要

区整改协调小组〔2020〕14号

4月13日，中央环境保护督察××区整改工作协调小组×××组长在海滨街道主持召开2019年长江经济带生态环境警示片披露问题"×州××渔港内存在无应急设施的危险储存罐区，环境风险突出。××渔港附近大量冶炼废渣混合在生活垃圾与建筑垃圾当中，直接用于填埋场地"整改工作专题验收会议，参加会议的有区商务局×××、区应急管理局×××、区市场监督管理局×××、区自然资源和规划分局×××、区生态环境分局××、××街道办事处×××等，现将会议主要内容纪要如下：

一、会议听取了××街道关于2019年长江经济带生态环境警示片披露问题"×州××渔港内存在无应急设施的危险储存罐区，环境风险突出。××渔港附近大量冶炼废渣混合在生活垃圾与建筑垃圾当中，直接用于填埋场地"整改工作完成情况的汇报。

二、验收组对××渔港现场进行查看，针对2019年长江经济带生态环境警示片披露问题"××州××渔港内存在无应急设施的危险储存罐区，环境风险突出。××渔港附近大量冶炼废渣混合在生活垃圾与建筑垃圾当中，直接用于填埋场地"的整改工作要求，一致认为该问题已整改到位，予以通过验收。

中央环境保护督察××区整改协调小组

2020年4月13日

【案例分析】

这是一篇专题性会议纪要，标题直接就是"专题会议纪要"，非常直白。正文一开头就点明了会议的时间、与会人员、议题，并简单概括介绍了会议的一些基本情况。主体部分采用条款式，分两条写明了此次会议的主要内容，最后得出"予以通过验收"的结论结束。

第五章
规章制度类公文写作

党政机关、企事业单位的工作中，秘书有时需要写一些规章制度类公文，用来规范和约束人们的行为，告诉人们什么该做，什么不该做。这些公文虽然都属于规章制度类，但是每种的特点、写作格式都不尽相同，为了方便秘书快速掌握各种规章制度类公文的写作，本章对规定、办法、条例、细则、章程、守则、制度、公约这八种公文进行了介绍与说明。

第一节　规定

规定是党政机关用来对特定范围内的工作和事项制定具有约束力的行为规范的一种公文。规定的使用范围很广，只要对特定范围内的工作和事项进行约束，不管是重大事项，还是一般事项，都可使用规定。

一、规定的分类与特点

根据内容和性质，规定可分为四种类型。

（一）政策性规定

该类规定主要依照相关法律法规，制定一些行为准则和政策规范，用来指导人们开展某项活动或某些工作。

（二）管理性规定

为了加强管理、规范活动，有时还会对某些工作制定相关的管理规则，如《互联网信息服务深度合成管理规定》，这类规定通常会提一些管理要求和禁止事项。

（三）实施性规定

该类规定主要是配合相关法律法规实施的，其作用跟实施办法、实施细则一样。

（四）补充性规定

有些法规性文件内容不是很具体，落实起来有一定的难度，有时执行过程中又出现了一些新的问题，于是就用这类规定进行补充，如《〈对外劳务合作经营资格管理办法〉补充规定》。

秘书撰写规定时，要把握其几个特点。

（一）约束性强

规定通常用于制定某些行为规范，告诉大家"应该如何""不应该如何"，对某些事项、活动、问题做出具体的规定，具有很强的限定性和约束性。一经公布相关人员就要照章行事，如果不按照其执行就会受到相应的处罚或惩罚。

（二）制定流程严格

规定的制定流程非常严格，一般要经过编制规划、起草、审定、发布几个步骤，有的规定还要经过初审、审定、公布等步骤，最后才能生效。

（三）针对性强

规定不是随意制定的，都是针对国民生活中出现的一些实际问题而制定的，具有很强的针对性，比如《出版物市场管理规定》就是专门针对出版物市场而制定的。

二、规定的写作要点与具体格式

撰写规定时，要掌握以下几个要点。

（一）注意先后顺序

通常规定涉及的内容较多，写作时要将原则性的、主要的规范要求放到前面，具体的措施和次要的要求放到后面。

（二）内容"四要"

规定的内容既要体现党和国家的方针政策，又要符合客观事实，还要对一些工作做出具体的规定，表达要清晰明确，不能模棱两可，通常会使用"应当""不得""可以"等词语。

（三）形式灵活

如果规定的篇幅较长，需要先分章再分条，比如《河南省村庄规划编制和实施规定》就先分了六章，然后每一章再分成若干条表述；如果篇幅不长则直接分条表述，如本节【案例1】所示；如果是补充性规定，则不用分章、分条，只根据实际需要，有多少项就写多少项。

规定通常由标题、题注、正文三个部分，具体格式如下。

（一）标题

规定的标题通常由"事由+文种名称"，有的采用"制定者名称+事由+文种名称"。

（二）题注

在标题正下方的圆括号内，一般标注规定制定或通过的时间、机构。

（三）正文

规定的正文一般包括总则、分则、附则三部分内容。规定的总则部分相当于序言，主要用来说明制定该规定的依据、缘由，制定该规定的必要性，一般会使用"为了……制定本规定"惯用语。分则部分要写清楚规定的具体事项，一般先写原则性的规范要求，再写具体的约束措施，写作时要注意保持前后一致。附则相当于规定的结语，一般写实施说明、解释权限、施行日期等。

有的规定没有总则，直接分条列出，不过其主体部分也不是随意书写的，而是按照制定规定的缘由、规定的具体内容、施行说明的顺序进行书写的。

（四）落款

落款一般在正文的右下角，需要注明"制定者名称+发布日期"，如果前面题注中已经标注清楚，就不需要落款。

三、案例参考与分析

【案例1】

公务员录用规定

（2007年11月6日中共中央组织部、人事部制定 2019年10月15日中共中央
组织部修订 2019年11月26日发布）

第一章 总 则

第一条 为规范公务员录用工作，保证新录用公务员的基本素质，建设信念坚

定、为民服务、勤政务实、敢于担当、清正廉洁的高素质专业化公务员队伍，根据《中华人民共和国公务员法》（以下简称公务员法）和有关法律法规，制定本规定。

第二条　本规定适用于各级机关录用担任一级主任科员以下及其他相当职级层次的公务员。

第三条　公务员录用坚持以马克思列宁主义、毛泽东思想、邓小平理论、"三个代表"重要思想、科学发展观、习近平新时代中国特色社会主义思想为指导，贯彻新时代中国共产党的组织路线和干部工作方针政策，突出政治标准，坚持下列原则：

（一）党管干部；

（二）公开、平等、竞争、择优；

（三）德才兼备、以德为先，五湖四海、任人唯贤；

（四）事业为上、公道正派，人岗相适、人事相宜；

（五）依法依规办事。

第四条　录用公务员，采取公开考试、严格考察、平等竞争、择优录取的办法。录用政策和考试内容应当体现分类分级管理要求。

第五条　录用公务员，应当在规定的编制限额内，并有相应的职位空缺。

第六条　录用公务员，应当按照下列程序进行：

（一）发布招考公告；

（二）报名与资格审查；

（三）考试；

（四）体检；

（五）考察；

（六）公示；

（七）审批或者备案。

省级以上公务员主管部门可以对上述程序进行调整。

第七条　民族自治地方录用公务员，依照法律和有关规定执行。具体办法由省级以上公务员主管部门确定。

第八条　公务员主管部门和招录机关应当采取措施，便利报考者报名和参加考试。有残疾人参加考试时，根据需要予以协助。

第二章　管理机构

第九条 中央公务员主管部门负责全国公务员录用的综合管理工作。具体包括：

（一）拟定公务员录用法规；

（二）制定公务员录用的规章、政策；

（三）指导和监督地方各级机关公务员的录用工作；

（四）负责组织中央机关及其直属机构公务员的录用。

第十条 省级公务员主管部门负责本辖区公务员录用的综合管理工作。具体包括：

（一）贯彻有关公务员录用的法律、法规、规章和政策；

（二）根据公务员法和本规定，制定本辖区内公务员录用实施办法；

（三）负责组织本辖区内各级机关公务员的录用；

……

第三章　录用计划与招考公告

第十四条 招录机关根据队伍建设需要和职位要求，提出招考的职位、名额和报考资格条件，拟定录用计划。

第十五条 中央机关及其直属机构的录用计划，由中央公务员主管部门审定。

省级机关及其直属机构的录用计划，由省级公务员主管部门审定。设区的市级以下机关录用计划的申报程序和审批权限，由省级公务员主管部门规定。

……

第四章　报名与资格审查

第十八条 报考公务员，应当具备下列资格条件：

（一）具有中华人民共和国国籍；

（二）年龄为十八周岁以上，三十五周岁以下；

（三）拥护中华人民共和国宪法，拥护中国共产党领导和社会主义制度；

（四）具有良好的政治素质和道德品行；

（五）具有正常履行职责的身体条件和心理素质；

（六）具有符合职位要求的工作能力；

（七）具有大学专科以上文化程度；

（八）省级以上公务员主管部门规定的拟任职位所要求的资格条件；

（九）法律、法规规定的其他条件。

前款第（二）、（七）项所列条件，经省级以上公务员主管部门批准，可以适当调整。

报考行政机关中行政处罚决定审核、行政复议、行政裁决、法律顾问等职位的，应当取得法律职业资格。

公务员主管部门和招录机关不得设置与职位要求无关的报考资格条件。

……

第五章　考　试

第二十二条　公务员录用考试采取笔试和面试等方式进行，考试内容根据公务员应当具备的基本能力和不同职位类别、不同层级机关分别设置，重点测查用习近平新时代中国特色社会主义思想指导分析和解决问题的能力。

第二十三条　笔试包括公共科目和专业科目。公共科目由中央公务员主管部门统一确定。专业科目由省级以上公务员主管部门根据需要设置。

……

第六章　体　检

第二十六条　招录机关按照省级以上公务员主管部门的规定，根据报考者考试成绩由高到低的顺序确定体检人选，并进行体检。

第二十七条　体检的项目和标准根据职位要求确定。具体办法由中央公务员主管部门会同国务院卫生健康行政部门规定。

第二十八条　承担体检工作的医疗机构由设区的市级以上公务员主管部门会同同级卫生健康行政部门指定。

体检完毕，主检医生应当审核体检结果并签名，医疗机构加盖公章。

第二十九条　招录机关或者报考者对体检结果有疑问的，可以按照规定提出复检。复检只能进行一次。体检结果以复检结论为准。

必要时，设区的市级以上公务员主管部门可以要求体检对象重新体检。

……

第七章　考　察

第三十二条　招录机关根据报考者的考试成绩等确定考察人选，并进行报考资格复审和考察。

第三十三条　报考资格复审主要核实报考者是否符合规定的报考资格条件，确认其报名时提交的信息和材料是否真实、准确、完整。

第三十四条　考察工作突出政治标准，重点考察人选是否符合增强"四个意识"、坚定"四个自信"、做到"两个维护"，热爱中国共产党、热爱祖国、热爱人民等政治要求。考察内容主要包括人选的政治素质、道德品行、能力素质、心理素质、学习和工作表现、遵纪守法、廉洁自律、职位匹配度以及是否需要回避等方面的情况。

考察人选达不到公务员应当具备的条件或者不符合报考职位要求的，不得确定为拟录用人员。

……

第八章　公示、审批或者备案

第三十六条　招录机关根据报考者的考试成绩、体检结果和考察情况等，择优提出拟录用人员名单，向社会公示。公示期不少于五个工作日。

第三十七条　公示内容包括招录机关名称、拟录用职位，拟录用人员姓名、性别、准考证号、毕业院校或者工作单位，监督电话以及省级以上公务员主管部门规定的其他事项。

……

<h2 style="text-align:center">第九章　试　用</h2>

第三十九条　新录用的公务员试用期为一年，自报到之日起计算。试用期内，由招录机关对新录用的公务员进行考核，并按照规定进行初任培训。

第四十条　新录用公务员试用期满考核合格的，招录机关应当按照有关规定予以任职定级。

第四十一条　新录用公务员试用期满考核不合格的，取消录用。

试用期间发现新录用公务员有不具备公务员条件、不符合报考职位要求、不能胜任职位工作等情形的，取消录用。

新录用公务员有公务员法第八十九条规定情形的，不得取消录用。

……

<h2 style="text-align:center">第十章　纪律与监督</h2>

第四十四条　从事录用工作的人员凡有公务员法第七十六条所列情形之一的，应当实行回避。

第四十五条　有下列情形之一的，由省级以上公务员主管部门或者设区的市级公务员主管部门，视情况分别予以责令纠正或者宣布无效；对负有责任的领导人员和直接责任人员，根据情节轻重，给予批评教育、责令检查、诫勉、组织调整或者组织处理；涉嫌违纪违法需要追究责任的，依规依纪依法予以处分；涉嫌犯罪的，移送有关国家机关依法处理：

（一）不按照规定的编制限额和职位要求进行录用的；

（二）不按照规定的任职资格条件和程序录用的；

（三）未经授权，擅自出台、变更录用政策，造成不良影响的；

（四）录用工作中徇私舞弊，情节严重的；

（五）发生泄露试题、违反考场纪律以及其他严重影响公开、公正行为的。

第四十六条 从事录用工作的人员有下列情形之一的，由公务员主管部门或者所在单位，根据情节轻重，给予批评教育、责令检查、诫勉、组织调整或者组织处理；涉嫌违纪违法需要追究责任的，依规依纪依法予以处分；涉嫌犯罪的，移送有关国家机关依法处理：

（一）泄露试题和其他录用秘密信息的；

（二）利用工作便利，伪造考试成绩或者其他录用工作有关资料的；

（三）利用工作便利，协助报考者考试作弊的；

（四）因工作失职，导致录用工作重新进行的；

（五）违反录用工作纪律的其他行为。

……

第十一章　附　则

第四十九条 参照公务员法管理的机关（单位）录用工勤人员以外的工作人员，参照本规定执行。

第五十条 本规定由中共中央组织部负责解释。

第五十一条 本规定自2019年11月26日起施行。

【案例分析】

该规定的标题采取的是"事由+文种名称"的格式。正文部分包括总则、分则、附则三部分，说明了制定该规定的目的、依据，从第二章开始为该规定的具体内容，最后说明了该规定的实施日期。

第二节 办法

办法是党政机关对某项工作或活动做出具体安排或提出具体实施措施的规章制度类公文。秘书要注意办法和规定、条例的区别，规定和条例针对的是重大事项，一般原则性更强，要求相关部门照章执行；办法针对的是某一具体事项，主要是具体实施条例或具体要求，其法规性和约束力都比规定和条例弱一些，实际执行过程中可根据实际情况进行修改或补充。

一、办法的分类与特点

从使用范围来看，办法可分为两类。

（一）工作管理类办法

行政管理过程中，有时会遇到没有法律法规依据但又需要规范一些工作时，党政机关部门会根据实际情况在自己管辖范围内制定一些工作管理办法，用于指导实际工作。

（二）文件实施类办法

为了让某些法律法规得以顺利落实，相关部门会根据法律法规制定一些实施办法，将法律法规具体化。

秘书在写作时要根据办法的特点行文，注意以下两个特点。

（一）具体性

办法是党政机关根据党和国家的方针政策、法律法规对工作或活动提出具体的规定和要求，方便有关部门贯彻落实。

（二）可行性

制定办法的目的是为了让某项工作顺利落实，所以其内容要有可行性，要有具体的措施指导人们的工作。

二、办法的写作要点与具体格式

撰写办法时，要先判断其属于那种类型，如果是工作管理类办法，一般需要独立行文，内容比较全面，通常包括管理的范围、原则、规范、责任和实施要求等内容；如果是文件实施类办法，需要根据其对应的法律法规写作，内容要具体，要有实际指导作用。此外，撰写办法时还要掌握以下几个要点。

（一）要有可操作性

不管是哪种类型的办法，其内容都要切合实际，要具有可操作性，同时还要便于执行、检查和监督。

（二）要明确具体

办法通常是用来指导工作的，内容不仅要明确，还要详细具体，这样相关人员才知道应该怎么办。

（三）要准确无误

办法也属于法规性文件，具有一定的规范性，撰写的时候要保证其符合党和国家的政策方针，各条款既要相对独立，又要有一定的逻辑关系，不能前后矛盾，不能出现重复现象。此外，措辞也要准确无误，不能使用让人误解的词汇。

在具体格式上，办法由标题、制发时间和正文三部分组成。

（一）标题

办法的标题有两种形式。

1."制发机关+事由+文种名称"，如《国防科学技术工业委员会行政处罚实施办法》。

2."事由+文种名称"，如《个人养老金实施办法》。

如果该办法还没有正式实行，只是暂行或试行，这时需要在标题中注明"暂行""试行"字样，如《网络预约出租汽车经营服务管理暂行办法》《专业技术资格评定试行办法》等。

（二）制发时间

1.如果办法仅作内部公文单独发布，其制发时间以圆括号的形式标注在标题正下方，常见格式有"制发日期+通过会议的名称"或"发布机关+首次发布日期+修订日期"或"制发日期+施行日期"或"制发日期+通过会议的名称+施行日期"，如"（2006年12月25日，中华人民共和国国防科学技术工业委员会令第20号公布，2007年3月1日起施行。）"。

2.如果办法作为"命令（令）""通知"等文种的附件发布，一般制发时间和依据会在"命令（令）"或"通知"的正文中明确，不需要另外标注。

（三）正文

办法的正文部分主要用来表述办法规定的具体事项，都是由一些条款组成，根据其涉及内容的繁简不同，采取两种格式。

1.总分附式

如果该办法涉及的内容比较复杂，就采取总分附式，就是将正文分成总则、分则、附则三部分。总则部分写明制定该办法的目的、意义、依据、适用范围等，分则部分需要写明具体的方法、措施、步骤、要求等，附则部分主要是写一些补充说明、特殊规定、实施日期等，如本节【案例1】。

2.分条列项式

如果办法涉及的内容比较简单，则可采用分条列项式，不用分章，直接将具体内容一条一条罗列即可。不过采用这种方式也要注意每条的排列顺序，通常第一条要写明制定该办法的目的、意义、依据等，最后一条是实施的日期，中间部分一般按照主次顺序排列。

三、案例参考与分析

【案例1】

闵行区科普项目管理办法

第一章　总则

第一条　为进一步加强闵行区科普项目管理，支持和鼓励全社会开展科普活动，推进区域科普能力建设，保障科普事业持续稳定发展，依据《中华人民共和国科学技术普及法》《全民科学素质行动规划纲要（2021—2035年）》《上海市科学技术普及条例》《闵行区科技创新"十四五"规划》，制定本办法。

第二条　本办法所指的"科普项目"是指为推进本区科普工作和科普事业发展而获得区科委、区科协经费资助的项目。"科普项目经费"是指纳入区科委、区科协部门年度预算中用于项目化推进全区科普工作的经费。

第三条……

第四条 ……

第二章 原则

第五条 科普项目管理应坚持以下原则

（一）公开、公平、公正的原则。科普项目实行自主申报、专家评审的操作规则。

（二）专款专用的原则。科普项目经费必须按项目预算专款专用。

（三）择优资助的原则。科普项目经费将优先支持具有实效性、创新性的项目。

（四）动态管理的原则。科普项目实施三年期滚动预算。

第三章　申报和审批

第六条 科普项目的申报条件

……

第七条 科普项目的申报主体

......

第八条 科普项目的申报与审查

......

第九条 科普项目的评审与公示立项

......

第十条 资助额度

......

第十一条 拨付方式

......

第四章 项目监管

第十二条 信息公开

科普项目专项资金的使用情况纳入政府信息公开范围，按照政府信息公开的要求，开展专项资金信息公开工作。

第十三条 绩效评价

按照绩效评价管理的有关规定加强专项资金绩效管理，建立健全全过程预算绩效管理机制，建立专项资金绩效评价体系，对专项资金使用情况开展绩效评价。

第十四条 监督管理

......

第十五条 项目调整

......

第十六条 项目终止

......

第十七条 项目验收

......

第五章　附则

第十八条 本办法自2022年12月1日起施行，有效期至2027年11月30日。

第十九条 本办法由区科委、区科协解释，由区财政局指导资金使用。

【案例分析】

这是一篇工作管理类办法，标题采用了"制发机关+事由+文种名称"的格式，因为是以"通知"的形式发布的，制发时间直接在通知正文中，这里没有另外标注。

该办法涉及内容较多，所以正文采取了总分附式。第一章是总则，写明了制定该办法的目的、依据，并对本办法中的"科普项目"做了详细的说明，还简单介绍了科普项目的组织管理部门、项目类别等。第二章到第四章是分则部分，介绍了科普项目坚持的原则，申报和审批的具体办法以及项目监管的具体措施等。第五章是附则，说明了该办法的实施日期、有效期限、解释权等。

第三节 条例

条例是国家权力机关或行政机关依照政策和法令而制定并发布的，针对各个领域内某些工作、活动、问题或事项而做出的比较全面系统的规定，是具有长期执行效力的法规性公文。

一、条例的分类与特点

根据具体内容，可将条例分为以下三类。

（一）行政管理条例

该类条例主要是针对某项长期性工作所制定的规章制度，如《地名管理条例》。

（二）法律实施条例

该类条例主要是针对某些法律专门制定的规章制度，有些法律虽然制定出来了，但在具体执行过程中还有一些不详尽的地方，这时需要制定相应的实施条例对其进行细化，以确保该法得到准确执行，如《药品管理法实施条例》。

（三）组织规章条例

该类条例主要是用来规范党组织的工作、活动和党员行为的规章制度，一旦违反该条例就会受到相应的惩罚。

条例通常具有以下几个特点。

（一）特定性

只有国家权力机关或行政机关才可以制定条例，其他机关单位不能制定条例。

（二）权威性

条例是依法制定的，是属于法律范畴的规范性文件，一经颁布生效就具有法律效力，其范围内的组织和个人都必须遵守，不得违反，否则就会受到相应的处罚，因此它具有很强的权威性。

（三）稳定性

条例对工作和管理有指导作用，涉及的内容非常全面、系统、具体，一般先暂行（试行）一段时间后再正式确定，正式确定后不轻易改动、废止。

二、条例的写作要点与具体格式

条例通常是用来规范某些具体事项的法规性文件，在写作时要把握以下几个要点。

（一）排列要有序

条例顾名思义是由很多条款组成的，这些条款不是随意排列而是有一定的内在逻辑顺序，写作时不仅要注意不同条款之间的层次，还要注意每一条的先后顺利，一般按照先原则后具体，先主要后次要的顺序排列。

（二）表达要准确

条例是用来规范人行为的，具体规定要准确表达出来才能被人遵守，写作时不要使用抽象、模糊的语言，要用简洁、准确、具体的语言将内容表述清楚。此外，其内容还要切实可行，否则就会沦为"一纸空文"。

在具体格式上，条例由标题、制发时间和正文三部分组成。

（一）标题

条例的标题有两种形式。

1."制发机关+事由+文种名称"，如《中华人民共和国水下文物保护管理条例》。

2."事由+文种名称"，如《劳动保障监察条例》。

有时条例没有正式实行，只是暂行或试行，就需要在标题中注明"暂行""试行"字样，如《义务兵暂行条例》《中国共产党党务公开条例（试行）》等。

（二）制发时间

条例的制发时间以圆括号的形式标注在标题的正下方，具体格式分以下两种。

1.如果是独立发布性条例，其格式是"实际发布（批准）时间+发布机关名称+发布（批准）时间"，或者是"通过（批准）时间+发布时间"。有时也可以是"通过（批准）时间+发布时间+实施时间"，比如本节【案例1】就在标题正下方的圆括号内分三行标注了通过时间、命令的发布时间以及条例的实施时间。

【案例1】

促进个体工商户发展条例

（2022年9月26日国务院第190次常务会议通过
2022年10月1日中华人民共和国国务院令第755号公布
自2022年11月1日起施行）

第一条　为了鼓励、支持和引导个体经济健康发展，维护个体工商户合法权益，稳定和扩大城乡就业，充分发挥个体工商户在国民经济和社会发展中的重要作用，制定本条例。

第二条　有经营能力的公民在中华人民共和国境内从事工商业经营，依法登记为个体工商户的，适用本条例。

……

第三十九条　本条例自2022年11月1日起施行。《个体工商户条例》同时废止。

2.如果该条例是用"命令（令）""通知"等文种发布的，一般不显示条例的制发时间，而是以命令（令）或通知的发文时间为准，如本节【案例2】中的《地名管理条例》就是以"令"的形式发布的，该条例就没有制发时间，只有该

171

"令"的发布时间。

（三）正文

条例由一些条款组成，其正文通常有两种格式。

1.总分附式

如果该条例涉及内容比较复杂，通常分成若干章，这些章按照总则、分则、附则的形式排列。采用这种格式的条例通常第一章是总则，中间几章是分则，最后一章是附则，各章里面再设条，条数从第一章第一条开始计数，直到附则最后一条结束。

条例的总则部分要说明制定该条例的依据、缘由，通常用"为了……制定本条例"的句式，此外还要写明该条例的使用范围或对象。分则部分是该条例的主体部分，是对相关工作和活动的具体要求和规定，如果涉及内容较多，可根据不同主题分成不同章，然后再分条列项。分则部分的内容通常先告诉人们怎么做，也就是规范的具体行为。附则相当于条例的结尾部分，一般比较简单，主要是对前面内容的补充说明或强调、延伸，通常是一些实施要求、生效日期、解释与修改权限等。

2.分条列项式

该格式没有章，全文都是条款。这些条款通常会分成三大部分，第一部分写制定该条例的缘由、说明该条例的使用范围；第二部分写该条例规定的具体要求；最后部分是明确解释权、施行日期等。每一部分的内容要将主要的、直接的、普遍的、正面的放在前面，那些次要的、间接的、特殊的、反面的放在后面。

三、案例参考与分析

【案例2】

中华人民共和国国务院令

第753号

《地名管理条例》已经2021年9月1日国务院第147次常务会议修订通过，现予公布，自2022年5月1日起施行。

总理　李克强

2022年3月30日

地名管理条例

第一章　总　　则

第一条　为了加强和规范地名管理，适应经济社会发展、人民生活和国际交往的需要，传承发展中华优秀文化，制定本条例。

第二条　中华人民共和国境内地名的命名、更名、使用、文化保护及其相关管理活动，适用本条例。

……

第二章　地名的命名、更名

第九条　地名由专名和通名两部分组成。地名的命名应当遵循下列规定：

（一）含义明确、健康，不违背公序良俗；

（二）符合地理实体的实际地域、规模、性质等特征；

（三）使用国家通用语言文字，避免使用生僻字；

……

第三章　地名使用

第十五条　地名的使用应当标准、规范。

地名的罗马字母拼写以《汉语拼音方案》作为统一规范，按照国务院地名行政主管部门会同国务院有关部门制定的规则拼写。

......

第四章　地名文化保护

第二十三条　县级以上人民政府应当从我国地名的历史和实际出发，加强地名文化公益宣传，组织研究、传承地名文化。

......

第五章　监督检查

第二十八条　上级人民政府地名行政主管部门应当加强对下级人民政府地名行政主管部门地名管理工作的指导、监督。上级人民政府其他有关部门应当加强对下级人民政府相应部门地名管理工作的指导、监督。

......

第六章　法律责任

第三十四条　县级以上地方人民政府地名批准机关违反本条例规定进行地名命名、更名的，由其上一级行政机关责令改正，对该批准机关负有责任的领导人员和其他直接责任人员依法给予处分。

......

第七章　附　　则

第四十一条　各国管辖范围外区域的地理实体和天体地理实体命名、更名的规则和程序，由国务院地名行政主管部门会同有关部门制定。

第四十二条　纪念设施、遗址的命名、更名，按照国家有关规定办理。

第四十三条　国务院地名行政主管部门可以依据本条例的规定，制定具体实施办法。

第四十四条　本条例自2022年5月1日起施行。

【案例分析】

这是一篇行政管理条例。标题采用的是"事由+文种名称"的格式，因为采用"令"的形式发布的，所以没写制发时间，只有该"令"的发布时间。

该条例涉及的内容比较复杂，正文部分采取了总分附式，分成了三大部分：第一章是总则，其中第一条就用"为了……制定本条例"惯用语交代了制定该条例的目的，接着第二条点明了该条例的使用范围或对象，此外又做了一些原则性的说明；第二章到第六章是分则，也是该条例的主体，每一章又采用了分条列项式，说明了地名管理的具体措施、管理部门的职责以及奖惩事项；最后一章是附则，除了对分则内容进行补充外，还说明了该条例的施行日期。

第四节　细则

细则也叫实施细则，是党政机关为更好地实施法令或条例、规定等，结合实际情况而制定的详细、具体的解释和补充。

一、细则的分类与特点

根据制定细则的依据不同，细则可分为两种类型。

实施法规细则是根据某些法律法规制定出来的细则。

管理工作细则是根据某些工作管理类公文制定的细则。

撰写细则时，秘书要把握好以下几个特点。

（一）详细性

细则不像条例、规定那样具有概括性，通常需要写得比较详细，要说明条文具体适用范围是什么，有些条文应该怎样去落实，实施过程中遇到的一些具体问题应该怎么去解决，有些特殊情况应该怎么处理等。细则的内容要求详细、具体，以便法规实施或管理工作的开展。

（二）规范性

细则是对某些法令、条例、规定的补充说明，具有一定的规范性，其效力可以跟法令、条例、规定同时生效，也可以适当滞后。

（三）实用性

细则是用来指导法令、条例、规定的实施和工作的开展的，所写的条文要切实可行，要能指导相关单位的具体工作，不能是大而空的理论。

（四）依附性

细则不独立存在，而是依附于法令、条例、规定等文件，其内容也是对它们进行解释和补充说明，不能随意增加或扩大，不能超出相关文件规定的范围。

二、细则的写作要点与具体格式

撰写细则时要把握以下几个写作要点。

（一）要紧扣原文件

为了让法令、条例、规定等得到更好地贯彻执行，撰写细则时需要紧扣原文条款，对一些不具体、不明确的条款进行适当的解释，对原文件中没说明的情况进行补充说明。不过，细则的内容不能偏离原文件的精神，不能随意增减，以免影响原文件的贯彻执行。

（二）要切实可行

制定细则的目的是为了让原文件更便于落实，撰写细则时要结合自身实际情况，认真调查研究，制定出切实可行的细则。

（三）要细致具体

细则中的措施一定要紧扣问题，然后写出既细致具体又通俗易懂的条款，要达到看完该条款后知道怎么去执行的程度。

在具体格式上，细则一般由标题、制发时间和正文三部分组成。

（一）标题

细则的标题比较简单，通常是"实施法规的标题＋实施细则"，比如《现金管理暂行条例实施细则》，有时也采用"发文机关＋事由＋文种"的格式，如《浙江省测绘作业证管理实施细则》。

（二）制发时间

1.如果该细则是单独制发，其制发时间通常标注在标题正下方的圆括号内，有时还会标注批准、修订或施行日期，如《〈中华人民共和国监控化学品管理条例〉实施细则》的制发时间就是"（2018年7月2日中华人民共和国工业和信息化部令第48号公布。自2019年1月1日起施行。）"

2.如果该细则是作为"命令（令）""通知"等文种的附件发布，其制发时间跟办法类似，一般直接在"命令（令）"或"通知"的正文中明确，不需要另外标注。

（三）正文

细则的正文通常包含总则、分则、附则三部分的内容，如果内容比较繁杂就先分章，每一章再分条列项；如果内容比较简单则无须分章，直接分条列项就行。

1.总则

总则部分需要写明制定该细则的依据、目的、适用范围等，一般采用"为了……，根据《××法/条例》，制定本细则"的惯用语，比如："为了加强对监控化学品的监督管理，履行《禁止化学武器公约》，保障公民人身安全和保护环境，根据《中华人民共和国监控化学品管理条例》，制定本细则。"

2.分则

分则部分是对所依据的法律法规、管理文件等不具体的、不明确的、可能会产生歧义的地方进行补充说明，并具体化，提出一些具体的方法、措施等。

3.附则

附则部分主要是一些实施说明，比如生效日期、解释权等。

三、案例参考与分析

【案例1】

浙江省无居民海岛管理实施细则

为进一步加强无居民海岛管理，推进无居民海岛管理科学化、制度化和规范化，根据《中华人民共和国海岛保护法》《浙江省无居民海岛开发利用管理办法》等有关规定，对浙江省自然资源主管部门无居民海岛管理职责制定本实施细则。

一、规范对象

本实施细则适用对象为浙江省辖无居民海岛的管理，包括规划编制、名称管理、保护与生态修复、开发利用、生物和非生物样本采集审批、不动产登记、使用金减免、项目用岛监管等自然资源系统内部管理规则。

二、职责分工

省级自然资源主管部门负责组织省域无居民海岛保护和生态修复，无居民海岛调查、监视监测与评价，无居民海岛地名管理和名称标志设置与维护，领海基点等特殊用途海岛保护监督管理及用岛监管，编制涵盖无居民海岛的省域国土空间规划和海岸带保护与利用规划，受理本省市域间存在归属争议的省政府批准权限的无居民海岛用岛申请，审核省政府批准权限内的无居民海岛用岛申请和使用权招标、拍卖、挂牌出让方案，拟定省域无居民海岛开发利用管理政策与技术规范。

……

三、规划编制

县级以上自然资源主管部门应当将无居民海岛纳入当地国土空间规划和海岸带保护与利用规划。需要开发利用的无居民海岛，县级以上自然资源主管部门应当根据有关规定编制可利用无居民海岛保护与利用规划（以下简称"单岛规划"），报本级人民政府批准后实施并报省级自然资源主管部门备案。单岛保护与利用规划应当符合国土空间规划、海岸带保护与利用规划和生态红线管控要求并与其他规划相衔接。

……

四、名称管理

沿海县级以上自然资源主管部门负责管辖区域内无居民海岛名称管理的具体工作。无居民海岛名称一般应维持现状，确需命名与更名的，由县级以上自然资源主管部门会同有关部门提出意见并经本级人民政府同意，报省级自然资源主管部门。省级自然资源主管部门会同有关部门提出意见，经省级人民政府同意后，报自然资源部确定。海岛管辖存在争议的，由上一级自然资源主管部门提出命名或更名的意见。

……

五、保护与生态修复

县级以上自然资源主管部门应当按照国家规定，对领海基点所在海岛及其周边海域生态系统实施定期监视监测，编制年度监视监测报告。

……

六、生物和非生物样本采集

县级自然资源主管部门负责受理并审批因教学、科学研究需要在无居民海岛采集生物和非生物样本的申请，重点审核是否确属教学和科学研究需要，是否涉及生态保护红线，采集数量、品种、频次是否合理。

七、开发利用

（一）开发利用原则。

根据国家有关规定，积极推进历史遗留用岛处置，严控新增无居民海岛开发利用，未开发利用的无居民海岛原则上纳入生态红线留白管理。

（二）申请审批主要审核程序。（略）

（三）出让方案主要审核程序。（略）

（四）专家评审。（略）

（五）审核委员会审核。（略）

（六）厅长办公会议审定。（略）

（七）无居民海岛使用金。（略）

（八）无居民海岛不动产登记（略）

八、项目用岛监管

沿海地方自然资源主管部门应当将经审批确权的无居民海岛用岛纳入海洋监管体系，制定省市县三级监管实施方案，与海洋执法部门建立工作联动机制，强化对辖区内项目用岛监管工作的组织领导，加强统筹协调，落实工作责任。

……

九、法律法规依据

（一）《中华人民共和国海岛保护法》；

……

本实施细则自2023年1月20日起实施

【案例分析】

这是一篇管理工作细则，是根据《中华人民共和国海岛保护法》《浙江省无居民海岛开发利用管理办法》等有关规定制定的细则。

该细则是以"通知"的形式发布的，制发时间直接在通知明确了，所以这里没有标明。其标题采用了"发文机关+事由+文种"的格式。该细则正文根据不同主题分成了九大条，每大条又分成了若干小条，整体结构非常清晰明了。

正文开头就是总则部分，说明了制定该细则的目的、依据。正文的分则部分分别从规范对象、职责分工、规划编制、名称管理、保护与生态修复、生物和非生物样本采集、开发利用、项目用岛监管、法律法规依据等九个方面对该实施细节进行了具体的说明，对一些不明确的地方也进行了必要的补充。最后一行用来说明该细则实施日期的就是该细则正文的附则部分。

第五节　章程

章程是社会组织、社会团体、企事业单位为了保证其组织活动的正常开展而自行制定的关于组织规程和办事规则的规章制度类文书，其内容包含了该组织、团体的基本性质、基本宗旨、基本任务、机构制度、成员组织规程和办事规则等。

一、章程的分类与特点

根据具体内容的不同，章程可分为以下两类。

（一）组织章程

组织章程是由各社会组织、社团制定的，用来规定本组织、社团的性质、宗旨、任务、机构、人员构成、内部关系、职责范围、权利义务、活动规则、纪律措施等的文书，如《中华全国妇女联合会章程》。

（二）业务章程

业务章程主要是由企事业单位制定的，用来说明其业务性质、运作方式、基本要求、行为规范等文书，如《××大学办学章程》。

章程具有以下几个特点。

（一）准则性

一个社会组织或社会团体成立之前，要先制定出一个合法合规的章程草案，等相关权力机构审核通过后，就可以用其约束组织成员，让其成为组织活动的行为准则。

（二）稳定性

章程是组织或团体的基本纲领和行为准则，要具有一定的稳定性，不能随意更改或修订，如需改动需要按照一定的程序进行。章程一般先以"草案"的形式发布，广泛听取完大家的意见进行修改后，还要送交某权力机构审批，批准后才能成为正式章程，

（三）约束性

章程是组织、社团制定的，用来约束内部成员的行为准则，虽然不具有强制力，但章程中的各项规定和要求对其组织或社团内部人员具有一定的约束力，如果违反就会受到相应的处罚。

二、章程的写作要点与具体格式

章程跟其他文种不同，撰写时需要掌握以下几个要点。

（一）语言要简明扼要

撰写章程的时候通常需要用最简练的语言将意思表达清楚，不要用比喻、拟人、夸张等修辞手法。

（二）内容要全面

章程通常包含了该组织的方方面面，撰写内容时要考虑全面，不要有遗漏，以免以后遇到问题不知道怎么处理。

（三）结构要严谨

章程通常采用总分附（总则、分则、附则）的形式，分则部分要按照一定的顺序写的，通常先写成员，再写组织；先写全国组织，然后写地方组织，再写基层组织。另外，不同章程里的条款也要注意其是不是属于同一个主题，各条款之间是不是有重复的地方，要做到既相互独立又统一在一个主题中。

在具体格式上，章程一般由标题、制发时间、正文三部分组成。

（一）标题

章程的标题通常采用"组织或社团名称+文种名称"的形式，如《中华全国

妇女联合会章程》。如果该章程是"草案"，需要在文种后面注明"草案"字样，如《中国人民政治协商会议章程修正案（草案）》。

（二）制发时间

章程的制发时间通常放在标题的正下方，用圆括号标注出来，有的只标注该章程获得通过的时间，有的还会把会议名称标注出来，如本节【案例1】所示。

（三）正文

章程的正文跟规定、细则一样，也是由总则、分则、附则三部分组成，因为内容通常比较繁杂，所以会分成不同章，然后每一章再分条列项。如果章程的篇幅较长，为了方便阅读还会在总则前面加上"目录"。

1.章程的总则部分有的标注为"第一章 总则"，如本节【案例1】，有的直接标注为"总则"，没有加"第一章"，这样后面的第一个分则就标记为"第一章"，使用该文种的时候要注意一下，别标记错了。总则部分通常需要写明该组织的性质、宗旨、任务、名称、所在地等，有的还会说明该组织的指导思想、建设要求、作风等内容。

2.分则部分是章程的主体部分，其内容主要涉及三大方面的内容。

（1）组织机构，需要写明全国组织、地方组织、基层组织，代表大会、理事会、常务理事会、专业小组、名誉职务等。

（2）成员，需要写明成员条件、义务、权利和纪律等。

（3）经费，需要写明经费来源和使用管理。

如果该组织有会徽会旗，也要加以说明。

3.章程的附则部分是最后一章，主要说明该章程的生效日期、制定权、解释权、修改权等相关问题的，有的章程没有这部分。

章程通常从第一章开始分条，从第一章第一条一直排到附则的最后一条，如本节【案例1】所示。要注意的是如果总则部分没有作为第一章，那其内容就不能编成条。

三、案例参考与分析

【案例1】

温州市防痨协会章程

(2021年9月11日会员代表大会通过)

第一章　总　则

第一条　本会的名称：温州市防痨协会(Wenzhou Antituberculosis Association，缩写WZATA)

第二条　本会的性质：由从事结核病防治工作和医药卫生科技工作者以及热心于结核病防治事业社会知名人士与团体自愿组成并依法登记的学术性、非营利性、公益性社会团体法人。是党和政府联系结核病防治科技工作者的桥梁和纽带，是发展全市结核病防治科技事业的一支重要社会力量，是温州市科协的组成部分。

第三条　本会宗旨：团结我市广大结核病防治和医药卫生科技工件者，以及热心于结核病防治事业的人士。广泛动员社会力量，大力开展结核病防治宣传，普及结核病及有关疾病防治知识，开发结核病及有关疾病先进技术，提高结核病及有关疾病防治研究水平和应急能力，促进结核病防治及科技人才成长和提高。面向群众，服务社会，推进我市结核病防治事业不断发展，为保障人民身体健康和建设有中国特色社会主义而努力，本会会员必须遵守宪法、法律、法规和国家政策，遵守社会道德风尚。

……

第二章　业务范围

第六条　本会的业务范围：

（一）开展学术和技术交流，加强学科和团体间的联系与协作，促进结核病防治科技发展；

（二）开展结核病防治宣传，普及结核病及相关疾病防治知识，提高广大群众的结核病防治保健知识；

……

第三章 会 员

第七条 本会的会员由单位会员和个人会员组成。申请加入本会的会员，应当拥护本会的章程，有加入本会的意愿，遵纪守法，践行科学道德规范。

……

第四章 组织机构和负责人产生、罢免

第十五条 本会的最高权力机构是会员代表大会，其职权是：

制定和修改章程；

选举和罢免理事；

审议理事会的工作报告和财务报告；

决定终止事宜；

通过提案和决议；

决定其他重大事项。

……

第五章 资产管理、使用原则

第三十一条 本会经费来源：

会费；

捐赠；

温州市科协和政府有关部门提供的工作经费；

在核准的业务范围开展活动或服务的收入；

利息；

......

第六章 章程的修改程序

第四十条 对本会章程的修改，须经理事会表决通过后报会员代表大会审议。

第四十一条 本会修改章程，须在会员代表大会通过后15天内，经业务主管单位审查同意并报社团登记管理机关核准后生效。

第七章 终止程序及终止后的财务处理

第四十二条 本会完成宗旨或自行解散，或由于分立、合并等原因需要注销的，由理事会或常务理事会提出终止动议。

......

第八章 党组织建设

第四十八条 本团体按照党章规定，经上级党组织批准设立党组织。如暂不能单独、联合建立党组织的，支持上级党委选派党建工作指导员、联络员等方式，在本团体开展党的工作。

......

第九章 附 则

第四十七条 本章程经2016年4月23日会员代表大会表决通过。

第四十八条 本章程的解释权属本会的理事会。

第四十九条 本章程自社团登记管理机关核准之日起生效。

【案例分析】

这是一篇社会组织制定的组织章程。该章程的标题采用了"组织名称+文种名称"的格式，标题正下方的圆括号内标注了该章程通过的时间。

该章程的正文部分一共分了九章，第一章是总则，第二到八章是分则，第九章是附则，每一章又分成若干条。总则部分说明了该协会的名称、性质、宗旨、制定依据、业务主管部门、办公会址等内容。分则部分说明了该协会的业务范围、会员、组织机构、资产管理、使用原则、章程修改程序、党组织建设。附则部分说明该协会的通过生效日期、解释权等。

第六节 守则

守则是党政机关、社会团体、企事业单位根据党和国家的方针政策、法律法规，再结合自身情况而制定的，用来要求本单位或本系统人员共同遵守的行为规范。守则不是法律法规，没有直接的法律效应，但具有一定的约束性。

一、守则的分类与特点

守则的应用很广，各行各业都可能会用到，根据制发单位不同可分为行政部门守则、教育部门守则、工矿企业守则等。

守则通常具有以下几个特点。

（一）原则性

守则是用来规范人的思想道德、工作或学习的，其内容一般偏向于原则方面，大多是提出一些指导思想，而不是像细则那样提出具体要求、措施或方法。

（二）约束性

虽然守则没有法律效力，没法强制执行，但它也具有一定的约束作用和教育意义，需要人们自觉去遵守。如果有人违反了守则，可能不会违法，但违背了道德标准，会受到人们的谴责。

（三）完整性

守则的篇幅通常都比较短，但其内容则比较系统完整，对组织成员的规范比较全面。

二、守则的写作要点与具体格式

撰写守则时，要注意以下几个要点。

（一）要有针对性

守则既要符合国家的方针政策和法律法规，又要结合本单位、团体的实际情况，撰写内容时不能太笼统，要有针对性。

（二）要简明扼要

守则需要大家自觉遵守，所以篇幅不宜过长，内容要高度凝练，语言要简单明了，通俗易懂，条理要清晰，这样大家才容易记住并自觉遵守。

（三）要切实可行

虽然守则大多是从思想道德方面去制定一些原则性的行为规范，但制定的措施要切实可行。

在具体格式上，守则通常由标题、制发日期、正文和落款四部分组成。

（一）标题

守则的标题一般采取"适用对象+文种名称"的格式，如《中小学生守则》《普通住宅居民消防安全守则》等。写守则标题时，要注意如果所写的守则是初稿，需要在标题中加上（试行）（草案）（征求意见稿）等字样。

（二）制发日期

有的守则直接将制发日期写在标题正下方的圆括号内；有的还会在圆括号内标注上发布机关或通过守则的会议名称；有的直接将制发日期放在落款处。

（三）正文

守则通常比较简短，大多直接采用分条列项式，一般在开头部分交代制定该守则的缘由，通常会采用"为……，制定本守则"的惯用格式；然后再分条写具体内容，内容通常包括道德规范、工作、学习、纪律等诸多方面，如果该条的内容较多，就要分成不同款项；有的守则会最后一条注明本守则的施行日期。如果守则涉及的内容非常繁杂，就需要按照不同内容将其先分章，然后再分条列项去写。

（四）落款

落款一般在正文的右下角，包括制发机关和制发日期，如果标题中已经标明了制发机关并且标题正下方的圆括号内已经标明了制发日期，也可以没有落款。

三、案例参考与分析

【案例1】

北京市轨道交通乘客守则

第一条　为加强本市轨道交通运营安全管理，保障运营秩序，为乘客创造安全、便捷、和谐的乘车环境，依据《北京市轨道交通运营安全条例》等规定，制定本守则。

第二条　凡进入本市轨道交通各车站出入口、通道、站厅、站台和列车车厢的人员，均应遵守本守则。

第三条　乘客应遵守《北京市城市轨道交通车票使用规则》购票乘车，禁止使用伪造、变造票卡。

第四条　乘客应当按照有关规定接受并配合安全检查。不接受安全检查的，安全检查人员可拒绝其进站乘车；拒不接受安全检查并强行进入车站或者扰乱安全检查现场秩序的，安全检查人员可制止并报公安机关依法处理。

第五条到第十三条　（略）

第十四条　乘客应自觉维护车站、车厢的环境卫生和乘车秩序：

(一)禁止吸烟(含电子烟)、随地吐痰、便溺、吐口香糖、乱扔废弃物、乱写乱画；

(二)禁止携带活禽、猫、狗(警犬、导盲犬除外)等宠物以及其它可能影响轨道交通运营或其他乘客乘车的动物乘车；

(三)禁止大声喧哗或者弹奏乐器、外放音乐等；

(四)不得一人同时占用多个座位，不得踩踏车站和车厢内的座席；

(五)不得携带容易造成污损、有严重异味或者无包装易碎的物品、未妥善包装的肉制品及其他影响公共卫生的物品；

(六)不得在列车车厢内进食(婴儿、病人除外)；

(七)不得私自张贴、悬挂物品；

(八)不得推销产品或从事营销活动；

(九)不得在车站、车厢使用折叠自行车、各类滑板车、自动平衡车、滑轮鞋、滑板等，不得携带充气气球进站乘车。

第十五条　严禁损毁轨道交通范围内的各项设施、设备。严禁移动、遮盖或污损警示标志、疏散或导向标志、安全标志等。

第十六条　轨道交通范围内发生突发事件或意外情况时，乘客应当保持冷静，服从现场工作人员指挥或按广播提示有序疏散。

第十七条　乘客可配合运营单位通过乘客满意度调查等形式对轨道交通运营安全服务情况进行公众评价。

第十八条　乘客对轨道交通运营安全服务不满意的情况可向运营单位或市交通行政主管部门进行反映或投诉处理。

第十九条　乘客应自觉遵守本守则。违反本守则的，运营单位有权采取制止、劝离或者拒绝提供服务；违反法律法规规定的，应当依法移送交通部门或者公安部门处理。

第二十条　本守则自2019年5月15日起施行。

【案例分析】

这是一篇乘客守则，是用来约束乘坐北京地铁乘客的行为规范。该守则标题采取了"适用对象+文种名称"的格式，因为最后一条说明了施行日期，所以前面没有制发日期。该守则采取分条列项式写法，第一条采用"为……依据……，制定本守则"的惯用格式说明制定该守则的目的及依据；第二条说明了该守则的适用对象；然后分条写明了乘客的行为规范及禁止行为，有的条文涉及内容较多，就又分了不同项，比如第十四条又分成了九个款项；第十九条，注明了乘客违反该守则将会受到的惩罚；最后一条注明本守则的施行日期。

第七节　制度

制度是党政机关、社会团体、企事业单位为了保证某项工作的有序进行而制定的，要求有关人员共同遵守的规章制度类文书。制度一般非常具体，便于人们照章行事，不像守则那样偏向于原则性、笼统性，也具有一定的约束力。

一、制度的分类与特点

制度的应用范围很广，根据其内容和性质可分为以下两类。

（一）岗位性制度

是针对某个岗位制定的工作规定，如《××县考勤制度》。

（二）法规性制度

是针对某方面工作专门制定的带有法令性质的规定，如《差旅费报销制度》。

制度具有以下几个特点。

（一）广泛性

制度的应用范围非常广泛，大到国家机关，小到单位科室都可以根据自身需要制定一些制度，用以规范工作，提高工作效率，比如财务部门可以根据需要制定"报销管理制度"。

（二）强制性

制度具有一定的强制性，需要人们严格遵守，如果不按制度行事就会受到相应的处罚。

（三）针对性

制度一般都是针对某项具体工作而制定的，比如考勤制度、岗位职责制度、绩效考核制度等。

（四）具体性

制度的内容通常都非常具体、明确，以便人们遵守。

二、制度的写作要点与具体格式

撰写制度时要注意把握以下几个要点。

（一）具体明确

制度的内容要具体明确，要根据实际工作，制定出便于贯彻落实的条款，这样才能真的规范和约束相关人员的行为。

（二）通俗易懂

为了保证制度的落实，制度的语言要简明扼要、通俗易懂，人们读完就知道应该怎么做，不要使用晦涩难懂的语言，也不要使用具有歧义或模糊的语言。

（三）条理清晰

不管制度涉及的内容是否繁杂，条理都要清晰，各章各条都要按照一定的逻辑排列，不能前后重复，不能缺漏。

制度通常由标题、正文和落款三部分组成。

（一）标题

制度的标题通常有两种格式。

1."制发机关（或适用对象）+事由（或适用事项）+文种名称"的格式，如《××小学考勤管理制度》。

2."事由（或适用事项）+文种名称"的格式，如《现金管理制度》。

（二）正文

制度的正文根据涉及内容的复杂程度可分为两种写法。

1.如果制度涉及的内容比较繁杂，通常采用总分附式，就是分成总则、分则和附则三部分。采用这种格式的制度，通常会根据不同主题分成若干章，一般第一章是总则，用来说明制定该制度的目的、意义、依据和指导思想等；接着是分则部分，用来说明具体的管理操作规程；最后一章是附则部分，用来说明该制度的解释权、修订权、实施范围、生效日期等。

2.如果制度的内容比较单一，一般采用分条列项式，将具体内容按照一定的顺序分条罗列出来。有的制度，前面有一段序言，然后再分条列项。

（三）落款

落款一般在正文的右下角，包括制发机关和制发日期，有的制度可能将落款标注在标题正下方的圆括号内。

三、案例参考与分析

【案例1】

××县行政审批服务局考勤制度

××审服发〔2022〕1号

为进一步规范行政审批服务局日常管理，改进工作作风，提高服务水平，展示良好形象，按照《公务员法》《事业单位工作人员管理条例》以及国家相关法律法规文件精神，结合日常管理实际，特制定考勤及请假制度。

一、签到签退制度

工作人员使用"钉钉智能前台、政务考勤（爱山东）"考勤，实行一日四次上下班签到、签退，不得迟到、早退、旷工。请假流程未完成离开工作单位的，视为早退。如遇特殊情况，应及时报效能监察科登记备案。

二、请假销假制度

（一）请假制度

1.工作人员请假：0.5天以内由科室负责人签批后上传钉钉、1天（含1天）以上2天以内（含2天）写纸质请假条由科室负责人签批、分管负责人签批后上传钉钉；2天以上写纸质请假条由科室负责人签批、分管负责人和主要负责人逐级签批后上传钉钉；所有年休假写纸质请假条由科室负责人签批、分管负责人和主要负责人逐级签批后上传钉钉。

2.工作人员因公外出：需提前使用"钉钉"考勤系统申请，填写好请假时间、请假事由和替岗人员姓名等，完善请假手续；离厅前到一楼值班处填写外出登记信息，以备当日效能监察科查岗使用，请假由科室负责人严格把关，并安排好替岗人员，确保正常工作时间不空岗、不影响业务办理。

3.工作人员请假须当面或电话请假，并做好业务交接，保持通讯畅通。

......

（二）销假制度

工作人员请假期满按时返回或提前返回岗位时，应及时向效能监察科销假；在上班时间内返回工作岗位的，须使用"钉钉智能前台"考勤。

三、巡岗查岗制度

效能监察科采用巡岗和电子查岗相结合的办法，组织不定时巡岗和电子查岗，巡岗每天至少4次，电子查岗每周至少2次，并详细记录巡岗查岗情况。

县政务服务管理办公室将不定期邀请县纪律监督部门对政务服务中心工作作风进行明察暗访，并对违规违纪人员进行通报，情节严重的，给予严肃处理。

四、考勤反馈制度

每日巡查发现违规违纪问题，即时反馈到科室负责人；

每月考勤及巡查情况，次月初反馈到主要负责人、分管负责人。

五、附则

带薪年休假、产假、探亲假、婚假、丧假等按照《劳动法》《婚姻法》《山东省女职工劳动保护办法》等相关法律法规执行。详见附件。

本制度自印发之日起执行。

×× 县行政审批服务局

2022年1月4日

【案例分析】

这是一篇考勤制度。其标题采取"制发机关（或适用对象）+事由（或适用事项）+文种名称"的格式，在标题正下方还标注了文号。

该项度涉及内容比较单一，直接采取了分条列项式，不过在条款前面加了一段前言，用来说明制定该制度的目的，以及制定依据和指导思想。

正文部分将考勤制度分成签到签退制度、请假销假制度、巡岗查岗制度、考勤反馈制度、附则五部分，对于内容较多的请假销假制度又分成请假制度和销假制度两部分分别说明，让人一目了然。最后的附则部分对"带薪年休假、产假、探亲假、婚假、丧假等"做了补充说明，并说明了该制度的生效日期等。落款在正文的右下角，标注了制发机关和制发日期。

第八节　公约

公约是一定范围或行业的社会成员在自觉自愿的基础上，共同制定大家都愿意遵守的行为规则和道德规范。公约一般多用于公共事业方面的道德和行为规范。

一、公约的分类与特点

公约的种类很多，常见的有国内公约和国际公约两大类。

（一）国内公约

此类公约是在国内使用的，它又可分为部门公约、行业公约、民间公约三种。

1.部门公约

部门公约是由群众社团、民间组织制定的公约，比如消费者协会制定的消费公约，精神文明建设委员会制定的文明公约等。

2.行业公约

行业公约是由行业协会制定的公约，比如食品行业协会制定的食品安全公约。

3.民间公约

民间公约是由居委会、村委会或村民小组自发制定的一些公约，比如"居民文明公约"。

（二）国际公约

国际公约是指各国之间就政治、经济、技术等方面签订的条约，比如《生物多样性公约》《联合国反腐败公约》《联合国海洋法公约》等。

公约具有以下特点。

（一）自觉性

公约是社团、组织制定的，没有法律效力，要靠大家自觉遵守。

（二）通俗性

公约一般比较简短，语言要通俗易懂，容易被大家理解记忆，这样才方便遵守。

（三）明确性

公约要使用准确的语言将规则明确表达出来，不能模棱两可，让人误解。

（四）约束性

虽然公约不像法律条文那样具有强制性，但它是各成员在自觉自愿的基础上签订的，具有一定的约束性。公约一经订立，所有成员就要自觉遵守，如果有人违背公约就会受到其他成员的批评和谴责。

二、公约的写作要点与具体格式

国内公约一般比较简短，国际公约因为涉及内容比较复杂通常比较长，撰写公约时要根据涉及内容的复杂程度确定篇幅长短。

秘书要注意，公约一般都偏向于道德层面的问题，对成员的工作、生活、学习的精神层面有一定的指导和监督作用，写作时不用像细则那么详细，一般也不用写特别具体的方法和措施。

具体写作时，要遵循以下格式。

公约一般由标题、正文和落款三部分组成。

（一）标题

公约的标题有三种形式。

1.“制发机关（或适用对象）+事由（或适用事由）+文种名称”，如

"××县环境卫生公约"。

2．"制发机关（或适用对象）+文种名称"，如"××村公约"。

3．"事由（或适用事由）+文种名称"，如《维也纳条约法公约》。

（二）正文

公约一般由开头、主体、结尾三部分组成。

1．开头

公约的开头部分通常写明制定该公约的目的、意义、依据等，一般会使用惯用语"为……特制定本公约"，引出正文的主体部分。如果该公约没有分章，全篇直接采用分条列项式，那第一条就是开头部分。

2．主体

主体部分是公约的重点内容，需要态度鲜明地表明到底赞同什么、反对什么，提倡什么、抵制什么，所提出的款项要切实可行。所列条款要层次分明，一般是先写主要条文，再写次要条文，先提正面要求，再提反对意见，各条之间既要相互独立，不能重复，又要相互联系，形成一个有机整体。

3．结尾

结尾部分通常注明公约的执行要求、生效日期等，不过有的也可不写。

（三）落款

落款一般在正文的右下角，包括制发单位和制发日期。有的公约会将落款标注在标题正下方的圆括号内。

三、案例参考与分析

【案例1】

中国互联网行业自律公约

第一章 总则

第一条 遵照"积极发展、加强管理、趋利避害、为我所用"的基本方针，为建立我国互联网行业自律机制，规范行业从业者行为，依法促进和保障互联网行业健康发展，特制定本公约。

第二条   本公约所称互联网行业是指从事互联网运行服务、应用服务、信息服务、网络产品和网络信息资源的开发、生产以及其他与互联网有关的科研、教育、服务等活动的行业的总称。

第三条   互联网行业自律的基本原则是爱国、守法、公平、诚信。

第四条   倡议全行业从业者加入本公约，从维护国家和全行业整体利益的高度出发，积极推进行业自律，创造良好的行业发展环境。

第五条   中国互联网协会作为本公约的执行机构，负责组织实施本公约。

第二章   自律条款

第六条   自觉遵守国家有关互联网发展和管理的法律、法规和政策，大力弘扬中华民族优秀文化传统和社会主义精神文明的道德准则，积极推动互联网行业的职业道德建设。

第七条到第十八条   （略）

第三章   公约的执行

第十九条   中国互联网协会负责组织实施本公约，负责向公约成员单位传递互联网行业管理的法规、政策及行业自律信息，及时向政府主管部门反映成员单位的意愿和要求，维护成员单位的正当利益，组织实施互联网行业自律，并对成员单位遵守本公约的情况进行督促检查。

第二十条到第二十五条   （略）

第四章   附则

第二十六条   本公约经公约发起单位法定代表人或其委托的代表签字后生效，并在生效后的30日内由中国互联网协会向社会公布。

第二十七条   本公约生效期间，经公约执行机构或本公约十分之一以上成员单位提议，并经三分之二以上成员单位同意，可以对本公约进行修改。

第二十八条　我国互联网行业从业者接受本公约的自律规则，均可以申请加入本公约；本公约成员单位也可以退出本公约，并通知公约执行机构；公约执行机构定期公布加入及退出本公约的单位名单。

第二十九条　本公约成员单位可以在本公约之下发起制定各分支行业的自律协议，经公约成员单位同意后，作为本公约的附件公布实施。

第三十条　本公约由中国互联网协会负责解释。

第三十一条　本公约自公布之日起施行。

××××

××××年×月×日

【案例分析】

这是一篇国内的行业公约，标题采取了"制发机关（或适用对象）+事由（或适用事由）+文种名称"的格式。

因为该公约涉及内容较多，所以正文部分分成了四章。第一章是总则，点明了制定该公约的依据、目的，还有所坚持的基本原则等。第二章、第三章是该公约的主体部分，写明了该公约的自律条款、公约的执行说明，使用"自觉遵守""自觉维护""大力弘扬""积极推动""支持""反对""拒绝"等词语，旗帜鲜明地表明赞同什么、反对什么，提倡什么、抵制什么，这些条款对互联网行业从业者提出了原则性的要求，此外还制定了相应的处罚措施。最后一章是附则，注明了该公约的生效条件、修改权、解释权、施行日期等。最后在正文的右下角是落款，注明了制发单位和制发日期。

第六章
计划总结类公文写作

秘书在工作中经常会用到计划总结类公文。领导可能会让秘书代拟方案，草拟安排，制定一些规划、计划，对过去一段时期的工作、学习、思想等做个总结。

本章主要介绍方案、安排、规划、计划、总结等公文的写作要点和格式，帮助秘书更好地了解这些公文，并写出优秀的公文。

第一节　方案

方案是根据主要目标，对现阶段即将开展的某一重要专门事项做出最佳选择与安排，使该专门事项的开展有所依据的计划类公文。相关人员根据方案就知道要做什么，怎么去做，做到什么程度。

一、方案的分类与特点

方案分为工作方案和活动方案两种，如果是针对某一工作所做的安排就属于工作方案，如果是针对某一活动所做的安排就是活动方案。

秘书要了解方案的以下几个特点。

（一）指导性

方案是在科学与事实的基础上，对具体事项反复论证后所做的最佳选择与安排，具有很好的指导性。方案确定后，相关部门就要贯彻执行。

（二）可操作性

方案是针对某一专门事项做出具体的安排，其目标、措施、方法、步骤等都要具有可操作性，这样相关人员才能在该方案的指导下达到目标。

（三）预见性

方案不是随意制定的，而是根据实际情况，在科学论证和推测的基础上提前制定出来的，具有较强的预见性。

二、方案的写作要点与具体格式

撰写方案时，要把握以下两个要点。

（一）要结合实际

制定方案时一定要结合当地、当时的实际情况，每一个地方、每一个时期的情况不同，不要随意套用其他地方或往年的方案，要本着务实的态度和科学的原则去制定任务目标、实施步骤、措施方法等，只有这样才能达到预期目标。

（二）要注意协调

要注意方案要符合国家方针政策、法律法规，以及上级的指示精神，还要注意计划和实施之间的矛盾，尽量结合实际，让二者保持一个平衡，这样有利于方案的落实。

方案一般包括标题、正文和落款三部分。

（一）标题

方案的标题有两种形式。

1.“制发机关+事由+文种名称”，如《辽宁省深入推进项目和投资工作方案》。

2.“事由+文种名称”，如《新冠病毒抗原检测应用方案》。

如果制定的方案还不够完善，要先试运行一段时间，就要在标题中加注“试行”二字，如《农业面源污染治理与监督指导实施方案（试行）》。

（二）正文

方案的正文通常包括开头和主体两部分。

1.开头

方案开头部分通常用来交代制定该方案的背景、目的、意义、总体目标等。

2.主体

方案的主体部分通常需要写明方案的依据、指导思想（根据什么来做），主要目标和任务（做什么，要做到什么程度），实施步骤和措施（怎么做，采取什么措施，什么时候做），此外有时还会写明责任要求、检验标准、注意事项等内容。

秘书要根据方案内容的复杂程度决定篇幅的长短，以及使用什么写法。如果方案的内容繁杂，篇幅较长，就先分章再分条；如果方案的内容比较简单，篇幅较短，就采取分条列项式。不管采取哪种写法，都要注意内容的逻辑性，按照先主要后次要的顺序分条写。

（三）落款

落款通常放在正文的右下角，一般是"制发单位名称+成文日期"，如果方案的标题中已经含有制发机关名称，落款处可以直接标注成文日期即可。有的方案可能将"制发机关名称+成文日期"直接标注在标题正下方的居中位置，这时可以没有落款。

如果方案作为"命令（令）""通知"等文种的附件发布，制发机关名称和制发时间会在"命令（令）"或"通知"中标注，方案就不需要另外标注了，如本节【案例1】所示。

三、案例参考与分析

【案例1】

关于印发新冠病毒抗原检测应用方案的通知

联防联控机制综发〔2022〕118号

各省、自治区、直辖市及新疆生产建设兵团应对新冠肺炎疫情联防联控机制（领导小组、指挥部）：

为进一步优化新冠病毒检测策略，做好防控工作，国务院应对新型冠状病毒肺炎疫情联防联控机制综合组制定了《新冠病毒抗原检测应用方案》，现印发给你们，请认真组织实施。

国务院应对新型冠状病毒肺炎

疫情联防联控机制综合组

2022年12月7日

新冠病毒抗原检测应用方案

抗原检测具有感染早期灵敏度高的特点，为指导有需求人员自主、规范做好新冠病毒抗原检测（以下简称抗原检测），现提出以下方案：

一、适用对象

（一）有自主抗原检测需求人员。

（二）人员密集场所的人员（大型企业、工地、大学等）。

（三）居家老年人和养老机构中的老年人。

二、有自主抗原检测需求人员

所有人员均可以按照自主、自愿的原则，随时进行自我抗原检测。

（一）检测试剂获得。有自主抗原检测需求人员可通过零售药店、网络销售平台等渠道购买抗原检测试剂，进行自测。

（二）检测频次。根据自主意愿随时检测。

（三）注意事项。自我检测时可以按照说明书示意的要求和流程进行检测和结果判读，也可以联系基层医疗卫生机构签约服务医务人员，在其远程指导下完成抗原检测。

（四）检测结果的处置。（略）

三、人员密集场所的人员

（一）检测试剂获得。此类人员自主抗原检测时自行购买抗原检测试剂；参加所在机构要求的抗原检测时，由所在机构发放抗原检测试剂。

（二）检测频次。此类人员可以随时自主进行抗原检测，也可以按照所在机构（企业、工地、大学等）要求开展规定频次的抗原检测。

（三）注意事项。此类人员可以按照说明书示意的要求和流程进行抗原检测和结果判读，也可以向所在机构提出申请，在机构指派人员指导下进行抗原检测。

（四）检测结果的处置。（略）

四、居家老年人和养老机构老年人

（一）检测试剂获得。居家老年人和养老机构老年人均可自主购买抗原检测试剂。其所在地级市/区县，要按照辖区老年人数量及每周抗原检测频次，免费为老年人发放抗原检测试剂。

（二）检测频次。此类人员应当每周开展2次抗原检测，也可以随时自主进行抗原检测。

（三）注意事项。居家老年人由其家人按照说明书示意的要求和流程进行抗原检测和结果判读，也可以联系基层医疗卫生机构签约服务医务人员，在其远程指导下完成抗原检测。养老机构工作人员按照说明书示意的要求和流程为老年人进行抗原检测和结果判读。

（四）检测结果的处置。（略）

（五）检测试剂储备。以基层医疗卫生机构为单位进行储备，每家基层医疗卫生机构按照服务人口总数的15-20%储备抗原检测试剂。

五、有关工作要求

（一）工业和信息化部门要组织抗原检测试剂生产企业合理提高产能，根据市场需求情况提高产量，确保满足需求。

（二）到（六）（略）

附件：居民抗原自测须知

【案例分析】

这是一篇以"通知"形式发布的关于防疫工作的方案，因为制发机关和制发时间在"通知"中已经标注，所以没有落款。

该方案的标题采用"事由+文种名称"的格式，因为涉及内容相对简单，所以正文部分直接采取了分条列项式的写法。正文开头部分直接点明了制定该方案的缘由，并以"现提出以下方案"引出该方案的主体部分。主体部分将新冠病毒抗原检测事项分成了五条，分别从适用对象、有自主抗原检测需求人员、人员密集场所的人员、居家老年人和养老机构老年人、有关工作要求五个方面进行了具体的说明。有的条款涉及内容较多，又分成了不同款项。比如"有自主抗原检测需求人员"条款，不仅说明了指导思想，又分别从检测试剂获得、检测频次、注意事项、检测结果的处置四个方面说明了做什么，如何做，怎么做，做的时候要注意什么等诸多问题。

第二节　安排

安排是根据某一工作或某项活动而制订的临时性的、内容单一但布置比较具体，并切实可行的计划。其实，安排就是对某个工作或活动所做的短期规划、布置。

一、安排的分类与特点

根据形式来划分，安排可分为两种。

（一）条款式安排

该类安排的篇幅比表格式安排长，为了便于受文对象的了解和执行，通常采用分条列项式的写法。

（二）表格式安排

该类安排涉及的内容比较少，通过表格就能将意思表达得清晰明了。

安排具有以下几个特点。

（一）临时性

安排大多是临时性的，不是长久的打算，有的安排只有一天，有的安排只有几周，有的可能会是几个月，跟其他长达数年不变的制度相比只能算是"临时"。

（二）单一性

安排涉及的事项比较单一，往往是针对某一工作或某一活动所做的规划和布置，虽然有时也可能针对几个事项做出安排，但基本都是围绕同一个中心的。

（三）具体性

安排跟其他文种相比，其措施要更具体一些，并且更加切实可行，这样相关人员只要按照安排去做就能达到目标。

二、安排的写作要点与具体格式

撰写安排时，要注意把握以下几个要点。

（一）内容要详细具体

安排是内容最为详细具体的一种公文，需要将工作或活动的布置写得清清楚楚，这样相关人员只要按照该安排去做就能达到既定目的。

（二）语言要简明扼要

要用简明扼要的语言将所有规划和布置表达清楚，让人一看就懂，知道怎么去做。

秘书要注意计划和安排的区别，如果时限较长，涉及事项较多，程序比较周密，就使用"计划"。如果"计划"还不完整，可以就某项工作或活动做出安排。

在具体格式上，安排通常由标题、正文和落款三部分组成。

（一）标题

安排的标题通常采用"事由＋文种名称"的格式，如《关于中药检测及标准研究领域的合作安排》。也有采用"制发单位＋事由＋文种名称"的格式，如《××部关于××的安排》。

（二）正文

安排是针对某项工作或某个活动所做的，内容比较单一，格式也很简单，通常采取分条列项式或表格式。

不管采取哪种方式，其正文一开始会简单介绍一下制定该安排的目的、依据、背景，一般会使用惯用语"为了……根据……做出以下安排"，然后引出安排的具体内容，包括安排事项、要求、措施等。

安排的事项要有所侧重，突出重点。相关措施不仅要具体，还要切实可行，不要言之无物。

（三）落款

落款一般在正文的右下角，包括制发机关和制发日期。

三、案例参考与分析

【案例1】

国务院办公厅关于印发2015年食品安全重点工作安排的通知

国办发〔2015〕10号

各省、自治区、直辖市人民政府，国务院各部委、各直属机构：

《2015年食品安全重点工作安排》已经国务院同意，现印发给你们，请认真贯彻执行。

国务院办公厅

2015年3月2日

2015年食品安全重点工作安排

2014年，各地区、各有关部门按照党中央、国务院的决策部署，深化改革创新，强化监管执法，着力消除风险隐患，坚决治理"餐桌污染"，巩固了全国食品安全稳定向好的形势。但食品安全基础依然薄弱，问题仍时有发生，与人民群众的期待相比还存在差距。为贯彻党的十八大、十八届二中、三中、四中全会和中央经济工作会议、中央农村工作会议精神，落实国务院关于食品安全工作的部署要求，进一步提高食品安全治理能力和保障水平，现就2015年食品安全重点工作作出如下安排：

一、严格监管执法，着力解决突出问题

（一）加强食用农产品源头治理。深入开展农产品质量安全专项整治，采取完善标准、制定行为规范、加强抽检、建立追溯体系等措施，着力解决农药兽药残留问题。加大食用农产品监管力度，大力推行标准化生产和全程控制，严格管控化肥、农药兽药等投入品使用，推动病虫害绿色防控和病死畜禽无害化处理。探索建立食用农产品产地准出与市场准入管理衔接机制，研究出台指导意见。开展重点食用农产品联合治理行动。加强产地重金属污染、种养殖用水污染、持久性有机物污染等环境污染问题治理。建立超标粮食处置长效机制。严厉打击非法添加有毒有害物质、病死畜禽收购屠宰、私屠滥宰、农资制假售假等违法违规行为。

（二）加强食品生产经营全过程监管。围绕婴幼儿配方乳粉、婴幼儿辅助食品、乳制品、肉制品、食用植物油、"大桶水"、白酒等重点大宗食品开展综合治理。针对超范围超限量使用食品添加剂和食品中非法添加非食用物质、食品中检出塑化剂、食品标签标识不符合规定等突出问题，开展专项治理。加强对大型食品生产加工、流通餐饮企业的监督检查，规范对小作坊、摊贩、网络销售等的管理。继续打击无证无照、销售和使用无合法来源食品和原料、侵权仿冒等违法违规行为。强化进出口食品监管和风险管控，严格进口食品准入和回顾性检查，严格实施进口食品境外生产企业注册。

继续推进婴幼儿配方乳粉企业兼并重组。加强婴幼儿配方乳粉质量安全监管，组织对婴幼儿配方乳粉生产企业开展食品安全审计。

（三）加强重点区域风险防控。加大对农产品主产区、食品加工业集聚区、农产品和食品批发市场、农村集贸市场、城乡结合部等重点区域的监管力度。加强对学校食堂、旅游景区、铁路站车等就餐人员密集场所的食品安全监管，对农村集体聚餐进行指导，防范食物中毒事故的发生。

⋯⋯

二、健全法规标准，完善制度体系

（六）推动立法进程。继续推进食品安全法及其实施条例的修订出台，推动农产品质量安全法、农药管理条例、生猪屠宰管理条例修订，做好食品安全法与农产品质量安全法的衔接。加快食品安全法规、规章和规范性文件清理。推进食品生产加工小作坊和食品摊贩生产经营管理的地方立法工作。

（七）完善制度规范。制定修订食品生产经营许可、食品生产企业监督检查、食品经营监督管理、保健食品注册及监督管理、食品召回和停止经营、食品标识、食品相关产品监督管理、食品安全风险监测、风险评估等规章制度。研究制定食用农产品经营监督管理办法。完善畜禽屠宰等相关规章。

积极稳步推进食品生产经营许可改革，完善食品生产经营许可制度体系。研究制定食品生产经营企业分级分类管理制度。深化保健食品审评审批制度改革，逐步扩大备案范围。探索建立食品检查员制度，加大企业现场监督检查和现场行政处罚力度。研究建立基层食品药品监管所管理有关制度。推动完善进出口食品安全相关制度。

研究建立餐饮服务单位排放付费及餐厨废弃物收运、处理企业资质管理等制度，加大餐厨废弃物处理利用力度。

······

三、规范生产经营，全面落实企业责任

（十）健全企业质量安全管理制度。扩大食品质量安全授权制度试点。推动食品企业完善食品生产经营全过程质量安全记录制度，加快形成上下游食品质量安全信息可查询、过程可控制、责任可追究的追溯体系。加大从业人员食品安全教育培训力度。

建立食品生产企业风险问题报告制度。试点推行大型餐饮服务企业风险自查报告制度，在餐饮服务企业推行"明厨亮灶"。

（十一）完善企业主体责任体系。督促企业完善食品安全生产经营者主体责任制度，强化企业主要负责人首负责任，落实食品质量安全授权人员、管理人员、从业人员岗位责任。强化违法违规企业食品安全主体责任追究，依法加大行政处罚力度，推进处罚结果公开。

······

四、强化宣传和应急处置，提高风险管控水平

（十三）加强风险交流。健全风险预警工作体系和专家队伍，建立科学的风险预警和交流工作机制，制订工作规范，加强舆情监测和风险隐患预判。积极发挥第三方在食品安全风险交流工作中的作用，拓展风险交流渠道。建立健全大型企业风险交流机制，强化行业预警交流。

（十四）强化宣传引导。完善新闻发言人制度和食品安全信息发布制度，

及时发布权威信息、消费提示和风险警示，曝光违法违规行为。深入开展政策解读，大力宣传食品安全工作重大方针、举措和重要领域专项整治情况。加强与媒体沟通，妥善做好突发事件和热点问题舆情应对，主动回应社会关切。

开展全国食品安全宣传周等重点宣传活动，动员社会力量参与食品安全公益宣传和科普工作，提高公众食品安全科学素养。继续推进食品安全科普工作队伍建设和示范创建，强化食品安全科普网点建设。

……

五、完善治理体系，坚持依法行政

（十六）健全监管体系。加快完成市、县级食品安全监管机构改革任务，抓紧职能调整、人员划转、技术资源整合，充实专业技术力量，尽快实现正常运转。健全乡镇（街道）或区域食品安全监管派出机构，建立重心下移、保障下倾的工作机制，加强基层监管力量，完善基层食品安全网格化管理体系和责任体系，打通"最后一公里"。合理划分省、市、县、乡级食品安全监管事权关系。

综合设置市场监管机构的地方，要把食品安全作为综合执法的首要责任，相应设置内设机构、配备专业人员，提高食品安全监管执法的专业化水平，确保监管力量比改革前加强。

加快推进农产品质量安全监管体系建设，强化县乡农产品质量安全监管能力，健全乡镇或区域性农产品质量安全监管机构，逐步建立村级监管员队伍。将农产品质量安全监管执法纳入农业综合执法范围，整合充实执法力量。推动地方生猪定点屠宰监管职责调整到位。

（十七）强化综合协调。各级食品安全委员会要充分发挥统筹协调、监督指导作用，督促落实地方政府对食品安全工作的属地管理责任。加强食品安全监管部门综合协调力量，更好地承担食品安全委员会日常工作，健全部门间、区域间的信息通报、形势会商、联合执法、行政执法与刑事司法衔接、事故处置等协调联动机制，凝聚齐抓共管合力。

（十八）完善社会共治体系。积极搭建社会共治平台，建立社会共治激励机制，畅通投诉举报渠道，落实举报奖励专项资金，调动消费者、新闻媒体、志愿者等社会各方参与的积极性。支持行业协会制订行规行约、自律规范和职业道德准则，监督生产经营活动，交流沟通食品安全风险信息，加强行业自律。

把公众参与、专家论证纳入行政决策法定程序，积极发挥专家学者咨政启民作用。大力发展基层监督员、协管员、信息员等群众性队伍。促进第三方机构在检验检测、合规性检查和认证等方面发挥作用。

开展食品安全责任保险试点，探索建立政府、保险机构、企业、消费者多方参与互动的激励约束机制和风险防控机制。

……

六、加大投入力度，加强能力建设

（二十）落实"十二五"规划。抓紧实施国家食品安全监管体系"十二五"规划项目，加大预算内基建投资和转移支付投入力度，着力解决基层监管能力薄弱问题。

（二十一）持续开展"餐桌污染"治理。推进食品安全城市、农产品质量安全县创建试点工作，及时总结经验，扩大试点范围。加强出口食品农产品质量安全示范区建设。

……

七、狠抓督促落实，强化责任措施

（二十七）加强组织领导。地方各级政府要认真履行食品安全属地管理职责，将食品安全工作列入重要议事日程，加强对本地区食品安全工作的统一领导、组织协调，加大工作力度，强化投入保障。

……

【案例分析】

这是一篇针对食品安全重点工作而制定的安排，标题采用了"事由+文种名称"的格式，因其涉及的内容较多，所以正文采用了条文式。正文一开始点明了该安排制定的背景，接着用"为……"说明制定该安排的目的，接着用"作出以下安排"引出安排的具体内容，从严厉打击食品安全违法违规行为、突出抓好重点品种综合治理、着力提升企业食品安全管理能力、进一步提高食品安全监管水平、切实加强食品安全宣传教育等五个方面进行了具体的工作布置。

第三节 规划

规划是组织用来制定全面的、专项的、长期的、宏观的发展计划类的公文。规划是一种带有全局性、长远性和方向性的计划，通常用于对某一地区、某一特定领域或某一特定工作。

一、规划的分类与特点

按照不同的划分方法，规划可分为不同的种类。

（一）根据制定机关的级别

规划可分为国家级规划、省级规划、市县级规划三类。国家级规划是国家级别的机关制定的规划，省级规划是依据国家级规划制定的一些规划，市县级规划是依据国家级规划和上级规划制定的规划。

（二）根据规划的内容不同

规划可分为发展规划、专项规划、区域规划及空间规划四类。发展规划通常是规划体系中的"指导"，国家级发展规划是省市级发展规划的总指导；国家专项规划是用来制定某特定领域的规划；国家区域规划是用来制定某特定区域发展的规划；国家空间规划是以空间治理和空间结构优化为主要内容的规划。

规划通常具有以下几个特点。

（一）战略性

规划是在科学预测的基础上，对未来很长一段时间内所做的战略性部署，具有很强的战略意义。

（二）全面性

规划是从宏观上对未来做出的全面战略部署，对方方面面进行一些大致的限定，实施过程中如果偏离了实际情况，可根据具体情况进行适当调整。

（三）预测性

规划不是随意制定的，而是在科学调研的基础上，对未来发展所做的预测，具有可宏观预测性。人们通过规划对未来发展做初步的判断，以安排下一阶段的工作。

二、规划的写作要点与具体格式

规划是长期、全面的计划，所以要考虑周全，事前需要进行严格的调查研究，需要收集大量的可靠数据，按照科学的方法，制定出具有前瞻性、可行性的规划。在撰写规划时要注意把握以下几个要点。

（一）粗线条

规划涉及的期限比较长，撰写时一般采取粗线条的、轮廓性的写法，制定一些原则性、指导性的措施和步骤，不用写得太过具体。

（二）可行性

规划是用来指导实际行动的，其内容要具可行性，撰写时要充分考虑到未来可能会遇到的各种情况，并对未知情况提出指导性的意见。

规划通常由标题、正文和落款三部分组成，写作时可参考以下格式。

（一）标题

规划的标题有以下五种形式。

1. "制发机关+事由+适用时限+文种名称"的格式，如《山西省城镇发展"十四五"规划》。

2. "制发机关+事由+文种名称"的格式，如《重庆都市圈发展规划》。

3. "事由+文种名称"的格式，如《黄河文物保护利用规划》。

4. "适用时限+事由+文种名称"的格式，如《2021—2035年国家古籍工作规划》。

5."事由+文种名称+（适用时限）"的格式，如《户外运动产业发展规划（2022—2025年）》。

（二）正文

规划的正文通常由开头、主体和结尾三部分构成。

1.开头

规划的开头就是前言，一般简单概括制定该规划的依据、目的、意义等。

2.主体

规划的主体部分主要包括制定规划的背景及现状分析、指导思想、基本原则、规划目标等，以及规划实施的战略目标、主要目标、措施办法、实施步骤、保障措施等多项内容。

如果该规划属于全面性规划，包含任务比较多，可以采取以任务为主线的并列式结构；如果该规划属于专题性规划，任务项目比较单一的，可以采取任务、措施分别说的分列式结构。

3.结尾

可以采用发出号召、展望未来来结尾，也可以自然结束，没有结尾。

（三）落款

落款一般在正文的右下角，包括制发机关和制发日期。如果标题中已经包含了制发机关的名称，落款处可以不写。有的规划直接将"制发机关名称+成文日期"直接标注在标题正下方的居中位置，这种情况可以没有落款。

三、案例参考与分析

【案例1】

××省"十四五"土壤、地下水和农村生态环境保护规划

土壤、地下水和农村生态环境保护关系米袋子、菜篮子、水缸子安全和人居环境安全，关系美丽江苏建设。为深入打好污染防治攻坚战，深化土壤、地下水

与农村生态环境保护工作，依据《土壤污染防治法》《地下水管理条例》《中共中央国务院关于深入打好污染防治攻坚战的意见》《"十四五"土壤、地下水和农村生态环境保护规划》（环土壤〔2021〕120号）《农业农村污染防治攻坚战行动方案（2021—2025年）》（环土壤〔2022〕8号）《省政府办公厅印发关于加强农业农村污染治理促进乡村生态振兴行动计划的通知》（苏政办发〔2021〕106号）等文件，制定本规划。

一、进展与形势

（一）工作进展

"十三五"以来，我省深入贯彻习近平生态文明思想，认真落实党中央、国务院决策部署，推进土壤、地下水和农业农村生态环境保护取得积极成效。

1.土壤污染风险得到有效管控

（略）

2.地下水生态环境保护稳步推进

（略）

3.农业农村生态环境保护取得明显进展

（略）

（二）形势研判

（略）

二、总体要求

（一）指导思想

以习近平新时代中国特色社会主义思想为指导，全面贯彻党的十九大和十九届历次全会精神，深入践行习近平生态文明思想，认真落实习近平总书记对江苏工作重要讲话指示精神

……

（二）基本原则

保护优先，预防为主。加强空间布局管控，强化环境准入。落实溯源、断源、减排措施，切断污染物进入土壤和地下水环境的途径。

……

（三）规划目标

到2025年，全省土壤和地下水环境质量总体保持稳定，受污染耕地和重点建设用地安全利用得到巩固提升，重点园区和重点企业土壤、地下水污染扩散趋势初步遏制；农业面源污染得到初步管控，农村环境基础设施建设稳步推进，农村生态环境治理能力明显加强，农村生态环境持续改善。

到2035年，全省土壤和地下水环境质量稳中向好，农用地和重点建设用地土壤环境安全得到有效保障，土壤环境风险得到全面管控；农村面源污染持续减轻，农村环境基础设施得到完善，农村生态环境根本好转。

三、主要任务

（一）加强土壤污染风险管控

（略）

（二）推进地下水生态环境保护

（略）

（三）深化农业农村生态环境治理

（略）

（四）提升生态环境监管能力

（略）

四、重点工程

结合"十四五"期间工作目标，系统实施土壤、地下水和农业农村污染防治重点工程。

（一）土壤和地下水环境状况调查工程

（略）

（二）土壤污染风险管控和修复工程

（略）

（三）农业面源污染防治工程

（略）

（四）农村环境整治工程

（略）

（五）农村生活污水治理工程

（略）

（六）先行先试项目

（略）

五、保障措施

（一）强化组织领导

（略）

（二）完善经济政策

（略）

（三）加强宣传引导

（略）

（四）实施效果评估

实行目标责任制和考核评价制度，分解落实目标任务。省生态环境厅会同相关部门围绕本规划目标指标、主要任务、重大工程进展情况进行调度。在2023年、2025年底，分别对本规划实施情况进行中期评估和总结评估。

××省生态环境厅

2022年××月××日

【案例分析】

这是一篇省级生态环境保护的规划。该规划的标题采取了"制发机关+适用时限+事由+文种名称"的格式，正文开头部分简要说明了制定该规划的目的、意义，以"依据……制定本规划"惯用语说明了制定本规定的依据，并引出规定的主体部分。主体部分采取了分条列项式，罗列了进展与形势、总体要求、主要任务、重点工程、保障措施五个方面的内容。每一方面又分不同条款进行说明，比如总体要求方面又分成指导思想、基本原则、规划目标三个条款。该规划写完保障措施后自然结束，没有结尾。最后在正文的右下角是落款。整篇规划结构严谨、层次分明，是一篇具有科学性、可行性的规划。

第四节　计划

计划是对未来一段时间内要完成的任务或工作，预先做出相应的部署和安排，确定目标，提出要求，制定措施、步骤或方法的公文。计划和上一节讲的规划有一些类似的地方，但是二者又有明显的区别。

> 计划和规划的区别。
>
> 1.内容不同。计划是实施规划的具体方案，而规划属于全局性的部署。
>
> 2.时限不同。计划的时限较短，通常是半年或一年，而规划的时限较长，一般是五年、十年。
>
> 3.要求不同。计划要求定指标、定时限、定任务、定措施；而规划通常是定方案、定目标、定思想、定原则，偏向于理想。

一、计划的分类与特点

计划应用很广，根据不同的方法，可分为不同的种类。

（一）如果按性质来划分，计划可分为综合性计划、专题性计划等。

（二）如果按内容来划分，计划可分为工作计划、生产计划、学习计划等。

（三）如果按范围来划分，计划可分为国家计划、单位计划、部门计划、个人计划等。

计划通常具有以下几个特点。

（一）超前性

计划跟规划一样，也是在科学预测的基础上对未来发展方向有所判断，然后提前做出相应的安排，具有超前性。

（二）针对性

制定计划要从实际情况出发，结合主客观条件，有针对性制定相应的措施。

（三）指导性

计划要求人们在一定期限内达到什么目标，对工作的开展、行动的安排都有指导意义。

（四）可行性

制定的计划要具有可行性，计划里的办法、措施、要求等要符合实际情况，且具有可执行性。

二、计划的写作要点与具体格式

撰写计划这种文书时，要把握以下几个写作要点。

（一）要先了解清楚具体情况

制定计划前要先了解清楚上级和领导的意图，让计划的要求和指导思想跟上级保持一致；此外，还要深入本地区、本部门了解实际情况，然后根据本地区、本部门的人力、物力、财力等具体条件制定切合实际的计划，这是计划目标得以实现的关键。

（二）要保持科学严谨的态度

计划任务和目标的制定不是"拍脑门"决定的，而是在调查、研究、分析的基础上制定的。制定计划要始终保持科学严谨的态度，认真分析、评估一些综合情况，然后才制定出既积极进取，又可能能达到的任务和目标，这是计划目标得以实现的保障。

（三）要把握内在逻辑关系

计划的主体要按照"做什么"和"如何做"的逻辑顺序去安排，先要说明要做什么，也就是计划的任务和目标，然后再写如何做，也就是措施、方法、步骤等内容。这部分内容要尽量写得详细、具体，可以将人力、物力、财力等的安排，时限、方法、组织等的具体要求都写进去。

计划通常由标题、正文和落款三部分组成。

（一）标题

计划的标题通常有几种格式。

1."制发机关+适用时限+事由+文种名称"的格式，如《自然资源部2022年立法工作计划》。

2."制发机关+事由+文种名称"的格式，如《××县学习计划》。

3."适用时限+事由+文种名称"的格式，如《2022年人力资源和社会保障事业发展计划》。

4."事由+文种名称"的格式，如《全面深化民航改革行动计划》。

5."事由+文种名称+（时限）"的格式，如《虚拟现实与行业应用融合发展行动计划（2022—2026年）》。

（二）正文

计划的正文通常由开头、主体和结尾三部分构成。

1.开头

计划的开头一般是情况概述，需要用简练的语言将制定该计划的背景、依据、目的、意义、指导思想、总体目标等交代清楚。

介绍背景是为了说明接下来一段时间为什么要这么做，写作时一般是对前期工作取得的成绩和经验进行总结，对存在的问题进行分析，要点到为止，不要写得太多。

依据通常是根据党和国家、上级机关的什么方针、政策，或者是根据本地区、本单位的一些实际情况。

指导思想和总体目标是该计划的出发点和归宿点，写作时可以从要解决什么问题、达到什么目标方面着手。

2.主体

这部分内容主要围绕如何实现计划的总体目标展开，说明要做什么，如何做的问题，一般包括任务、目标、措施和步骤等内容，制定任务要明确，目标要具体，措施要可行，步骤要清晰。

3.结尾

这部分内容通常是提出一些有号召性的希望或要求，也可以补充一些注意事项。发出号召时不要空喊口号，不要勉强去写一些空洞的套话。也可不写。

（三）落款

落款一般在正文的右下角，包括制发机关和制发日期。

三、案例参考与分析

【案例1】

自然资源部2022年立法工作计划

2022年自然资源立法工作以习近平新时代中国特色社会主义思想为指导，深入贯彻习近平法治思想和习近平生态文明思想，全面贯彻党的十九大和十九届历次全会精神，增强"四个意识"、坚定"四个自信"、做到"两个维护"，认真落实全国人大常委会和国务院年度立法工作安排，围绕部中心工作，以完善最严格的耕地保护制度、建立健全以国家公园为主体的自然保护地法律体系、推进自然资源节约集约利用等为立法重点，不断提高立法质量和效率，充分发挥法治对自然资源管理改革的引领和保障作用。

一、出台类项目（共8件）

（一）拟报国务院审查的法律草案

1.为落实习近平总书记关于耕地保护的重要指示精神，贯彻总体国家安全观，健全完善世界上最严格的耕地保护制度，强化耕地保护责任，完善耕地保护法治体系，研究起草《耕地保护法》（法规司、耕保司会同相关司局起草）。

......

（二）拟报国务院发布的行政法规草案

3.为贯彻落实习近平总书记关于密云水库水源保护的重要指示精神，坚持生态优先、绿色发展，强化密云水库流域的国土空间管控、生态保护修复和生态保护补偿，研究起草《密云水库保护条例》（已报送国务院）。

……

（三）拟由自然资源部发布的部门规章

5.为贯彻新修订的《行政处罚法》，进一步规范自然资源行政处罚的种类和程序等，研究修订《自然资源行政处罚办法》（执法局起草）。

……

二、论证储备类项目（共8件）

（一）拟报国务院审查的法律草案

1.为贯彻落实《民法典》，健全完善不动产登记制度，保障不动产权利人的合法权益，在总结《不动产登记暂行条例》实施成效的基础上，研究起草《不动产登记法》（法规司会同登记局、不动产登记中心起草）。

（二）拟报国务院发布的行政法规草案

2.为贯彻落实国务院推进政府职能转变和"放管服"改革要求，深化工程建设项目审批制度改革，研究修改《地质灾害防治条例》（地勘司起草）。

……

（三）拟由自然资源部发布的部门规章

5.为推进自然资源保护和合理开发利用，研究制定《自然资源节约集约利用规定》（利用司起草）。

……

此外，积极配合立法机关推进《矿产资源法》修改和《黄河保护法》《粮食安全保障法》《国土空间规划法》《南极活动与环境保护法》《野生动物保护法》等重点立法，做好《海域使用管理法》修改的前期研究工作。配合有关部门修改《城市房地产管理法》，制订规范房地产估价师注册管理的部门联合规章。根据自然资源管理改革和生态文明建设需要，开展自然资源前瞻性立法研究，加强立法储备，并积极开展全民所有自然资源资产管理、自然资源权属争议处理、国家自然资源督察等方面的立法研究。

自然资源部办公厅

2022年7月5日

【案例分析】

这是一篇自然资源部2022年度的工作计划，标题采用"制发机关+适用时限+事由+文种名称"的格式。正文的开头部分简要写出制定该计划的指导思想、总体目标、目的、意义等。正文主体部分采用分条列项式的写法，根据总体目标将2022年度的工作分为出台类项目、论证储备类项目两方面，然后再分别展开，具体说明各单位要做哪些事情，以及如何去做。最后补充一些其他工作安排，然后自然结尾。

第五节　总结

总结是对过去一定时期的工作、学习、思想等情况进行回顾、分析，概括经验和教训，提高认识，并做出指导性结论的一种公文。

一、总结的分类与特点

总结的应用范围很广，根据不同方法可分为不同种类。

（一）根据时间来划分，可分为阶段性总结和系统性总结。阶段性总结是对正在进行并还会继续下去的工作，分阶段加以总结，如《××局第三季度工作总结》；系统性总结是对已经结束和全部完成的工作进行系统性的总结，如《××活动总结》。

（二）根据性质来划分，可分为专题性总结和综合性总结两种。专题性总结是专门针对某项工作的，如《××局专利审查检索大赛总结》；综合性总结是将多项工作综合在一起的总结，如《××部门2022年工作总结》。

总结是事后进行的，针对的是过去，它具有以下三个特点。

（一）回顾性

总结是对过去的回顾、检查和分析，既要看到取得的成绩，也要看到存在的问题，并将这些总结出来，用以指导今后的工作。

（二）客观性

总结要坚持实事求是的原则，其内容要真实，其分析要客观，不能胡编乱造。

（三）指导性

对以往工作的分析、总结是为了从回顾中找到规律，提高认识，从而更好地指导以后的工作。

二、总结的写作要点与具体格式

总结涉及的是本人或本单位的事，一般使用第一人称写法，撰写总结时要注意把握以下两个要点。

（一）内容要全面

总结是对过去一段时间内工作、学习、思想的回顾和分析，只有将各方面情况进行分析才能得出比较准确的结论，不过写作时要注意这里的"全面"不是什么都写，而是要做到重点突出，详略得当。

（二）要实事求是

对以往工作的回顾要客观，既要看到成绩，也要看出不足，写作时要坚持实事求是的原则，对成绩不夸大，对问题不缩小，只有这样才能对以往的工作有正确的评价，对未来有所指导。

总结通常由标题、正文和落款三部分组成。

（一）标题

总结的标题跟其他公文有些不同，有多种形式。

1.公文式标题。这是常用的一种形式，一般采用"单位名称+时间+事由+文种名称"的格式，如《××市教育局2022年工作总结》，有时也会省略单位名称，如《2022年教学工作总结》，还有的将时间也省略，如《爱岗敬业活动总结》。

2.文章式标题。这种形式的标题通常用于对某项工作的总结，标题中不出现单位名称、时间、文种名称，只用一句话将该文的主题概括出来，如《抓住机遇，只争朝夕》。

3."正标题+副标题"。通常正标题用来点明文章的主旨，副标题交代单位名称、事由和文种名称，如《重医德，树新风——××医院2022年工作总结》。

（二）正文

总结的正文一般由开头、主体和结尾三部分组成。

1．开头

总结的开头一般简单交代一些基本情况，如总结者的名称、总结的目的、指导思想、工作概况、取得的成绩、基本评价以及一些必要的说明等，要尽量写得简洁。

总结的开头通常有以下四种形式。

（1）概述式

这种开头主要是简单交代一下时间、背景、取得的成绩等。

（2）结论式

这种开头一般是先提出总结的结论，揭示总结的重点，然后再引出下文。

（3）提问式

这种开头先提出问题，然后发表议论，引起读者的关注，然后点明总结的重点。

（4）对比式

这种开头通常对一些情况做简略比较，然后引出所要总结的基本情况。

2．主体

这部分内容是总结的主要部分，通常需要详细、客观写明取得的成绩（包括物质成果和精神成果）和经验（做了哪些工作，采取了哪些措施，取得了哪些成果，其原因是什么，有什么经验），简略写出存在的问题（工作中遇到哪些问题）和教训（从错误中吸取哪些教训）等。不管是成绩还是教训，都要实事求是，不能弄虚作假。

总结主体部分一般采用以下三种结构方式。

（1）五段式

主体部分的内容按照"情况—成绩—经验—问题—意见"的顺序依次来写，这种结构适用于综合性的工作总结。

（2）阶段式

将工作或经历的过程分成几个阶段，然后分别说明每个阶段取得的成绩、经验和教训等，这种结构适用于周期长、阶段性明显的工作总结。

（3）分条列项式

将主体内容分成若干条款，按照一定的顺序排列，分别说明，这种结构适用于专题性的经验总结。

3. 结尾

结尾部分通常是在总结经验教训的基础上，提出今后的打算，表明决心，展望一下未来，这部分内容要简洁有力。有的总结也可以没有结尾。

（三）落款

落款一般在正文的右下角，包括制发机关和制发日期。

三、案例参考与分析

【案例1】

××市2022年城市管理工作总结

全市城管系统在省住建厅和市委市政府坚强领导下，牢记总书记嘱托，发扬"三牛"精神，坚持贯彻新发展理念，积极构建新发展格局，强化"精管善治"，在重大活动市容环境保障、文明城市建设、生活垃圾分类、大气污染防治攻坚战、智慧城管建设、违法建设查处、安全生产等方面工作取得成绩。

（一）紧紧围绕中心、主动服务大局，城市环境取得新提升

1、扎实开展文明城市建设。牵头完成市指挥部、市长效办整改通知问题600余项，梳理印发文明城市涉城管事项实地考察标准（省标、国标），推进市容环卫责任区制度落实，取缔流动摊点2000余处，规范1300余家商铺出店经营，整治1500余处城市"六乱"，规整3000余处非机动车乱停放（含共享单车）。加强路面清扫保洁，严格落实每日"两扫两保"适时洒水制度，保证城市道路、街巷清扫保洁质效。加强对垃圾中转站、公厕和垃圾容器规范管理，做到垃圾运输全密闭、日产日清日处理。

......

（二）全面提档升级、注重共建共享，民生建设取得新进展。

1、全链条推进生活垃圾分类处置。健全"投放、收集、运输、处理"四大环节。定期编印全市生活垃圾分类简报，开展居民小区生活垃圾"四分类定时定点"试点工作，新增定时定点投放设施240座，新增省级达标小区196个。新增12个垃圾分类乡镇（街办），2个省级生活垃圾分类试点乡镇。指导各地对已建成垃圾分类乡镇（街道）实施完善提升，健全"户分类投放、村分拣收集、镇回收清运、有机垃圾生态处理"收运体系，确保全域达标。新改建城市公厕37座。持续扩大"厕所开放联盟"，417家沿街单位对外开放内部厕所。启动市区厨余垃圾处理项目建设。全市生活垃圾实现全域全量焚烧。全年无害化处理主城区生活垃圾、餐厨废弃物约155万吨。

......

（三）科学统筹谋划、系统推进治理，攻坚克难取得新成效。

1、勇于逆行抗击新冠疫情。强化垃圾收运处置，累计出动环卫职工24.7万人次；消杀垃圾桶（果壳箱）近137.12万次、生活垃圾中转站99座、公厕1006座、生活垃圾收集车（转运车）1203辆；收运处生活垃圾12.47万吨。对封闭小区、隔离点及核酸检测点等重要场所生活垃圾实行单独收集运输处理。协助转运医疗废弃物772.18吨、处理418.1吨。成立城管抗疫志愿服务队，先后赶赴8个点位开展志愿服务；派驻市内、外隔离点10人；参加社区防控组生活服务保障工作专班等。共出动志愿者2052人次。出动10000多人次参与核酸检测点现场秩序维护、协助信息录入等工作。

......

（四）强化学习教育、注重练好内功，强基固本取得新突破。

1、扎实开展党史学习教育。召开党史学习教育动员大会，成立局党史学习教育领导小组，制定《中共扬州市城市管理局委员会关于开展党史学习教育的实施方案》，建立督导机制。充分利用线上"学习强国""江苏先锋"等线上平台自学，线下组织参观平山堂廉政教育基地、江都郭村保卫战纪念馆等红色教育场馆等实地走访学。开展讲党课、赛党课等系列活动庆祝建党100周年。有机结合"两在两同"建新功、"我为群众办实事"活动，深入推进服务为民。持续唱响城管好声音，在市级以上媒体采用稿件596篇，其中，被国家级媒体采用50篇。

......

××市城市管理局

20××年××月××日

【案例分析】

从时间来划分，这是一篇系统性总结，从性质来划分，这是一篇关于城市管理的专题性总结。该总结的标题采取的是"单位名称+时间+事由+文种名称"格式。正文由开头和主体部分组成，没有结尾。正文的开头部分采取了概述式，简单交代了指导思想、工作依据，以及在哪些方面取得的成绩等。正文的主体部分采用分条列项式，对2022年的工作进行了回顾，从四个方面进行了说明。每一方面又分成不同条款，比如第一条又分成扎实开展文明城市建设、有力保障重大活动举办、全力推动违法建设整治、着力推进营商环境提升四部分，每部分清楚写明了取得的成绩，有具体的措施、方法。

第七章
礼仪类公文写作

礼仪类公文是党政机关和企事业单位用于邀请、庆谢、迎送、慰问等礼仪活动的公文。由于人们的交往活动日益频繁，礼仪类公文也越显重要，它也是秘书在日常工作中经常使用的公文类型。

礼仪类公文的写作具有固定的格式，并且不同类型的礼仪类公文在格式上也有所差别。为了秘书可以迅速掌握礼仪类公文的写作，本章介绍了较为常见的几种礼仪类公文的特点、写法和格式。

第一节　感谢信

感谢信是单位或个人对关心、支持、帮助、馈赠、慰问本单位或个人表达感谢的礼仪类公文。感谢信是机关、单位秘书日常工作中极为常用的一种公文类型，其广泛应用于个人与个人之间、个人与组织之间、组织与组织之间就相助、捐赠、祝贺等事宜。

一、感谢信的分类

（一）根据感谢对象来分类

1.给集体的感谢信

这类感谢信通常是由个人写给集体的，由于个人在处于困境时得到了集体的帮助与支持。在这种情况下，个人通常会写一封感谢信来表达自己对集体的感激之情。

2.给个人的感谢信

这类感谢信通常是个人或单位为了感谢某个人的帮助或照顾而写的。

（二）根据感谢信的存在形式来分类

1.张贴式感谢信

张贴式感谢信也被称为公开感谢信，通常会采用公告栏张贴、报社登报、电台广播等形式公布，是一种向社会公开的感谢信。

2.寄给单位、集体或个人的感谢信

这类感谢信通常直接寄给单位、集体或个人，是一种局部公开的感谢信。

二、感谢信的写作格式

（一）标题

感谢信的标题主要有以下四种写法。

1.采用只书写"感谢信"文种名称的形式。

2.采用"感谢对象+文种名称"的形式，例如"致平安物业公司的感谢信"。

3.采用"感谢者名称+感谢对象+文种名称"的形式，例如"×××公司致××职业技术学校的感谢信"。

4.采用正副标题相结合的形式，正标题用于传达感谢信的主题，副标题用于标示感谢者名称、感谢对象、文种名称等内容。例如正标题为"光荣属于沈阳人民"，副标题为"致全市人民的感谢信"。

（二）称谓

这里的称谓指的是感谢对象，通常在标题下面另起一行顶格书写。如果感谢对象是个人的话，最好在个人姓名前加上"尊敬的"等敬语，以表敬意；如果感谢对象为某单位、组织，则需要书写该单位、组织的全称或规范化简称。

（三）正文

虽然感谢信有诸多类型，但其正文结构基本上大同小异，秘书写感谢信时要注意以下几个要点。

1.交代感谢的原因以及感谢的事项（这里要写清楚事件发生的时间、地点、经过和结果）。

2.称赞感谢对象的所作所为，以及由此产生的社会影响。

3.对感谢对象的行为做出恰当评价。

4.结尾写致敬语，并向感谢对象表达诚挚谢意和美好祝愿。

（四）结语

结语通常写于正文下面，另起一行书写"此致""致"等词语，再另起一行顶格书写"敬礼""最诚挚的感谢"等表示祝愿的话。结语除了上述写法，也可以在正文后书写一句完整表达感谢的句子。

（五）落款

落款一般位于结语的右下方，应署明感谢者的单位名称或个人姓名，以及时间。

二、案例参考与分析

【案例1】

致全市人民的感谢信

亲爱的市民朋友们：

纯洁的冰雪，激情的约会。在举国关注、举世瞩目的北京2022年冬奥会胜利落下帷幕之际，中共北京市委、北京市人民政府和北京冬奥组委向全市人民表示衷心的感谢并致以崇高的敬意！

办好北京2022年冬奥会，是一个欣欣向荣、开放自信的中国对国际社会的庄严承诺，是2100多万首都人民对奥林匹克运动的又一次热情拥抱。六年多来，在习近平总书记亲自谋划、亲自推动下，在党中央坚强领导下，在各有关方面大力支持下，北京携手张家口市，秉持绿色、共享、开放、廉洁办奥理念，克服新冠肺炎疫情等风险挑战，扎实做好筹办举办工作，为世界奉献了一届简约、安全、精彩的奥运盛会，向世界展现了阳光、富强、开放、充满希望的国家形象，北京成为世界首个"双奥之城"，中国为奥林匹克运动续写新的传奇。

回望赛时，我们会记住冬奥健儿赛场上一次次的突破与惊喜，更会记住可亲可敬可爱的你们，在农历虎年新春阖家欢聚之际，为冬奥默默付出、倾情奉献，共同书写了"双奥之城"新的历史华章。谢谢你们，冬奥工作者和志愿者日夜奋战、连续攻坚，以热情周到的服务赢得各方点赞；谢谢你们，医护人员白衣执甲、不辞辛苦，守护着城市和冬奥疫情防线；谢谢你们，公安干警、武警战士、基层干部、社区工作者坚守一线、守土尽责，有力保障首都安全和谐；谢谢你们，环卫工人、公交地铁职工加班加点、吃苦耐劳，以辛勤劳动保障市容干净整洁、城市有序运行；谢谢你们，广大市民朋友识大体、顾大局，对临时管理措施充分理解、全力配合，以实际行动充分展现了首都市民"热情开朗、大气开放、积极向上、乐于助人"的时代风采……"使命在肩、奋斗有我"，我们每个人都是东道主、都是奉献者，每个人都了不起。

　　冬奥会已胜利结束，冬残奥会即将开幕。我们要振奋精神、再接再厉，以最大的热情、尽最大的努力，善始善终做好各项筹办举办工作，确保"两个奥运、同样精彩"。让我们更加紧密地团结在以习近平同志为核心的党中央周围，埋头苦干、勇毅前行，更加奋发有为地推动新时代首都发展，奋力谱写中华民族伟大复兴的北京篇章！

　　一起向未来！

中共北京市委

北京市人民政府

北京冬奥组委

2022年2月21日

【案例分析】

　　这是北京市政府在冬奥会期间写给全市人民的感谢信。这篇感谢信的标题采用的是"感谢对象+文种名称"的形式。在正文部分，首先交代了感谢信写作的背景，进而书写了感谢的具体事项，分别对冬奥会志愿者和工作者、医护人员、公安武警、社区工作者、环卫工人、市民朋友等群体表达了感谢，最后以冬奥会的主题"一起向未来"结尾，表达对市民朋友的美好祝愿。

第二节　邀请信

　　邀请信也称"邀请函""邀请书"，是邀请有关单位或人员来参加会议或活动时所使用的一种礼仪类公文，它多被用于交易会、洽谈会、研讨会、联谊会等。

　　邀请信主要有两个特点：一是礼仪性，发送邀请信本身就是出于尊重的目的，因此秘书在行文与措辞上要注意礼貌；二是说明性，邀请信中必须对涉及的活动做出详细的说明，以此打动对方来参加活动。

一、邀请信的写作格式

　　邀请信主要由标题、称谓、正文、结语、落款五部分构成。

　　（一）标题

　　邀请信标题有以下四种形式。

　　1.采用只标示文种名称的形式，即只书写"邀请信""邀请函""邀请书"。

　　2.采用"事由+文种名称"的形式，例如"第十八届工业工程与工程管理国际学术研讨会邀请函"。

　　3.采用"邀请者名称+文种名称"的形式，例如"×××大学音乐学院邀请书"。

　　4.采用"邀请者名称+事由+文种名称"的形式，例如"中国公文写作研究会关于召开全国第十七届公文学术研讨会的邀请信"。

　　（二）称谓

　　这里的称谓指的是被邀请者的名称，通常在标题下面顶格书写。被邀请者既可以是单位，也可以个人，如果被邀请者为个人的话，最好在个人姓名前面加上"尊敬的"等敬语，后面也要增加"先生""女士""经理""教授"等身份称呼。

（三）正文

邀请信的正文一般由前言和事项两部分组成。

1.前言

秘书要在前言中简明扼要地交代清楚邀请的目的、时间、地点、意义等信息，并向被邀请者发出邀请。

2.事项

秘书可采用分条列项的方式写明邀请的具体事项，将本次活动的内容、日程安排、注意事项等内容交代清楚。

（四）结语

结语通常是在正文下另起一行空两格书写"此致""恭候"等词语，然后再另起一行顶格书写"敬礼""回音"等词语。除此之外，结语也可以结合具体活动用一句祈使句来表述，如"我们热忱期待您的与会！""×××活动期待您的参与！"等语句。

（五）落款

落款一般写在结语的右下方，署明邀请者的名称和发出邀请的日期。邀请者的名称既可以是单位名称，也可以是个人姓名。如果是单位名称，应当书写其全称或规范化简称；如果是个人姓名，在姓名前应标示其身份。邀请信是一种非常郑重的文书，即使标题中已经出现过邀请者的名称，落款处也不可省略。

二、案例参考与分析

【案例1】

"中共革命进程中的政治文化与实践"学术研讨会邀请函

尊敬的×××先生/女士：

您好！

中国共产党人在长期革命进程中，形成了其特有的政治文化和实践方式。

241

中共政治文化的形成与发展，凝合了传统与现代、大众与精英、日常与政治等诸多层面的历史要素。围绕中共政治文化的形成、内涵、作用展开深入讨论，尤其是从中国共产党人的行动方式、行动机制中透视政治文化的影响，对于进一步理解中共革命，把握中共革命精髓，具有十分重要的意义。鉴于此，中国社会科学院近代史研究所革命史研究室与杭州师范大学浙江省民国史研究中心拟联合举办"中共革命进程中的政治文化与实践"学术研讨会。久仰您在革命史研究方面卓有建树，诚邀您拨冗与会，发表高论。

会务安排如下：

一、会议时间：2021年11月12-15日（12日报到，13-14日会议讨论，15日离会）

二、会议地点：杭州

三、会议经费：参会者来往交通费自理，食宿费用由主办方承担

四、联系人：

王××，139×××××××××

潘××，173×××××××××

衷心感谢您对革命史研究的大力支持！

中国社会科学院×××研究室

××××大学××××研究中心

2021年6月3日

【案例分析】

这是一篇学术研讨会的邀请函，是寄发给个人的，其标题采用的是"事由+文种名称"的形式，正文部分是由前言和事项构成，前言部分主要交代了邀请的目的和意义等内容，事项部分主要交代了会务安排，其中包括会议时间、地点、经费等内容。在邀请函的右下方书写了落款，署明了主办方和书写邀请函的时间。

第三节　欢迎词

欢迎词作为一种常用的礼仪类公文，很多场合都能用到。所谓欢迎词，就是主人在特定场合或欢迎仪式上对到场宾客表示热烈欢迎的讲话稿。

一、欢迎词的特点

（一）礼仪性

欢迎词作为一种礼仪文书，其使用本身就是出于礼仪需要，因此具有礼仪性。

（二）欢愉性

欢迎词作为对宾客表达欢迎之情的讲话，旨在营造一种欢愉的氛围，以求给宾客一种"宾至如归"的感觉，因而具有欢愉性的特点。

（三）口语化

欢迎词作为一种讲话类的公文，是要向宾客口头传达的讲话，因此具有口语化的特征。

二、欢迎词的分类

根据欢迎对象的不同，欢迎词大致可以分为三类。

（一）迎宾型欢迎词

迎宾型欢迎词是指欢迎前来访问、考察、参观、交流经验或是应邀参加大型会议与活动等的来宾的致词。

（二）迎归型欢迎词

迎归型欢迎词是指为了欢迎那些因为完成某项特殊工作暂时离去，不久后再次回归本单位、组织的外出人员的致词。

（三）迎新型欢迎词

迎新型欢迎词是指欢迎学校新生、部队新兵、单位新职员的致词。

三、欢迎词的写作格式

一篇完整的欢迎词主要由标题、署名、正文、结语四部分组成。

（一）标题

欢迎词的标题主要有以下三种形式。

1.采用只标示"欢迎词"的形式。

2.采用"致辞场合+文种名称"的形式，例如"在校庆75周年纪念会上的致词"。

3.采用"致辞者名称+致辞场合+文种名称"的形式，例如"×××在××宴会上的讲话"。

标题如果采用后两种的形式，文种名称不一定使用"欢迎词"，可以灵活使用"致词""讲话"等内容。

（二）署名

如果标题中未曾提及致辞者的名称，可以在标题下居中位置书写致辞者的姓名，在姓名的上行或下行居中位置还可以写上致辞日期。如果标题中已经出现过致辞者姓名，则可以省略署名。

（三）正文

不同类型欢迎词的正文有所不同，这里会根据欢迎词的类型分别加以说明。

1.迎宾型欢迎词正文

首先以简短的语言表达对宾客到来的欢迎，然后再对宾客来访的意义、双方的友谊与交往等内容进行叙述，最后可再用简短的话语向宾客表达祝愿。

2.迎归型欢迎词正文

在欢迎词的开头，先以简洁的语句对归来人员表示欢迎和问候，紧接着称赞归来人员在外出工作期间取得的成绩，并对其优秀品质和崇高精神表达赞扬，最后再以简洁的语句向归来人员表达祝愿。

3.迎新型欢迎词正文

这类欢迎词的开头先对新成员的到来表示欢迎和问候，然后对新成员进行安抚，最后以简洁的语句向新成员表达祝愿。

（四）结语

结语一般在正文下面另起一行空两格进行书写，一般都是简洁的致谢语，如果正文部分已经书写结尾，此处也可以不写结语。

四、案例参考与分析

【案例1】

在2021中国地理信息产业大会的欢迎词

中国地理信息产业协会会长　李××

尊敬的徐部长、王部长、李省长，

尊敬的各位院士，

各位领导、各位嘉宾、同志们：

大家上午好！

金秋十月，硕果累累、气候宜人。我们齐聚江城武汉，隆重召开2021中国地理信息产业大会。首先，我代表中国地理信息产业协会，向各位领导和嘉宾表示热烈的欢迎，向对大会给予大力支持的政府、领导、专家、企事业单位表示衷心的感谢！

近年来，我国的地理信息产业在党中央国务院方针政策的指引下，在行业主管部门的正确指导下，在全体地理信息工作者的奋力拼搏、共同努力下，取得了长足的进展。产业规模持续扩大，结构不断优化，创新能力不断增强，地理信息产业已成为我国数字经济的重要组成部分，地理信息已成为重要的新型基础设施。去年，虽然受疫情影响，但产业发展仍然取得较好的成绩，全国地信总产值比2019年增长了6.4%，呈现出蓬勃发展的活力。

今年是伟大的中国共产党建党百年，也是"十四五"规划开局之年。在全面建设社会主义现代化国家新征程开启之际，我们召开以"地信赋能新时代，聚力携手新征程"为主题的产业大会，就地理信息及相关领域的科技创新、成果应用、标准质量、新产品新技术等进行交流和展示。会上，政府部门领导将发表重要讲话，院士、专家、企业家们将做专题报告，还设立了20个分论坛，供大家充分交流讨论。大会将发布年度产业发展报告，进行表彰奖励，发布百强企业、最具活力中小企业和高成长企业榜单，举办创新秀、成果展等活动。相信这次大会将对地理信息产业高质量发展起到极大的促进作用。希望大家积极参会、汲取营养、各有所获、满载而归。

中国地理信息产业协会多年来得到了中央和国家机关工委、民政部、自然资源部和原国家测绘地理信息局的关心和指导，在加强党的建设、坚持四个服务、搭建多种平台、推动科技创新、树立标杆形象、促进产业发展等方面做了大量的工作，成为推动我国地理信息产业发展的重要力量。昨天，中国地理信息产业协会召开了第七次全国会员代表大会，选举产生了新一届领导集体。新一届领导集体将继续加强政治引领，增强服务意识、提升服务能力、营造发展环境，发挥桥梁纽带作用，尽职尽责，和大家一起为推动我国地理信息产业更好、更快的发展，做出我们的努力和贡献。

湖北是个英雄的省份，武汉是座英雄的城市。从武昌起义到武汉保卫战，从抗洪抢险到抗击疫情，湖北人民都以无私无畏的英雄气概，担负起了保家卫国的重任。本次大会在武汉召开，得到了湖北省政府的高度重视和大力支持，也得到了湖北省自然资源厅、武汉大学的鼎力相助，在此表示深深的谢意！

湖北是我国测绘地理信息大省，是测绘地理信息重要的科研和教学基地，有众多知名的院士和专家。湖北省地理信息产业有着较强的实力，多年来在湖北省经济建设、社会发展和生态文明建设中发挥了重要作用，取得了可喜的成绩。

此次大会在武汉召开，相信将进一步促进湖北省地理信息产业的快速发展，引导更多高精尖企业在湖北投资、发展、落地，发挥产业带动和企业集聚效应，推动湖北省地理信息产业转型升级、高质量发展。

各位领导、专家、同志们：

回首过去，成就令人鼓舞；展望未来，蓝图催人奋进。新时代孕育新希望，新征程承载新梦想。让我们紧密团结在以习近平同志为核心的党中央周围，团结一心，奋力拼搏，推动地理信息产业全面高质量发展！

最后，祝大家身体健康，在汉期间平安愉快！祝本次大会圆满成功！

谢谢大家！

【案例分析】

这是一篇迎宾型欢迎词，标题采用的是"致辞场合+欢迎词"的形式，在标题下面署有发言者的姓名和职务。在正文部分，先以简洁的语言对与会嘉宾致以慰问与欢迎，进而交代了地理信息产业的发展现状、会议安排以及本次会议召开对于湖北的意义等，在欢迎词的结尾提出了对大会和来宾的美好祝愿。

第四节　答谢词

　　答谢词是指特定的场合，主人致欢迎词或欢送词后，客人发表的对主人的热情款待表示感谢的讲话。

　　机关、单位中的领导应酬颇多，时常会出席会见仪式、欢送仪式、颁奖典礼等，秘书作为领导的助手，会经常和答谢词打交道。

一、答谢词的特点

（一）应对性

　　由于答谢词与欢迎词是相对的，一般都是主人先致欢迎词，而后由客人致答谢词，所以答谢词是一种应对之词，具有应对性。

（二）礼仪性

　　答谢词是一种典型的礼仪类文书，因此具有礼仪性的特点。

二、答谢词的分类

　　答谢词根据答谢缘由的不同可分为两种：一是谢遇型答谢词，即用来答谢他人招待的致辞，这类致辞往往用于欢迎、会见、欢送、告别仪式；二是谢恩型答谢词，即用来答谢他人帮助的致辞，这类致辞通常用于捐赠、庆祝、颁奖等典礼。

三、答谢词的写作格式

答谢词主要由标题、署名、称谓、正文、结语组成。

（一）标题

答谢词的标题主要有以下四种。

1.采用只标示"答谢词"的形式。

2.采用"答谢场合+文种名称"的形式，例如"在庆功宴上的答谢词"；

3.采用"答谢者名称+答谢场合+文种名称"的形式，例如"×××在欢送宴上的答谢词"。

4.采用正副标题相结合的形式，正标题一般用一句精简的话来概括答谢词主旨或表达答谢者心愿，副标题则用来标示答谢者名称、答谢场合等内容，如正标题"为了崇高而美丽的事业"，副标题"贾××创作20周年祝贺酒会谢词"。

（二）署名

署名通常写在标题下的居中位置，在姓名前面可以标示其身份，在姓名的上一行或下一行的居中位置还可以书写致辞日期。如果标题中已经出现答谢者名称，这里可以省略署名。

（三）称谓

称谓指的是书写答谢对象的名称，一般写在标题或署名下的顶格位置。称谓要使用欢迎词致辞者的姓名，并且要在姓名之前加上"尊敬的"之类的敬语，也可以以"女士们、先生们"作为代称。

（四）正文

正文部分是答谢词的主体和核心，根据答谢对象的不同内容有所不同。

1.谢遇型答谢词正文

谢遇型答谢词的正文通常以感谢主人的热情款待开篇，然后再对主人与客人间的关系和友谊进行进一步的阐述，在文尾可以表达对主人的祝愿，并再次致以诚挚的谢意。

2.谢恩型答谢词正文

开篇同样首先对答谢对象的帮助表达谢意，然后再具体阐述对方是如何帮助自己的，最后可表达自己的决心，并再次对答谢对象表达感谢。

（五）结语

结语部分可使用简洁的语言再次向答谢对象表达谢意。

四、案例参考与分析

【案例1】

在学术交流会上的答谢词

女士们、先生们：

今天有幸出席本次学术交流会，我倍感荣幸，想要借此机会感谢大会组织委员会的盛情邀请和款待，使我能够有机会到场与中国朋友畅谈。

随着中国的不断发展，我们两国之间的交往也随之增加，我一直盼望着有机会能够来中国，此刻这个梦想终于实现了。

本次学术交流会的举行是卓有成效的，在参会期间，我有幸见到了许多知名人士，同时也聆听了许多专家、学者的教诲，我们互相探讨、学习，收获颇多。

借此机会请允许我再次向本次招待会组织委员会以及在场的各位表达衷心的感谢！

祝愿我们两国人民世代友好下去！

【案例分析】

这是一篇于谢遇型答谢词，标题采用的是"答谢场合+文种名称"的形式，以女士们、先生们这类泛称作为称谓，正文的开始先对会议组委会表达了感谢，进而对两国之间的关系和友谊进行了阐述，最后陈述了自己的与会收获，并对组委会和与会人员再次表达感谢，也对两国交往表达了祝愿。

第五节　介绍信

介绍信是党政机关、企事业单位派人外出办事时所持有的、具有介绍证明作用的书信。介绍信的持有者可以凭借它与相关单位或个人洽谈工作，接待方也可从介绍信中了解来者的职业、身份以及要承办的工作事宜等内容。

一、介绍信的分类

介绍信可分为书信式介绍信和填表式介绍信两种类型。书信式介绍信，是指采用书信格式写作的书信，也可称为便函式介绍信，其纸张一般是印有单位名称的信纸。填表式介绍信是以表格的形式呈现的，一般只需要将表格中列举的相关事项填写清楚即可，这类介绍信有存根，因此也可称为存根介绍信。

二、介绍信的写作格式

一封完整的介绍信是由标题、称谓、正文和落款四部分组成的。

（一）标题

介绍信的标题通常有两种形式：一是直接采用"介绍信"三字，二是"关于×××的介绍信"这类带有指定性的标题。

（二）称谓

称谓一般另起一行顶格写，书写收信单位名称或个人姓名，姓名后需要加上"同志""先生""女士"等称呼。

（三）正文

介绍信的正文部分应当包含如下内容。

1.被介绍人的姓名、人数、身份、职务等基本信息。

2.需要联系的工作、接洽的事项等内容。

3.对收信单位或个人提出的希望和要求。

4.在正文的最后通常会书写"请接洽""此致敬礼"等敬语。

（四）落款

在介绍信的落款处，不仅要署明开介绍信的单位名称和成文日期，还要注明有效期限和具体天数。

无论是书信式介绍信还是填表式介绍信都可以参照上述格式，二者间唯一的不同是填表式介绍信是有存根联的，它是由存根联、正式联和间缝三部分构成的。正式联按照上述的格式书写，秘书需要注意的是带存根的介绍信应在标题下一行的右侧标明介绍信的序号。存根联和正式联之间的部分为间缝，在此处需要注明介绍信的编号，并加盖单位的公章。间缝的上方为介绍信的存根联，是由标题、介绍信编号、正文和成文时间等内容构成的。由于介绍信的存根联是由出具单位留存查验的，所以落款部分无须标注单位名称。

三、案例参考与分析

【案例1】书信式介绍信

介绍信

××市政府采购中心：

兹介绍×××同志（一人）前往贵中心联系办理在贵中心采购网注册的管理员账号和密码事宜。请接洽并给予办理为盼。

此致

敬礼！

××××单位（公章）
××××年××月××日
（有效期×天）

【案例分析】

这个案例中，标题是"介绍信"，正文中交代了介绍人的姓名、人数、需要联系工作以及对收信单位的要求，最后是落款。

【案例2】填表式介绍信

介绍信（存根）	介	介绍信
××介字第××号	字	××介字第××号
××等人前往	第	
××××联系××	×	兹介绍　　等　　名同志前往你处联
事宜。	号	系　　　　，请予接洽。
×年×月×日	盖	此致
	章	敬礼！
		××单位（公章）
		×年×月×日
		（有效期）×天

【案例分析】

这个案例是填表式介绍信，它由存根联、正式联和间缝三部分构成的。这类介绍信往往不需要秘书人员自主写作，只需要按照表格内容填写即可。

第六节　贺信（电）

贺信也称祝贺信，是专门向取得突出成绩、举办重要活动、庆祝喜庆之事的个人或单位表达祝贺的礼仪类公文，使用电报发出的贺信要称贺电。

贺信（电）是机关、单位秘书必须要掌握的公文，因为贺信（电）的使用范围广泛，无论是重要会议的召开、重大节日的来临、重大工程的竣工，还是个人的生日、新婚、升学、升职等，都需要发贺信（电），聊表祝福，通过这种方式来沟通情感、增进友谊。

一、贺信的写作格式

贺信通常由标题、称谓、正文、落款四部分构成。

（一）标题

贺信的标题写法可采用以下六种形式。

1.直接采用"祝贺信""贺信"这种只标示文种名称的形式。

2.采用标示祝贺事由的形式，例如"祝贺我校美术学院第五次学生代表大会胜利召开"。

3.采用"发信人名称+文种名称"的形式，例如"国务院贺信"。

4.采用"收信人名称+文种名称"的形式，例如"致××公司的一封贺信"。

5.采用"祝贺者名称+祝贺对象+文种名称"的形式，例如"××省作家协会致××出版社的贺信"。

6.采用正副标题相结合的形式，正标题用于表达祝贺，副标题用于标示祝贺对象、祝贺事由等内容。例如，正标题为"长风破浪会有时"，副标题为"贺××公司开业大吉"。

（二）称谓

称谓一般是在标题下面另起一行顶格书写，关于祝贺对象的称谓既可以是单位名称，也可以个人姓名。如果是单位名称，通常不需要加"尊敬的"等敬语，直接书写单位全称或规范化简称即可；如果是个人姓名，姓名之前可添加敬语，姓名之后可加上"先生""女士""教授""经理"等称呼。如果是以单位领导人的名义祝贺兄弟单位，贺信上的称谓应书写对方领导人的姓名；如果是祝贺兄弟单位的会议和活动，则要在贺信上写明会议和活动名称或其单位名称。

（三）正文

贺信（电）的正文一般由背景、正文、结语、落款四部分构成。

1.背景

在正文的开头以简短的语言表达祝贺，常用话术模板为"正值……之际向……表示热烈祝贺"。

2.正文

正文是贺信的主体部分，需要在这里交代清楚写这封贺信的目的，具体内容要根据不同的祝贺对象和祝贺事由灵活对待。例如，如果是为了祝贺对方取得突出成绩，就要肯定和赞扬对方取得的成绩及其意义；如果是为了祝贺对方担任新职，就要祝福对方在任期内取得新的成绩；如果是祝贺会议的召开或活动的举办，就要侧重阐明会议召开或活动举办的深远影响。

秘书在写这部分内容时，要注意感情充沛、语言热情，对于祝贺对象的赞扬和评价，要实事求是、恰如其分，不能过分夸耀或言过其实。

3.结尾

在结尾部分，要再次使用简洁的语句向祝贺对象表示祝贺，可使用"祝大会圆满成功""祝贵公司开业大吉""祝愿今后取得更大的胜利"等句子。

（四）落款

落款通常写在贺信（电）正文的右下方，署上祝贺者的名称和日期。如果贺信

（电）是以单位的名义发出的，则需要书写单位全称或规范化简称；如果是以个人的名义发出的，则要署上祝贺者的姓名，并在个人姓名前标示其身份，例如中国工程院的某位院士以个人名义向母校校庆发出贺信（电），就需要在落款处注明"中国工程院院士×××"，然后再在落款的正下方注明发信（电）日期。

二、案例参考与分析

【案例1】

贺电

中国奥委会转中国体育代表团：

欣悉在举世瞩目的第32届奥林匹克运动会上，××籍运动员×××与队友团结协作、顽强拼搏、奋勇争先，在女子4×200米自由泳接力比赛中一举折桂，为中国体育代表团夺得一枚宝贵的金牌，为祖国赢得了荣誉，为家乡增添了光彩。××人民倍感振奋、备受鼓舞！在此，中共××市委、××市人民政府谨向中国体育代表团、中国游泳队，向×××同志和她的教练员表示热烈的祝贺！

衷心感谢国家体育总局对××体育事业的关心和支持！衷心祝愿中国体育健儿再接再厉、再创佳绩！

中共××市委
××市人民政府
2021年7月29日

【案例分析】

这篇贺电的标题采用的是最简单直接的文种名称——贺电，这是××市委和人民政府写给中国奥委会的一封贺电，贺电开头先交代了写作背景，是由于××籍运动员×××在奥运会上夺得金牌。在贺电的结尾处，对国家体育总局和奥运健儿表达了感谢与祝愿。

第七节　唁电（函）

唁电是通过电报、电话、传真、短信等形式对已故者表示哀悼，并对其家属或所在组织和单位表示慰问的一种礼仪类公文。发唁电（函）的目的就是为了对逝者表示沉痛哀悼，以及对家属或生前所在组织、单位表示深切慰问，因此唁电（函）具有致哀和慰问的双重作用。

一、唁电（函）的写作格式

一封完整的唁电（函）通常是由标题、称谓、正文、结语、落款五部分构成。

（一）标题

唁电（函）的标题主要有以下三种写法。

1.采用只标示"唁电（函）"的形式，如果唁电（函）是以个人名义发出的，也可以不使用标题。

2.采用"收电（函）者名称＋文种名称"的形式，例如"致×××的唁电（函）"。

3.采用"发唁电（函）者名称＋文种名称"，使用"××××唁电（函）"，这里的发唁电者通常是组织、单位的名称。

（二）称谓

这里的称谓指的是对收唁电者的称呼，它既可以是逝者生前所在的单位、组织名称，也可以是逝者的亲属姓名。如果是书写单位名称，则要写上单位全称或规范化简称；如果是书写亲属姓名，则要在姓名后增加"同志""先生""夫人"等称呼。

（三）正文

唁电（函）的正文内容要从两个方面展开，一是写收到去世消息后的悲痛，二是向逝者所在组织、单位及其家属致以慰问和哀悼。除此之外，正文中还可简述逝者生前的功绩、美德等内容，也可以表达继承逝者遗愿的决心。

唁电（函）正文开头多使用"惊悉""惊闻""乍闻"等词语。在行文过程中，不可使用"死"字，应多使用"逝世""作古""仙逝""溘然长逝"等词语。在表达对逝者的哀悼之情时要使用"不胜哀悼""震悼曷极"等词语。在表示对逝者家属的慰问时，多用"节哀自珍""节哀顺变""伏惟保重"等词语。

（四）结语

结语通常在正文下面另起一行书写"特电慰问""特致电唁，以志哀忱""特此唁慰，伏希珍重"等词语。如果正文处已经写过类似的话了，此处则不需要单独写结语。

（五）落款

落款一般写于正文或结语的右下方，署上发唁电者名称和日期。发唁电者名称有时写单位名称，有时写个人姓名。如果是单位名称的话，应书写单位全称或规范化简称，如果是个人姓名的话，对于那些有公职身份的人而言，需要在其姓名前面注明职务。

秘书人员在撰拟唁电（函）时应注意以下几点：一是注意措辞，唁电（函）的感情基调应质朴、深沉，传达出吊唁者的悲痛之情；二是语言要简洁得体；三是注意唁电（函）的时效性，应在治丧期间送达，否则便失去了寄发的意义。

二、案例参考与分析

【案例1】

唁电

袁××先生治丧委员会：

惊闻袁××先生突然辞世，百万××人民深切悲痛，无限缅怀！袁老院士是国之脊梁，一稻济世，万家粮足，一生为国为民，用毕生追求专注着让所有人远离饥饿。袁老院士是一位真正的耕耘者，撒播智慧，收获富足，在伟大祖国广袤大地创造出了人类历史的奇迹，让中国人民牢牢端稳自己的饭碗，为世界粮食发展做出了卓越贡献。袁老院士是最接地气的科学家，2015年8月28日冒高温酷暑亲临我县视察指导超级稻百千万工程，后携团队在我县成立袁××院士工作站，开展超级杂交稻示范推广，使我县130多万亩水稻单产显著提升、品质显著优化。袁老院士毕生把工作当成生命，把奉献当成事业，他的离开，百万××人民无限哀悼、无限思念，将化悲痛为力量，继承袁老未竟的事业，为创造更加美好幸福生活不懈努力奋斗！

中共××县县委
××县人民政府
2021年5月23日

【案例分析】

这是××县政府和县委悼念袁××院士的唁电，标题使用的是文种名称的形式，正文部分主要回忆了袁院士生前的贡献，在正文的结尾部分，××县政府和县委表达了对袁院士的哀悼，并要继承袁老未竟的事业。正文之后书写了落款和发电日期。

第八节　请柬

请柬是指专门用于邀请客人时发出的书面通知。秘书在日常工作中时常会使用请柬，例如当机关、单位召开宴会宴请宾客时，秘书往往要替领导撰拟请柬。

请柬的应用极为广泛，无论是机关、单位中召开的庆祝会、联欢会、纪念会，还是宴会、订货会、招待会，以上这些会议活动都需要向来宾发放请柬。在会议活动中使用请柬，既可以表达对被邀请者的尊重，又可表示邀请者对此事的郑重态度。

一、请柬的写作格式

请柬通常是由标题、称谓、正文、敬语、落款五部分构成的。

（一）标题

请柬主要有单页和折页两种类型，如果是单页的请柬，则在上方居中位置书写"请柬"二字即可；如果请柬是折页的，则需要在封面上书写"请柬"二字。但有时一些机关、单位也会直接采用印好的请柬，这类请柬往往不需要秘书自己写标题，直接书写内容就好。

（二）称谓

称谓通常写的是受邀单位或个人的名称，一般写于正文上一行的顶格处，例如"××单位""××先生""××教授"等。

（三）正文

请柬正文通常较为简短，只需交代清楚受邀人参加活动或会议的时间、地点即可。

（四）敬语

在正文的下面要书写适当的敬语，例如"敬请光临指导""敬请届时出席""此致敬礼"等。

（五）落款

在请柬的最后，要署明发请柬的单位名称或个人姓名，并注明时间。如果是以单位名义发出的请柬，有时还需要加盖公章。

三、案例参考与分析

【案例1】

请柬

××先生/女士：

兹定于9月15日晚7:00至9:00在市政协礼堂举行中秋茶话会，届时敬请光临。

此致
敬礼！

××市政治协商会议
2022年9月13日

【案例分析】

案例为某市政协举办的中秋茶话会的请柬，简单交代了活动举办的时间地点，在结尾处添加"解释敬请光临""此致敬礼"等敬语，落款为单位名称和时间。

第八章
其他常用文书写作

前几章，我们分别介绍了公务类公文写作、规章制度类公文写作、计划总结类公文写作、礼仪类公文写作四大类型。除了以上公文外，在秘书日常办文工作中还会频繁使用一些公文文种，例如简报、公开信、倡议书、合同等，我们将其归为其他常用文书，放在本章进行讲解。

第一节　简报

简报是机关、单位用于汇报工作、沟通情况、交流经验、传播信息而使用的一种公文。简报依据不同的标准可分为不同的类型，按照性质划分，可分为专题简报和综合简报；如果按照版期划分，可分为定期简报和不定期简报；按照内容划分，可分为动态简报、工作简报、会议简报等。

一、简报的特点

（一）篇幅简短

简报顾名思义就是以"简"著称，简短是其突出特点。一份简报通常只反映一个主题，基本为一报一事，字数多的可达千字左右，字数少的则只有几百字。

（二）真实性

简报的写作要注重真实性，不可添油加醋，加入秘书的主观看法。另外，秘书在撰拟简报时，所引用的材料要真实，不能引用道听途说、未经证伪的材料。

（三）讲求时效

简报有快写、快编、快发的特点，尤其是动态简报，秘书在撰拟时务必要快速敏锐，迅速成文，以便各级领导和相关人员及时了解情况，制定相关政策。

（四）内部发行

简报是作为内参性文件存在，仅在内部发行和限于内部交流，不对外公开。

二、简报的写作格式

一般而言，一份完整的简报主要包含报头、报文、报尾三个部分。

（一）报头

报头部分主要由简报名称、简报期数、编印单位、编印日期等内容构成。在报头的下面应使用一道间隔线将报头与报文之间隔开。

1.简报名称

简报名称一般要用较大字号的红色印刷体文字居中标注，可根据不同的内容来拟制不同的标题，例如"工作简报""会议简报""简报"等。

2.简报期数

简报期数也称简报期号，一般是按期编号，通常标注于简报名称的正下方。

3.编印单位

编印单位需要书写全称或规范化简称，通常标注在简报期数的下方、间隔线上方左侧顶格位置。

4.编印日期

编印日期一定要书写完整的年、月、日，一般标注于简报期数的下方、间隔线上方右侧顶格位置。

有些简报根据需要，还应在简报名称的左上方标明密级，常用写法是"内部参阅""秘密""机密""绝密"等。

（二）报文

报文部分是指刊登具体文章的部分，位于分隔线的下面，与报头相区别。简报的报文主要由按语、标题、正文、署名四部分构成。

1.按语

按语是编者为了引导读者更好地理解简报上的文章内容所作的提示或评论。按语的位置通常位于报头分隔线之下，顶格注明"按语""编者按"等字样。按语并不是所有简报都必备的内容，一般的简报可以不加按语。

2.标题

标题是每一篇简报必不可少的部分。如果是带有按语的简报，标题要写在按语下的居中位置；如果是没有按语的简报，标题则要写在报头分隔线以下的居中位置。

3.正文

在标题的下面书写正文，它由开头、主体和结尾组成。开头用简洁的语言概括全文内容，点明中心。主体部分要用典型材料将中心具体化，例如用数据说明问题。结尾部分发出号召或提出打算，也可以没有结尾。

4.署名

署名通常写在正文的右下方，既可以是供稿部门的名称，也可以是编者个人的名称，记得用括号括入。如果是转抄的文章，一定要注明"摘自×××"的字样。大多数情况，简报都不署名。

（三）报尾

报尾部分通常是由简报的报、送、发单位以及本期简报的印发份数等内容构成。"报"指的是简报需要呈报的上级机关单位；"送"指的是将简报送往同级单位或没有所属关系的单位；"发"指的是将简报发放至下级单位。在简报报尾的下端还要注明本期简报的印刷份数。

三、案例参考与分析

【案例1】

国家电子商务进农村综合示范项目工作简报

（第42期）

大埔县电子商务进农村工作领导办公室　　　　　2021年3月22日

文化大埔"电"力足，乡村振兴"青"能量——大埔县举办乡村振兴电商创业人才培训班

全面推进乡村振兴、人才振兴是关键。为认真贯彻落实中共中央办公厅、国务院办公厅印发的《关于加快推进乡村人才振兴的意见》要求，培养出更多农电

商、直播电商等青年人才，为推进乡村振兴输送青年力量。3月19日上午，团县委联合县科工商务局、县电子商务协会、县青年文化交流中心在大埔县田家炳高级职业学校举办大埔县乡村振兴电商创业人才培训班。

【案例分析】

这是篇较为常见的工作简报，由报头和报文两部分构成。我们可以看到报头部分是由简报名称、简报期数、编印单位和编印日期构成的。在报头与报文之间有一条分隔线，分隔线之下便是报文内容。由于这篇简报稿比较简短，因此它没有按语部分，直接由标题和正文部分构成，标题采用了正副标题相结合的形式，正文中简单交代了此项工作的目的和意义。

第二节　公开信

公开信是指将那些不具备保密性质、让更多人可以参与阅读和讨论的内容公之于众的一种文书。公开信有着内容公开、态度鲜明的特点，是党政机关以及企事业单位常用的文书，因此秘书需要掌握其分类和写作格式。

一、公开信的分类

（一）节日公开信

在节日期间，一些党政机关和单位团体领导向大家表达节日祝愿的公开信。

（二）问题公开信

问题公开信是指相关组织或个人就某一问题或某一现象提出批评、表扬或者看法、建议的公开信。

（三）私人公开信

私人公开信是指由于某种原因将本不应被公开的私人信件通过新闻媒介公之于众的公开信。

二、公开信的写作格式

公开信由标题、称谓、正文、结语、落款五个部分构成。

（一）标题

公开信的标题主要有以下四种写作形式。

1.只标示文种名称，即"公开信"。

2.采用"发信者名称+致信对象+文种名称"的形式，例如"共青团河北省委员会致全省共青团员的一封公开信"。

3.采用"致信对象+文种名称"的形式，例如"致广大工人群体的一封公开信"。

4.采用正副标题相结合的形式，正标题表明公开信的主题，副标题则要写清发信者名称、致信对象、文种名称等内容，例如正标题为"共建和谐幸福美好家庭"，副标题为"××地板有限公司致北京全体市民的一封公开信"。

由于私人公开信大多是寄给报刊、广播等新闻媒体的，因此可以不写标题。

（二）称谓

称谓指的是对致信对象的称呼，通常在标题下面另起一行顶格书写，有些公开信可以省略称谓，秘书在写作时可视领导要求而定。

关于公开信的致信对象，主要有以下几种情况：如果致信对象是某个单位，应当书写单位全称或规范化简称；如果致信对象是个人的话，则需要按照"姓名+同志/先生/女士"的格式来写。

（三）正文

关于公开信的正文部分，不同类型公开信的内容有所区别。

1.节日公开信

开篇先交代节日背景，可使用"在××节日来临或即将到来之际"的句式，向致信对象致以亲切的问候，例如春节祝福公开信的开头就可以写"在新春佳节到来之际"。再提出撰拟公开信的目的，通常以"为了……"句式来呈现，一般紧承开头的问候语。例如春节期间撰拟公开信的目的通常是"为保证您和家人度过一个祥和、愉快、安全的春节"。接着提出关于上述问题的具体要求，还是以春节为例，如何让市民安全、祥和、愉快地度过春节就是这部分需要呈现的内容。最后，表达对于节日的美好祝愿，通常是以一句祝福的话结束全文。春节期间下发的公开信结尾可以这样写"祝全体人民新年快乐，身体健康，阖家幸福。"

2.问题公开信

首先交代背景，即简单交代写这封公开信的原因或目的。再交代问题发生的来龙去脉，即交代事情发生的时间、地点、人物、原因等内容。然后，分析问题产生的原因，如果所述问题是带有一定倾向性的问题，要说明这种倾向的具体表现并分析原因。最后，提出解决问题的建议，在公开信的最后，要写明发信者的态度，并针对这一问题提出建议。

3.私人公开信

私人公开信与上文两种公开信类型相比，写作更灵活。由于私人公开信选择公开的原因不同，因此正文的写作也是因人而异。秘书撰拟这种公开信时，只需要把事情的来龙去脉交代清楚即可，内容要做到严谨表达。

（四）结语

结语通常写于正文之下，另起一行先写此致，再另起一行顶格书写敬礼。如果是节日公开信的话，可以书写"此致—节日的问候"或"敬祝—节日快乐"等结语，与节日的气氛相符合。

（五）落款

落款需要署上发信者的名称和写信日期，一般写于结语的右下方。如果发信者为单位，则需要书写其全称或规范化简称。如果发信者为个人，署名则需要视实际情况而确定，例如节日公开信如果以领导名义署名，在姓名前最好标示其职务名称。

三、案例参考与分析

【案例1】

清廉南岳·请您代言
——致全区人民的一封公开信

各位父老乡亲：

清廉建设是民之所盼、政之所向。南岳区深入贯彻习近平总书记关于廉洁文化建设的重要论述，坚决落实省委、市委关于清廉建设的决策部署，率先吹响清廉建设的号角，标准化推进八大清廉单元建设，以"天下南岳"胸怀奋力抒写清廉建设的南岳篇章。

巍巍南岳，廉景独好。我们始终坚持以人民为中心，聚焦乡村振兴、教育医疗等民生领域，深入纠治群众身边腐败和不正之风，打牢制度"补丁"，全力建设清廉校园、清廉医院、清廉村居。我们紧扣规范权力运行这个内核，落实落细优化干部作风"九条措施"、优化营商环境"九落实"，确保权力在阳光下运行、更好地为人民服务，全力建设清廉家庭、清廉机关、清廉大厅、清廉企业。我们紧紧围绕旅游特色打造清廉景区、清廉村居，建设二贤祠、邺侯书院、平安石、省心亭等廉洁文旅地标，建设家风家训馆、清廉文化主题街区、荷花公社、茶廉文化等一村一品，推出"红廉之旅"线路，常年接待各方游客，不断擦亮清廉南岳的鲜明底色。

清风拂面，廉润万家。今年来，区委坚决扛牢全面从严治党政治责任，持之以恒正风肃纪、反腐惩恶，一体推进不敢腐、不能腐、不想腐，不断实现干部清正、政府清廉、政治清明、社会清朗。我们敢于创新、勇于争先，清廉南岳建设工作经验被新华网、中国纪检监察报、中国妇女杂志等权威媒体刊载。我们攻坚克难、砥砺奋进，先后荣获平安中国建设示范县、全国信访工作示范县市区、全国社会治安综合治理先进集体、全省首座"平安杯"等国省荣誉，扩大了"天下南岳"的知名度。我们众志成城、戮力同心，牢牢守住安全生产底线红线，全力推动乡村振兴纵深发展，抢抓机遇旅游经济健康发展，人民群众的获得感更有成色、幸福感更可持续、安全感更有保障。

奋进新征程，清廉向未来。党的二十大擘画新蓝图，让我们凝心聚力再出发，全域推进清廉建设，动员全民参与清廉建设，全力打造清廉高地，为把南岳打造成为世界级文化旅游目的地贡献清廉力量。2022年度清廉衡阳建设公众满意度调查即将开始，如果您接到了"12340"测评电话，那一刻，您就是南岳形象的"代言人"，请您抽出宝贵时间耐心接听，为自己的家乡点个赞、说声满意！您的"肯定"是我们前行的动力，您的"满意"是我们不懈的追求，让我们携起手来，共同守护清廉南岳的美好形象！

衷心祝愿各位父老乡亲生活更加美好、家庭更加幸福、未来更加可期！

清廉南岳建设领导小组办公室

2022年12月26日

【案例分析】

这是篇"倡廉"公开信，它采用的是正副标题相结合的标题形式，正标题为"清廉南岳·请您代言"，副标题为"致全区人民的一封公开信"。在公开信的开头简单交代了撰拟这封公开信的原因，即为了"贯彻习近平总书记关于廉洁文化建设的重要论述"，接着重点叙述了南岳区为了实现清廉建设的做法、成就，最后则向广大市民提出要求和希望，结尾部分署上了发起单位和日期。

第三节　倡议书

倡议书是由某一组织或团体向社会公开提出某种建议或呼吁，便于发动广大群众、动员社会力量来共同完成某项任务的应用公文。

一、倡议书的特点

（一）公开性

发布倡议书的目的就是为了引起绝大多数人的响应，并在最大范围内引发共鸣，因此公开性是倡议书的本质特点。

（二）号召性

倡议发起者发出倡议的目的就在于号召他人响应并获得支持，所以倡议书具有号召性。

（三）群众性

倡议书不是面对一个人或一个集体发出的，而是面向广大人民群众、整个社会发出的，因而具有广泛的群众性。

二、倡议书的写作格式

倡议书一般由标题、称谓、正文、落款四部分组成。

（一）标题

倡议书的标题通常有以下五种形式。

1.采用只标示文种的形式，即标题只有"倡议书"三字。

2.采用"倡议事项+文种名称"的形式，例如"向××同志学习的倡议书"。

3.采用"倡议对象+文种名称"的形式，例如"致全体市民的倡议书"。

4.采用"倡议者名称+倡议事项+文种名称"的形式，例如"共青团××职业技术学院委员会关于创造无烟校园的倡议书"。

5.采用"正标题+副标题"的形式，即通过正标题交代倡议书主旨，副标题交代倡议者、倡议对象、倡议事项等内容。例如，"为了那片希望的田野——'希望工程'捐款倡议书"。

（二）称谓

倡议书的称谓一般在标题下另起一行顶格写，由于倡议书所面对的倡议对象通常较为广泛，因此一般使用泛指名称，例如"亲爱的同学们""尊敬的市民朋友们"等。

（三）正文

倡议书的正文，通常是由倡议背景、倡议事项、倡议希望三部分构成。

1.倡议背景

倡议背景中需要交代发出倡议的原因、目的以及意义等内容。交代清楚倡议的原因、目的等内容可以使倡议对象更为清楚地了解这一倡议。秘书在写作这一部分时，要注意引起倡议对象的共鸣，只有这样才能获得更多人的响应。

2.倡议事项

倡议事项是倡议书的重点，这部分要交代清楚倡议的具体内容和可行措施。秘书在写倡议事项时，要尽量具体化，开展什么活动，要做哪些事情，有什么具体要求，都要在这部分写清楚。

3.倡议希望

倡议希望是正文的结尾部分，此处可以表达倡议者决心，并向倡议对象提出希望和要求。

（四）落款

落款通常是在正文的右下方，需要署上倡议者名称和发出倡议的日期。倡议者名称既可以是单位名称，也可以是个人姓名。如果倡议者名称已经写进了标题中，这里便不需要再署名了，只需要写明日期即可。

三、案例参考与分析

【案例1】

"我家街巷最好看"活动倡议书

亲爱的市民朋友们：

又是春花烂漫好时节。当我们漫步在这座城市，会惊喜地发现，北京的许多背街小巷已经变得不认识了，昔日灰头土脸的城市"里子"，已经变成了环境优美、文明有序的城市"面子"。"我家街巷最好看"活动涌现出的30个"北京最美街巷"，如今成了这座城市的新晋网红打卡地。

这是背街小巷整治五年来，交上的一份看得见感受得到的答卷。

按照新一轮背街小巷精细化整治提升三年行动方案的要求，今年，全市将围绕老城区、建成区、热门旅游景点等重点地区，完成1385条达标类、精治类背街小巷环境精细化整治提升任务，同时做好1026条维护类背街小巷的日常管理维护。

街巷是我家，环境靠大家。北京是首都，我们要在新的奋斗征程上走在全国前列、率先基本实现社会主义现代化，不仅要推动物质文明全面进步，更得在精神文明建设上当标杆、作示范。我们要像市委书记蔡奇要求的那样，深入贯彻习近平总书记对北京重要讲话精神，推动首都精神文明建设和背街小巷环境精细化整治提升工作迈出新步伐，广泛动员市民群众共同参与，把背街小巷打造成为首都城市治理的亮点、文脉传承的载体、和谐宜居的家园。

在此，我们再次发起"我家街巷最好看"活动倡议，号召党员带头，居民从我做起，广大志愿者积极参与，共治共享、美化家园，通过"周末大扫除""垃圾分类"等工作，共同推动家门口环境建设和文明素养提升，将背街小巷环境精细化整治提升向街区更新延伸拓展。发扬北京市民热情开朗、大气开放、积极向上、乐于助人的优秀传统，共同做好冬奥场馆、驻地、路线周边等街巷环境美化和景观布置，营造良好办赛环境。

我们也将通过"最美街巷评选""我家门前办冬奥""周末大扫除"等一系列活动，带动广大市民及社会力量共同参与街巷环境精细化整治，让小街小巷小胡同的环境更美、文明氛围更浓、生活更便利舒适。

老胡同新生活。让我们共同行动起来，用优美整洁的家园环境、文明祥和的社会氛围庆祝中国共产党成立100周年！

北京日报社

市城市管理委员会

首都精神文明办

市规划和自然资源委员会

共青团北京市委员会

北京冬奥会城市运行和环境建设管理指挥部办公室

2021年4月12日

【案例分析】

这是一篇向市民发出的倡议书，标题采用的是"倡议事项+倡议书"的形式，以"亲爱的市民朋友"作为称谓，既亲切又自然。正文部分按照倡议背景、倡议事项、倡议希望的顺序罗列，开篇先交代了"经过多年努力，北京街巷大多已焕然一新"的背景，进而向市民朋友提出"共治共享街巷"的倡议，并在文末向市民朋友提出了希望和要求。在倡议书的最后，署有联合发出该倡议的单位名称以及日期。

第四节　合　同

关于合同的定义，在《中华人民共和国合同法》中有着明确的规定，即"合同是平等主体的自然人、法人、其他组织之间设立、变更、终止民事权利义务关系的协议"。广义上的合同指的是所有法律部门中确定权利和义务关系的协议，狭义上的合同指的则是一切民事合同。

一、合同的特点

（一）平等性

合同是当事双方基于平等、自愿的原则签订的协议，因此它具有平等性的特点。

（二）目的性

合同的订立以设立、变更或终止民事权利义务关系为目的，从这方面来看，它有着目的性的特点。

（三）法律约束性

由于签订合同是一种民事法律行为，因此合同具有极强的法律约束力。

二、合同的写作格式

合同的大致文章结构主要由标题、约首、正文、约尾四部分构成。

（一）标题

合同的标题形式主要有以下两种类型。

1. "合同性质+文种名称"的形式，例如"借款合同""买卖合同"等。

2. "合同标的+合同性质+文种名称"的形式，例如"汽车租赁合同""电视机购买合同"等。

（二）约首

约首是指订立合同双方当事人的名称或姓名。在撰写合同时为了行文方便，往往使用"甲方""乙方"之类的代称。在合同中，通常会先在合同的开头标明甲方和乙方所指代的人或单位，例如"甲方：××服装厂""乙方：××百货公司"，然后在下文中简称为"甲方""乙方"。

（三）正文

正文的开头要先交代订立合同的根据或目的，需要注明"经双方协商一致，签订该合同"；接着再另起一行写清楚相关的合同条款和约定条款。

（四）约尾

合同的约尾一般包括如下内容：各方当事人的公章或手印、法定地址、法定代表人的签名、签订合同的日期、电话号码、开户行和账号等。

三、案例参考与分析

【案例1】

借调合同

因生产工作需要，××单位（以下简称乙方），借调××单位（以下简称甲方）××同志（以下简称丙方）去协助乙方工作，经甲、乙、丙双方协商同意，签订本借调合同。

一、借调期限

本合同期限自××××年××月××日起至××××年××月××日止。合同期满即终止借调合同，丙方返回甲方工作。

二、工作任务

1.丙方应服从乙方所分配的工作。

2.丙方必须按照乙方规定的岗位职责，完成工作任务。

三、乙方应为丙方提供的生产、工作条件

1.乙方应负责丙方的职业技能、安全生产以及规章制度的培训工作。

2.乙方应根据国家规定，按要求为丙方发放劳动必需的各种工具，以及提供保障丙方安全、健康的生产、工作环境。

3.其他必要的生产工作条件。

四、劳动报酬及保险福利待遇

1.丙方在乙方工作期间的工资、奖金、津贴等，要按照与乙方同工种的职工待遇发放。

2.丙方在借调期间的医疗保险费用，由乙方按国家规定的标准支付。

3.借调期间甲方应保留丙方职工身份，并连续计算工龄。

4.借调期间，由甲方为丙方提供住房条件。

五、其他协商事项

本合同如有未尽事宜，凡属国家规定的，按有关规定执行。

六、本合同一式三份，甲、乙、丙三方各执一份。

甲方（签章）：

乙方（签章）：

丙方（签章）：

××××年××月××日

【案例分析】

这是一份简单的借调合同，由标题、约首、正文、约尾构成。合同标题采用的"合同性质+合同"的形式，约首分别交代了甲、乙、丙三方的指代对象，甲方为被借调单位，乙方为借调单位，丙方为被借调人。正文部分罗列了借调期限、工作任务、乙方为丙方提供的生产、工作条件、薪资待遇等具体合同条款，用于约束甲、乙、丙三方的行为，防止违约现象的发生。最后在约尾需要署上甲、乙、丙三方的姓名以及加盖印章，并写明合同签订的年、月、日。

第五节　会议主持词

会议主持词是用于说明会议主旨、推动会议展开、衔接会议前后内容、概括会议情况的专用公文。主持人是统领、引导、推进会议进程的人，一场会议的成功召开与否，主持人在其中起着至关重要的作用，而一份高质量的主持词是其主持成功的关键。

一、会议主持词的特点

（一）衔接性

主持词是主持人在会议召开过程中穿插进行的，发挥着承上启下、穿针引线的作用，具有鲜明的衔接性。

（二）简洁性

主持词在一场会议中所起的只是穿针引线的作用，秘书在撰写内容时务必要做到精炼，切忌长篇大论。

二、写作格式

一篇完整的会议主持词主要由标题、署名、称谓、正文四部分构成。

（一）标题

会议主持词的标题主要有以下三种形式。

1.采用"会议名称+文种名称"的形式，例如"××企业第十二届职代会主持词"。

2.采用"主持者姓名+会议名称+文种名称"的形式，例如"×××在××企业第十二届职代会上的主持词"。

3.直接采用"主持词"作为标题，这类标题主要用于一些比较简单的会议和典礼主持词文稿的撰写。

（二）署名

如果标题中未能体现主持者的姓名，秘书人员在撰写会议主持词时要做好署名工作。署名的位置通常是在标题之下另起一行的居中位置，有时候除了署名外，还需要在名字前署上单位和职务。

（三）称谓

会议主持词的称谓一定要恰当得体，秘书需根据不同类型的会议活动来采用不同的称谓。如果是机关、单位内部的会议活动，可以使用"各位领导、同志们"；如果是对外的会议活动，则可使用"各位来宾、各位领导、同志们"或者"各位来宾、各位领导、女士们、先生们、朋友们"等。

（四）正文

正文部分是会议主持词的主体和核心，一般是由开头、主体、结尾三部分内容构成。

1.开头

会议主持词的开头通常是开门见山——宣布会议的开始，这可以起到营造现场气氛的作用。

2.主体

正文主体部分可写以下几方面的内容。

（1）交代会议召开的背景、与会人员。

（2）介绍会议的主要任务、议程等。

（3）介绍参加会议的领导、嘉宾。

（4）简述会议的重要性和意义。

（5）对会议精神的贯彻提出希望和要求。

（6）按照会议规定的程序逐项主持会议的进行。

3.结尾

秘书在撰写会议主持词的结尾时，应简要回顾会议情况、对会议进行简要评价，并对会议后的相关工作提出要求。最后，对与会人员表达诚挚的感谢。

三、案例参考与分析

【案例1】

全市乡镇企业工作会议主持词

同志们：

为了贯彻落实全市经济工作会议和全省农村工作会议精神，今天我们在这里召开全市乡镇企业工作会议，总结乡镇企业在过去一年中的工作经验，并对明年的工作任务进行部署。

本次会议的议题有三项内容：一是请市长传达全市经济工作会议和全省农村工作会议精神，并对过去一年的乡企工作经验进行总结和明年的工作部署；二是各乡镇要签订安全生产目标管理责任状；三是各乡镇共同交流讨论过去一年中的工作经验和来年的工作计划。

下面进行会议第一项，有请市长发言，大家欢迎。……

接着我们进行会议第二项内容，由各乡镇企业代表与市政府签订安全生产目标管理责任状。……

最后进行会议第三项内容，请各乡镇企业交流工作经验，依次发言。……

会议进行到这里，为期一天的会议就要结束了，本次会议时间虽短，但是内容却很丰富。本次会议不仅传达了全市经济工作会议和全省农村工作的会议精神，也交流了市、县两级的工作经验，还签订了安全生产目标管理责任状，同时也对明年工作进行了部署安排。以上会议精神希望大家回去后能抓紧贯彻落实。

我宣布，会议到此结束，散会！

【案例分析】

这是一篇关于乡镇企业工作会议的主持词，标题采用的是"会议名称+主持词"的形式，文章的开头使用"同志们"作为称谓。在正文部分，先交代召开会议的目的和内容，然后再依照会议内容按流程逐项推进，结尾处对本次会议的内容再次总结，并对参会人员提出落实要求，最后以一句"会议到此结束，散会"告终。

第九章
公文管理工作，高效运作的基础

公文的管理是秘书工作的重要组成，秘书要对公文的印发做最后的处理，以保证公文顺利发出，并准确归档。

本章主要介绍对公文管理环节的行文规则、公文拟制流程、发文办理、收文办理、传阅与催办、整理归档等内容。

第一节 公文的行文规则

公文的行文规则是指各级机关、单位公文往来过程中需要遵循的制度和原则，主要涉及行文对象、行文方向和行文方式等方面的内容。在了解具体的行文规则之前，秘书先要了解行文方向和行文方式。

一、行文方向

行文方向指的是以发文机关为立足点向不同机关运行的方向，即公文发送的去向。当前，机关公文的行文方向主要有上行文、下行文、平行文三种（注：普发性公文，即普行文，面向全社会发布，没有明确的行文关系，在此不算入常用公文行文方向之中）。

（一）上行文

上行文指的是有隶属关系或业务指导关系的下级机关给上级机关发送的公文，主要是为了请示工作、汇报情况，是一种自下而上的行文。报告、请示等公文为上行文，比如《关于设立两所技师学院的请示》（冀人社呈〔2022〕49号）便是由河北省人力资源社会保障厅向河北省人民政府发出的上行文。

（二）下行文

下行文指的是有隶属关系或业务指导关系的上级机关给下级机关发送的公文，主要是为了进行业务指导、答复问题、部署工作等，是一种自上而下的行文。决议、决定、命令、通知、批复等公文为下行文，比如《河北省人民政府关于同意设立河北工程技师学院和张家口市现代职业技师学院的批复》（冀政字〔2022〕26号）便是由河北省人民政府向河北省人力资源社会保障厅发出的下行文。

（三）平行文

平行文指的是同级或不相隶属的机关单位之间的行文，函、议案多为平行文，比如《国务院办公厅关于同意建立国务院参事建言献策成果外部评估机制的函》（国办函〔2022〕19号）便是由国务院办公厅向国务院参事室发出的平行文。

二、行文方式

行文方式指的是根据行文关系、行文方向等因素所采取的不同的行文方法，常见的行文方式主要有逐级行文、多级行文、越级行文、直达行文、直接行文。

（一）逐级行文

逐级行文指的是有隶属关系的上下级机关之间的行文。上级机关直接向下级机关发布指示、指挥性公文，下级机关直接向上级机关发出报告情况、请示工作的公文，都采用了逐级行文的方式。

（二）多级行文

多级行文指的是将公文同时发送给上几级或下几级机关，比如省级政府同时将文件下发给省内的市级政府和县级政府，这种行文方式便是多级行文（多级下行文）。

在一些特殊情况下，下级机关也可以向具有隶属关系的上一级或上几级机关行文，及时将有关情况汇报给上级机关或更高级别的机关。比如，当某地突然发生严重地质灾害，造成重大人员伤亡时，当地政府可以向上级机关或更高级的机关发文，及时汇报情况。

（三）越级行文

越级行文指的是下级机关直接越过直接领导机关，向更高一级机关甚至中央机关的行文。这种行文方式只适用于上行文，且只有在极为特殊的情况下才可以使用。根据《党政机关公文处理工作条例》第十四条规定，行文关系根据隶属关系和职权范围确定。一般不得越级行文，特殊情况需要越级行文的，应当同时抄送被越过的机关。

一般来说，在遇到以下特殊情况时，才可以采用越级行文：

1.发生特殊紧急情况，如战争或严重的自然灾害，必须在第一时间向上级或更高层级机关汇报。

2.向具有隶属关系的上级机关多次请示，但始终未能得到批复，或始终未能解决问题。

3.上级机关交办的，并指定要求越级上报的事项。

4.检举、揭发上一级机关的问题。

5.询问或请示极特殊且有必要越级发文的具体问题。

6.具有隶属关系的上下级机关有争议，而无法解决的重大问题。

（四）直达行文

直达行文指的是党政机关直接将文件下发到基层组织或社会大众的行文方式，有时还可以采用广播、电视等形式传播。一些党政机关的重大方针政策，或国家、地方颁布法律，多会采取这种行文方式。

（五）直接行文

直接行文是指发文机关直接向需要承办或执行公文中有关公务的受文机关行文，它是常见、基本的行文方式。

三、行文规则

《党政机关公文处理工作条例》对党政机关公文的行文规则做出了明确规定，秘书在行文时，需要严格遵循规定执行。

（一）公文行文的总规则

行文应当确有必要，讲求实效，注重针对性和可操作性。这是党政机关公文行文的总规则。这一总规则虽然精简却内涵丰富，其前半段内容强调了行文的理由，后半段内容则对公文内容做出了规定。因此，秘书在发文之前，既要确保行文理由充分、行文条件成熟，又要确保公文内容切实可行、依法依规。

（二）向上级机关行文的规则

原则上主送一个上级机关，根据需要同时抄送相关上级机关和同级机关，不抄送下级机关。这是向上级机关发文的首要规则。"主送一个上级机关"可以明确上级机关的责任，"同时抄送相关上级机关和同级机关"可以让上级机关与同级机关同时了解情况，更利于待办事项的办理。

党委、政府的部门向上级主管部门请示、报告重大事项，应当经本级党委、政府同意或者授权；属于部门职权范围内的事项应当直接报送上级主管部门。这是对党委、政府的部门向上级主管部门行文所做出的规定。这一规定体现了党委、政府与各部门之间职权与责任的划分，也可以让秘书更好地了解向上级发文的具体流程。

下级机关的请示事项，如需以本机关名义向上级机关请示，应当提出倾向性意见后上报，不得原文转报上级机关。这是对本级机关处理下级机关请示事项做出的规定。对于下级机关的请示事项，本级机关要更了解。因此，本级机关要充分发挥主观能动性，提出倾向性意见后，再将公文转报上级，而不能什么也不做，就原文转报上级。这一规定体现了权责相适应的原则，也能提高上级机关的办事效率。

请示应当一文一事。不得在报告等非请示性公文中夹带请示事项。这是对下级机关撰写公文内容做出的规定。下级机关在向上级机关行文时，要做到一件公文只反映一个问题，这样既有利于上级审阅、批复，也能提高上级机关的办事效率。同时，下级机关秘书要分清请示与报告，不能在非请示公文中夹带请示事项。这类公文通常会被上级机关退回，属于毫无意义的行文。

除上级机关负责人直接交办事项外，不得以本机关名义向上级机关负责人报送公文，不得以本机关负责人名义向上级机关报送公文。这是对下级机关向上级机关行文程序的规定。大多数上行文都不得以本机关名义向上级机关负责人行文，也不得以本机关负责人名义向上级机关行文，除非是那些由上级机关负责人特别交办的事项，或是一些重大突发事件、涉密事项，或少数涉外事项，才能直接报送到上级机关负责人那里。

受双重领导的机关向一个上级机关行文，必要时抄送另一个上级机关。这是对一些特殊下级机关向上级机关行文做出的规定。为了让上级机关更好地进行沟通，提高决策水平，受双重领导的下级机关可以根据实际情况，在向上级机关行文时，抄送另一个上级机关。

（三）向下级机关行文的规则

主送受理机关，根据需要抄送相关机关。重要行文应当同时抄送发文机关的直接上级机关。这是对上级机关向下级机关行文时抄送直接上级机关的规定。对于一些涉及贯彻上级机关重大决策、决议、决定等文件精神的公文，以及涉及重要事项办理、重要工作部署等内容的公文，在下发的同时要抄送发文机关的直接上级机关。

党委、政府的办公厅（室）根据本级党委、政府授权，可以向下级党委、政府行文，其他部门和单位不得向下级党委、政府发布指令性公文或者在公文中向下级党委、政府提出指令性要求。需经政府审批的具体事项，经政府同意后可以由政府职能部门行文，文中须注明已经政府同意。这是对党委、政府的办公厅（室）及其他部门、单位向下级党委、政府行文做出的规定。党委、政府的决策事项不应都以党委、政府名义行文，在党委、政府授权后，可以由其办公厅（室）行文，这是简化党政机关政务活动的重要手段。其他部门和单位一般不能直接向下级党委、政府行文。

党委、政府的部门在各自职权范围内可以向下级党委、政府的相关部门行文。这是对党委、政府的部门向下级机关相关部门行文做出的规定。对于那些不超越职权范围中的事项，上级党委、政府的部门可以向下级党委、政府的相关部门行文，以设定计划、安排任务、部署工作。

涉及多个部门职权范围内的事务，部门之间未协商一致的，不得向下行文；擅自行文的，上级机关应当责令其纠正或者撤销。这是对向下级机关违规行文做出的规定。对于涉及多个部门职权范围内的事务，必须由多部门协商一致后，才能写入到公文中；没有协商一致的事项，不得写进公文。若行文机关擅自行文，上级机关可以责令其及时纠正；若行文机关不按要求纠正，上级机关便可以撤销或废止该公文。

上级机关向受双重领导的下级机关行文，必要时抄送该下级机关的另一个上级机关。这是对上级机关向受双重领导的下级机关行文做出的规定。与受双重领导的下级机关向上行文时一样，上级机关向这类下级机关行文时，也要抄送该下级机关的另一个上级机关，目的是让机关与机关之间彼此都能及时了解情况，正确做出决策。

（四）其他行文规则

同级党政机关、党政机关与其他同级机关必要时可以联合行文。属于党委、政府各自职权范围内的工作，不得联合行文。这是对党政机关与其他同级机关联合行文做出的规定，目的是更好地推动共同贯彻执行党的路线方针政策和国家法律法规。进行联合行文时，各联署机关的行政层级要相当，而且还要有共同管理的事项或者有关联的事项，比如涉及几个机关、部门职权范围内的事项。在具体行文时，要明确主办机关，并将主办机关排列在前。

党委、政府的部门依据职权可以相互行文。这是对党委、政府的部门之间相互行文做出的规定。不仅政府的部门可以依据职权相互行文，党委的部门在各自职权范围内也可以相互行文。不过，若是针对超越自身职权的事项行文，便要报请同级党委、政府行文。

部门内设机构除办公厅（室）外不得对外正式行文。这是对部门内部所设机构行文做出的规定。在得到部门同意或授权后，部门内的办公厅（室）可以代表本部门对外正式行文，但部门内其他内设机构并不可以这样做，它们只能在各自职权范围内以"函"的形式与相应机关内设机构联系。

在办理党政机关公文时，秘书需要在确定好行文方向和行文方式后，遵守具体行文规则发文，不得违规发文。

第二节　公文的拟制流程

　　拟制公文是公文制发的重要环节，也是秘书必须要掌握的一项重要能力。根据《党政机关公文处理工作条例》规定，公文拟制主要包括公文的起草、审核、签发等程序。秘书要根据各个程序中的不同规定，完成公文拟制工作。

一、公文的起草

　　公文的起草就是拟制公文文稿的过程，是公文制发的第一个环节。秘书起草公文需要遵守以下规则。

　　符合党的理论路线方针政策和国家法律法规，完整准确体现发文机关意图，并同现行有关公文相衔接。秘书在起草公文时必须贯彻和落实党的路线方针政策和国家法律法规，要展现出较高的政策水平和法律意识。同时，还要了解本机关的具体情况，准确把握本机关的发文意图，从全局出发去思考问题、解决问题。

　　一切从实际出发，分析问题实事求是，所提政策措施和办法切实可行。在起草公文内容时，秘书必须从实际情况出发，对实际情况进行完整表述，要做到不夸大、不虚构、不对问题做过多主观臆断，以实事求是的态度完成问题陈述，并在此基础上提出有针对性且切实可行的对策办法。

　　内容简洁，主题突出，观点鲜明，结构严谨，表述准确，文字精练。秘书在起草公文时，要让公文表达的主旨清楚明白，公文的结构要紧凑严密，言简意赅，少说套话，以精炼的话语把公文内容说清楚。

　　文种正确，格式规范。正确选择公文种类是秘书在起草公文时要注意的事项，若不能正确选定公文种类，便可能会影响到公文传递的效能。秘书在起草公文时一定要讲求格式规范，否则会影响公文的阅读与处理。

深入调查研究，充分进行论证，广泛听取意见。在起草公文前，秘书人员必须要深入基层、深入群众之中，广泛开展调查研究，从多个角度展开分析论证，听取的意见越多，起草出来的公文就越贴近于实际。

公文涉及其他地区或者部门职权范围内的事项，起草单位必须征求相关地区或者部门意见，力求达成一致。对于一些涉及其他地区或部门的问题，秘书要先行与有关地区或部门协商，达成一致意见后再起草公文，这样才能确保公文的权威性，也可以避免违规行文问题的发生。

机关负责人应当主持、指导重要公文起草工作。一些涉及机关单位重大决策及工作全局的公文，由机关负责人亲自主持、指导，秘书要做好辅助，认真开展调研、论证等工作。对于秘书来说，起草公文时要准确领会领导意图，准确、完整地表达出本机关或领导的立场、态度。

二、公文的审核

完成公文的起草后，便进入了公文审核环节，这一环节主要是对公文的内容、格式等方面进行全面审查、核对、修正，以保证文稿不偏离本机关或领导的发文意图，在格式及词句方面不出现错误。

公文文稿的审核工作应由发文机关办公厅（室）完成，在审核过程中，需要遵守以下规则。

行文理由是否充分，行文依据是否准确。公文审核的第一个重点便是审核公文是否有行文的理由，即前面提到的"行文应当确有必要"。审核人员要重点审查行文依据是否齐备、是否准确、是否真实。对于那些可发可不发的公文，要退回不发；已经发过的公文，不重复发；能够通过简单沟通解决的问题，也不必发文解决。

内容是否符合国家法律法规和党的路线方针政策；是否完整准确体现发文机关意图；是否同现行有关公文相衔接；所提政策措施和办法是否切实可行。公文内容是审核的重点，审核人员要以高度的政治责任感，为公文把好"政治关"，严格审核公文内容是否与国家法律法规保持一致，是否与党和国家的路线方针政策表述一致。在确保公文内容合法合规后，审核人员便可以继续审核公文是否存在漏洞或表达不严谨之处，是否超出本单位职权范围，是否便于受文单位执行等问题。

涉及有关地区或者部门职权范围内的事项是否经过充分协商并达成一致意见。在对公文内容进行审核时，审核人员还要注意公文中所提及的事项、决策，是否经过有关地区、部门的充分协商并达成一致意见，若未进行协商，或未达成一致意见，要暂停发文，发回，待协商一致后再重新进行审核工作。

文种是否正确，格式是否规范；人名、地名、时间、数字、段落顺序、引文等是否准确；文字、数字、计量单位和标点符号等用法是否规范。在对公文内容合法合规方面问题做完审核后，审核人员还要对公文文种、格式，以及公文中涉及的人名、地名和文字、数字等细节进行审核，保证公文不出现常识性错误。

其他内容是否符合公文起草的有关要求。在完成大部分审核工作后，审核人员还要比对公文起草的各项要求，对公文内容进行全面核查，以保证公文达到签发标准。

审核过程中，文稿中出现的简单问题，如错别字、标点符号错误等问题，审核人可以直接进行修改。完成审核后，不适合发文的公文文稿，要退回到起草单位，并说明理由；符合发文条件，但具体内容需要进一步研究和修改的，则要由起草单位进行修改后，重新报送。

三、公文的签发

公文签发指的是机关负责人对已审核完且符合发文条件的文稿，进行最后审定，并签署印发意见、核准发出。签发是对公文质量与效用的最终确认，是机关负责人行使职权、对文稿负责的重要表现，在具体操作上，主要需要注意以下几方面问题。

公文应当经本机关负责人审批签发。重要公文和上行文由机关主要负责人签发。党委、政府的办公厅（室）根据党委、政府授权制发的公文，由受权机关主要负责人签发或者按照有关规定签发。公文的签发要遵循归口签发原则，不同的公文需要由不同机关的负责人签发。对于那些全局性、长期性、关键性的公文，需要由机关领导班子集体讨论通过后，再由主要领导人签发，以示共同负责。

签发人签发公文，应当签署意见、姓名和完整日期。在签发公文时，机关负责人除了要签署完整的姓名及日期外，还应当签署具体的发文意见，如"印发""同意印发""打印发出""抄清后发"等。若觉得文稿还需要交由其他领导审阅，则应当写明"请××同志审阅后发"。

圈阅或者签名的，视为同意。一些机关负责人习惯用圈阅形式签发公文（在签发栏上签名并以圆圈将其圈住），或是直接写上自己的姓名，表示自己已经审阅完公文，同意签发。虽然没有签署具体意见，但这种情况也被认为同意发出公文。

联合发文由所有联署机关的负责人会签。那些由多个机关联合发出的公文，需要由所有联署机关的负责人会签。

完成了签发流程，公文拟制的工作便可以宣告结束了，接下来便要进入公文的办理阶段。

第三节　发文办理

公文办理环节的工作主要有三个，一是发文办理，二是收文办理，三是整理归档。秘书不仅要了解这三方面工作的具体要求，也要了解这些工作的处理流程。

发文办理指的是要按照规定程序、步骤和方法对以本机关名义制发的公文进行处理，使其可以正常发出及运转，并顺利发挥出其应有的作用。根据《党政机关公文处理工作条例》规定，办理发文的流程主要包括复核、登记、印制、核发等环节。

一、复核

复核是指已经发文机关负责人签批的公文，印发前应当对公文的审批手续、内容、文种、格式等进行再次审核。这是为了确保公文文稿在印制中或印制后，不再出现任何问题。若在复核中发现公文存在问题，需要对文稿内容进行修改，应当按照程序报原签批人重新审核，并由签发人再次审定后履行签发手续。没有经过签发人同意，复核人员不可擅自对公文中发现的问题进行修改。

（一）复核公文审核手续

在拿到公文文稿后，复核人员需要先对公文的审核流程及手续进行审核，看一看公文的审核、签发是否合法；公文之中是否正确签注了发文意见、签发人姓名和完整的签发日期；公文的发文是否符合行文关系，是否存在越权情况等。

（二）复核定稿内容

公文定稿内容是复核的重点，复核人员要仔细审看公文内容是否存在错漏、附件材料是否齐全。

（三）复核文种

复核人员要仔细审核公文文种使用是否正确等问题。

（四）复核文稿格式

在完成对公文定稿内容的审核后，复核人员还要对公文的书写格式进行检查，要注意公文的字体、字号、标点、页码、表格、注释等格式标记使用的是否规范，同时还要关注主送机关、紧急程度、保密等级等内容书写得是否清楚，是否符合规范。

在复核阶段，复核人员的注意力要高度集中，不能放过任何一点细节上的错漏。经过复核，确保公文内容准确无误后，便可进入到发文登记环节。

二、登记

登记指的是对通过复核的公文，在确保公文内容无误的情况下，确定发文字号、分送范围、印制份数并详细记载其基本信息。做好发文登记有助于理清收发双方责任，同时还可以为公文管理活动提供必要依据。秘书要对所有发出的文件，都做好严格登记。

发文登记通常会采用簿册式登记，一般一年一册，在进行发文登记时，秘书要认真填写发文登记表。一份完整的发文登记表需要包括发文编号、发文时间、发文单位、文件标题、发文字号、密级、附件、份数、公文标题等内容。

三、印制

印制指的是将签发并复核无误的公文文稿印制成正式文件，印制数量较少时，可以直接打印或复印；印制数量较多时，则要经过相关签批手续送印刷厂印刷。如果公文涉密，则要在保密程度较高的场所印制。

在公文印制前，印制人员要仔细核对公文的印制手续，同时对公文格式、内容进行最后一遍审核，若发现有疑误之处，要及时与审核人员取得联系，不得自行改动文稿内容。

在公文印制过程中，印制人员要注意油墨浓淡，保证印制出的文件字迹清晰；要注意版面布局，保证印制出的文件不歪斜；要注意装订规范，保证印制出的文件不出现错页、倒页的情况；要注意文件安全，防止泄密现象的发生。

在公文印制完成后，秘书要做好印后用印工作。在用印前，秘书人员先要填写用印申请单，履行用印审批手续。在用印时，秘书要严格遵守公文格式规范中对加盖印章的具体规定，同时还要注意落款处的发文机关单位名称与印章上的机关单位名称是否一致。

四、核发

核发指的是在公文印制完成后，对公文文字、格式和印刷质量进行检查后，按照发文范围分装和发送公文文件。在核发环节，"核"是必不可少的工作，也是对公文文件的最后把关，同样要认真对待。

（一）核查

在公文发出之前，秘书要对公文的文字、格式和印刷质量进行检查，确保公文内容及印刷质量达到预期效果。在确保公文文件质量后，秘书还要对公文的印数和应发份数进行核对，确保发文总份数与应发文机关数量一致。对于有份号的文件，秘书人员还要检查份号有无错误，是否存在缺号或重号的情况。

（二）写封

在核查公文的同时，秘书人员还要为那些需要封装发出的公文填写信封，这一环节便是"写封"。在信封上，秘书人员要写清楚收文机关的地址、名称和邮编，以及发文机关的名称与邮编。在填写收文机关名称时，要正确填写收文机关的法定全称或规范化简称，保证字迹清晰，容易辨认。

（三）装封

装封指的是将公文文件与回执单装入写有收文机关名称等信息的信封中，公文文件要注意短于封口。秘书人员在核对封面与公文一致后，要把封口封牢（不可使用订书钉），涉密文件要按密封要求贴上密封，并骑缝加盖密封章及印戳。

（四）传递

在完成装封后，秘书要将装封好的公文文件交给外送人员，并通过一定形式送达收文机关。在选择快递方式时，秘书要综合考虑公文文件的时效和保密程度等因素，可选择普通快递，也可以找专人递送。涉密公文要通过机要收发站或机要收发人员递送，不能选择普通快递。使用网络传输涉密公文，也要遵守并严格执行相关保密制度。

在完成核发后，发文办理工作便算是结束了，秘书人员应当将该归档的公文一式两份或三份，连同定稿及一些有必要保存的修改稿，一同整理归档，以备后续查用。

第四节　收文办理

收文办理指的是按照规定程序、步骤、方法，对外部机关发送来的公文进行合理处理。其主要程序包括签收、登记、初审、承办、传阅、催办、答复等环节。

一、签收

当收到发文机关送递的公文后，秘书要对公文进行清点、核对，核对无误后，需要在发文机关的送文簿（投递单）上签字或盖章，并标明签收时间，以表示已经收到了对方发来的公文。

签收作为收文办理的第一个环节，主要作用在于明确双方责任，同时也是对公文文件转运情况的确认。秘书在进行签收工作时，需要注意以下几方面的问题。

首先，在开启封装袋前，要查看封口是否严密，是否有被启封过的痕迹。若发现封装袋有被启封情况，要立刻与发文机关核实，并根据具体情况及时处理。

其次，在签收公文前，要逐件核对公文份数，看实际收到的公文数量是否与发文机关送文簿（投递单）上记载的件数一致。若存在不一致情况，可以不签收，或签收时注明实收份数。对于那些比较重要的公文，最好逐页清查，以防出现错页、漏页情况。

最后，在签收公文前，还要核对信封上的封号，看其与送文簿（投递单）上登记的封号是否一致。若存在不一致情况，可以不签收，或签收时注明实收公文的封号。

此外，秘书还要对收文机关名称进行核对，以免误收不属于本机关收办范围内的公文。

二、登记

在完成签收后，秘书人员需要在收文登记簿上将公文的主要信息和办理情况做好登记，为后续工作的开展打下基础。

一般来说，收文登记需要填写的内容主要有收文顺序号、收文日期、来文单位、来文字号、来文标题、密级、份数、处理结果等。不同的机关单位在收文登记时所填写的项目会有所不同，秘书只要根据本单位的具体规定填写项目内容即可。

除了在收文登记项目上有所不同外，不同机关单位所使用的收文登记形式也会有所不同，比如有的机关使用簿册式登记，有的机关使用活页式登记，有的机关则会使用电子式登记。这些登记形式没有优劣之分，秘书只要根据本机关实际情况选用即可。

（一）簿册式登记

以登记簿（册）来按时间顺序对公文进行登记是一种十分常见的公文登记形式。一些机关单位会使用这种容易保存的登记簿（册），一般一年制作一册。不过，因为修改和检索比较麻烦，这种簿册式登记不太适合频繁收进文件的机关单位。

（二）活页式登记

活页式登记规避了簿册式登记修改、检索麻烦的问题，以联单式、卡片式登记的形式，将公文信息灵活记录于联单或卡片上，检索起来十分方便。不过这种等级形式虽然简化了登记手续，增加了灵活性，但保存时却容易出现损坏、丢失的情况。

（三）电子式登记

那些采用了办公自动化系统的机关单位，通常会将公文的主要信息输入计算机，并在自动化办公系统平台中自动生成收文数据。这种借助于计算机技术而生的电子式登记，既可以简化登记流程，又可以使公文信息便于修改、检索，还可以顺利实现归档整理和数据共享功能。

秘书要认真仔细做好公文信息登记，但也要知道，哪些公文是必须登记的，哪些公文是没必要登记的，不做区分地将所有公文都登记在册，只会影响工作效率。

一般来说，那些正式往来公文或是机关内部使用的文件，都是需要进行登记的，比如上级机关的指令性、政策性文件，下级机关的请示、汇报文件；平级机关需要答复的文件，以及那些涉密文件和重要公文。而那些公开的、无关紧要的文件，则多不需要登记，比如那些公开发表的决议、公报、通告，一些介绍信、请柬或便条，以及那些私人信件、一般性简报等。

了解了这些程序上的内容，秘书还要对收文登记工作中的细节多加注意，在填写具体项目时要注意相应的规范与格式。比如，在登记收文日期时，要填写收文当日的日期（签收日期），只写年、月、日即可；在登记来文标题时，若标题过长，则可以省略发文机关名称；在完成登记后，要在每一份公文文件的首页固定位置都加盖本机关的收文印章。

三、初审

完成公文登记后，秘书要按照规定对收到的公文进行初审，审看来文是否符合规范，并确定来文下一步的运转方向。在初审公文时，秘书人员需要注意以下几个方面。

首先，秘书要审看公文是否应该由本机关办理，若是非本机关办理事项，那秘书应该对公文做退件处理；若属于本机关办理事项，秘书则需将公文送至有关领导或有关部门处理。

其次，秘书要对公文文种和格式进行审看，以确保其符合特定规范。尤其是对于"请示""意见"，要注意审看一文多事、夹带内容的情况，若发现此类问题，需要予以指出，并做退件处理。

最后，秘书还要审看涉及多部门职权范围内的事项，是否经各部门协商一致。若没有各部门会签，也要做退件处理。

对于那些初审不合规的公文要统一做退件处理。秘书要填写收文退办单，说明具体退件理由，交由负责人批准后，将公文文件退回。

四、承办

当收文经过初审符合公文处理规定后，本机关需对公文进行办理，从而解决收文所涉事项与问题，这一环节便是承办。承办作为办理收文的重要环节，关系着公文内容的落实，必须要加以重视。

针对不同类型的公文，在承办时也有不同要求。阅知性公文应当根据公文内容、要求和工作需要确定范围后分送。批办性公文应当提出拟办意见报本机关负责人批示或者转有关部门办理；需要两个以上部门办理的，应当明确主办部门。紧急公文则应当明确办理时限。

在办理批办性公文时，主要需要做好拟办、批办和承办三个方面的工作。

（一）拟办

拟办指的是由办公部门负责人及相关人员对需要办理的公文提出建议性处理意见，以便为领导决策提供参考。在党政机关中，拟办工作一般由办公室、秘书部门或业务部门负责人来完成，有时也会授权其他部门工作能力较强的人员来完成。

在拟办中，拟办人员需要提出明确的办文态度及解决问题的方法与理由，在撰写内容时，要简明扼要、规范合理，写清由哪个部门主办、哪个部门协办、哪些领导阅批等信息。一般来说，针对不同层级机关来文，撰写拟办意见时所使用的表达也会有所不同。

对于上级机关来文的拟办，要写明具体要求，以及办理的部门或人员，常见形式如"拟请××局研究落实""请××同志批示"。

对于下级机关、平行机关或不相隶属机关来文的拟办，在写明承办部门或人员的同时，还要注明办文时限，常见形式如"拟请××部××同志负责办理，在××月××日请办复"。

对于需要联合办理公文的拟办，需要写明牵头单位，常见形式如"拟请××部牵头，××部、××部协助处理"。

遇到一些较为复杂的公文，难以提出具体的拟办意见时，拟办人员需要先与有关部门沟通，获取一些参考意见后，再提出拟办意见。

（二）批办

批办指的是由办公部门负责人及相关人员将拟办后的公文呈送给相关负责人，相关负责人在收到公文后要对公文办理提出处理意见。这是收文办理环节中的重要工作，也是决定收文承办责任、方法的关键。批办负责人需要通过批办意见向承办人员交代好具体的办理要求，以帮助承办人员及时掌握文件精神，提高办文质量。

公文的批办负责人多由本机关领导负责，那些全局性、政策性的公文要由正职领导亲自批办，其他一般性公文可由副职领导或获得授权的部门负责人批办。代替他人批办公文时，必须要获得授权。在批办工作中，需要注意以下几个方面。

1.明确提出批办意见

在批办公文时，批办负责人必须给出明确意见，比如承办中如何分工，如何组织传阅、实施公文中的应办事项，由谁来撰写复文等。更进一步，对于公文传阅的范围、方式、时间要求，实施公文中应办事项的方法、步骤，也都需要写清楚。

2.正确书写批办意见

批办负责人要将批办意见清楚地写在公文处理单或传阅单上，并签注好批办人的姓名与日期。书写批办意见时要使用钢笔、签字笔等易留存笔迹的书写方式，书写意见时不可过于潦草，书写签名时则要写全名。

3.严格控制批办范围

批办负责人需要明确了解哪种公文需要批办，哪种公文不需要批办。可以批办的公文主要包括：上级机关发布的重要指示、决定与命令，以及上级机关针对本机关的批示、批复、通报等；平行机关或不相隶属机关发来的公文；下级机关发来的重要请示、报告等。

那些已批办过统一意见的公文，以及已经有他人合法批办意见的公文，就不需要再重复批办。那些本机关经常接收到，已经有明确办理方案，而不需要批办就能得到有效办理的公文，同样也不需要再批办。

批办从流程上来看，似乎与秘书无关，但其实，秘书依然要在这一环节中发挥自身应有的作用。在领导批办公文过程中，秘书要为领导正确批办提供充分保障。具体来说，当领导批办完公文后，秘书拿到公文处理单或传阅单时，要仔细核查领导的批办意见，如有不合规范的地方，一定要及时提醒领导。

（三）承办

完成公文批办工作后，有关部门或人员要根据批办负责人的批办意见，从本部门实际情况出发，完成相关事项或问题的处理。承办部门或人员要根据公文的轻重缓急，安排公文处理的顺序，对有时限要求的公文要在规定时限内完成办理工作。对于特急公文，要在最短时间内办理完毕；对于紧急公文，则要优先处理；对于一般性公文，则要根据具体要求尽快办理。

在这一环节，有关部门或人员主要做好以下几方面工作。

1.落实上级文件精神

对于上级机关下发的指导性、政策性公文，负责承办的部门或人员要贯彻和落实公文中的文件精神。若有必要，亦可根据本机关的具体情况，制发新的文件。

2.转发或批转文件

对于由上级或平级机关发来的与本机关工作相关的公文，负责承办的部门或人员要根据领导的批示，起草转发通知，并将公文转发给相关部门。对于下级机关发来的公文，负责承办的部门或人员要根据领导的批示，起草批转通知，并将公文批转给相关部门。

3.整理必要文字资料

对于上级机关发来的要求汇报的公文，负责承办的部门或人员要根据公文的具体要求和领导的批办意见，搜集整理资料，以供上报。

五、传阅

在根据领导批示完成承办工作后，秘书需要将公文及时递送给传阅对象阅知或批示。并不是所有公文都需要传阅，秘书需要根据领导的批示，确定收文是否需要传阅，在什么范围内传阅。确定公文需要传阅后，秘书便要选择合适的传阅方式，并确定好传阅顺序后，才能开始传阅公文。

（一）选定传阅方式

公文传阅的方式有很多，秘书需要根据本机关的具体情况，以及公文的内容和性质，来选择恰当的方式传阅公文。

1.轮辐式传阅

公文先从秘书手中传到第一个传阅对象那里，而后第一个传阅对象把公文传回秘书手中，再之后公文又会从秘书手中传到第二个传阅对象那里，而后又会回到秘书手中，继而再由秘书传给第三个传阅对象……以此类推，直至最后一个传阅对象看完后，公文又会回到秘书手中。

使用这种方式，秘书可以很好地掌握公文的运行踪迹，最大程度上减少公文在传阅过程中出现问题的可能，而且还可以根据突发状况，随时调整传阅对象的顺序，实现高效传阅。

2.接力式传阅

这种传阅方式就像接力赛一样，公文先从秘书手中传到第一个传阅对象那里，而后再从第一个传阅对象那里传到第二个传阅对象那里，以此类推，直至传到最后一个传阅对象那里后，再传回秘书手中。

这种传阅方式更有效率，但由于公文传递过程中，缺乏秘书的有效管控，很容易出现各种问题。所以，这种传递公文的方式在党政机关中应用得并不算频繁。

3.集中传阅式传阅

这种传阅方式要求将传阅对象集中在一起，在短时间内完成公文传阅工作。有些党政机关单位会建立阅文室，以供集中传阅公文所用。

使用这种传阅方式，一般是为了传阅涉密公文或是紧急程度较高的公文。解决一些突发事件或意外事故时，通常也会采用这种方式。

4.专人传送式传阅

这种传阅方式需要由专人将公文送至传阅对象处。使用这种传阅方式，要求传阅公文的人准时准确传送公文，多用于一些特急件或绝密件。虽然能很好地保证公文传阅过程的保密性和安全性，但是效率比较低。

传阅纸质公文可以按照具体内容和性质，从上述传阅方式中选择合适的方式。电子公文在传阅时则更方便一些，有些机关会使用协同办公系统平台组织公文传阅，有些机关则会利用网上的公共文件夹、共享文件夹来组织传阅。

（二）排列公文传阅顺序

在排列公文传阅顺序时，秘书需要依据传阅公文的具体内容及传阅者的实际责任确定具体的传阅顺序。一般来说，参与办理的人要排在前面，只需要了解知情的人排在后面；主管领导、部门负责人要排在前面，辅助人员排在后面。不过，这些传阅顺序并不是固定的，秘书需要根据具体情况随时进行调整。

（三）掌握公文传阅行踪

秘书要建立一套系统完善的公文传阅登记制度，对公文传阅各环节的工作进行细致规划，让每个环节都有责任人负责，每位传阅对象都了解传阅公文的具体规则。

对于涉密公文，秘书必须严控传阅范围；对于特急公文，秘书则确定好阅毕期限。在公文传阅过程中，每位传阅对象都要按规定填写传阅文件登记单，并在阅毕后进行签名。秘书要重点关注传阅中的公文是否存在缺损、丢失的情况，若发现问题必须及时处理。在传阅公文退回后，秘书还要仔细检查公文有无批办意见，是否存在阅文时间过长等情况。

（四）记录公文传阅结果

公文传阅完毕后，秘书要按照领导批示，对公文进行处理，需要办理的及时交由有关部门办理，需要存查的要交给有关部门留存，需要提交会议讨论的要及时确定讨论时间……秘书还要将传阅情况记录到传阅登记单上。

六、催办

在收文办理中，秘书要根据公文的紧急程度和承办时限，对承办进程进行检查，以及时了解公文办理情况，督促按期办结，防止出现公文积压、延误等情况。催办作为办理收文工作的重要一环，可以有效保证公文运转和处理速度，提高办理收文工作的效率。秘书要在催办环节中，充分发挥监督检查作用，确保收文工作顺利完成。

在开展催办工作时，秘书要根据实际情况选择催办方式。电话催办节省时间，可以提升催办速度，但不太容易在第一时间就发现公文办理中出现的问题；书面催办比较耗时，但因为催办内容可以有效留存，便于厘清责任；上门催办容易发现公文办理中出现的问题，催办效果比较好，但需要一定的人力、物力投入；会议催办也能及时发现问题、解决问题。秘书要综合考量会议催办的成本与效果，只有确定使用会议催办确有必要时，才可采用这种方法。

在催办之后，秘书应如实填写收文催办记录单，每次催办都要有所记录。在填写收文催办记录单时，应保证字迹清晰，语句简练，不要漏填内容。

七、答复

在收文办理完毕后，秘书需要将办理结果及时向来文机关做出回复，并根据需要告知相关机关。答复环节，意味着收文办理工作即将结束，秘书只要站好这最后一班岗，便可以顺利完成收文工作。

在答复时，秘书既可以通过制发函件、公文的形式做出书面答复，也可以通过采用面谈、电话的形式做出口头答复。从收文与复文对等的原则来看，上级、下级或平级机关发来的文件，一般用文件来回复。不过，对于下级机关发来的请示文件，上级机关可以采取口头答复。

对于那些比较复杂的问题，或是来文涉及的内容短期内无法答复的，可以先通过书面或口头形式与相关单位取得联系，告知其公文的办理进度与情况，等有了具体结果之后再回复。

第五节　处置办毕公文

当发文机关办理完发文工作，收文机关办理完收文工作后，公文的办理环节便算是结束了。接下来，秘书要开展的是公文管理工作。

根据《党政机关公文处理工作条例》第二十九条规定，党政机关公文由文秘部门或者专人统一管理。设立党委（党组）的县级以上单位应当建立机要保密室和机要阅文室，并按照有关保密规定配备工作人员和必要的安全保密设施设备。

可以看出，在公文管理工作中，公文保密是一项重要工作。秘书要严格按照国家和本机关公文保密的相关规定，做好涉密公文的保密工作。除此之外，秘书还要对办毕公文进行相应处置，以使公文办理与公文管理工作有效衔接，防止公文泄密问题的发生。

处置办毕公文，就是对办毕公文进行检查，确定其内容价值，决定其去留。在这一工作中，秘书需要做好清退、销毁、暂存这三项工作。

一、清退公文

清退公文指的是按照相关规定，对办毕的收文定期或不定期地退回给原发文机关或指定的机关、部门。清退的目的是保证那些涉密公文和重要公文内容的安全，防止这些公文出现不正常扩散、丢失等问题。

（一）需要清退的公文

涉密的公文大多是需要做清退处理的，一些有重大错漏或规定回收的会议文件，也需要做清退处理。除了涉密公文和重要公文外，一些被明令撤销的公文、未经本人审阅的领导人的讲话稿、仅供征求意见或审阅的公文、上级机关或本机关仅供内部传阅并被要求退回的公文，也需要按照规定流程予以清退。在人员离职、工作调动、机构撤销、机构合并等特殊情况下产生的公文，也需要按照相关规定，做清退、移交或销毁处理。

（二）清退公文的必要流程

秘书在清退公文时，要按照规定流程进行，可随时清退，也可定期清退。在开展清退工作时，秘书要先填写一式两份的文件清退清单，写清公文的制发单位、文号、份数、密级等情况，还要对拟清退公文进行核对、清点、退还，并在收文登记簿上标注好公文的清退日期和编号。

二、销毁公文

销毁公文指的是对那些办理完毕的公文进行清查后，认定其失去保存价值或保存可能性后，经相关负责人批准对其进行销毁。销毁公文不仅可以防止涉密公文泄密，还可以减少公文管理工作中需要处理的公文数量，提高公文管理的效率。

《党政机关公文处理工作条例》第三十五条规定，不具备归档和保存价值的公文，经批准后可以销毁。销毁涉密公文必须严格按照有关规定履行审批登记手续，确保不丢失、不漏销。个人不得私自销毁、留存涉密公文。

可以看到，销毁公文也需要按照相关规定进行，只有经过清查确定属于可以销毁的公文后，才能对相关公文进行销毁。

（一）可以销毁的公文

那些不具备留存价值的公文，大多都需要销毁；一些没有留存必要的公文或是复印的一般文件材料也需要销毁；一些公文的草稿、校样，已经使用过的讨论稿、征求意见稿，也可以销毁；本机关内部相互抄送的公文，外机关抄送至本机关的公文，也属于可销毁的公文。

除上述公文外，一些涉密公文如果存在不销毁便容易造成失密、泄密的情况，也需要将其做销毁处理，而不能做清退处理。比如，一些涉密会议中用到的会议文件副本，便需要按照正常流程做销毁处理。

（二）销毁公文的必要流程

在销毁公文时，秘书要先对公文进行鉴定，确定好应销毁的公文后，再逐一核对公文情况，核对无误后，交由相关负责人审查批准，而后才能进行销毁。在销毁涉密公文或重要公文时，秘书也要按照相关规定对公文进行鉴定，而后还要在文件销毁清单上做好登记，再交由相关负责人审批，最后集中统一销毁。

销毁公文通常不会由秘书一人来完成，在执行销毁作业时，在指定场所应当有两人或两人以上监督销毁，直至公文被彻底销毁后，方可结束监督工作。对于那些涉密公文，需要由专人押运至指定地点销毁，监督销毁时更应该谨慎认真。

如果公文以电子形式存在，秘书应在鉴定后将电子公文交由相关负责人审批，而后再将电子公文从网盘、硬盘、软盘、光盘中彻底清除。未经批准，任何个人都不得私自销毁公文，更不能将计算机交由他人，让他人完成公文销毁工作。

在销毁公文时，秘书需要根据公文的销毁数量和类型来选择合适的方法，少量公文可以使用碎纸机销毁并焚毁，较多公文可以送至专门的造纸厂集中粉碎并重新制成纸浆，以电子载体存储的公文、资料，则多使用消磁、格式化等方法销毁。

三、暂存公文

暂存公文指的是对那些不应当清退，又不适合销毁的办毕公文，以合理方法留存保管一定时间，以方便日常查阅参考所用。公文暂存一方面可以满足随取随用的需要，另一方面也可以防止有留存价值的公文被意外销毁。

那些短期内需要频繁查阅的公文的复印本或重份文本，是需要暂存的；上级机关下发的与本机关业务和职能无直接针对性的指令性公文，也可以暂存一段时间；下级机关报送的备案性文件，也可以暂存；不相隶属机关发来的具有短期参考价值的公文，也可以暂存一段时间；那些一时无法确定是否需要留存的文件资料，也可以先做暂存处理。

在处理暂存公文时，秘书可以按照归档整理公文的方法，将那些暂存公文合理排列编号，统一管理。为了防止暂存公文越积越多，秘书还要定期或不定期地对暂存公文进行清理，把不适合再暂存且不具有参考价值和留存价值的销毁掉，把仍有继续保存价值的公文重新整理归档。

为了防止暂存公文在借阅使用中出现遗失、损坏等情况，秘书需要制定必要的借阅制度，并要求借阅人员按照规定借、还暂存公文。对于具有保密性质的公文，秘书要做好暂存时的保密工作，不可随意借阅。

第六节　整理归档文件

严格来说，整理归档应该属于档案管理工作中的一个环节，但在公文处理工作中，它也是重要的组成部分。秘书需要将那些具有利用价值、可以作为档案保存的办毕公文，按照一定的内在联系与特殊的编排方法，有序存放在一起。

一、整理归档文件的一般流程

国家档案局在2015年10月25日发布的《归档文件整理规则》，对归档文件的整理原则和方法进行了详细的规定。各党政机关和其他社会组织应以该规则作为文书档案保存的依据，将归档文件以件为单位进行组件、分类、排列、编号、编目等，使其变得更为有序。

（一）组件

秘书需要以"件"为单位，对需要归档的文件进行整理。归档文件一般以每份文件为一件。正文、附件为一件；文件正本与定稿（包括法律法规等重要文件的历次修改稿）为一件；转发文与被转发文为一件；原件与复制件为一件；正本与翻译本为一件；中文本与外文本为一件；报表、名册、图册等一册（本）为一件（作为文件附件时除外）；简报、周报等材料一期为一件；会议纪要、会议记录一般一次会议为一件，会议记录一年一本的，一本为一件；来文与复文（请示与批复、报告与批示、函与复函等）一般独立成件，也可为一件。有文件处理单或发文稿纸的，文件处理单或发文稿纸与相关文件为一件。

归档文件排序时，正文在前，附件在后；正本在前，定稿在后；转发文在前，被转发文在后；原件在前，复制件在后；不同文字的文本，无特殊规定的，汉文文本在前，少数民族文字文本在后；中文本在前，外文本在后；来文与复文作为一件时，复文在前，来文在后。有文件处理单或发文稿纸的，文件处理单在前，收文在后；正本在前，发文稿纸和定稿在后。

（二）分类

在组件之后，秘书需要对归档文件进行分类。分类的方法要根据归档文件的具体类型来定，可按年度分类、按机构（问题）分类和按保管期限分类。

1.按年度分类

将文件按其形成年度分类。跨年度一般应以文件签发日期为准。对于计划、总结、预算、统计报表、表彰先进以及法规性文件等内容涉及不同年度的文件，统一按文件签发日期判定所属年度。跨年度形成的会议文件归入闭幕年。跨年度办理的文件归入办结年。当形成年度无法考证时，年度为其归档年度，并在附注项加以说明。

2.按机构（问题）分类

将文件按其形成或承办机构(问题)分类。机构分类法与问题分类法应选择其一适用，不能同时采用。采用机构分类的，应根据文件形成或承办机构对归档文件进行分类，涉及多部门形成的归档文件，归入文件主办部门。采用问题分类的，应按照文件内容所反映的问题对归档文件进行分类。

3.按保管期限分类

将文件按划定的保管期限分类。

（三）排列

在分类的同时，秘书还要在分类方案的最低一级类目中，排列好归档文件的先后次序。常用的排列方法一般是按时间结合事由排列，同一事由的归档文件，要按形成的先后顺序排列。不同事由的归档文件，可以按照事由形成时间先后排列，可以按照事由重要程度排列，也可以按照事由具有的共同属性分别集中排列，比如一个事由，多个作者，可以先按作者再按时间排列；一个事由，多个地区，可以先按地区再按时间排列。

会议材料、统计报表这些成套文件，多包括许多事由，形成的文件在时间上也会有较大跨度，但因为这些文件具有较强的关联性，所以集中排列为好。其他如统计报表、内部刊物、处理信访形成的材料，也比较适合采用集中排列的方法。

（四）编号

在合理排列归档文件后，秘书需要依照分类方案和排列顺序为归档文件编写档号。在编制档号时，应遵循唯一性、合理性、稳定性、简单性原则，以"全宗号–档案门类代码·年度–保管期限–机构（问题）代码–件号"为主要结构。

在上述结构中，"全宗号"指的是档案室给立档单位编制的代号，通常用4位数字或字母与数字结合标识；"档案门类代码·年度"中的档案门类代码由"文书"2位汉语拼音首字母"WS"标识，年度为文件形成年度，以4位阿拉伯数字标注公元纪年，如2022；"保管期限"有永久、定期30年、定期10年，分别用代码"Y""D30""D10"标识；"机构（问题）代码"采用3位汉语拼音字母或阿拉伯数字标识，比如办公室代码为"BGS"；"件号"是单件归档文件在分类方案最低一级类目内的排列顺序号，用4位阿拉伯数字标识，不足4位的，前面用"0"补足，如"0028"。

在确定档号的同时，秘书人员还要在归档文件首页上端空白位置加盖归档章并填写相关内容。电子文件可以由系统生成归档章样式或以条形码等其他形式在归档文件上进行标识。

（五）编目

将归档文件编好件号后，秘书还要完成编目工作，即根据分类方案和编件号顺序编制归档文件目录。归档文件应逐件编目。来文与复文作为一件时，对复文的编目应体现来文内容。在归档文件的目录中，应该有序号、档号、文号、责任者、题名、日期、密级、页数、备注等项目。

在编制完归档文件目录后，除了要保存电子版外，还要将其打印装订成册，并设计规范的目录封面，在封面上设置全宗号、全宗名称、年度、保管期限、机构（问题）等项目。

纸质归档文件与电子文件在归档整理时，还有一些不同的要求，比如，纸质归档文件除了按上述流程归档外，还要进行修整、装订、编页、装盒和排架操作；电子文件在归档时，则主要有格式转换、元数据收集等整理要求。

二、纸质归档文件的特殊处理

纸质归档文件在归档整理时，要进行一些特殊处理，比如修整、装订、编页、装盒、排架等。秘书在处理纸质文件时，一定要按步骤认真操作，以免出现疏漏，影响整理归档的效果。

（一）修整

修整的目的是为了保证归档文件的完整性。在归档整理时，秘书要仔细检视归档文件是否有破损、残缺等情况，如发现问题，便要根据文件的实际情况采取修整措施。

若文件存在破损、残缺、孔洞等情况，可以对其进行修补；若文件纸张过薄、易损，则可以通过托裱加固文件；若文件字迹模糊，可采用复印方式复制；若文件表面有易腐蚀的金属物，则要及时予以去除。

对于那些使用超大纸张写就的文件，可以采用折叠方法归档。在折叠时要注意尽量减少折叠次数，同时避免折痕破坏文件中的文字与图表。若是文件的页数过多，则可以采用单张折叠方法，这样更方便归档后随时查阅。

（二）装订

装订指的是将纸质文件以件为单位装订。秘书在装订文件时，要确保归档文件装订牢固、安全、简便，做到文件不损页、不倒页、不压字，装订后文件平整，有利于归档文件的保护和管理。

用于装订的材料，不能包含或产生可能损害归档文件的物质。不使用回形针、大头针、燕尾夹、热熔胶、办公胶水、装订夹条、塑料封等装订材料进行装订。

永久保管的归档文件，宜采取线装法装订。页数较少的，使用直角装订或缝纫机轧边装订；文件较厚的，使用"三孔一线"装订。永久保管的归档文件，使用不锈钢订书钉或糨糊装订的，装订材料应满足归档文件长期保存的需要。永久保管的归档文件，不使用不锈钢夹或封套装订。

定期保管的、需要向综合档案馆移交的归档文件，宜采取线装法装订。页数较少的，使用直角装订或缝纫机轧边装订；文件较厚的，使用"三孔一线"装订。定期保管的、不需要向综合档案馆移交的归档文件，可采取线装法装订，也可以使用不锈钢夹或封套装订。

（三）编页

纸质归档文件一般应以件为单位编制页码。页码应逐页编制，宜分别标注在文件正面右上角或背面左上角的空白位置。文件材料已印制成册并编有页码的；拟编制页码与文件原有页码相同的，可以保持原有页码不变。

（四）装盒

装盒指的是将归档文件按顺序装入档案盒，并填写档案盒盒脊及备考表项目。不同年度、机构（问题）、保管期限的归档文件不能装入同一个档案盒。秘书应在搞清楚归档文件装盒基本要求的情况下，规范填写档案盒上的内容，以及盒内备考表内容。

档案盒应根据摆放方式的不同，在盒脊或底边设置全宗号、年度、保管期限、起止件号、盒号等必备项，并可设置机构（问题）等选择项。其中，起止件号填写盒内第一件文件和最后一件文件的件号，起件号填写在上格，止件号填写在下格；盒号即档案盒的排列顺序号，按进馆要求在档案盒盒脊或底边编制。

备考表置于盒内文件之后，项目包括盒内文件情况说明、整理人、整理日期、检查人、检查日期。盒内文件情况说明要填写盒内文件缺损、修改、补充、移出、销毁等情况。整理人为负责整理归档文件的人员签名或签章。整理日期是归档文件整理完成日期。检查人是负责检查归档文件整理质量的人员签名或签章。检查日期是归档文件检查完毕的日期。

（五）排架

在将归档文件放入档案盒后，秘书需要按照本机关归档文件分类方案，将归档文件排列到文件架上。归档文件按年度—机构（问题）—保管期限分类的，库房排架时，每年形成的档案按机构（问题）序列依次上架，便于实体管理；归档文件按年度—保管期限—机构（问题）分类的，库房排架时，每年形成的档案按保管期限依次上架，便于档案移交进馆。

SECRETARY

秘书
工作一本通
（下册）

 镡铁春◎编著

沈阳出版发行集团
沈阳出版社

第十章
办公室日常工作，提质亦要增效

秘书的办公室日常工作琐碎复杂，又至关重要。秘书进行办公室工作时，不仅要及时准确地把握领导意图，还要掌握一些处理工作的技能与知识。

本章主要列举了一些办公室中的基础工作，对这些工作的具体内容和工作方法进行了细致介绍，帮助读者了解秘书的办公室日常工作，提升办公效率。

第一节　办公室日常工作概述

秘书作为党政机关、企事业单位办公室中的一员，担负着高效完成办公室中各项日常工作的责任，在面对不同工作时，需要展现出不同的知识与技能。

由于各党政机关、企事业单位办公室的职能范围不同，秘书需要处理的日常工作也不同。也正因如此，一些秘书虽然每天都在认真工作，但却对自己应该负责的工作以及这些工作的具体标准把握得并不准确。

秘书的办公室日常工作虽然琐碎，总结来说，工作日常主要有日程安排管理、接打电话、收发文件和邮件、印章管理、完成领导临时交办事项、陪同领导外出等。

一、日程安排管理

日程安排管理指的是对本部门领导需要进行的工作按时间顺序做出合理安排，使得每项安排都顺利实现。作为秘书办公室日常工作的重要内容，日程安排管理工作的完成效果将会直接影响领导开展工作。

在不同的单位，秘书所承担的日程安排管理工作是有所不同的：有的单位领导喜欢自己安排日程，秘书只需要制作日程安排表即可；有的单位领导喜欢与秘书一同商量日程，秘书需要为领导出谋划策、提供参考；有的单位领导习惯放手交给秘书安排，秘书需要综合考虑领导行程、合理安排一般性工作。

二、接打电话

接打电话是秘书的一项重要工作，无论是与内部交流，还是与外部对接，都离不开电话联系。作为办公室的"形象担当"，秘书在接打电话时，必须要表现得足够专业，并且要展现出必要的礼节。

在打电话时，秘书要先明确自己的意图以及想要获得的结果，不要在电话接通后再去思考自己要说些什么。在接电话时，秘书要在第一时间搞清楚对方的意图，不要过多偏离主题，让电话沟通变成"煲电话粥"。

三、收发文件和邮件

收发文件和邮件是秘书的日常工作之一，秘书除了要遵守收发文件与邮件的规范流程，还要不断提高文件与邮件的收发效率。

四、印章管理

印章是组织或个人身份的象征，也是组织或个人行使权力的标志。秘书所做的印章管理工作，便是对党政机关、企事业单位内部的印章按规定进行管理和使用。这里的印章既包括本单位或部门的公章，也包括本单位或部门领导因工作需要所刻私人印章。

秘书在保管印章时，要注意保证印章的安全。印章不使用时应存放在上锁的办公室抽屉中，随用随取，用完之后及时放回抽屉中锁好。不要随意将印章交由他人使用，也不要随意将印章带出办公室。

五、完成领导临时交办事项

领导临时交办的事项虽有不确定性，却也是秘书需要处理的日常工作。这些工作或简单，或烦琐，或周期较长，或周期较短，类型多样，范围广泛，需要秘书耐心应对，积极主动地完成。

在接受领导临时交办事项时，秘书要保持专注，认真倾听领导的安排。在领会领导的意图与要求后，秘书就要立即制定相应计划，并及时展开行动。当工作完成后，秘书还要及时把工作结果报告给领导，等待领导的下一步指示。

六、陪同领导外出

秘书经常需要陪同领导外出，有时是深入基层考察调研，有时是出席会议参观指导。在这项工作中，秘书既要充当业务员，又要充当警卫员，既要做好安排记录工作，也要做好安全防护工作。

秘书要很好地应对复杂多样的办公室日常工作，就需要不断提升自己的综合能力，在工作实践中不断丰富经验，与时俱进。只有这样，秘书才能游刃有余地应对办公室日常工作，更好地承担起秘书的岗位职责。

第二节　日程安排管理

为领导安排日程是秘书的一项重要工作，秘书先要搞清楚领导在日程安排上的习惯，并据此开展日程安排管理工作。

正如前文所述，不同的党政机关、企事业单位不同的领导，在日程安排上会有很大不同，但秘书在日程安排中需要起到的作用却基本相同。无论日程安排规划由谁来制定，秘书都要需要完成活动日程表的制作。将领导的日程安排条理清晰地罗列在日程表上后，秘书还要为领导的日程活动提供全面服务，实施领导的日程安排计划。

一、日程安排管理的注意事项

在为领导安排日程时，秘书要站在领导的立场上思考问题，准确把握领导的意图与要求，同时要注意以下几方面问题。

（一）追求实际效果，不搞形式主义

秘书在为领导安排日程时，应紧紧围绕重要事项决策和全局性工作来安排，对于那些与本单位或部门主要业务无关的活动，尽量不要安排，或不要占用领导过多时间。

在领导的日程安排中，多会涉及各类活动，比如××开幕式、××典礼、××宴会等。秘书在为领导做日程安排时，要考虑这些活动领导是否有必要亲自到场，领导不到场是否会影响到活动顺利进行等问题。如果每项活动都要领导到场，那必然会影响到本单位或者部门正常业务的开展。为此，秘书要对这些活动进行筛选，从追求实效的角度，让领导有更多时间和精力参与主要业务活动，不能搞形式主义，做表面功夫。

（二）注重效率，灵活机动

秘书为领导做日程安排时，既要筛选必要工作，也要把日程安排得尽量紧凑，提高效率。当然，在安排日程时，也要多考虑领导的身体情况，即使是精力旺盛的领导，也不能长期超负荷工作。

把日程安排得紧凑并不意味着把所有活动都排满，在日程安排中，秘书必须为领导留出一定的机动时间。这些机动时间可以由领导自行分配，不需要被写入日程安排表中。合理的日程安排是对那些重要公务活动的时间做严格规定，而不去涉及批阅文件和一般性谈话等不确定的次要工作。

（三）充分尊重领导的意见

秘书为领导做日程安排，要充分尊重领导本人的意见。为此，秘书必须了解领导的工作作风与工作习惯，以及他们对工作日程安排的不同要求。若是协助领导做日程安排，就充分发挥参谋作用，尊重领导本人对日程安排的意见；若是代替领导做日程安排，则要确保每一项日程安排，都获得领导的同意，对于其他部门或机关外部的邀约，也要请示领导后，再选择是否安排到日程活动之中。

（四）严格做好保密工作

在领导的日程安排中，有一些日程活动具有机密性，比如讨论机密事项的会议、涉及商业秘密的谈判等。对于这些日程，秘书在制定日程安排时，要注意做好保密工作。具体来说，秘书要保管好领导的日程安排表，不要将其散发给每一个参与领导日程活动的人手中，要严格控制散发数量。

从安全角度考虑，一些重要领导的日程安排更要保密。秘书为参与领导日程活动的人员发放日程安排表时，可以有意识地为不同人员截取不同的内容片段。比如，对于某些职能部门的负责人，只需要了解本部门需要参加或配合的活动安排即可；为领导开车的司机只要知道什么时间要用车，要去到什么地方就可以了。秘书甚至不需要向一些人员发放领导的日程安排表，只需要提前做好通知准备工作就可以了。

二、日程安排表的编制

秘书为领导编制日程安排表是一项基础且重要的工作，秘书不仅要深刻领会领导的意图与要求，而且还要掌握一定的时间管理和计划管理技巧。

根据不同的划分标准，领导的日程安排表可以划分为不同的类型，比如，按照时间长短划分，有年度工作日程表（年度计划表）、月度工作日程表、周工作日程表和日工作日程表等；按照内容划分，有会议日程表、调查研究日程表、差旅日程表等。

在处理办公室日常工作时，秘书接触最多的是为领导编制年度、月度、周和日的工作日程表。由于时间跨度不同，这些日程表中的内容详略也会有所不同，下面简单介绍一下编制这些日程表的方法。

（一）年度工作日程表

年度工作日程表是本单位或者部门在一年之中重要活动的时间安排表，属于一种长期日程安排，在内容上比较简洁，大多只列出本单位或者部门在本年度会开展的全局性工作，或是与主要业务相关的重要活动。编制年度工作日程表的目的是为了让领导和各部门负责人对来年的重要工作与活动有一个清楚的认知，以便提前为这些工作与活动做好准备。

在编制年度工作日程表时，秘书要以本单位或者部门制定的年度工作计划文件为依据，将工作计划中的主要活动提炼出来，在征得领导同意的情况下，将其按照适当时间排列即可。编制完成的年度工作日程表，需要上报给相关领导审批，然后分发给相关领导和各部门负责人。

在编制年度工作日程表时，秘书要选择好恰当的时间，因为一旦年度工作日程表中工作和活动的时间确定后，其他日程工作表便要以其为基础。同时，领导的临时性活动也需要避开重大工作和活动的时间，这样领导才能有足够精力处理好主要工作。

（二）月度工作日程表

月度工作日程表是对领导在一个月内需参与的重要活动做出的安排，属于一种中期日程表，一般以"日"为时间单位，包括一些重要会议、会谈、出差、调研等。

在编制月度工作日程表时，要以年度工作日程表为基础，将年度工作日程表中的当月活动先填入到日程表中，而后再填入本单位或部门当月的例行活动，最后再安排领导在本月中的一些临时活动。

（三）周工作日程表

周工作日程表是对领导在一周内需要参与的重要活动做出的安排，属于一种短期日程表。除了要记入那些领导要参与的重要活动外，还要涉及领导与他人临时约定的事项，并要注明各活动的具体时间和地点。

周工作日程表的编制多在前一周周末完成，秘书需要以当月工作日程表为基础，将本周重要活动及约定的活动填入，而后在请示过领导后，再看是否需要增加新的活动，或更改某些已编制活动的时间。若无其他问题，秘书需要将领导审阅同意的周工作日程表打印分发，可分发给相关部门领导，但不宜分发给部门每个人和司机。

周工作日程表既是领导活动的安排，也是秘书开展工作的主要依据。在确定好周工作日程表后，秘书要立即对本周内的各项活动做好准备，以便领导的活动能够顺利进行。

（四）日工作日程表

日工作日程表是对领导一天中需要参与的重要活动做出的安排，在时间上要精确到"时"，甚至是"分"，在具体内容上要尽量详细。比如，"上午10时参加商务洽谈""下午3时30分与企业代表谈话""下午6时参加宴会活动"等。

日工作日程表多在前一天下班前编制，秘书需要以本周工作日程表为基础，先将第二天领导需要参加的活动和临时约定的活动填入到日程表中，再上报给领导，看是否需要进行调整。相比于周工作日程表，日工作日程表中的活动多比较固定，除特殊情况外，较少进行改动，秘书可以提前为这些活动做好准备。

领导除了要批阅各种文件，还要参加各类活动。为了更好地梳理这些事务，提高领导的工作效率，就需要每一位秘书都拥有日程安排管理的能力。

第三节　接打电话与微信沟通

在日常工作中，秘书经常要使用电话与单位内外的人员沟通联系。如果接打电话工作做得不好，不仅会给对方留下不好的印象，影响单位的整体形象，还会影响工作的顺利开展。为此，秘书必须要掌握一些接打电话的方法要点与礼仪规范。

一、接电话的要点与礼仪

秘书在接电话时，通常会遇到几种不同的情况，比如接到打到办公室的电话、接到打给领导的电话、两个电话一同响起等。在面对这些情况时，秘书除了要随机应变，还要掌握一些具体的应对方法。

（一）接听打到办公室的电话

在日常工作中，秘书接到最多的就是打到办公室的电话，这些电话多以咨询问题、沟通工作为主。秘书在接听这些电话时，要在电话铃响三声之前接听，拿起话筒后，要先说自己的单位名称或是自己的姓名，不能直接询问对方是谁或有什么事要办。对于一些沟通工作的来电，若一时间无法解决，秘书便可以先记录下对方所说内容，挂断电话后，再思考解决方法，并按照约定方式给予对方回复。

【案例1】

小陈是某机关办公室的秘书，一次，他正在办公室撰写文稿，突然电话铃声响起了。小陈以为其他人会接电话，便没有挪动位置，谁承想竟然没有一个人主动接电话，小陈只好自己接起电话。

小陈接起电话后，问："请问你找谁？"对方答道："我找老王。"小陈二话没说便将话筒递给了对面桌的老王。老王一脸诧异地接起电话，没想到还没讲两句，老王便和对方吵了起来，没等对方说完，老王便挂断了电话。

原来，这个电话是打给其他科室的"老王"的，没想到却打到了这个办公室，小陈没有在第一时间确定对方身份，所以才造成了误会。

在接听打到办公室的电话时，秘书必须要先问清楚对方的身份，以及对方要办的事。同时，在沟通过程中，秘书还要控制好自己的情绪，不能将个人情绪带入到工作之中，更不能粗暴对待打错了的电话。

（二）接听打给领导的电话

当接到打给领导的电话时，秘书要先确认对方的目的与意图，而后再根据领导当时的具体情况，采取相应的措施。当领导方便接电话时，并获得领导同意后，秘书可以将电话转接给领导；当领导不方便接电话时，秘书便要学会随机应变。

1. 领导不能立即接听电话

若领导不能立即接听电话，秘书可以与对方商量晚一些再来电，或要求对方留下自己的联系方式。若约定好晚一些来电，最好确定好领导的时间，不要出现对方再次来电，领导依然不方便接听电话的情况。

2. 领导正在开会或与他人谈话

若领导正在开会或与他人谈话，无法确定此刻领导是否能立即接听电话，秘书可以根据来电内容的轻重缓急，采取不同的应对措施。如果是比较紧急的电话，秘书可以将对方的来电目的写在便条上，在不影响会议或谈话的情况下，将便条传递给领导。如果是不着急的电话，秘书可以让对方留言，或留下对方的电话号码。

3. 领导不在办公室

当领导不在办公室时，秘书可以要求对方留言或留下联系方式。秘书需要记清楚对方来电的目的，并准确向领导汇报，以免领导错过重要电话，影响到本机关工作的正常开展。

（三）两个电话铃同时响起

当有两个电话同时响起，或是正在通话中，另一个电话也响铃时，秘书需要同时处理。首先，秘书可以先拿起第一个电话，礼貌地让对方"稍等一下"，而后再接起另一个电话，请对方稍等或是晚些时间再来电，之后再接起第一个电话。当第一个电话通话完毕后，若第二个电话还没有挂断，秘书在表示抱歉后，与对方展开沟通。当通话结束后，要等对方先挂上电话，秘书再轻轻挂上电话。

（四）在电话中为领导"挡驾"

秘书需要充当好"把关人"角色，不能什么来电都向领导请示。一些来电可以自己做出判断后先行处理，而后再向领导汇报。不过，即使拒绝对方电话中的请求，秘书也要注意礼仪规范，不能态度冷漠、言语过激。

在电话中为领导"挡驾"时，秘书需要注意如果来电人自称是领导的朋友，秘书不能掉以轻心，直接将电话转接给领导，而应该询问对方的来电目的，并进行记录。如果是陌生人来电询问领导情况，秘书要仔细确认对方身份，以及对方来电的目的，而后再通报领导。若领导不愿接此人电话，秘书便要找个理由应付过去。

二、打电话的方法与礼仪

拨打电话也是秘书的日常工作之一，相比于接电话，打电话需要注意的细节更多。如果不懂得打电话的方法技巧与礼仪规范，不仅会降低工作的效率，而且还会影响机关、单位的整体形象。

（一）打电话前的准备

秘书在打电话之前，要做好充分准备，一方面要梳理好通话内容，另一方面则要选择一个合适的通话时间。

1. 通话内容的确定

在打电话之前，秘书要先计划好通话的内容，将自己要说的话都梳理一遍。有必要的话，最好整理一个草稿，把打电话的目的、要沟通的问题、对方可能存在的疑惑等关键内容都记录下来；把可能用到的文件、资料都准备好，这样梳理一番后，打电话时的效率就能更高一些。除此之外，在打电话前，秘书还要在身边备好记录用的笔和本，以便随时记录通话中的关键内容。

2. 通话时间的选择

秘书在给他人打电话，最好选在工作时间，不要在节假日、休息日、午餐、晚餐或即将上下班时给对方打电话。如果要打国际长途电话，秘书还要考虑好时差因素，不要在对方休息时打电话。

在给领导打电话时，如果第一次没人接听，那最好间隔五到十分钟，再拨通第二次电话，不要在短时间内对领导进行"电话轰炸"。如果第二次电话也没有接通，那就暂时不要再打，可以先发个消息给领导，等待对方回复即可。

（二）打电话时的应对

在电话拨通后，秘书要先向对方问好，告知自己的单位名称、姓名，然后再请问对方的姓名，确定是目标联系人后，再简明扼要地叙述打电话的目的。在通话过程中，秘书要懂得随机应变，灵活应对各种情况。

1. 目标联系人不在

当电话接通后，目标联系人却不在时，秘书可以留言告知接电话的人，让其帮忙转达或请目标联系人回电话。在沟通时，秘书不仅要说清楚来电的目的和要找的人，还要说清楚自己的单位与姓名。

如果拨出电话无人接听，秘书要等电话响六七声后再挂断电话，要给对方留出一些接电话的时间。

2. 接电话一方很忙

如果自己要表述的内容很长，需要占用对方一定时间，那在开始叙述前，秘书要先询问对方是否方便。在得到对方肯定答复后，再言简意赅地把话说清楚，不能长篇大论地叙述，也不要省略太多内容。

如果接电话一方很忙，要沟通的内容在短时间内又说不清楚，秘书要与对方约定下次通话时间，而后再礼貌性地结束通话。当对方表示很忙、不方便时，秘书便不要再纠缠对方，可以先简述致电目的，而后再行联系。

3. 通话过程中临时有事

如果在通话过程中临时有事，需要对方等待时，秘书应诚恳地表达歉意，并让对方稍等片刻。获得对方同意后，秘书应轻轻地将话筒朝下放置，以免办公室的杂音或其他谈话内容传到对方耳中。处理完临时事务，再次拿起话筒时，秘书要先向对方表示谢意，而后再继续进行沟通。一定不要让对方等太久，若是临时事务需要较长时间才能处理好，秘书便应主动与对方说明，询问对方是否愿意继续等待。若对方也有事要处理，那便要与对方约定好再次通话时间，并向对方表达歉意。

4. 代替领导拨打电话

在代替领导拨打电话时，若拨打给领导的平级或下级，秘书可以等对方接通电话后，说明自己的单位与姓名，让对方稍等片刻，立即将电话转接给自己的领导；若拨打给领导的上级，当电话接通后，秘书要在第一时间将电话转接给领导。

如果要在电话中代替领导传达信息，秘书应在语气上保持和蔼、温和，在内容上则要保证"原汁原味"，不能随意把领导的话语增多或减少，也不能用个人口吻去表达。

三、微信沟通的细节

在现实的沟通中，微信、QQ在一定程度上取代了电话，但这种取代只是沟通工具的取代，而不是礼仪规范的取代。秘书使用微信、QQ进行沟通时也要遵循必要的礼仪规范，只是在沟通方法上，多了一些需要注意的地方。

（一）有话直说，想好再发

在使用微信进行沟通时，一些人喜欢先问"在吗"，等对方回复后，再开始叙述，这样做其实并没什么意义。秘书使用微信进行沟通时，有话直说就可以了。不过，"有话直说"并不是毫无准备地说，秘书要把自己想表述的内容先想清楚，再逐条发给对方。

（二）能发文字，不发语音

如果条件允许，能发文字尽量发文字，没多少人能记住60秒语音的内容。如果觉得事情比较重要，用文字说不清楚，那就直接用微信语音通话或打电话联系。对于那些带有情绪色彩的内容，如果用文字表达不出来，也可以用微信语音通话或打电话的方式，让对方有直接的感受。

（三）重要信息，重点标示

秘书若用微信、QQ进行沟通，在发送重要信息时，可以用括号、引号等标点符号将重要信息标示出来。比如"【明早九点】所有人在办公室集合""【明天下午1点】所有人于【大会议室】参加例会"。

（四）有错别字，立刻撤回

秘书利用微信、QQ发送消息出现错别字时，要及时撤回重新编辑，不要在下面"打补丁"。最好的做法是在发消息之前先检查一遍，尤其是重要信息，一定要确定没有错误之后再点击发送，以免因为错别字影响到信息内容的表意。

（五）收到消息，一定回复

秘书在收到微信、QQ消息时，一定要及时回复，尤其是领导安排工作的信息，必须要通过回复让领导知道你已经明白了工作要求。如果秘书发出消息，对方没有回复，是不是也要再发消息提醒对方呢？

如果是紧迫且重要的消息，对方没有及时回复，可以通过再发消息或打电话提醒对方；如果是并不紧急的消息，那便不要"催"得太急，对方可能正在忙，来不及回复，也可能正在思考如何回复，这种时候只要耐心等待就可以了。

微信、QQ等即时通信工具功能强大，但在汇报工作、沟通联系时，也有一些不足之处。秘书在开展日常工作时，在保证工作效率的情况下，可以尝试使用多种工具，但不论使用何种工具，都要掌握好一定的方法技巧，并遵守相应的礼仪规范。

第四节　收发公文和邮件

收发公文与邮件是秘书的办公室日常工作之一。由于公文与邮件在形式和内容上差别较大，所以秘书在做二者的收发工作时，需要掌握不同的方法。相比于邮件，公文要更为正式，其收发流程也相对规范，秘书必须严格按照相关规定来收发公文。

一、收发公文

党政机关的公文收发，应该严格按照《党政机关公文处理工作条例》，以及本机关的具体规定执行。秘书既要了解规范化文件中的规定，也要在实践中做好各项细节工作。

（一）办理收文工作

办理收文要按照规定的程序来进行，对于外部机关发送来的公文，要按照特定的步骤和方法来处理。常见的收文流程主要有签收、登记、初审、承办、传阅、催办、答复等，秘书需要按部就班地完成每一环节的工作。

在签收环节中，秘书要对公文进行清点、核对，在确保没有问题后，再在发文机关的送文簿（投递单）上签字或盖章，并标明签收时间，以表示已经收到了对方发来的公文。

在登记环节中，秘书要在收文登记簿上将公文的主要信息和办理情况做好登记，以便为后续工作的开展打下基础。

在初审环节中，秘书需要按照具体规定对收进的公文进行初步核查，以审看来文是否符合规范，并确定来文下一步的运转方向。

在承办环节中，秘书要根据不同的公文类型，对公文进行办理。其中，阅知性公文应当根据公文内容、要求和工作需要，确定范围后分送。批办性公文应当提出拟办意见，报本机关负责人批示或者转有关部门办理；需要两个以上部门办理的，应当明确主办部门。紧急公文则应当明确办理时限。

在传阅环节中，秘书要根据领导的批示以及具体的工作需要，将公文及时送交传阅对象阅知或批示，并随时掌握公文去向，不能出现漏传、误传等情况。

【案例1】

某机关办公室收到了上级机关的一份《关于加强安全保卫工作的通知》，办公室负责人批示后，由秘书小邱将文件交给宣传部负责人传阅，并让其阅毕后，再转交给保卫部负责人。正常来说，保卫部负责人在阅毕文件后，需要将文件交还给办公室负责人，但因为保卫部负责人临时外出开会，所以他便将文件交给本部门的小张，让其保管。

几天后，办公室负责人仍然没有收到文件，便要求秘书小邱去查看文件的传阅情况。谁承想，文件竟然被保卫部的小张给弄丢了。

很显然，秘书小邱办理收文时出现了严重问题，他没有及时掌握传阅文件的去向，对传阅文件缺少控制，所以才最终造成文件丢失。为了确保办理收文工作顺利完成，秘书必须要做好公文传阅工作。

在催办环节中，秘书要根据紧急程度和承办时限，对公文的承办过程进行检查，以便随时掌握公文办理进程，以防公文积压或延误情况的发生。

在答复环节，秘书要在公文办理完毕后，及时向发文机关回复公文的办理结果，并根据需要告知相关机关。

秘书需要了解自己在每一个收文环节中应当负责的工作，并确保各项工作能够顺利完成。一旦发现某个环节存在问题，就要立刻采取相应措施。

（二）办理发文工作

办理发文指的是要按照规定程序、步骤和方法对以本机关名义制发的公文进行处理，使其可以正常发出及运转，并顺利发挥出其应有的作用。常见的发文流程主要有复核、登记、印制、核发等环节。

在复核环节，秘书要对经发文机关负责人签批的公文进行再次核查，以确保公文文稿在印制中或印制后，不再出现任何问题。秘书若在复核中发现公文存在问题，需要对文稿内容进行修改，应当按照程序报原签批人重新审核，并由签发人再次审定后履行签发手续。没有经过签发人同意，秘书不可擅自对公文中发现的问题进行修改。

在登记环节，秘书要在确保公文内容无误的情况下，确定发文字号、分送范围、印制份数并详细记录其基本信息。做好发文登记有助于理清收发双方责任，同时还可以为公文管理活动提供必要依据。

在印制环节，秘书要将签发并复核无误的公文文稿印制成正式文件。印制数量较少时，可以直接打印或复印；印制数量较多时，则要经过相关签批手续送印刷厂印刷。如果公文涉密，则要在保密程度较高的场所印制。

在核发环节，秘书要在对公文内容、格式和印刷质量进行检查后，按照发文范围分装和发送公文文件。在核发环节，"核"是必不可少的工作，也是对公文文件的最后把关，需要秘书认真对待。

秘书在完成核发后，办理发文的工作便算是结束了。秘书应当将该归档的公文一式两份或三份，连同定稿及一些有必要保存的修改稿，一同整理归档，以备后续查用。

二、收发邮件

秘书收发邮件一般有两种情况，一种是在互联网上收发邮件，一种是在线下收发邮件。这两种情况下的"收发邮件"工作，都需要注意一些具体问题。

（一）线上收发邮件注意事项

机关、单位的互联网邮箱一般由专人负责管理，秘书若被安排了管理本单位互联网邮箱的工作，就要严格遵照本单位的互联网邮件收发管理规定来收发邮件。各党政机关、企事业单位对互联网邮件收发管理的规定可能会有不同，但整体上却大同小异，一般都会包括以下几点内容：

首先，秘书不得随意泄露本单位的互联网邮箱地址，用本单位互联网邮箱注册论坛、游戏账号等行为都是违规的。

其次，秘书要采用高强度口令作为本单位互联网邮箱密码，并定时进行更换，不得使用纯数字、纯字母等弱口令做密码。

再次，秘书在计算机上登录本单位互联网邮箱时，要做好安全防护，并定期使用杀毒软件进行查杀。

最后，秘书在使用本单位互联网邮箱时要定期清理邮箱中的邮件，避免传输的信息长时间存留在邮箱之中。对于来历不明的可疑邮件、链接、附件要拒绝接受、点击，防止遭到恶意邮件攻击。

（二）线下收发邮件注意事项

秘书在线下接收邮政快递企业投交的邮件时，要当场核对，并对接收的邮件承担保护、保密、及时传递的义务，不得私拆、毁弃、藏匿邮件。如果接收到无法转交或是发给其他机关的邮件时，秘书要及时通知邮政快递企业，依法处理相关邮件。

除了收发邮件之外，秘书还要了解公文邮件的撰写要求，只有按照规定格式与规范撰写，才能保证公文邮件发挥正常的作用与效果。

第五节　印章管理

印章管理是党政机关、企事业单位秘书各项工作中的重中之重。秘书既要了解如何规范化、高效化使用、保管印章，也要通过印章管理为其他部门工作的开展保驾护航。

一、关于印章

印章是印和章的合称，古时候也称"印信"。一般来说，用于表示组织职权的信物称为印，用于表示个人身份的信物称为章。印章是组织或个人身份的象征，是组织或个人行使权力的标志，具有法定效力。

秘书管理的印章通常有以下两种：一是机关、单位的公章，即自机关、单位成立之时，由上级部门颁发的印章；二是机关、单位领导因工作需要所刻制的私人印章，这两类印章都由秘书或秘书部门负责管理。

作为党政机关、企事业单位的秘书，应该对我国现行各级各类组织的公章有一个大致的了解。

（一）各级党组织的印章。统一为圆形，印章中间刻有镰刀斧头图案，图案外上部刻有党组织的名称。

（二）县级以上人民政府、人大常委会、人民检察院、人民法院以及国务院各部、委、直属机构的印章，统一为圆形，中心图案为国徽，机构名称刻在图案外侧，呈自左向右半环抱式放置。

（三）省级以下人民政府下属部门和机构、乡镇人民政府以及各级各类企、事业单位的印章。统一为圆形，中心图案为五角星，图案外侧刻有机构、单位名称。

二、印章的作用

（一）凭证作用

任何文件、凭据等材料只有加盖印章，才具有效力，不盖印章，一律无效。

（二）法律作用

无论是机关、单位的公章，还是领导的私人印章，都是经过依法审批后才正式启用的，用印章后的一切材料都具有法律效力。

（三）权威作用

印章是机关、单位、领导权威的象征，加盖印章的各类文件、材料在显示合法性的同时，也具有权威性。

三、印章的管理

印章管理是秘书工作中极为重要的一项，由于机关、单位中的印章尤为重要，一旦发生盗窃、伪造事件，会让机关、单位蒙受重大损失。

基于此，秘书在保管印章时，要注意保证印章的安全。秘书不使用印章时，应存放在上锁的办公室抽屉中，随用随取，用完之后及时放回抽屉中锁好，不要随意将印章交由他人使用，也不要随意将印章带出办公室。节假日要把公章放置在安全处，并贴好封条，重新启用公章时，要先检查锁和封条有没有被破坏的痕迹，以防私用、盗用印章的情况发生。

当有其他同事来借用印章时，务必要做好用印登记，如有意外发生时便于核查。

【案例1】

小何刚来到某部门任秘书，主要负责公文起草和印章的管理工作。某日，一位同事带着文件过来借用印章，小何让他填写了用印登记表，便将印章拿给他。这时，另一位同事突然叫小何帮忙，小何便走过去帮忙，同事用完印章随手就将它放在了小何的桌子上。领导路过时发现小何桌子上的印章，把他叫到办公室严厉批评了一通。

上述案例中的小何犯了保管印章不力的错误，使用完的印章就这样被放置在桌子上，很容易被有心之人盗窃、私用。作为秘书，当印章处于外借情况时，理应在他人归还印章并将印章重新锁好后，再去处理手中其他事情。千万不要像小何这般将借出的印章抛之脑后，以免造成不可挽回的后果。

四、印章的使用

印章的使用通常是由专人负责，有时也会有秘书经领导许可、代为用印的情况。因此作为秘书，掌握一些用印知识尤为重要。

秘书在使用印章前，要先检查需要盖章的文件，主要检查文件有无相关领导签发、文件格式是否正确、有无错字、漏字等内容，检查完毕后，再加盖印章。

秘书在给文件盖印时，也要注意以下几点。

（一）用印时要保证位置正确、规范，上不压正文，下不压成文日期，骑年压月。

（二）要保证印迹清晰、端正，如果加盖的印章歪斜、模糊，这不仅影响观感，而且还显得很不严肃。

秘书能否管理好印章，确保印章使用的合法与有效，关系着本单位的利益与声誉。因此，秘书不能只把印章管理看作是一项简单的日常工作，而应该对其给予高度重视。

第六节　完成领导临时交办事项

秘书跟在领导身边，经常会接到一些领导临时交办的工作。这些工作有的是一些常见的办公室日常工作，比如为领导打扫办公室、准备文件资料等；也有一些是紧迫的、临时性的事项，比如核实某项信息、递送某个文件等。若想更好地完成领导临时交办的事项，秘书需要先了解各类临时事项的特征，以及处理这些事项的原则，而后再应时应事处理。

一、领导临时交办事项的特征

领导临时交办的事项通常具有广泛性、临时性、具体性、紧迫性等特征。

广泛性是说领导交办的事项范围很广，涉及秘书工作的方方面面，很多平时不需要秘书完成的工作，此时也可能会被安排给秘书，所以秘书跟在领导身边时，既要做好本职工作，也要掌握一些其他技能；

临时性是说领导交办的事项多是突然发生的，有的可能不属于秘书日常工作的范畴，秘书必须要随机应变，不要因临时被安排工作而手足无措。

具体性是说领导交办的事项通常是较为具体的，领导不会临时交代秘书去做不切实际的工作，所以秘书在开展工作前也要弄清楚具体要做什么、有哪些要求、什么时间完成等问题。

紧迫性是说领导交办的事项多是时限较短的，需要秘书在短时间内完成，并能取得预期效果。当然，这类事项通常会比较简单，所以要追求效率。

二、处理领导临时交办事项的原则

在处理领导临时交办的事项时，秘书要做到积极主动、认真倾听领导指令；在搞清楚状况后，要立即行动，迅速将工作落实到位；完成工作后，还要及时复命，向领导说明工作完成情况。这些既是处理领导临时交办事项的基本流程，也是完成领导临时交办事项的基本原则。

（一）积极主动，认真倾听

领导交办临时事项时，通常会比较简单、短促，在表述上可能做不到面面俱到。所以，秘书应该立即停下手头工作，将注意力都集中在领导的话语上，仔细倾听领导的指令。在听的过程中还要思考、梳理，搞清楚领导的主要目的是什么，具体要求有哪些，有什么需要注意的地方，有没有遗漏的内容……秘书要在领导安排临时事项过程中，边听、边想、边领会。

等到领导交代完临时事项，秘书要针对不明白的地方大胆发问，有问题的地方要及时问清楚，力求在最短时间内把与临时事项有关的关键性问题都问清楚，不要为后续开展工作埋下隐患。

（二）立即行动，落实到位

领导交办的临时事项通常会要短时间完成，时间比较紧迫，所以秘书在搞清楚自己要完成的工作后，要立即开展行动。但立即行动不是盲目行动，在行动过程中，秘书还要继续思考怎样做才能又好又快地完成任务，然后一步一步推动工作落实。

所谓"推动工作落实"，并不是说一定要将工作完成，有些领导交办的临时事项，本就不一定能够取得预期效果，秘书在开展工作前就要对工作结果有所预判。

（三）有命必复，及时反馈

在完成领导交办的临时事项后，不管结果如何，秘书都要及时复命。尤其是那些有时限要求的临时事项，一定要在规定时间内向领导汇报结果。

在汇报结果时，秘书要注意汇报的方式，在简单明了地汇报完结果后，再根据领导的反应，对过程、原因进行说明。很多时候，领导并没有足够时间了解工作的全过程，所以秘书只要把结果说清楚就可以了。

　　总体来说，秘书在处理领导临时交办的事项时，要从头到尾都保持专注、认真的态度，接收工作时要仔细，确认细节，完成工作后要及时汇报结果，把工作做成一个"闭环"，才能取得好的结果。

第七节　陪同领导外出

陪同领导外出是秘书的一项经常性工作，无论是深入基层调研、指导工作，还是出席会议、参观考察，秘书都要"身兼数职"，除了"拎包""倒水"外，秘书还要掌握一些办事方法和礼仪规范。

在陪同领导外出时，秘书不再是简单的"秘书"，而变成了一个可以为领导解决各类问题、完成各项工作的"全能选手"。想要成为"全能选手"，除了要提升自己的基本素养和职业技能外，秘书还要在陪同领导外出过程中注意以下几方面的细节问题。

一、接受任务要核对，领会意图要准确

在接到领导陪同外出的任务后，秘书要第一时间搞清楚此次陪同外出行程的任务安排，是有活动要出席，还是有会议要参加。秘书要把握好陪同外出过程中的各项任务，考虑好具体的落实措施，对于有些任务，还可以提出一些自己的意见与建议，供领导参考。

在仔细核对完工作任务后，秘书还要认真领会领导意图，为后续完成陪同外出任务打下坚实基础。领会领导意图是秘书开展各项工作的前提，在陪同领导外出过程中，处理每一项工作，都需要以领导意图为依据。

二、制定计划要详细，准备资料要齐全

陪同领导外出，要制定好详细的出行计划，将具体活动内容、行程时间、车

辆安排、食宿安排等都规划好。秘书在制定计划时，要留出一定的机动时间，以便随时增加一些突发行程，或是避免原定行程超时而影响到下一个行程。在计划确定后，秘书要及时与有关部门联系，做好具体的安排。

在计划敲定后，秘书还要把需要用到的资料都准备齐全，比如行程路线图、所去地区的具体情况、参加活动的具体资料等。资料准备得越齐全，后续开展活动就会越顺利。对于那些涉密资料，秘书要妥善保管，避免泄密。

三、组织协调要做好，综合保障要做到

在陪同领导外出后，秘书要做好组织协调工作，一方面要把领导的行程安排得有条不紊，并提醒领导按照计划逐步推进行；另一方面则要对外出过程中出现的各类情况进行统筹协调，以免影响领导的既定行程。

在陪同领导外出时，秘书还要做好服务与保障工作，既要保证领导的既定行程顺利开展，也要确保领导的生命安全。

四、出谋划策要动脑，角色定位要记牢

在陪同领导外出时，秘书要站在领导的立场上思考问题，顺着领导的思路去做判断，并积极发挥好辅助领导决策的作用。在一些重要活动的间隙，秘书可以与领导及时交谈看法，提出自己的参谋意见。对于领导在行程中提到的观点、看法，秘书既要心领神会，也要及时归纳、整理。

当然，秘书在随领导外出时要始终找好自己的角色定位，可以向领导提建议，但却不能随意对领导的行动横加指责、乱发议论。在整个外出行程中，秘书要严格要求自己，维护好自己的形象，也是在维护领导的形象。

五、总结汇报要全面，整理归档要及时

在结束了与领导一同外出的行程后，秘书要针对本次外出行程做好总结，并将总结之后获得的经验、发现的问题、总体的效果，及时向领导汇报。整理归档后的总结文件在送呈领导审批后，若需报送上级或转发下属单位，秘书还要做好发文安排，完成好整个工作的"最后一棒"。

第十一章
会议组织工作，会议成败的关键

会议是领导者传递信息、安排工作的重要手段，是参会者交流信息、领会上级意图的重要方式。一场成功的会议离不开秘书完善的会议组织工作，其既是秘书工作的重要组成部分，也是秘书职业技能的综合展现。

本章从会议内涵出发，对会议组织工作的各个环节进行细致分析，在理论介绍的同时，对不同情境下的会议组织工作案例进行分析，从多个角度为秘书提供可实践的会议组织工作方法。

第一节　会议组织工作概述

对于参会者来说，会议是交流意见、沟通信息的重要手段。领导者通过会议发布战略部署、做出工作安排，以确保管理目标顺利实现；下属通过会议畅所欲言、各抒己见，以明确自身工作职责。除此之外，会议还是各级党政机关、企事业单位宣传、贯彻党和国家政策、方针，进行各项工作必不可少的环节。

对于秘书来说，会议组织工作是以科学性及艺术性的手法，将会议各环节工作落实到位、各细节问题梳理清楚的一项工作。如果秘书可以将会议组织工作做得卓有成效，本单位、部门的工作便会有条不紊地开展、推进。反之，如果秘书没做好会议组织工作，便会造成沟通受阻、决策步骤、资源浪费等情况的发生。

随着社会的发展与进步，有目的、有组织、有效率的会议变得越来越重要，现如今会议已成为现代社会开展政治活动、经济活动、文化活动及其他活动的重要方式之一。作为秘书，既要理解和认识会议的内涵，也要熟练掌握会议组织工作的全部内容。

会议组织工作，也可称为"会务"，指的是从会议筹备到会议召开、再到会议善后的一系列工作，即会议的策划、组织、保障、服务等工作。想要让会议能够顺利进行并取得预期效果，秘书就需要将会议组织工作的各环节工作都做到位。

无论是大型会议，还是中小型会议，会议组织工作的流程都大体相同，主要包括会前准备工作、会中服务工作和会后处理工作。在这些工作流程中，还有一些细分的工作环节，比如，会前准备工作既包括策划会议议题、确定参会人员、确定会议方式，也包括准备会议文件、制发会议通知、布置会场等工作。

秘书在进行会议组织工作之前，要理解并认识会议组织工作原则。所谓"会议组织工作原则"，也可以称其为"会议管理及控制原则"，是在会议组织工作中总结而来的重要实践经验，也是解决基层形式主义问题的重要方法。具体来说，主要包括以下几方面内容。

一、少开会、开短会

少开会的目的是减少不必要的资源浪费，开短会的目的则是为了节约时间，提高会议效率。在2019年中共中央办公厅印发的《关于解决形式主义突出问题为基层减负的通知》（下称《通知》）中，便明确提到了"严格控制层层发文、层层开会，着力解决文山会海反弹回潮问题"。《通知》要求，上级会议原则上只开到下一级，经批准直接开到县级的会议，不再层层开会，要提高会议实效，坚决防止同一事项议而不决、反复开会。

通过电话交流、线上沟通就能解决的问题，就没有开会的必要；没有新的问题需要研究，没有新的要求需要落实，没有新的任务需要安排，也没有开会的必要。少开会就是要减少会议的次数，确定有必要再召开会议。在安排会议前，秘书要对收集到的会议议题进行筛选，将那些不需要开会解决的议题，用其他更为高效的方式解决。

开短会就是提高会议的效率，比如通过减少参会人员来缩短会议时间，或是通过精简领导演讲稿来缩短会议时间。

【案例1】

秘书小光通宵达旦地为县委书记写了一份万字长言的讲稿，详细记述了近一个月来县委开展的各项工作以及今后要开展的各项工作。县委书记拿到稿件后，仔细审读了讲稿，并大刀阔斧地将讲稿删改到2000余字。

小光看了县委书记修改过的讲稿，发现字数虽然变少了，但内容却依然全面，重点也十分突出。使用这种短小精悍的讲稿，不仅能够节省会议时间，还能让干部明白自己应该负责的工作。

秘书在给领导写会议讲话稿时，要追求"短而实"，可说可不说的套话不说，大家都知道的道理不讲，空洞无用的措施不写，不切实际的想法不提……如此一来，不仅公文的面目会焕然一新，会议的效率也会陡然提高。

二、不铺张、不浪费

党政机关的"浪费"，是指党政机关及其工作人员违反规定进行不必要的公务活动，或者在履行公务中超出规定范围、标准和要求，不当使用公共资金、资产和资源，给国家和社会造成损失的行为。具体到会务活动上，就是要从严从简、勤俭办会。

参会人员的住宿、餐饮标准是否合规，会议场所选定是否合适，会场布置是否得当，会议资料准备是否存在浪费情况……秘书在开展会议组织工作时，要着眼于细节之处，做到不铺张、不浪费。以提供瓶装水问题来说，秘书需要在会议组织时要考虑好是否需要提供瓶装水，若确实需要提供瓶装水，以小容量瓶装水为宜，同时还要通知参会人员在散会后将自己未喝完的瓶装水带走；若不提供瓶装水，则需要考虑准备水杯，或是提醒参会人员自备水杯。

看似小小的节俭之举，若覆盖到所有党政机关、企事业单位的每一场会议，便是一笔不小的财富。不仅在会务活动中，在其他如接待、庆典等活动中，也需要坚持不铺张、不浪费的原则。

三、不开无准备的会

不开无准备的会就是不召开那些准备不充分，或是无法取得预期效果的会议。一些会议之所以效率不高，很大原因在于会议组织不充分，导致会议议题不明确，最终一个会开了很长时间，却一点实效也没有。

对此，秘书要做的就是在安排会议前，把会前准备工作做好，选定好会议议题，确定好会议议程，筛选出参会人员，并指定主持人来对会议进程进行把控。如果这些工作中的任意一项存在问题，那就要考虑是否要推迟会议时间。

四、以现代手段为会议"提质增效"

以现代手段为会议"提质增效"指的是采用电视、电话、网络视频会议等形式，提高会议实效。党政机关、企事业单位应积极推进会议系统的数字化升级，以"数字会务"推动会务工作"提质增效"。

秘书要了解并掌握会议管理系统的操作方法，在会议管理系统中完成各项会议组织工作。对于一些不需要面对面沟通的议题，也可以用线上会议的方式沟通解决。

一场会议的成败与否，很大程度上取决于会议组织工作，只有细致认真地进行准备，才能确保会议顺利进行。秘书不仅要掌握足够多的理论知识，还要多在会务实践中积累经验，要灵活头脑的去多想、多做，这样才能让会议取得实效。

第二节 会议的分类

根据《中央和国家机关会议费管理办法》第二章第六条规定，中央和国家机关会议分类如下：

一类会议。是以党中央和国务院名义召开的，要求省、自治区、直辖市、计划单列市或中央部门负责同志参加的会议。

二类会议。是党中央和国务院各部委、各直属机构，最高人民法院，最高人民检察院，各人民团体召开的，要求省、自治区、直辖市、计划单列市有关厅（局）或本系统、直属机构负责同志参加的会议。

三类会议。是党中央和国务院各部委、各直属机构，最高人民法院，最高人民检察院，各人民团体及其所属内设机构召开的，要求省、自治区、直辖市、计划单列市有关厅（局）或本系统机构有关人员参加的会议。

四类会议。是指除了上述一、二、三类会议以外的其他业务性会议，包括小型研讨会、座谈会、评审会等。

秘书不仅要了解这四类会议的划分，还要了解这些不同类型的会议要按照何种程序和要求进行审批，以及各类会议在会期、会议规模以及会议费用方面的要求。这些内容都可以在2016年6月29日印发的《中央和国家机关会议费管理办法》中找到。

其实，党政机关的会议种类有很多，选定的标准不同，会议的分类也会有所不同，相应的秘书要完成的会议组织工作也会有所不同。因此，了解各种会议类型，是开展会议组织工作的重要前提。

一、按性质分类

按照性质分类，党政机关会议可以分为立法性会议、党务性会议、行政性会议、业务性会议、交际性会议等几种类型。

立法性会议是权力机关召开的会议，主要确定国家法律、地方法规、行业法规和单位法规。这类会议多定期举行，会议程序严谨，气氛隆重，规格较高。常见会议有全国人民代表大会会议、地方各级人民代表大会会议。

党务性会议是党内召开的会议，主要确定一系列党内事务。这类会议的政策性很强，机密性也相对较高。常见会议有党的各级代表大会等。

行政性会议是各级行政机关召开的工作性会议，主要是总结过往工作，确立今后目标。常见会议有医院的行政会议、学校的行政会议等。

业务性会议是各部门在经济、科技、教育、文化、卫生、体育等方面召开的专业性会议。这类会议主要是对业务进行推广，或对专业性问题进行讨论，专业性较强，参会人员所属领域较为集中。常见会议有学术研讨会、展览会、订购会等。

交际性会议是各部门举行的旨在增进理解、发展友谊的会议，这类会议氛围较为轻松、活跃，形式也比较多样。常见会议有联欢会、茶话会等。

二、按内容分类

按内容分类，会议可以分为工作会议、代表会议、动员会议、总结会、办公会、表彰会、庆功会等。其中，工作会议是各级党政机关、社会团体和企事业单位围绕某项或多项工作而召开的会议，其主要内容为讨论某一时期或某一方面的具体工作；动员会议则是发动参会人员参与某项活动的会议，其主要内容为介绍具体的某项活动并开展相关动员活动。

三、按规模分类

按照规模分类，会议可以分为小型会议、中型会议、大型会议和特大型会议四种。其中，小型会议一般是有几人或几十人参加（通常不少于3人），中型会议一般有数十人或数百人参加，大型会议一般有上千人或数千人参加，特大型会议一般有上万人参加。

会议规模不同，使用的场地及费用也会不同。其中，中型会议通常会安排在会议厅和礼堂；大型会议通常会安排在会堂、会议中心，比如全国人民代表大会每年在北京人民大会堂召开；特大型会议因为参会人数较多，所以一般会选在体育场、露天广场举行。

四、按形式分类

按形式分类，会议可以分为面授会议、观摩会议、广播会议、电话会议、网络会议等。总的来说，当前党政机关、企事业单位会议主要有传统的现场形式会议，以及广播、电话、电视和网络为载体的非现场形式会议两种。

五、按其他标准分类

除了前面提到的分类标准，还有一些其他标准可对会议进行分类。比如，按照会议的会期来分类，会议可以分为定期会议和不定期会议；按照会议保密要求来分类，会议可以分为公开会议、内部会议和机密会议；按照参会人员身份来分类，会议可以分为干部会议、群众会议、党员会议和团员会议等。

对于秘书来说，了解会议分类的目的在于从多个角度去认识会议，不仅要了解其在某个方面的标准，而且要从多方面考虑。比如，工作会议属于行政性会议，要求会议内容明确，会议流程清晰，在形式上既可以选择现场形式的会议，也可以通过网络等非现场形式进行。

从会议分类标准出发，剖解某种类型的会议，有助于秘书迅速确定自己要筹划何种会议。不同类型的会议在内容和功能上会有较大不同，秘书在安排会议时，要根据会议目的和目标来确定会议类型，同时还要考虑会议的会期、地点、保密要求等内容。

第三节　会前准备工作

会前准备工作是对会议可能会涉及的各项工作做出提前安排，是提高会议效率、保障会议顺利召开的必要工作。一般来说，会前准备工作主要包括确定会议议题及步骤，确定参会人员及会议方式，准备会议文件，制发会议通知，布置会场，准备会议物品，做好后勤服务等具体工作。

一、确定会议议题及步骤

所谓"会议议题"就是召开会议要讨论的问题，其是会议目的与任务的反映，也是整个会议的中心思想。大多数党政机关、企事业单位都会先定议题再定会议，但也有一些单位会先定会议再确定议题。

一个完整的确定议题流程，主要包括收集议题、筛选议题和确定议题三个环节。在收集议题环节，秘书可以从领导提出的列入会议讨论的问题、下级部门或有关部门提请会议讨论决定的问题，以及上级部门要求贯彻落实的问题中，尽可能多地收集有用议题；在筛选议题环节，秘书要根据领导的安排、会议目的与任务，对收集到的议题进行筛选，同时搜集可供参考的文件、资料；到了确定议题环节，秘书需要将筛选后的议题与自己搜集的文件、资料一同交给领导审批，由领导最后确定会议议题。

秘书在筛选会议议题时，需要按照事项的轻重缓急来确定，将重要的、紧迫的事项排列在书面清单前面。一般来说，一次会议最好不要设置过多议题，涉及重大议题时，一会一议比较容易取得好的效果。设置过多议题或是缺乏核心议题的会议，很容易就会开成"跑题会""聊天会"。

【案例1】

某日，某部门召开会议，要求各基层单位领导共同学习上级下发的一份重要文件。在会议开始前，各位不常见面的领导相互间嘘寒问暖、交流信息，会场气氛非常热闹。在会议开始后，秘书传达完文件内容，邀请各位领导就文件精神畅所欲言时，会场却一下子变得鸦雀无声起来。

或许是为了缓解冷场的尴尬，一位领导发言了，但在谈了两句文件内容后，他却说起了其他话题。一时间，其他领导也接着这个领导的话，谈起了自己的话题。最终，整个会议在热闹气氛中落下帷幕。

仔细想想，这场会议究竟开出了什么效果？虽然确立了"学习上级文件"这一议题，但最终却并未呈现出会议应有的效果，"学习会"变成了"聊天会"，这正是会议议题设置不明确引发的问题。

秘书在确立会议议题时，应该尽可能地做到内容细致、有针对性，将"学习上级文件精神"确立为会议议题并没有错，但太过笼统。正确的做法是，在这个大议题之下，再从上级下发的文件中选择一到两个重点，将其作为参会者讨论的具体议题。这样便可以有效防止议题范围过大所导致的"跑题"问题的发生。

在会议议题之外，确定会议步骤也是会前准备工作的重要环节。会议步骤包含议程和日程两方面内容，议程主要是指会议中讨论各项议题的程序，即对已确定的会议议题的发言或讨论的先后顺序；日程则是在议程基础上对会议期间各活动所做的具体安排，主要包括时间、地点、内容的安排。

回过头来看"聊天会"案例可以发现，在这一会议中，不仅议题设置有问题，会议议程的确定也存在较大问题。虽然并不是所有会议都需要拟定出清晰的书面议程，但如果秘书能够提前准备好书面议程，并让与会者事先了解会议议题及具体议程，便可以有效避免这种"聊天会"的出现。

二、确定参会人员及会议方式

参会人员的确定，需要以会议性质、议题和任务为依据。一般来说，参会人员主要有会议主持人、记录人、会议代表、列席代表、听众、来宾等。会议不同，参会人员也会有所不同，秘书要提前确定好参会人员的人数，从而为后续其他工作做好准备。

参会人员的确定既要考虑到会议成本的控制，即将参会人员控制在一定数量内，又要确保会议目的和效果顺利实现。从这两方面出发，秘书可以从以下几方面去筛选参会人员。

（一）参会人员是否会直接参与会后决议的执行。

（二）参会人员是否对会议目标的实现有帮助。

（三）参会人员是否拥有达成某项决议的能力。

（四）参会人员是否会对他人造成妨碍，是否会给会议带来负面影响。

综合考虑上面这些因素后，秘书便可以在备选人员中挑选合适的参会人员。在这一过程中，秘书还需要考虑所选择的人员是否有条件参与会议，是否能全身心投入到会议之中，在考虑好这些"成本"问题后，便可以确定最终的参会人员名单了。

会议方式的确定，同样需要根据会议性质及议题来确定，同时还要考虑到参会人员的具体情况。比如，在一些特定时期，一些会议不需要集中进行，可以通过电话、电视或互联网来线上进行。

三、准备会议文件，制发会议通知

准备会议文件是会前准备工作中的重要内容。提前准备好会议文件，可以提高会议的效率，使会议目标更容易实现。一般情况下，秘书需要准备的会议文件主要包括会议程序性文件（会议议程表、日程表等）、会议中心文件（开闭幕词、发言稿、讨论稿等）、会议指导性文件（法律、法规、政策等）、会议参考性文件（技术资料、统计数据等）和会议管理性文件（会议通知、会议须知等）几种。

【案例2】

部门领导通知秘书小吴，本周五上午十时在会议室召开办公会议，主要研究提升办公效率的问题。为了让参会人员提前做好准备，确保会议顺利召开，小吴按照领导的要求做好了提升办公效率方案及会议通知，并在第一时间下发到各位参会人员手中。

为了避免有人忘记携带文件，小吴还特意在会议通知上注明开会时一定要携带提升办公效率方案文件。但会议开始后，依然有两位参会者忘记了带方案文件。因为没有准备多余的文件，两位参与者只得与他人共看一份文件，小吴则赶忙又印制了两份文件。

在上述案例中，秘书小吴在准备会议文件过程中出现了一个重要错误，那就是在打印方案文件时，没有提前留出备用文件。一般来说，会议文件要在会议开始前打印好，并且打印的份数要比预计发放的份数多一些（不可多印过多文件），这可以有效应对个别参会者忘带文件，或其他缺少文件的情况发生。

可能有人会说，秘书小吴明明在会议通知中提醒参会人员要带方案文件，是因为参会人员自己的粗心，才影响了会议。从案例中看，事实确实是这样，但"制发会议通知"这项工作，考核的并不是秘书是否做了这一工作，而是要看这项工作是否真的取得了效果。从案例中的结果来看，小吴的"会议通知"并没有起到应有的效果。

秘书制发会议通知时，一定要确认参会人员有没有接到通知，能不能来参加会议。如有必要，秘书最好在会议开始前一天再以电话、网络方式通知参会人员，了解其是否能准时参会，提醒其携带相关文件。

四、布置会场，准备会议物品

会场是召开会议的场所，在会前准备工作中，秘书既要做好会场选择工作，又要做好会场布置工作。会场的环境是否舒适、设施是否齐备，不仅会影响参会人员的心理，还会对会议的召开带来或大或小的影响。

会场的选择一般要结合会议内容和参会人数来考虑，在党政机关、企事业单位中，一般都有专门用于开会的场所，秘书只需要根据具体参会人数，以及会议日程来选定开会场所即可。在单位外部开会时，秘书就要综合考虑会场内部环境、会场周边交通状况、会场配备的附属设施等，再选定会场。

在选定会场时，秘书也需要考虑一些必要因素。

（一）会场不要距离参会人员太远。

（二）会场的照明设施、通风条件要保持良好。

（三）会场通讯方便，信息交流畅通。

（四）会场不要过于空旷或过于狭小。

在选定会场后，秘书需要根据会议的不同要求对会场进行布置。

设有主席台的会场，主席台是装饰的重点。因为主席台是整个会场的中心。一般在主席台上方悬挂红色的会标（亦即横幅），会标上用文字表明会议的名称。主席台背景处（亦称天幕）可悬挂会徽或红旗以及其他艺术造型等。将会议的全称以醒目的标语形式悬挂于主席台前幕的上沿或天幕上，即为会标。正式、隆重的会议都应当悬挂会标。会标可以起到体现会议的庄重性、提示会议的主题和性质、激发与会者的参与感的作用。在主席台的天幕中央一般悬挂会徽，形成会场的视觉中心。会徽一般有两种来源，一种是以本组织的徽志作为会徽，例如：党徽、国会、警徽等；另一种是向社会公开征集，选择最能体现或象征会议精神的图案作为会徽。

除了主席台的装饰外，还要装饰会场四周和会场的门口，这些地方可悬挂横幅标语、宣传画等，同时还可在会场四周墙壁上悬挂几幅字画及有特色的工艺品等作为点缀，这样能增添会场典雅的气氛。

在布置工作中，秘书特别要注意主席台座次的排列。主席台的座次安排，实际上是参加会议的领导的次序安排。秘书首先要确定主席台上就座人员的准确名单，然后严格按照名单安排座次。重大会议主席台的座次排列名单一般由秘书部门负责人亲自安排，并送有关领导审定。有的会议，领导对座次问题有专门关照，则应按领导的意见办。

会议主席台座次排列通常是身份最高的领导就座于主席台前排中央，其他领导则按先左后右（主席台的朝向为准）、一左一右、前高后低的顺序排列，即名单上第二位领导坐在第一位领导（居中）的左侧，第三位领导则坐在右侧，以此类推。如果主席台上就座的人数为偶数，则以主席台中间为基点，第一位领导坐在基点右侧，第二位领导坐在第一位领导的左侧。主席台排好座次后，一定要放名签，以便领导同志对号入座。

在大型会议上，主席台之下的一切座席均称为群众席。群众席的具体排座方式有二种：自由式择座，即不进行统一安排，而由大家各自择位而坐。按单位就座，它指的是与会者在群众席上按单位、部门或者地位、行业就座。它的具体依据，既可以是与会单位、部门的汉字笔画的多少、汉语拼音字母的前后，也可以是其平时约定俗成序列。按单位就座时，若分为前排后排，一般以前排为高，以后排为低；若分为不同楼层，则楼层越高，排序便越低。在同一楼层排座时，又有两种普遍通行的方式：一是以面对主席台为基准，自前往后进行横排；二是以面对主席台为基准，自左而右进行竖排。

如果会议需要设置专门的讲台，一般情况下，讲台只设一个，可设在中央，也可设在右侧。设在中央的，位置应低于主席台，以免报告人挡住主席台上领导的视线。

一些党政机关、企事业单位的小型会议多在单位的会议室举行，秘书也要注意座次的安排。如果会议室的会议桌呈长方形，如果只有一位或者两位主要领导出席，那么他或他们一般坐在这个长方形的短边，并且是比较靠里的位置。如果会议有来宾参加，一般分两侧就座，本单位领导和同事坐在会议桌的右边，来宾坐在会议桌的左边。

如果会议室的会议桌是圆形的，要以门作为基准点，比较靠里面的位置是重要的座位，主要领导应坐在这里，其他领导按照职务高低，在圆桌的左侧、右侧、左侧、右侧依次落座。秘书要按照次序排放好名签，避免有些领导同志坐错位置。

秘书要在选定会场后，罗列好会议所需物品清单，并及时购置，妥善保管。在布置会场时，秘书还要将会议所需的各项物品一并放置到位，及时做好各项物品的登记，以防缺失或遗漏。

五、会务住宿安排

一些大型会议会有大量外地代表或者领导参会，并且耗时较长，因此会涉及酒店住宿问题。秘书在会前服务工作中，要认真做好会务住宿安排。

住宿安排是相当复杂并耗费时间的工作，秘书或者秘书部门必须在会前做好有效的、准确的会议住宿统计工作。这个统计表应包括姓名、职位、手机、住房房型、住房天数、住房价格等。如果有特殊情况需要调配，要及时处理，预留空间。秘书还要及时将住房报告递交酒店，确认最后的订房数，这样既可保证会议的住宿需要，又可避免不必要的支出。

秘书在选择住宿的招待所、饭店、宾馆时，要充分考察其基本设施是否齐全，安全性如何，价格是否合理，位置是否交通便利，环境是否安静、整洁，然后综合考虑选择。根据与会人员职务、年龄、性别、健康状况和房间条件综合考虑，统筹安排。

秘书要严格贯彻落实中央八项规定和倡导厉行节约、反对浪费的精神，严格执行会议用房标准，不得安排高档套房。无外地代表且会议规模能够在单位内部会议室安排的会议，原则上在单位内部会议室召开，不得安排住宿。不得到党中央、国务院明令禁止的风景名胜区召开会议和住宿。

六、会议用餐安排

秘书需要注意，安排住宿的会议，一定要妥善安排会议用餐。会议用餐安排的原则是让出席会议者吃好又不浪费。秘书要根据会议的经费和人员情况确定就餐人数及预订餐厅。就餐人数可通过会议通知回执与会议签到的实际人数确定，就餐人数除了与会者，还包括会务人员的人数。确定好就餐人数后就可以确定餐厅，这个过程中需要考虑这几个方面问题：餐厅能否容纳会议活动的全部就餐人员；餐厅卫生条件是否符合规定；饭菜品种是否丰富多样，质量能否满足要求；餐厅和与会者驻地距离是否适当；价格是否合理。

秘书接下来需要确定餐饮具体方案。就餐时间需要根据会议活动的作息时间综合考虑；就餐方式可根据会议的规模和性质来确定，可实行自助餐制或分餐制。就餐人员组合方式是指就餐时与会者采取自由组合，还是按会议活动编组的方式组合就餐，如果选择按会议活动编组方式组合就餐，秘书需要提前通知与会者。

秘书要事先与提供餐饮的单位确定餐饮时间和地点，确定菜单。秘书在选择菜品和食物时，既要考虑菜品干净、卫生、新鲜、可口，又要考虑营养和健康；菜品应考虑口味的协调，保证辣、酸、咸、甜，软和硬，凉与热的平衡，确保品味与质地的完善，并且考虑颜色、口味、搭配、食品构成的组合。秘书应避免同一菜品连续几天出现，避免同一道菜在午餐和晚餐中重复。如果与会人员较多，秘书还应考虑烹调时间以及保温和服务准备时间。

秘书在会议召开前，要组织人员对饭菜质量、分量、数量、卫生状况、环境氛围、服务态度等进行必要的检查，发现问题，及时纠正或调整，必要时采取抽样检查或全部检查的方法，进行化验，防止食物中毒。

在会议用餐安排上，秘书要严格贯彻落实中央八项规定和倡导厉行节约、反对浪费的精神，严格执行相关标准和规定。会议用餐严格控制菜品种类、数量和份量，应当只供应家常菜，不得提供鱼翅、燕窝等高档菜肴和用野生保护动物制作的菜肴，不得提供香烟和高档酒水，不得使用私人会所、高消费餐饮场所。

七、做好其他准备工作

会前准备工作通常比较琐碎，涉及会议物资与资金的调配，参会人员住宿、医疗、饮食、交通等方面的保障工作。

在会前准备工作中，秘书除了需要考虑到上述基本后勤服务外，还需要考虑一些特殊情况。比如，若是一些年岁较大的领导同志参会，在住宿和餐饮方面要多加注意，老同志是否有基础疾病，是否需要特殊照护；若有少数民族代表参会，要在饮食方面多加注意，同时还要考虑他们的生活习俗和宗教信仰，对他们进行妥善安排。

在整个会议组织工作中，会前准备工作相当于绘制路线图，只有将路线图上各个节点的任务标注清楚，才能按部就班地开展工作。如果在会前准备阶段就出现了问题，那后续会议的开展必然问题不断。为此，秘书一定要将会前准备工作做足、做好，在"会外"多下功夫，才能保证"会内"多有成果。

第四节 会中服务工作

会中服务是最让秘书头痛的会务工作。如果说会前准备是"人推着工作走"，那会中服务便是"工作推着人走"。秘书除了要针对那些固定会议流程做好详细安排与预案，同时还要时刻提防各种突发状况的发生。在会议进行过程中，秘书不仅要掌握会议动态，为参会人员提供周到服务，还要与主持人一起管控会议进程。

一般来说，会中服务工作主要包括会前检查工作、会议签到工作、会议文字工作、安全防卫工作和其他服务性工作。若想要保证会议取得预期效果，秘书便要付出百倍努力，做好会中服务的各环节工作。

一、做好会前检查

会前检查主要是对会议日程、会议主旨材料、其他材料、会场情况、人员就位情况进行审核、检查，以防出现材料不全、日程不满、会场布置不到位等情况。会前检查既可算到会前准备工作中，也可算到会中服务工作中，是整个会议组织工作中不可缺少的重要环节。

【案例1】

在一场招商引资洽谈会上，会议过程中，秘书小张按照事先安排好的行程带领客商前往当地著名风景区进行实地考察。一行人坐车行至一半时，却被"拦住了"去路。原来，去往景区的道路在前两天突然塌陷，正在封闭抢修，所有车辆不可通行。没办法，小张只得带着客商绕道小路去往景区。

一来一回之间，耽误了一个多小时，原有的会议计划也无法继续向下推进。领导只得让小张先安排客商入住，第二天再重新召开会议。

在上述案例中，秘书小张没有在会议召开前了解去往景区的道路状况，影响了会议进程，这便是没有将会前检查工作做到位的典型表现。虽然道路塌陷是突发状况，但小张如果能在会议召开前确认一下路况，并亲自到现场勘查情况，便还有时间对会议日程做出调整，也不至于耽误会议进程，为客商带来不好的参会体验。

除检查会议日程之外，对会议主旨材料、其他材料的审核，也是会前检查的重要工作。会议主旨材料主要包括大会的报告、讲话稿和发言稿，审核时要看这些材料是否紧扣大会主题，是否能够诠释好会议精神，是否具有思想性和逻辑性。其他材料主要包括会议证件（代表证、签到证、记者证、车辆出入证等）、会议须知，这些材料上的内容必须全面、细致，不能有含糊不清、模棱两可的内容。

文件校对也是会前检查工作中的重要内容，这里所说的文件校对主要指对会议文件原稿的校样进行核查，修改语句语病，删掉多余内容。当发现原稿中存在较为复杂的问题时，要及时与领导沟通，最好不要自作主张进行修改。

对于会场的检查，主要包括检查会场中的设备是否能够正常使用，照明、通风条件是否良好，安全、消防设施是否齐备。除此之外，还要注意检查会场内的会标是否正确、合适，桌牌和名签摆放是否整齐、书写是否整齐。这些检查工作可以提前进行，但一定要在大会召开前再次检查，以免出现来不及应对的突发情况。

二、做好会议签到工作

会议签到是会议开始前要进行的工作，但对于秘书来说，这项工作在会前准备阶段就已经开始了。在会前准备阶段，秘书在策划会议时，便要确定好会议的签到形式，而后在布置会场、准备会议物品时，则需要准备好会议签到所用的各项物品（签到表、签到笔、签到展牌等），做好相关突发状况预案。在会议开始前，秘书（或登记人员）要在签到处负责监督签到，并及时将出席、缺席人数统计好，告知大会主持人。

会议的规模不同，签到方法也会有所不同，秘书可以根据会议的规模，来选定具体的签到方法。一般来说，会议的签到方法主要有人工签到和计算机签到两大类，其中，人工签到又包括会务人员代替签到、签到证签到、签到簿签到、座次表签到等方式。

（一）会务人员代替签到

会务人员代替签到是指秘书事先准备好参会人员名册，当参会务人员来到会场时，秘书便在参会人员名册上做好标注（缺席人员、请假人员也要以特殊符号进行标注）。这种签到方法较为高效，可以节省参会人员的时间，比较适合小型会议。

（二）签到证签到

签到证签到是指秘书事先向参会人员发放提前制作好的签到证、签到卡，参会人员在进入会场时，再将签好自己名字的签到证交给秘书，以表示自己到会。这种签到方法可以有效防止签到人员集中到来引发签到效率低的问题，比较适合大中型会议。

（三）签到簿签到

签到簿签到是指秘书事先准备好签到簿，参会人员在进入会场时，需要在签到簿上填写自己的相关信息，如姓名、职位、所属单位等。签到簿的制作一般都比较精美，具有一定的保存价值，也方便事后查找。不过，从签到效率角度考虑，这种签到方式并不适用于大中型会议，只适合在小型会议中使用。

（四）座次表签到

座次表签到是指秘书事先制定好座次表，并在相应表格中填入参会人员姓名，当参会人员来到会场时，便在相应表格中标注即可。使用这种签到方式，参会人员在签到时会清楚地获知自己的座位号，便于进入会场后寻找自己的座位。

相比于上述人工签到方式，当前党政机关、企事业单位应用较多的还是计算机签到，即利用互联网技术进行快速签到。全国人民代表大会所采用的自动感应通道系统便是一种新型的计算机签到方法。当人大代表佩戴好自己的人大代表证卡，走过自动感应通道时，无障碍自动感应通道中的天线便会自动读取人大代表证卡中的芯片信息，而后再通过比对自动感应通道签到系统中的人员信息，帮助人大代表即刻完成会议签到。在签到结束后，该系统可以直接生成会议签到报表，供相关人员查阅。

对于秘书来说，用互联网技术来简化会议签到流程，缩短签到时间，节约会议资源，是一项必须掌握的职业技能。

三、会议引导

会议引导是指会议期间会务人员或秘书为与会者指引会场、座位。负责会议引导的会务人员或秘书要熟悉会场的布局以及各种配套设施情况。一般的小型会议，与会者按照安排好的座位或者区域就座；召开大中型会议，为了方便与会者尽快就座和保持会场秩序，都需要秘书或者会务人员做好引导。

秘书或者会务人员应懂得基本的引导礼仪，带领与会者到达目的地，应该有正确的引导方法和引导姿势，遵守基本的引导礼仪。

领导、与会者签到完成后，秘书或者会务人员要接待引领，五指并拢，手心向上与胸齐，以肘为轴向外转，在领导、与会者左前方一米处引领。

引导领导、与会者上楼时，应让他们走在前面，秘书或者会务人员走在后面；若是下楼时，应该由秘书或者会务人员走在前面，领导、与会者在后面。上下楼梯时，应注意领导、与会者的安全。领导、与会者不清楚线路，则秘书或者会务人员一直走在前方。在上下楼梯台阶的地方应使用手势，并提醒领导、与会者"注意楼梯"。

如果遇到电梯，秘书或者会务人员先按电梯让领导、与会者进，如果领导、与会者不止一人，秘书或者会务人员先进入电梯，一手按"开"，一手按住电梯侧门，然后说"请进"；到达目的地后，秘书或者会务人员一手按"开"，一手做出"请"的手势，"到了，您先请"。遵循先下后上原则。

到达会议室或会场门口，如果门是手拉门，秘书或者会务人员应先拉开门说

"请稍等"，再用靠近把手的手拉住门，站在门旁，用回摆式手势请领导、与会者进门，最后自己把门关上；

如果门是手推门，引导人员推开门说"请稍等"，然后先进，握住门把手，用横摆式手势请领导、与会者进入。

四、会议中的茶水服务

秘书在会议中要注意茶水服务。在会议开始前，秘书或者会务人员要提前给茶杯中放好茶叶，茶叶不宜过多，也不宜太少。茶叶过多，茶味过浓；茶叶太少，冲出的茶没味道。倒水时，无论是大杯小杯，都不宜倒得太满，太满了容易溢出，一般以杯子的七八分满为宜。倒过水后要逐杯加以检查。可用手背触摸杯子的外壁，如果是热的，表明已倒过水，如果是凉的则需及时补倒。

通常在会议开始20分钟后进行续水，秘书或会务人员要随时观察会场用水情况，天热时要随时加倒。续水时不要把瓶口提得过高，以免溅出杯外。如不小心把水洒在桌上，要及时用小毛巾擦去。续水应按职位的顺序进行，先从主要领导开始，从左向右依次倒水就可以了。如果主要领导的杯子里的水几乎没有动，而会场其他人的杯子已喝了一半多，最好停顿一下，看一下主要领导的杯子，再给其他人加水。

如果领导需要续水，其茶杯是放在面前的会议桌上，秘书提着小暖瓶过去续水，要从领导的右侧倒水。如果从左侧倒水，手臂就要从领导面前伸过去伸过来，这样显得不礼貌。如果领导喜欢把茶杯放左侧，那就要从左侧倒水。给领导倒水，一定要把杯子拿到领导的背后加水，避免引起与会人员的注意。加水的时候，注意杯盖的内口不能接触桌面，杯盖可以内口朝上翻放在桌上。拿茶杯时要注意手指不能触碰杯口，更不可以用五指直接抓住杯口。秘书倒水时，暖瓶的瓶口不要提得太高，要对准杯口，以免溅出杯外。倒完水后，要把杯盖盖上。端放茶杯动作不要太高，也不要从领导的肩部和头上越过。放茶的时候，注意不要把手指搭在茶杯边上。

在会议期间，秘书或会务人员要随时观察会场用水情况，做到随机随时添水。秘书要做到这一点，就需要注意观察领导和与会者的水杯，如果离得近或是领导的杯子是透明的，就在领导喝了一半左右时续水。如果离得远，领导、与会者的杯子也不透明，看不到水位线，那就要通过观察领导、与会者喝水时水杯的倾斜度来判断杯中水的存量。倾斜度较大，杯中水的存量较少，就要及时续水。

五、做好会议文字工作

根据会议内容的不同，会议文字工作也会有差异，但做好会议记录和编写会议简报是大多数会议都会有的文字工作。

会议记录是一种重要的档案文书，根据记录内容的详细程度可以分为摘要记录和详细记录，摘要记录只记录会议概况及参会人员的发言要点；详细记录则有言必记，力求准确、完整呈现会议内容。一些较为重要的会议通常需要做好详细的会议记录，秘书可以利用录音设备先对会议进行录音，而后再整理出会议的详细记录。

会议简报是反映会议内容和动态的内部资料，一般包括会议概况、重要发言、会议通过的决议或决定等内容。一些持续时间较长的大中型会议，经常需要用到会议简报，秘书需要将会议当天情况以简报的形式快速、准确地传达给参会人员。

除了这两项会议文字工作外，秘书还需要根据会议材料撰写会议总结报告，或修改会议决定草案。在进行会前准备时，秘书就应将这些工作安排到位、落实到人，这样才能保障会议顺利推进。

六、做好安全防卫工作

安全防卫是一项重要的会中服务工作。关于会场中的注意事项，秘书需要在事先拟定好并发放给参会人员的《会议须知》中说明。除此之外，在会前准备工作中，秘书还要安排专人来维持会场秩序，确保会议在安全状态下进行。除了会场安全，对于参会人员餐饮、住宿、参观的场所，也要提前勘查，并认真做好安全防范工作，防止意外事故的发生。

七、做好其他服务性工作

相比于前面几项工作，其他服务性工作多而杂，秘书需要提前就各方面可能发生的情况做好预案，并对相应的服务性工作做出安排。比如，会议过程中临时出现一些变动，该由谁来负责处理，应该采取何种措施；在开会期间，会场外有人寻找参会人员，该由谁负责传接，是否需要直接联系当事人。

会中服务的其他服务性工作除了引导参会人员就座、分发会议文件资料外，都是一些针对可能发生事项做出的事先安排。这些事项可能不会发生，但安排却不能省掉。

总体来说，会中服务工作主要是对一些会前准备工作的"实践操演"，很多会中服务工作的计划安排都是在会前准备阶段就设计好的，到了会议召开时，只要严格按照计划安排执行就可以了。当然，也有一些突发事项是会前准备阶段所无法预想到的，关于这一内容，我们将在后文进行详细介绍。

第五节　会后处理工作

　　会后处理工作相比于会中服务工作要"轻松"许多，但这种"轻松"并不是完全放松，而是在开展各项工作时可以更有余裕。会后处理工作主要是一些收尾工作，类似于足球比赛中的"临门一脚"，虽然操作起来并不复杂，但却要集中精力，认真将工作进行到底。

　　一般来说，会后处理工作主要包括做好离会安排工作、收拾清理会场、整编会议文件、总结会务工作、推进会议事项督办等。

一、做好离会安排工作

　　会议结束后，秘书需要根据事前计划好的方案安排参会人员返程，具体工作如分发返程车（机）票，安排工作人员和车辆送站等。若有必要，秘书可事先编制参会人员返程时间表，这样在会后执行时，便可以有针对性地"按表核人"，保证为所有参会人员安排返程行程。

二、收拾清理会场

　　会议结束后，秘书要提醒参会人员拿好自己的物品，同时要迅速安排工作人员收拾清理会场。租用的物品要及时退租，借用的物品要马上归还，购买的物品要清点入库，发现有参会人员遗留的物品，应妥善保管并交还给失主。

　　在收拾清理会场的同时，秘书还要安排工作人员对会务活动的费用进行结算，比如参会人员入住酒店的住宿费、餐饮费，参会人员参与活动的开销等。若结算费用与预算费用存在较大出入，秘书还要重新核算会务活动各环节的开销，找到出问题的环节。

【案例1】

某单位在酒店举行了一场联谊会，会议结束后，秘书到酒店财务室结算费用，发现会议费用与预算相当。看上去此次会议花销并没什么问题，但秘书很清楚，结算费用与预算费用相当可是大问题。

原来，这场会议预定有72人参加，但最后实际到场的只有59人。负责管理参会人员住宿和餐饮的工作人员并没有及时调整房间和餐位，最终导致有的房间没有住人，有的房间只有一个人，有的餐桌坐满了人，有的餐桌只有四五个人。

酒店并不会因为房间空置或少人，就少收房费，因此这场会议并没有因为参会人员减少而少花钱。

上述案例中的工作人员在会中服务阶段犯了错误，而这个错误一直到会后处理阶段才被发现。如果没有做会后结算工作，那这个问题很可能就会被掩盖，而后再有类似情况时，依然会出问题。因此秘书在会后处理工作中，一定要多注意这方面的问题，不要看到结算费用与预算相当，就敷衍了事。

三、整编会议文件

会议结束后，整编会议文件也是一项重要工作。前文提到的会议简报、会议纪要、会议决定，以及其他与会务活动有关的文字资料，都要及时整理归档，送有关领导审批。对于会议中使用过的资料、文件，涉及保密要求且不属于立卷、归档范畴的，要及时清理销毁，防止机密文件外流引发不必要的问题。

四、做好会务总结

在完成大部分会后处理工作后，秘书要组织会务组成员进行会后总结，复盘会议组织情况，总结相关经验教训，为日后做好会议组织工作查漏补缺。

五、做好会议事项督办工作

会议事项督办也是会后处理阶段的重要工作，这项工作看似与会议组织无关，但却对会议效果能否如期实现有着至关重要的作用。秘书要在会议结束后，监督检查会议决定、精神、文件是否传达到位，是否得到了有效落实。打电话、发通知、直接派人检查都是较为常见的督办方法，但想要真正做好督办工作，秘书需要建立起一套完整的会议事项督办体系。

完整的会议事项督办体系主要包括分工、登记、反馈三个环节的工作，在分工环节，要做到责任到人，安排专人负责一项或几项督办工作；在登记环节，要建立督办登记簿，督办人员要根据实际情况，对登记簿上督办事项的进展情况进行记录；在反馈环节，督办人员可以采用多种方式定期或不定期向领导反映督办事项落实情况，对于一些特殊问题和紧急情况，一定要及时询问领导意见，听从领导指示。

会后处理阶段的工作多是一些收尾工作，这些工作的开展要立足于会前准备和会中服务工作之上，如果前两个阶段的工作没有做好、做到位，那会后处理阶段要处理的工作便没有头绪，秘书也只能从中获得经验教训，而无法感受到完成一项会议组织工作的喜悦。

第六节　会议突发状况处置

会议开展过程中的突发状况会给正常的会议进行带来极大影响，秘书要有未雨绸缪的意识，但预估所有突发状况也不现实。因此，秘书只能在会议组织工作的各个环节中都做足准备。

一、会前准备阶段：完善会务方案，细化突发状况预案

完善会务方案，可以在最大程度上减少突发状况的发生。在会议召开前，秘书围绕会议议题、议程、会期等内容做好会务方案的同时，还要从住宿安全、饮食卫生、交通安全、水电保障等方面进一步完善会务方案。如有必要，还可以邀请交通、电力、卫生等部门相关人员召开沟通会，对可能发生突发状况的各个方面做出安排。

举例来说，在一场会议中，有一个游览革命圣地的活动。在制定会务方案时，秘书就要针对这一活动做出细化预案。比如，去往活动地点的路线要确定几条，安排谁去活动地点踩点，安排几次踩点，选择什么时间踩点，是否要安排人走一遍活动流程，出现恶劣天气要怎么办……在制定突发状况预案时，不怕想得多，就怕不多想。

二、会中服务阶段：提高应变能力，及时处置突发情况

到了会中服务阶段，秘书要做的就是随机应变，有预案的认真执行预案，没预案的也要快速反应拿出解决方案。越是会期较长、规模较大、人员较多的

会议，越容易出现突发状况，如果会前检查工作做得仔细，便能有效规避突发状况，但若会前检查过于马虎，那就可能遭遇各种突发状况。

【案例1】

在一场重大产业项目推进观摩现场会议中，秘书小吴负责车辆调度和现场协调工作。为了接送各县区领导，小吴调用了三辆客车，1号车33座，主要安排给四套班子领导、秘书长和县（市、区）委书记乘坐；2号、3号车45座，主要安排给各县（市、区）政府领导和市直部门领导乘坐。

因为要处理观摩现场工作，小吴将车辆乘坐编排工作交由其他会务组人员负责，并再三叮嘱将1号车的书记、市长安排在一排两座的座位，方便他们交流、处理工作。到了晚上工作结束后，小吴翻阅车辆乘坐安排表时竟然发现1号车安排了34人。这样安排不是超载了嘛！

因为车辆乘坐安排表已经随《会议须知》一起发放给参会人员，想再修改是不可能了。小吴冷静思考片刻后，赶忙联系上了被安排在1号车的三位秘书长，跟他们说明了情况，并请他们乘坐2号车。小吴顺利解决了问题后，又核查了一遍第二天的行程，确定没问题后，才上床睡觉。

如果不是小吴重新核查了一遍车辆乘坐安排表，那这件小事就会影响到第二天的会议行程。所以，秘书在会中服务阶段是一刻都不能放松，即使是芝麻大点的小事，也要认真对待。

除了因工作失误引发的突发状况外，会中服务阶段还会发生一些意料不到的突发状况，比如突发地震、天降暴雨等气候灾害，参会人员突然晕倒、突遭外伤等意外事故，会场停电、设备故障等其他影响会议进行的突发情况。秘书需要制作一套突发事件应急处置预案，最好在内容上形成制式，操作时再灵活应变。这样，不论何种类型的会议，就都能有所准备。

三、会后处理阶段：及时总结复盘，防止重复同样错误

到了会后处理阶段，秘书紧绷的神经就可以稍稍放松一些了，这一阶段秘书

要做的就是总结、复盘，既要对会议内容总结、复盘，也要对会议中的突发状况应对总结、复盘。

如果提前制作了应对突发事件的制式预案，在总结时也可以对照预案看一看应对工作是否到位，原有预案有没有需要新添加的内容。经过一次次总结、一次次复盘，秘书手中的突发事件应急处置预案也会越来越完善。

除突发事件处置之外，秘书在会议组织工作中，还会遇到一些其他会务问题，比如会议名称如何确定，会场座次如何排列等。在此，我们只针对那些需要特别注意的问题进行简要说明。

第十二章
接待工作，待人接物的艺术

　　接待是党政机关、企事业单位秘书的重要职责，在接待工作中，秘书代表着单位的形象，一举一动都要符合礼仪规范。想要把接待工作做好，秘书不仅要懂流程，还要知礼仪。

　　本章主要围绕单位秘书接待工作的各个环节展开，从接待工作的基本要求、基本流程，到针对不同访客的接待方法，全面介绍秘书在接待工作中需要做好的事务。

第一节　接待工作概述

秘书的接待工作并不好做，因为他们每天要接触的访客很多。上级单位的检查人员、基层单位的工作人员、人民群众、外来单位的办事员，在遇到这些不同情况时，秘书要采取不同的方法与礼仪规范来开展接待工作。

在秘书工作中，待人接物是一项艺术性工作，如果不讲究艺术性，那人与人之间的交往就会隔阂不断、问题丛生。

【案例1】

这天，张秘书准备去参加部门的会议，他需要在会议上向领导汇报一些重点工作的进展情况。他刚出门，门卫打来电话说有个群众有问题想要咨询。为了不让群众白来一趟，张秘书打算挤出一些时间与这位群众好好谈一谈，先了解一下他的诉求。

由于时间紧迫，张秘书让这位群众简单介绍一下自己的情况，他先做好记录，开完会回来之后再解决。张秘书的话说得很明白，这位群众却想尽量解释清楚，所以话越说越多，越说越乱。眼看着开会时间就要到了，张秘书便让群众改天再来，自己则急忙赶去开会。

几天后，办公室接到了一封群众来信，信中批评张秘书在接待群众时态度敷衍，对群众爱答不理。对于这件事，张秘书自己也觉得有些委屈，在领导的一番教导下，张秘书反思了自己在接待工作中的不足。

从这一案例中可以看出，秘书不讲究接待礼仪、不注重接待工作，是很容易出问题的。很多时候，秘书越是想将接待工作简单化，就越容易适得其反，越想快速解决问题，越容易"欲速则不达"。

不过，也正如张秘书所遇到的情况一样，秘书工作繁多，并不能全天候投入到接待工作中，所以说要处理这样一项费事费力的工作，对秘书来说是不容易的。但职责所在，秘书必须要在完成其他秘书工作的同时，预留出足够充裕的时间，完成接待工作。

秘书的接待工作会因接待单位、对象的不同在工作细节上有所区别，但在有些方面的要求却是基本相同的，比如开展接待工作的原则、要求、程序和礼仪等。

一、开展接待工作的原则

秘书开展接待工作时，要注意自己的行为举止，对待访客要一视同仁，展现出良好精神面貌的同时，让访客感到热情和温暖。一般来说，秘书开展接待工作时，主要需要遵守以礼待人、热情周到、真诚尊重、精简务实等原则。

（一）以礼待人

中国人重视礼仪，尤其是人际交往中，更讲求以礼待人。秘书在开展接待工作时，无论面对的是外宾还是内宾，领导还是群众，都应该一视同仁，以礼相待。该走的接待流程一定要走，该讲的接待规矩一定要讲，该有的接待礼仪一定要有，切不可以各种理由忽略了应有的礼仪。

这里所说的"礼仪"，既包括秘书接待访客时要遵守的礼仪规范，如问好、礼貌用语等，也包括秘书自身仪表、举止礼仪，如接待访客时的着装、妆容等。秘书要将"以礼待人"原则贯穿于接待工作始终。

（二）热情周到

无论访客来访的目的为何，秘书都应该热情友好地接待。对于访客咨询的问题，要认真解答；对于能解决的问题，要及时解决；对于暂时解决不了的问题，要与对方约定时间和方式；对于解决不了的问题，要耐心解释原因，并给出合理建议，不可一推了之。

热情周到的服务可以化解掉许多接待工作中的问题，即使是那些前来投诉和提意见的访客，也会被热情周到的接待服务所打动。秘书要时刻谨记，自己代表的是单位的形象，在面对访客时，要以大局为重，热情服务。

（三）真诚尊重

在接待工作中，秘书并不能对访客的所有问题都给予细致解答，对于那些难以回答或无法解决的问题，秘书应该真诚委婉地说明原因，不能以各种理由搪塞，只有真诚沟通才能换来对方的理解。

秘书在与访客交谈过程中，还要做到尊重对方的生活习惯和习俗，不将自己的意志与信念强加于对方身上，要让对方感到舒服。在接待少数民族访客时，尤其要尊重对方的风俗习惯。

（四）精简务实

在开展接待工作时，秘书要明确来访人员的意图，并合理规划接待流程及细节安排。在具体操作上，要简化接待形式，调整接待规格，厉行节俭，反对铺张浪费，让接待活动更务实。

为了规范党政机关国内公务接待管理，加强党风廉政建设，中共中央办公厅、国务院办公厅印发了《党政机关国内公务接待管理规定》，对党政机关国内公务接待的原则进行了说明，即国内公务接待应当坚持利于公务、务实节俭、严格标准、简化礼仪、高效透明、尊重少数民族风俗习惯的原则。这些原则与上文提到的秘书工作原则并不冲突，党政机关秘书要综合考虑这些原则，并将其运用到工作实践之中。

二、开展接待工作的要求

《党政机关国内公务接待管理规定》除了对公务原则进行了说明，还对国内公务接待工作各方面细节做出了明确要求。党政机关秘书在开展接待工作时，要严格按照规定要求执行，不可擅自调整接待标准。

根据《党政机关国内公务接待管理规定》的内容，党政机关秘书需要在控制接待范围，简化迎送活动，严控住宿、用餐、用车标准，限定预算总额等几个方面，做好接待工作。

（一）控制接待范围

党政机关秘书在开展接待工作时，应当严格控制国内公务接待范围，不得用公款报销或者支付应由个人负担的费用，更不能将休假、探亲、旅游等活动纳入国内公务接待范围。

秘书要根据规定的接待范围，遵照本单位的接待制度，严格接待审批，对能够合并的公务接待进行统筹安排。对于那些无公函的公务活动和来访人员，一律不予接待。

在接待工作结束后，秘书要如实填写接待清单，将接待对象的单位、姓名、职务、公务活动项目、时间、场所和费用都记录清楚，并交给相关领导审批签字。

（二）简化迎送活动

在开展国内公务接待时，秘书不得在机场、车站、码头和辖区边界组织迎送活动，不得跨地区迎送，不得张贴悬挂标语横幅，不得安排群众迎送，不得铺设迎宾地毯。

在安排接待活动时，秘书安排的活动场所、项目和方式，要有利于公务活动的开展。对于需要安排外出考察调研的，则要真正做到深入基层、深入群众，不能走过场、搞形式主义。

（三）严控住宿、用餐、用车标准

在为接待对象安排住宿时，秘书要严格执行差旅、会议管理的有关规定，在定点饭店或者机关内部接待场所安排，执行协议价格。住宿用房以标准间为主，接待省部级干部可以安排普通套间。秘书不得超标准安排接待住房，也不得额外配发洗漱用品。

在为接待对象安排用餐时，若确因工作需要，秘书可以为接待对象安排工作餐一次，但要严格控制陪餐人数。接待对象在10人以内的，陪餐人数不得超过3人；超过10人的，不得超过接待对象人数的三分之一。秘书所安排的工作餐应当供应家常菜，不得提供鱼翅、燕窝等高档菜肴和用野生保护动物制作的菜肴，不得提供香烟和高档酒水，也不得使用私人会所、高消费餐饮场所。

在为接待对象安排用车时，秘书应当安排接待对象集中乘车，合理使用车型，并严格控制随行车辆。在使用警车时，要严格按照有关规定执行，不得违反规定实行交通管控。确因安全需要安排警卫的，要按照规定的警卫界限、警卫规格执行，合理安排警力，尽可能缩小警戒范围，不得清场闭馆。

（四）限定预算总额

党政机关秘书要加强对国内公务接待经费的预算管理，合理限定接待费预算总额。秘书不得将应由接待对象承担的差旅、会议、培训等费用列入接待费之中，也不能以举办会议、培训为名列支、转移、隐匿接待费开支。

在安排接待活动时，秘书不得超标准接待，不得组织旅游和与公务活动无关的参观，不得组织到营业性娱乐、健身场所活动，不得安排专场文艺演出，更不得以任何名义赠送礼金、有价证券、纪念品和土特产品等。

如上所述，党政机关国内公务接待有严格的标准和要求，秘书要根据国家有关政策规章，以及本机关的具体要求安排接待活动。

第二节　接待工作的分类与方式

党政机关、企事业单位公务接待的种类很多，不同类型的接待工作，秘书要面对的接待对象、处理的接待事务、遵守的接待礼仪都是不同的。因此，了解接待工作的分类可以更好地帮助秘书做好接待工作。

一、接待工作的分类

根据接待对象的不同，常见的公务接待主要有内宾接待、外宾接待、上级接待、下级接待、公众接待等几种类型。

（一）内宾接待

所谓"内宾接待"，就是指接待那些前来学习、参观、访问的兄弟单位人员。我国大多数党政机关、企事业单位都针对内宾接待有明确规定，不同级别的内宾由不同部门对口接待，具体的接待范围、接待标准、接待要求，也都要按照相关的规定来执行。

这类接待工作通常会由领导带队，访问时间会比较长，规格、规模高低不等，秘书要在接待前做好细致方案，认真组织安排好座谈、参观、考察和迎送活动，以热情周到的服务，完成接待工作。

（二）外宾接待

所谓"外宾接待"，就是接待那些前来投资、考察、调研的国外、境外来宾。《中央和国家机关外宾接待经费管理办法》中详细规定了中央单位外宾接待的原则、预算管理、接待经费标准、陪同人员及经费管理等内容。一些党政机关、企事业单位也根据自身的实际情况，依据《中央国家机关外宾接待经费管理办法》制定了本单位（地区）的外宾接待管理规定。秘书需要结合本单位（地区）外宾接待的相关规定，安排接待工作。

这类接待工作多由专门部门（外事部门）负责，有关部门更多承担着协助接待的任务。秘书在承担这类接待工作时，要秉承服务外交、友好对等、务实节俭的原则，并按照外事规定的具体规定及礼仪开展接待工作。

（三）上级接待

所谓"上级接待"，就是接待来本地区、本单位视察、检查工作的上级机关领导。上级领导来访，可能是来听取汇报的，可能是来检查工作的，也可能是来调查研究的，秘书必须协助本单位领导，认真完成相关接待工作。

这类接待工作通常较为复杂，秘书必须要提前与上级领导的秘书做好沟通，了解清楚领导来访的目的、规模及行程安排，并根据精简务实原则，确定好具体的接待标准。

（四）下级接待

所谓"下级接待"，就是接待来本单位处理公务的下级及基层机关单位人员。下级及基层机关单位人员来访，可以是来汇报工作的，可以是来请示事项的，也可以是来反映情况、提出建议的，秘书只要针对来访者的实际情况，处理相关事宜即可。

这类接待工作通常较为轻松，时间周期也比较短，甚至不需要专门组织接待安排，但秘书依然要保持以礼待人，以真诚尊重为原则，做好接待工作。

（五）公众接待

所谓"公众接待"，就是接待那些前来办事、上访、投诉、采访的公众。这可以说是党政机关秘书最常面对的接待工作。由于接待对象不确定、接待目的不明确，秘书必须要学会随机应变。并不是所有社会公众都需要接待的，但无论是否安排接待，秘书都应该保持真诚，给予来访者足够多的热情与关注，尽可能地帮助来访者解决问题。

二、接待方式

党政机关、企事业单位秘书每天要接待的访客种类多样，既有单位内部人员，也有单位外部人员；既有事先约定好的，也有没有提前预约的；既有因公来访的，也有为个人私事而来的……无论遇到何种类型的来访者，秘书都要以足够的热情做好接待工作。不过，在保持态度热情的同时，秘书也要根据来访者的具体情况，采取正确的接待方式。

一般来说，在搞清楚来访者的身份与意图后，秘书可以采取受理、分流或挡驾的方式接待来访者。

（一）受理

受理并不是说秘书要为来访者解决所有问题，而是要根据具体的情况，以不同方法来为来访者提供帮助。

1. 来访者反映的问题由秘书或领导负责

如果来访者反映的是秘书职权范围内，或是领导所负责的问题，秘书便要认真倾听，并针对来访者反映的问题给出明确的解释和答复。在日常接待工作中，这类情况是比较常见的，秘书要依据自己的经验与知识，尽己所能地为来访者解决问题。

2. 领导临时有事无法接待来访者

如果来访者反映的问题需要由领导解决，但领导却临时有事，无法立即接待来访者，那秘书便要认真接待来访者，耐心倾听对方的诉求，做好解释工作，并与对方另行约定时间。在这个过程中，秘书要保持足够的热情，不要有不耐烦、懒得解释的表现，更不要使用"领导不在，下次再来"这种冷冰冰的表述。

如果来访者反应的问题可以交由其他领导代为解决，秘书也可以在征得负责领导的同意后，将来访者带到其他领导的办公室，请其他领导代为接待。

3. 来访者过早到来，或领导有事推迟接待

如果来访者与领导约好会面时间，但来访者来早了，或领导临时有事要推迟接待，那秘书便要认真向来访者说明原因，并让其在办公室或专门的接待室中等候。若预计等候时间较长，还要为来访者准备茶水、报纸，供其排遣时间。秘书

要大方热情，让来访者产生受重视的感觉。

4. 来访者上门推销产品或服务

如果来访者前来是为了推销产品或服务的，秘书也应根据实际需求判断是否应该受理，若需要受理，则可以让对方留下名片及相关资料，递交领导看后再与其联系、给予答复。

（二）分流

分流并不是说不需要接待来访者，而是说秘书要针对具体情况对来访者做出合理安排，是由领导接待，还是自己接待；是在办公室接待，还是去会议室接待……这些都是秘书要考虑的问题。

1. 来访者与领导有约定

如果来访者与领导已经约定好时间，那在来访者到来时，秘书就要与领导联系，并引导来访者前往领导办公室，而不能让来访者自行去找领导。

2. 来访者需要联系其他部门

如果来访者是前来与其他部门商谈具体业务的，秘书要立即与有关部门取得联系，并将来访者引导至有关部门，或由有关部门派出人员进行接待。如果有关部门暂时无法接待，秘书可以留下对方的名片及相关资料，并与有关部门商定后，与来访者约好下次见面的时间。

3. 来访者没有事先约定

如果来访者事先没有约定，但他又非要找到领导不可，秘书便需要根据现场情况随机应变：如果领导有时间、有精力接待，便可在领导同意后，将来访者引导到领导处；如果领导没时间接待，秘书便要自己接待处理。

在日常接待工作中，这两种来访者是最为常见：有些人确有事情要解决，有些人则更多是来寻求帮助的。对于前来解决事情的来访者，秘书只要就事论事，帮助他们解决问题便可以了；对于前来寻求帮助的来访者，秘书要帮他们梳理清楚问题，为他们讲明白国家政策法规，并给相应的合理化建议。

（三）挡驾

挡驾指的是为领导挡驾，即对来访者说"不"。秘书不是要真诚热情地对待来访者吗？现在怎么又要直接对他们说"不"呢？挡驾并不是冷冰冰地拒绝，而是用一种相对柔和的方式拒绝来访者。

【案例1】

刘秘书正在撰写文稿，旁边的电话突然响起来。刘秘书拿起电话，很快便从声音中听出了对方的身份。来电话的是做业务推广的王经理，是领导在一次展销会上结识的，领导仔细了解过王经理推销的商品后，觉得性价比不高，想再看一看其他同类商品。上次王经理来电话时，刘秘书就以"领导正在开会"婉拒了对方。这一次，刘秘书则以"领导出差了"拒绝了对方要与领导通话的要求。

事后，刘秘书向领导做了汇报，领导要求刘秘书接此类电话时多"挡一挡"，等自己比对好几家的商品后，再做决定。如果不选择王经理推荐的产品，到时再直接与对方说清楚也不迟。

如果领导不想与来访者会面，秘书便要找一个恰当的理由委婉地向对方说明，比如领导正在开会、领导外出了、领导现在正忙等。上述案例中刘秘书便成功为领导挡驾，因为没有伤了和气，所以保留了继续合作的可能。

除了使用恰当理由婉拒对方外，秘书也要学会替领导迅速结束对话。比如，当领导接待来访者的时间过长或是被来访者缠住时，秘书要想办法替领导解围。具体做法便是寻找恰当理由，结束领导与来访者的对话，比如，告知领导马上就到开会时间了、提醒领导接下来的外出行程等。

第三节 公众接待的基本流程

相比于其他类型的接待工作，公众接待所面临的情况繁杂琐碎，但由于不需要制定特别的接待方案，所以整个工作流程却要比其他接待工作简化许多。秘书要将公众接待的流程内化于心，这样才能更好地开展接待工作。

公众接待工作的基本流程可以用"迎""问""答""送"四个字来概括，在这四个环节中，秘书要认真倾听来访者的每一句话，观察来访者的表情变化，真诚地为来访者排忧解难。

一、迎——从打招呼开始赢得来访者信赖

"迎"作为公众接待工作的第一个环节，虽然操作起来十分简单，但却关乎着接待工作的成败。对于秘书来说，能否把第一句话说好，决定着后续接待工作中，他要说多少"好话"。

在公众接待工作的第一个环节中，秘书需要用热情的招呼与来访者建立起信任关系，让来访者相信眼前这个人能够并愿意帮助他解决问题。做到了这一点，秘书便算是为整个接待工作的成功打下了良好的基础。

【案例1】

小张秘书正在办公室中打电话，突然门外走来了一个带着草帽的中年男子，轻声说自己要找王秘书。小张听到了男子的话，但因为正在接电话，所以并未理睬对方。中年男子似乎也注意到小张正在打电话，所以自己在办公室中转悠。

中年男子在办公室中这看看，那看看，小张捂住电话听筒，冷冰冰地对中年男子说："你先坐那等着。"中年男子没有说话，默默地找椅子坐了下来。大约过了五分钟，小张打完电话打算接待中年男子，但中年男子却不愿与小张交谈，非要让小张把王秘书叫过来。

小张觉得男子没有礼貌，便拒绝了他的要求，并让他把事情跟跟自己说一说，然后再由他转告给王秘书。男子依然不愿与小张沟通，非要等王秘书回来。小张不再搭理中年男子，开始忙起自己的工作来，一直到中午快吃饭时，王秘书才从外面赶回来，接待了中年男子。

中年男子并没什么要紧事，也并非一定要找王秘书才能解决。只不过他看到小张秘书对自己爱答不理的，所以心里很反感，宁可白白浪费时间，也不想跟他交谈。

在这个案例中，小张秘书的接待工作是失败的，他在接待的第一个环节就给对方留下了负面印象，后面再想挽回，也无济于事了。如果遇到了一个脾气暴躁的来访者，没准两人之间还会爆发一场不小的冲突。

正确的"迎"的方式应该是，当来访者进门后，秘书要主动起身相迎。如果遇到小张秘书这种正打电话，或是正与其他同事谈事的情况，则要点头示意，或先打个招呼，让来访者稍做等待。如果恰巧遇到来访者要找的人不在，秘书则可以先向对方进行自我介绍，并表示可以帮助对方转达，或是等要找的人回来后再行联系。

总之，在"迎"这一环节，无论是在语言上、动作上，还是表情上，秘书都要表现出亲切、真诚、热情的样子，不能以冷漠态度对待来访者。即使遇到来访者不讲礼貌、不懂规矩的情况，秘书也要细心认真地跟对方解释、沟通。在接待工作中，微笑永远都是秘书最好的"武器"。

二、问——简明扼要地理顺来访问题

"问"的工作要比"迎"更难，许多秘书正是这一环节的工作没有做到位，才导致接待工作效率低下，收到了许多投诉。

大多数情况下，来机关单位的公众心情都比较着急，想要在第一时间将自己的诉求说清楚。但越是这样，他们就越难将自己的诉求表达清楚。为此，从接待效率角度出发，秘书必须"主动出击"，由自己来问，而不是让来访者自己叙述。

在"问"这个环节中，秘书要通过发问的方式，让来访者把自己的问题讲清楚。在来访者讲述的过程中，秘书要认真倾听、梳理获得的信息，抓住来访者所反映的核心问题，并思考相应的解决方法。

在向来访者发问时，秘书要懂得循循善诱，问的时候要善于引导、提示，不要急切地"审问"来访者。在接待来访者之初，秘书便可以设定好问询的流程，而在与来访者深入交谈时，秘书则要在推进问询流程的同时，随机应变，灵活发问。

"问"这个环节是公众接待工作中最费时间的环节，秘书要尽量在较少时间内，理清来访者想要解决的问题。只有这样，才能继续向下推进到"答"的环节。

三、答——给予切实可行的解题方法

"答"就是对来访者要解决的问题给予回答，需要在做好第二环节工作的基础上完成。在这一环节中，秘书的最高目标是帮助来访者解决问题，次级目标是让来访者了解与自身诉求相关的政策、法规要求。

在"答"这一环节，对于来访者提出的每一个问题，秘书都要依据政策、法规予以解答。只要把国家的政策法规说清楚，即使没有直接帮助来访者解决问题，也有助他们理解相关问题。在解答来访者提问时，秘书要高度负责，不能用"这是别的部门的事情""我们管不了这些""你去问别人吧"这类回答搪塞来访者，不负责任的解答是不会令来访者满意的。

在解答过程中，秘书要注意观察来访者的情况，如果是年纪较轻的来访者，秘书只要把政策、规定讲清楚就可以了；如果是年龄较大的来访者，秘书就要放慢语速，细心为其讲解政策、法规，而不能丢给他一份文件，就不管不顾。

秘书要时刻注意自己回答问题的语气，即使遇到解释了很多遍，来访者依然不明白的情况，也要保持平和心态，不能以冷漠、嘲讽、不耐烦的语气应答来访者。对于一些无法解决的问题，秘书可以尽己所能为来访者提供参考性意见，告知他们接下来该做些什么，这样即使问题没有得到解决，来访者也会对接待工作比较满意。

想要高效完成"答"这一环节的工作，秘书除了要多了解政策法规外，还要多锻炼自己的应变能力和语言表达能力。"答"的结果并不一定能解决每一个来访者的问题，但一定要让每一位来访者感到满意，这是每位秘书在开展公众接待工作时必须要明确的一点。

四、送——善始善终完成接待工作

"送"是公众接待工作的最后一个环节，与第一环节一样，都不会占用太多时间，但却是必不可少的环节。秘书若想顺利完成接待工作，就要保持耐心将这最后一个环节的工作做到位，好的开始加上好的结尾，才是一个完满的接待流程。

在这一环节中，秘书要从语言与姿态两方面表现出"送"的态度。在语言上，秘书要根据前面几个环节的具体情况，选择合适的送别语，比如"您还有别的问题吗""感谢您对我们工作的关心""有事请您再来"等。在姿态上，来访者要离开办公室时，秘书要起身相送，将来访者送出门是一个比较简单且礼貌的姿态。

秘书如果没能成功为来访者解决问题，还可以帮忙将来访者介绍给其他部门的相关人员，或将其他部门的联络方式告知来访者，这也是"送"的一个重要内容。

总的来说，在公众接待中，上面四个环节的接待工作是必不可少的，只有依次做好各环节工作，秘书才能顺利完成公众接待工作。对于秘书来说，要在与社会大众的接触中，感悟接待工作的要义。

第四节　公务接待工作的流程

接待工作就是"迎来送往"，相比于公众接待，公务接待在流程上要更为简单，但秘书要做的工作却会更为细化。与会议组织工作一样，秘书也要按照接待前的准备、接待中的服务和接待后的处理三个步骤开展接待工作。

一、接待前的准备

公务接待工作能否顺利完成，与前期准备是否到位有着密切关联，只有做好前期准备工作，秘书才能顺利推进后续的接待活动。秘书需要从计划制定与物质准备两个方面着手，完成接待前的准备工作。

（一）计划制定

根据《党政机关国内公务接待管理规定》，公务外出确需接待的，派出单位应当向接待单位发出公函，告知内容、行程和人员。接待单位应当根据规定的接待范围，严格接待审批控制，对能够合并的公务接待统筹安排。无公函的公务活动和来访人员一律不予接待。

可以看出，我国对公务接待有着严格要求，并不是所有公务活动和来访人员，都需要由秘书安排接待。因此，这里所说的"计划制定"也主要针对那些符合公务接待规定且通过本机关审批的公务接待。

秘书在接到领导的通知后，便要着手进行接待工作的计划制定。在制定具体计划时，秘书要先了解来访人员的各项情况，据此确定好接待的规格，而后才能制定相应的接待计划。

1. 了解来访人员各项情况

秘书接到通知后，要先把来访人员的基本情况了解清楚，如来访人员的单位、人数、身份、性别、年龄、民族、健康状况等基本信息，来访人员的来访目的、来访时间、行程信息等。

掌握了这些信息后，秘书便可以从来访目的及来访时间出发，结合来访人员的基本信息，确定接待规格以及具体的接待计划。同时，还要根据来访人员的民族和健康情况等特殊信息，做出一些预案安排，比如若来访人员心脏不好，在制定计划环节就不能安排对心脏有刺激的活动，在物质准备阶段则可以准备好相应的急救药物。

2. 确定好接待的规格

了解来访人员的基本情况后，秘书便可据此来确定接待的规格。常见的接待规格主要有高格接待、低格接待、对等接待三种，秘书要根据来访者的身份及来访目的，来确定具体规格。

（1）高格接待

高格接待指的是接待时的主要陪同人员职位要比来访人员的职位高。当上级机关派工作人员来下级机关指导工作时，下级机关的领导陪同接待；当兄弟单位人员来商谈重要事宜时，本机关领导陪同接待；当下级领导来访时，本机关领导陪同接待……这些都属于高格接待。

一些机关单位在接待重要客商时，也会由领导陪同接待，这也是一种高格接待，其目的都是为了展现对来访人员的重视。

（2）低格接待

低格接待指的是接待时的主要陪同人员职位要比来访人员的职位低。当基层单位派工作人员来访，或是一些其他有业务往来的客商来访时，多会采用这种接待规格。当上级领导到基层单位视察时，只能采用低格接待。

（3）对等接待

对等接待指的是接待时的主要陪同人员职位与来访人员的职位相当。在接待工作实践中，这种接待规格是最为常用的。

在考虑采用哪种接待规格时，秘书首先要从国家对公务接待的规定出发，不得违规，而后便要从来访人员的身份、目的出发，若对方来访的目的对本机关而言非常重要，那便可采用高格接待；若对方此前曾多次来访过本机关，则最好维持上一次的接待规格。

当然，不论选定哪一种规格，最终都要交由领导确定。当领导决定好接待的规格后，秘书便要着手制定接待计划，并及时与来访人员进行沟通。

3. 制定接待计划

制定接待计划是准备环节的重要工作，也是整个接待工作中的核心环节。通过制定接待计划，秘书可以将复杂的接待工作理清，使接待工作可以有条不紊地开展，同时还可以让相关人员提前规划自己的时间，保障接待工作顺利进行。

在制定接待计划时，秘书需要做好三件事，一件是确定接待人员，一件是拟定日程安排，一件是制定经费预算。

（1）确定接待人员

制定接待计划的第一步是确定接待人员，秘书要根据前一阶段获得的来访人员信息，选定需要参与到本次接待工作中的人员，包括负责此次接待的高级管理人员、专职陪同人员及接待服务人员等。

（2）拟定日程安排

拟定日程安排是制定接待计划的关键，这里所说的"日程安排"不仅包括来访人员在来访时的具体行程、时间安排，也包括来访人员住宿、餐饮时的安排，以及对陪同人员的具体安排。秘书需要拟定好从来访人员抵达时的迎接活动至来访人员离开时的欢送活动为止的日程安排。

日期	时间	地点	行程安排	陪同人员
6月1日	15:30	××火车站	接站	王主任、李秘书
	16:00	××宾馆	办理入住、将来访人员引导至房间、告知其用餐时间及地点、安排其休息	李秘书
	18:00	××宾馆餐厅	带领来访人员用餐	王主任、李秘书
6月2日	9:00—10:30	机关会议室	安排来访人员与机关领导进行会谈	李书记、王主任、李秘书、张秘书及其他参会人员

续表

日期	时间	地点	行程安排	陪同人员
	11:00－12:00	××宾馆餐厅	安排来访人员用餐	王主任、李秘书
	13:00－15:00	××景区、××博物馆	带领来访人员游览景区、博物馆，考察当地旅游资源	王主任、李秘书、张经理、赵馆长
	15:30－17:00	××博物馆会议室	安排来访人员与当地文旅部门负责人及经营者进行会谈	丁部长、王主任、李秘书、张经理、赵馆长及其他相关人员
	17:30	××宾馆餐厅	安排来访人员用餐	王主任、李秘书
	19:00	××火车站	将来访人员送到火车站	王主任、李秘书

上表是一个简单的接待工作日程安排表，之所以说它"简单"，主要是因为这张表格中只罗列了接待活动的大体流程安排，即从迎接活动、入住宾馆、用餐、进行会谈、游览到欢送活动各个具体节点的安排，但并没有对这些节点上的活动再做出细致安排，比如在游览景区、博物馆时，需要怎样安排行程？先去哪里，再去哪里，重点参观哪里，由谁负责介绍……这类细节问题在行程表中都没有体现出来。

从简洁明晰的角度考虑，日程安排表中可以不展现各个活动的具体细节，但秘书要针对每个接待工作中的活动做出细致的方案。制作接待方案是接待工作的重要内容，一般与拟定日程安排一同进行，方案做得越细致，执行起来就越顺利。

（3）核定经费预算

拟定好日程安排后，秘书要针对接待工作需要花费的费用进行核算，这些费用主要包括来访人员的住宿费、餐饮费、交通费、其他费用等。在列支接待经费时，党政机关秘书要严格遵守《党政机关国内公务接待管理规定》的要求，不得超标准接待，也不能以任何名义赠送礼金、有价证券、纪念品和土特产等。

如果来访人员的住宿费、交通费由自身承担，那秘书还需要提前与对方沟通，将所需经费数目通知对方（可与日程安排一同通知）。若涉及多个单位联合接待的，秘书还要与其他单位的相关人员沟通好经费的承担问题。在将经费预算核定好后，秘书要将接待计划交由领导审批。

（二）物质准备

物质准备指的是按照接待计划准备接待工作所需要的各种"物力条件"，比如接待车辆的安排、宾馆的预订、会客室的布置、相关资料的印发，以及有关单位的联系等。

秘书需要将接待计划中每一个环节中所需要的"物力条件"都罗列出来，然后一个环节一个环节去准备相关物品、布置相关场所。会客室中的物品是否齐备、宾馆房间是否清洁、参观地点的设备是否准备到位……这些都是秘书要考虑到的问题。

涉及需要其他单位做的准备，秘书需要先行通过电话联系，做好沟通，而后还要亲自去现场进行核实，以免因为沟通疏漏或对方粗心，导致关键物品没有准备好。有条件的话，秘书最好将整个接待流程都走一遍，这样可以及时发现问题并提前解决问题。

虽然制定接待计划是接待前准备工作的中心，但物质准备工作同样具有重要意义。在这两项工作外，秘书还要提前做好接待任务的安排，为每一个参与接待工作的人员分配任务，并确保每个人都明确自己在接待工作中的责任。

二、接待中的服务

接待中的服务是对接待前准备工作的执行。在这一阶段中，秘书也需要注意两方面内容，一是接待中的礼仪问题，二是接待时的突发状况处置。前者在所有类型的接待工作中都可以"通用"，后者则需要秘书针对具体接待活动"对症下药"。

（一）接待中的礼仪问题

每一位参与接待工作的人员都需要掌握接待礼仪，在言行举止、举手投足间都要"合乎礼节"。秘书在分配任务时，不仅要告知接待人员需要负责的具体工作，还要告诉他们如何更有礼节地完成工作。

迎客是接待中的重要礼仪之一。来访者在约定的时间到达，秘书和相关迎接人员应提前去迎接。见到来访者，秘书应热情地打招呼，主动伸出手握手，以示欢迎。在握手时，上身应自然前倾，行15度欠身礼，手臂抬起的高度应适中。握手时必须用右手，握手时伸出的手掌应垂直于地面，手心向下或向上均不合适。握手时应掌心相握，这样才符合真诚、友好的原则。握手的时间不宜过长或过短，两手交握五秒左右，上下晃动最多3次是较为合适。在握手的过程中，眼睛要注视来访者，眼神坚定，面带微笑。如果来访者提有重物，秘书应主动接过来，但不要帮着拿他的手提包或公文包。对长者或身体不太好的来访者应上前搀扶，以示关心。

在接待中，当然少不了进行一些寒暄。寒暄是双方见面时以相互问候为内容的应酬谈话，为的是缩短双方感情距离。寒暄的原则应是：亲热、贴心、消除陌生感，秘书与来访者寒暄时可以说"您路上辛苦了""欢迎光临""您好"等。寒暄时要看着对方眼睛，充分表示尊重，目光不要游移不定，当然也不要目不转睛地盯着对方。 说话要吐字清晰，语言运用妥帖、自然、真诚，言必由衷，避免过头的恭维话。寒暄完之后，秘书还要进行自我介绍，然后引导陪同来访者，即亲自带路或陪同对方前往目的地。

在介绍情况时，秘书要语气平和、吐字清晰、使用礼貌用语，如"请允许我为您介绍一下……"；在介绍双方人员时，要以"姓名+职位"的形式，如"这位是王××王主任"；在介绍双方人员时，要手心朝上45度对向被介绍人，同时眼睛望向被告知人，切不可以手指指人。

（二）接待时的突发状况处置

若接待过程中不发生任何突发事件，那按照计划顺利推进接待工作便可以了。但很多时候，突发事件是不以人的意志为转移的，即使做好了万全准备，也还是会有突发事件发生。因此，在接待服务中，秘书要尤其注意各工作环节可能发生的突发事件。

"凡事预则立，不预则废"，提前将各个接待环节可能遇到的突发事件都罗列出来，虽然会费些时间，也可能会成为无用功，但在关键时刻，却能够起到"挽狂澜于既倒"的作用。所以，在制定日程安排时，秘书便要将各个环节中可能发生的突发事件都罗列出来，然后再思考出具体的解决方法，并将其告知相关工作人员。

比如，接站时，来访人员乘坐的车辆未及时到达。在遇到这种情况时，负责人员可以先与来访人员取得联系，而后根据具体情况做出决策。若来访人员会晚几分钟达到，那便可以正常执行原定日程计划；若来访人员需要晚到半个小时左右，那便可以稍微调整后续活动的时间安排；若来访人员遇到特殊情况，需要晚到一个小时以上，那便要考虑是否删减掉某个非核心活动，来保证核心活动顺利进行。

秘书准备的预案越多，应对突发状况时，就会更加游刃有余。遇到那些难以预料的突发事件时，秘书要随机应变，从保障接待工作顺利进行并照顾到来访人员体验的角度出发，及时想出对策。

三、接待后的处理

接待后的处理工作是在来访人员离开后进行，除了一些收尾工作，如与宾馆进行结算外，秘书还需要完成编写新闻稿件、总结经验教训、整理归档资料等工作。

（一）编写新闻稿件

开展接待工作是党政机关重要的公务活动，从宣传的角度出发，秘书需要将接待活动中那些适合整理为新闻、有必要对外宣传的内容整理成新闻稿件。经过领导审批之后，可上传到机关单位网站或是公众号。

（二）总结经验教训

与会议组织工作一样，无论接待工作顺利与否，秘书都要在接待工作完成后，总结经验教训。这是提升秘书接待工作能力的重要环节，只有从失败的经历中找到问题所在，才能防止在下一次接待工作继续出错。

（三）整理归档资料

在接待工作中形成的各种资料，都需要整理归档，其中较为重要的除了那些方案、纪要以及文件资料外，还有接待清单。接待清单主要包括接待对象的单位、姓名、职务和公务活动项目、时间、场所、费用等内容，秘书要如实填写接待清单，并由相关负责人审签。

　　上述内容便是公务接待工作的全部流程，可以看出，接待流程的工作是一环扣着一环的，计划制定得好，执行时便会顺利；执行得顺利，后续处理工作便会轻松一些；后续处理工作做得好，又会对下一次接待工作有所助益。所以，秘书要在一次次接待工作中，不断积累经验，不断提升能力，将接待工作越做越好。

第五节　公务接待工作方案的制定

公务接待工作方案是开展接待工作的依据，对整个接待工作起着重要的统筹、规划、指导、协调的作用，也是参与接待工作的每一个人都要遵守的行动规范。秘书在制定接待工作方案时，既要考虑来访人员的意图与需要，也要遵守国家有关规定、本地区的公务接待规范和本机关的实际情况，坚持有利公务、务实节俭、严格标准、简化礼仪、高效透明、尊重少数民族风俗习惯的原则。

一个完整的接待工作方案，主要包括方案的制定依据和方案的具体内容两部分内容。其中，方案的具体内容是接待工作方案的重点。

一、方案的制定依据

制定公务接待方案的依据主要包括五方面内容：一是体现国家行政法规要求，二是符合本地区领导的重要指示，三是满足来访人员的目的与需求，四是立足本机关的具体情况，五是考虑来访人员的身份和随员情况。

秘书在制定接待工作方案时，应该遵守《党政机关国内公务接待的管理规定》《十八届中央政治局关于改进工作作风、密切联系群众的八项规定》等重要文件规定，同时也要深刻领会本地区领导针对接待工作做出的重要指示精神，立足于本机关、单位的实际情况，事前要精心周密筹划，安排要务实高效节俭，不搞形式主义，不得弄虚作假。

在考虑国家、地区及本机关规定、情况的同时，秘书还要考虑来访人员的情况。制定接待工作方案的目的是为了满足来访人员的来访需要，因此，在方案中的每一项活动都要围绕来访人员的意图与需要来制定，为来访人员提供最优质的服务。同时，秘书还要根据来访人员的身份和随员情况，确定住宿、餐饮、车辆、安全警卫等方面的具体安排，做到合规又合礼。

二、方案的具体内容

接待计划中的"日程安排"是接待方案中的一部分内容，其是对接待工作整个流程的简化梳理，可以让参与接待的人员一眼便看清全部接待流程。不过，仅靠"日程安排"是没办法指导整个接待工作的，秘书必须将接待工作各个环节的工作细化为具体的内容。

接待工作方案的具体内容因不同的接待活动而有所不同，主要包括迎送安排、陪同安排、会议安排、宴请安排、食宿安排、车辆安排、日程安排、警卫医疗、宣传报道等内容。秘书需要根据不同的接待工作，在这些方面去完成具体接待方案的制作。下面简单对几个方面的内容进行说明。

（一）迎送安排

在迎送安排方面，秘书应本着有利于开展公务活动的原则，安排活动场所、活动项目和活动方式，不得走过场、搞形式主义。在迎送活动中，以下行为是一定不能出现在接待工作方案中。

1.在机场、车站、码头和辖区边界组织迎送活动。

2.安排跨地区迎送。

3.在迎送现场张贴悬挂标语横幅。

4.在迎送现场安排群众迎送。

5.在迎送现场铺设迎宾地毯。

上述行为违反了党和国家对接待活动的规定，也是各地区政府明令禁止的迎送行为，秘书一定要避免。

在制定具体的迎送安排方案时，秘书可以将内容做得尽可能详细，以帮助执行人员更好地完成相应任务。比如，针对接站活动，秘书便可做如下所示的方案。

> 接站活动
> 时间：6 月 1 日 15:30
> 地点：×× 火车站
> 参与人：王主任、李秘书、张师傅
> 车辆安排：机关公务接待车一辆
> 具体细节：不需要组织特别的欢迎活动。王主任需搭乘公务接待车辆提前 20 分钟抵达火车站，等待来访人员到来。李秘书提前 20 分钟抵达宾馆，提前做好安排工作，并随时与王主任保持沟通，等待来访人员到来。

将具体方案做得足够细致，可以为执行人员提供更好地指导，但这并不意味着在执行时要一味地按照固定方案执行。秘书要在传达具体任务时，将灵活执行任务的精神一同传递给执行人员。

（二）宴请安排

宴请指的是正式、隆重的设宴招待，有国宴、正式宴会、便宴之分。国宴与正式宴会是规格较高的宴会，便宴是一种非正式宴会。若要安排公务宴请，秘书需要制定好具体的宴请方案，从宴请对象、时间、地点的确定，到订菜、现场布置和餐具摆放，都要严格按标准执行。

正式宴会有一些基本的流程，如迎宾、入席、就座、致辞、用餐、交流、送别，不同的环节讲究不同的礼仪，秘书在安排各环节工作时，要注重服务礼仪的传达，要让参与宴会的人感到热情与温暖。

（三）食宿安排

在食宿安排方面，秘书应该坚持务实节俭、严格标准的原则，严格按照党和国家以及本地区、本单位的接待规定安排。某学校在接待来访人员时，对食宿安排做出了如下规定：

> 住宿安排
> 1. 公务接待住宿要严格执行差旅、会议管理相关规定，优先安排来访人员在学校内部接待场所住宿；确需在校外住宿的，要在定点宾馆安排，按标准结算。住宿费用由接待对象自理，与会人员住宿费按会议费管理有关规定执行。
> 2. 不得超标准安排接待住房，不得额外配发洗漱用品，不得在房内摆放花篮、果篮。住宿用房要以标准间为主，接待省部级干部可以安排普通套间。

用餐标准

1.接待对象应当按照规定标准自行用餐，确因工作需要，可由接待单位于校内宾馆、餐厅安排工作餐一次；如遇特殊情况需在外接待，则须经过主管校领导审批。

2.严格控制工作餐标准，其标准不得超过本市规定的开支标准。工作餐应当供应家常菜，不得提供鱼翅、燕窝等高档菜肴和用野生保护动物制作的菜肴，不得提供香烟和高档酒水，不得到私人会所、高消费餐饮场所消费。

（四）车辆安排

在车辆安排方面，公务接待的出行活动要安排集中乘车，合理使用车型，并严格控制随行车辆。在方案设计上，秘书先要做好乘用车辆的选择与编排，确保在各种活动之间转场的车辆可以做到无缝衔接，还要做好行车线路规划、路况核查等工作安排。

在做好车辆安排后，秘书还需要对车内座次做好安排，这一内容虽然可以不写入到方案中，但秘书及参与接待的人员都需要有所了解。

一般双排座的小轿车，在有专职司机的情况下，后排靠右的位置需要留给身份最为尊贵的来访者，下一级别的来访者可以坐在后排靠左的位子，秘书、助理或翻译则应坐在副驾驶位置。如果是7人乘坐的多排商务车，在有专职司机的情况下，车内最佳的位子应该是第二排，而后是第三排，第一排副驾驶依然是留给助理、翻译、秘书等人的。

【案例1】

一次接待活动中，秘书小莫代表领导去机场迎接来访宾客。见面之后，小莫本打算安排来访宾客坐在小轿车后排右边的位子上，可宾客竟然自己拉开前车门，坐到了司机旁边的副驾驶位置。按照接待工作的礼仪规范，来访宾客应该坐到小轿车后排右边的位子上，这个座位既方便下车，也比较安全，但让客人起身下车换座又不太合适，小莫只得任由宾客坐在副驾驶座位上。

事实上，在一些接待工作实践中，经常会出现来访者自己选择座位的情况，有些人喜欢坐在小轿车的后排，有些人却喜欢坐在前排副驾驶。遇到这种情况，秘书应该灵活应对，尊重宾客的意愿，提醒宾客系好安全带，提醒司机掌握好车速，小心开车。

　　总的来说，秘书在制定接待方案时要统筹全局，在掌握来访人员基本信息的基础上，梳理各项工作，并分配到人，明确各自权责。对于接待过程中可能出现的变化，也要在事前有充分考虑和准备。在布置具体工作时，具体工作安排可以下发给接待人员传阅，但其中的涉密内容，一定不能向无关人员泄露，以免引发不必要的麻烦。

第六节 接待工作中的礼仪规范

接待工作除了要有缜密的规划安排，还要注意接待时的礼仪。无论是秘书自己，还是其他参与接待的人员，都要在与来访者接触、沟通过程中注意礼仪规范。

接待工作中的礼仪规范涉及接待工作的各个环节，也表现在言谈举止的各个方面。在与他人交谈时，秘书说话要简洁明了，自然大方，精力集中，多使用一些礼貌用语，让对方能够在了解信息的同时感受到热情。

除交谈之外，介绍、握手、交谈、递名片、接受物品……行为举止也都需要"依礼而行"。

一、介绍

介绍包括自我介绍和他人介绍两种，自我介绍就是把自己的情况介绍给别人，在介绍时要态度谦卑、言简意赅；自我介绍的内容应当包括本人姓名、供职的单位及其部门、担负的职务或从事的具体工作等三项，这三大要素缺一不可。自我介绍时，姓名应当一口报出，不可有姓无名，或有名无姓；供职的单位或部门，最好全部报出；有职务最好报出职务，职务较低或者无职务，则可报出所从事的具体工作。

他人介绍就是自己作为介绍者向会面双方介绍彼此，秘书将领导介绍给来访者或向领导介绍来访者，是十分常见的工作。在完成这一工作时，秘书便需要注意一定的礼仪规范。

如果双方地位不同，秘书要先将地位低的人介绍给地位高的人；如果双方地位相同、年龄相近，那应该先将主人（接待单位领导）介绍给客人（来访领导），男性介绍给女性；如果双方地位相同、年龄相差较大，则应先将年轻人介绍给年长者。

当秘书与领导一起接待较多来访者时，秘书需要先将领导介绍给来访者，而后再向领导介绍各位来访者。对此，秘书需要先行熟悉各位来访者的情况，提前准备好介绍材料，并熟记于心。

二、握手

握手一般在刚刚会面或相互介绍完之后进行，握手时的顺序与介绍的顺序差不多，主人（接待单位领导）、身份高者、年长者、女性先伸手，客人（来访领导）、身份低者、年轻人、男性先问候，等到对方伸出手后，再与对方握手。

在握手时，一般用一只手（右手）即可，若双方关系比较亲近，则可以双手握。握手过程中双目要注视对方，并微笑致意。

三、递名片（文件）

在相互介绍及握手之后，双方往往要互换名片。在递名片时，要将名片正面对着来访者，双手恭敬地递出；在接过对方名片时，也要双手去接，接过名片后要仔细看一下，不能看都不看就将名片塞入口袋。

递文件时的礼仪规范与递名片时一样，秘书要用双手将文件递上，并使文件正面正对着接受文件的一方。接过他人递来的物品时，也要用双手，并点头示意或说一声谢谢。

四、引导

秘书为来访者做引导时，要走在来访者左前几步，让来访者在道路内侧行走，自己则在道路外侧行走。在引导过程中，路过转弯处或道路不平时，秘书要礼貌地提醒对方"小心脚下""请这边走"。若要走的路较长，秘书在引导过程中要注意与客人保持沟通，比如介绍一下当地的名胜古迹、特产美食等。

当将客人引导到接待室或领导办公室时，需要先敲门，获得领导同意后，方可进入。若门是向外开的，秘书需要打开房门，让来访者先进入室内；若门是向内开的，秘书则要自己先进入室内，再把房门开好，邀请对方进入。待进入室内，引导来访者坐在指定位置上后，及时为来访者送上茶水，而后再走出房间，并轻轻关上房门，留领导与来访人员交谈。

五、着装

着装反映着一个人的审美情趣与文化素养，是人际交往中的重要元素。在接待工作中，秘书的着装也要符合一定的礼仪规范。党政机关秘书大多穿着职业装，可以是西装加白衬衫，也可以是白色衬衣加牛仔裤。

在接待来访者时，秘书要穿着正装，并注意服装的色彩搭配，尽量选择适合自己身材的衣服，不要穿着太过时尚前卫、太过五颜六色的衣服。得体的服饰会给来访者带来好的观感，也能反映出秘书沉稳大方的气质。

六、电话沟通

在电话沟通中遵守一定的礼仪规范，可以帮助秘书更好地开展接待工作。除了要注意文明礼貌、保持热情谦和的语气态度外，秘书还要注意不同情境下，电话沟通所需要遵守的礼仪。

（一）主动拨打电话

在接待工作中，秘书在了解来访者基本信息时，可以采用电话沟通的方式。在通话中，对于一些需要记录的内容，完成记录后，可以再向对方复述一遍，若有错误之处及时改正。如有较多重要内容，可以录音的话，尽量留存录音，以免遗漏重要信息。在通话结束后，秘书要与对方礼貌道别，并表示期待对方的到来。若对方是领导、长辈，则要等对方先挂电话后，秘书再挂掉电话。

即使电话另一边是其他机关的领导，秘书也不必过分紧张，以简洁的话语将需要了解的信息了解清楚便可以了。若有存在疑问的地方，一定要及时问清，不要以自己的想法去揣度领导的意图。

（二）被动接听电话

在被动接听电话时，很多秘书都习惯先问对方是谁，而不说自己是谁。其实，正确且高效的接电话方法是接通电话后，先说清楚自己的部门，而后再询问对方的身份。这样做可以让对方判断自己的电话是否打对了，而后还可以将对方引导至正常的沟通之中。

在了解了对方的身份后，秘书要认真倾听对方的诉求，并将其中的重要内容记录下来，尤其是那些人名、地名、时间等关键信息，一定要记录准确。涉及具体的接待事项，若存在疑问之处，也要及时向对方询问清楚，以免出现错漏，影响后续接待工作。

上面提到的这些接待工作中的礼仪规范，是接待工作中比较有代表性的礼仪规范。秘书要了解接待工作中的礼仪规范，更要在日常工作中有意识地调整、纠正自己的举止，这样才能在接待工作中表现得自然、得体，圆满完成接待工作。

第十三章
沟通协调工作，角色定位很重要

　　沟通协调是党政机关、企事业单位秘书的重要职责，也是秘书处理日常公务时最常做的工作之一。秘书肩负着辅助领导管理的责任，经常会与机关内部及外部的单位、组织、人员进行沟通协调。因此，秘书必须要强化沟通意识，掌握协调方法，只有这样，才能做好沟通协调工作，提升机关单位管理效能。

　　本章主要对沟通协调工作的内容、方式、步骤、方法进行详细介绍，同时还针对党政机关内部与上级领导和平级同事相处的内容，进行了重点介绍。

第一节　沟通协调工作概述

沟通是人与人、组织与组织间的信息交流，是实现组织目标、满足个人需要、完成工作任务的重要手段。协调是使组织内部人员的行为趋于统一，并使其能共同指向组织目标的一种管理活动。在机关单位中的沟通协调工作，沟通是手段，协调是目的，这是每一位秘书要先搞清楚的一点。

秘书能否做好沟通协调工作，主要取决于其沟通协调能力。秘书在培养、提升沟通协调能力之前，要先搞清楚机关单位中沟通协调工作的具体内容有哪些。

一、沟通的分类

了解沟通的分类，是秘书认识沟通协调工作的第一步。按照不同的分类方法，沟通可以分为不同类别。

（一）按信息沟通方向分类

按照信息的流向，党政机关、企事业单位中的信息沟通可以分为上行沟通、下行沟通和平行沟通三类。其中，上行沟通与下行沟通又可称为纵向沟通，平行沟通则可称为横向沟通。

1. 上行沟通

上行沟通是一种自下而上的沟通，是下级将情况、意见反映给上级的一种沟通形式。汇报工作、提出建议都是较为常见的上行沟通，很多机关单位中都有专门的渠道供职员开展上行沟通。

这种沟通形式在很大程度上会受到渠道的限制，若党政机关中不存在自下而上的沟通渠道，或是自下而上的沟通渠道不顺畅，那上行沟通就无法顺利进行。因此，为了保证这种沟通形式能够发挥应有的效果，秘书在开展上行沟通协调工作时，必须要疏通或建构好自下而上的沟通渠道，较为常见的做法有发放调查问卷、召开座谈会、进行随机访问、设立"意见箱"等。

2. 下行沟通

下行沟通是一种自上而下的沟通，是上级向下级传递信息、发布命令、通知的一种沟通形式。下行沟通作为党政机关中最为常见的一种沟通形式，是部署工作、发布命令、传达指示的重要手段，下行沟通的顺畅，对于党政机关的正常运转具有重要意义。

3. 平行沟通

平行沟通是一种横向沟通，是组织中成员之间横向的信息交流形式，既包括人员与人员的沟通，也包括群体与群体之间的信息交流。在党政机关中，平行沟通是各机关单位间相互了解、相互协作的重要手段，对增进各机关单位间的团结具有重要意义。

如果党政机关中的平行沟通渠道不畅通，机关单位的下属部门就可能会产生壁垒、隔阂，进而矛盾冲突不断，机关单位内部甚至会出现"独立的孤岛"，影响正常开展工作。因此，秘书必须重视平行沟通，并努力保障机关内部平行沟通渠道的顺畅。

其实，除了这三种沟通类型之外，党政机关中还有一种特殊的沟通形式——"斜向沟通"，其是指群体内部非同一组织层次上的单位或个人之间的信息沟通，以及不同群体的非同一组织层次之间的沟通。这是一种可以有效提升信息传递速度的沟通方式，也被称为"越级沟通"。只要在沟通前得到直属领导的允许，秘书可以使用这种沟通形式与不同部门、不同层级的人员进行沟通。

（二）按沟通的组织系统分类

按照沟通的组织系统来进行分类，党政机关中的沟通可以分为正式沟通与非正式沟通两种。

1. 正式沟通

正式沟通指的是通过组织明文规定的渠道进行信息交流与传递活动，常用于交流与传递重要信息。在机关单位中，秘书可以根据汇报制度、会议制度、请示制度、公文处理制度等，向上级反映情况、提出建议，或向下级传达指示、发布命令。

正式沟通在明文规定的渠道中进行，所以它会比较容易起到效果，并且对接受信息的一方会产生较强的约束力。不过，这种沟通也可能会因为沟通渠道较长、环节较多，所以信息传播的速度较慢。

2. 非正式沟通

在正式沟通渠道之外进行的信息交流与传递活动，都可以算作非正式沟通。职员间的私下交谈、社交网络上沟通消息，都属于非正式沟通，因为是非官方的沟通形式，所以多不规范，也有信息失真的情况。

秘书在采用这种形式进行沟通时，要注意甄别信息的真伪，不要被小道消息所影响，也不能传播混淆视听的消息。对于不符合党政机关规定的言论、信息，更是要及时切断其传播路径，纠正错误内容。

除了这两种分类之外，沟通还可以按照主体的性质分为：个人与个人的沟通、个人与群体的沟通、群体与群体的沟通；按信息反馈与否分为：单向沟通、双向沟通；按是否有第三者参与信息传递分为：直接沟通、间接沟通等。

不管采取何种沟通方式，其目的都是为了协调机关单位内部、外部的各种关系，使职员与职员之间的观点达成共识，部门与部门之间的目标趋向一致，促进机关单位的团结和安定、稳定与发展。

二、沟通协调的原则

了解沟通协调的原则是开展沟通协调工作的基础，是秘书掌握沟通协调方法的重要前提。

（一）调查研究原则

沟通协调工作开始于调查研究，秘书若想获得客观事实，就必须要对事件展开深入的调查研究。那些需要通过沟通协调解决的矛盾，多是盘根错节、一时难分对错的问题，秘书要通过深入细致的调查研究，搞清楚事件的来龙去脉，找到矛盾的根源。在这一基础上，秘书根据具体情况，运用合理的沟通方式，开展沟通协调工作。

（二）实事求是原则

沟通协调工作要坚持从实际出发，按规律办事。秘书要在沟通协调工作中，坚持讲实话、办实事、求实效，如实向领导反映情况、汇报工作，准确传达任务、安排工作，既不能夸大歪曲事实，又不可增减关键信息。

（三）统筹兼顾原则

沟通协调工作的目的是解决问题、化解矛盾，维护机关单位的正常秩序。为此，秘书应该以统筹兼顾为原则，从全局视角对待各类问题。有些事情从局部来看并没有太大问题，但放在全局之中观察，就会发现有必要做出调整、改变。为此，秘书便需要从全局着想，做出一定的取舍。

当然，统筹兼顾并不是一味地围绕全局利益做统筹，而是从全局着想的同时，尽可能地照顾局部利益，做到全局与局部的"兼顾"。只有这样，才能确保沟通协调工作圆满成功，保障总体目标的顺利实现。

【案例1】

某机关陈副主任与李主任因一项对外业务发生争执，陈副主任与孙秘书一同外出时，抱怨李主任做事武断，不尊重他人意见，多次决策失误给本机关带来不少负面影响。孙秘书早就知道两位主任因行事风格不同，在工作中多有分歧，他从心底里比较支持陈副主任。

孙秘书虽然心里支持陈副主任，但他却并没有在语言上表露出来。一开始，他对于陈副主任的抱怨，选择保持沉默，偶尔会主动转移话题。随着陈副主任抱怨逐渐增多，孙秘书转变策略，耐心向陈副主任解释，为李主任说了很多"好话"，希望能弥合两位领导之间的裂痕。

孙秘书在沟通协调工作中，便坚持了统筹兼顾原则，以有利于领导之间的团结为目标，采用沟通、折中、回避等方法妥善应对领导间的分歧。

（四）公平公正原则

公平公正是沟通协调工作的重要原则，只有公平公正地处理纠纷、解决矛盾，才能让双方或多方都心服口服，才能真正起到"协调"的作用。秘书在开展沟通协调工作时，应将公平公正原则内化于心，外化于行动之中，不能只将其挂在嘴边作为口号。如果秘书在沟通协调中不顾公平公正，会在单位内部掀起不正之风。

（五）分级负责原则

秘书在发挥职能时，要找准自己的位置，开展沟通协调工作时，既不能应作为却不作为，也不能越权处理分外之事。分级原则要求该由哪一级协调的问题，就由哪一级协调；该由谁去沟通，就要由谁去沟通。部门与部门间可以协调的问题，就要由部门去解决，不得上交或下推，只有各级办各级的事，才能使问题得到有效解决。

在沟通协调工作中，秘书的主要职责是理顺单位内外的各种关系，提高单位内各部门的工作节奏。在理解了开展沟通协调工作的各项基本原则后，还需要了解沟通协调工作的内容，掌握沟通协调工作的具体方法。

第二节 沟通协调工作的内容与方式

秘书需要沟通协调的内容是由其岗位职责和工作性质所决定的。在日常工作中，秘书既要处理好领导与上级领导部门之间的关系，也要处理好本单位同事之间的关系，还需要对本单位与外部组织之间的关系进行处理。具体到沟通协调工作上，秘书需要处理的内容主要有以下几个方面。

（一）沟通协调本单位与上级领导部门之间的矛盾。

（二）沟通协调本单位领导之间的矛盾。

（三）沟通协调本单位各部门、各环节之间的矛盾。

（四）沟通协调本单位领导与广大群众之间的矛盾。

（五）沟通协调本单位与外部组织之间的矛盾。

一、沟通协调的内容

由于秘书需要辅助领导进行决策、管理，一些本属于领导的沟通协调工作也被交给秘书。在沟通协调工作中，秘书需要与领导一起完成政策协调、计划协调、关系协调、工作部署协调和社会协调等工作。

（一）政策协调

在沟通协调工作中，秘书需要按照领导的意图，根据自己了解到的情况，向领导提出合理化建议，为领导做出决策提供参考。在领导做出决策过程中，秘书要以党和国家的方针政策为依据，从具体实际出发，做好政策协调工作。

协调具体政策与一般政策、基本政策的关系，协调现行政策与原有政策的关系，协调先行政策和现行法律的关系，协调政策条文与实际情况的关系……秘书要充分发挥主观能动性，对可能涉及的政策文件、法律法规进行细致分析，以保证辅助领导制定出既具有现实意义、又具有灵活性的方案。

（二）计划协调

在制定计划过程中，秘书要完成计划协调工作。相比于决策与规划，计划要更为细致、更为具体，其既要符合党和国家的路线、方针、政策，又要符合本单位的实际情况，以及下级部门的承受能力；既要能满足本地区、本单位当前的现实需要，又要具有连续性，能够有效应对后续一段时期内出现的各类问题。

在计划协调工作中，秘书一方面要做好本单位计划制定过程中的协调，又要从全局角度出发，以统筹兼顾为原则，确保下级部门的计划与本单位的计划协调一致。

（三）关系协调

关系协调是秘书沟通协调工作中的主要内容，也是最让秘书头疼，却又经常需要做的工作。在关系协调工作中，秘书主要需要做好上行关系的协调、下行关系的协调、平行关系的协调、领导与领导之间关系的协调，以及人际关系协调等方面的协调工作。

1. 上行关系的协调

上行关系的协调是指上级领导部门与本单位的关系协调。由于上级领导部门与本单位所处地位和面临的问题不同，所以彼此之间会存在一些关系不协调之处，如上级下达的公文超出了本单位的接收范围，或上级部署的工作超出了本单位的承受能力。

遇到这样的问题时，秘书需要积极做好上级领导部门与本单位的协调工作，运用各种沟通方法，将本单位所面临的问题迅速上报，力求在最短时间内理顺关系，化解矛盾。

2. 下行关系的协调

下行关系的协调是下级所属部门与本单位的关系协调。双方之间产生不协调的关系，也多因所处地位及面临问题不同所致。下级所属部门对上级领导不够尊重，对上级部署的合理工作不够重视，这些问题同样需要秘书去协调解决。

在遇到上述问题时，秘书要积极做好下级部门与本单位的协调工作，及时全面地将本单位的要求传达给下级部门，不拖延积压，并随时监督下级部门的执行情况，及时将下级部门的问题与困难，反馈给本单位领导。

3. 平行关系的协调

平行关系的协调既包括本单位各部门之间关系的协调，也包括本单位与同级其他单位关系的协调。每一个单位、每一个部门都有其各自的运行方法和管理系统，想要让不同单位、不同部门之间保持协调一致，并没有那么容易。但对于秘书来说，协调平行关系对于本单位顺利开展工作具有重要意义。因此，在关系协调工作中，秘书必须注意对平行关系的协调，在跨部门、跨单位沟通时，要注重礼仪规范、讲究方式方法。

4. 领导与领导之间关系的协调

领导与领导之间关系的协调是对本单位领导成员之间关系的协调，侧重于对领导成员在工作中偏离实际问题的协调，以及本单位领导成员之间团结问题的协调。同一单位中，不同领导因为主管工作不同，对同一工作的安排、同一问题的看法也会有所不同。秘书作为辅助领导做出决策、开展管理工作的人，需要对这些问题进行灵活协调。

在具体的关系协调工作中，秘书要坚持实事求是原则，努力疏通领导与领导间信息沟通的渠道，帮助他们相互了解、融洽共事。当然，秘书作为领导的下级，在开展这类协调工作时，要注意分寸、讲究方法，该提的意见要提，但也不能直来直去地提；该协调的地方要协调，但不能过多占用领导的时间。相比于其他方面的关系协调，秘书在协调领导间关系时，要更加细心、谨慎，不要盲目行事，以免事与愿违。

5. 人际关系协调

人际关系协调是对本单位内部人与人之间关系的协调。秘书会与各式各样的人交往，在与不同人沟通协调时，要采用灵活多样的协调方法，掌握人际关系协调的艺术，既能在核心问题上坚守原则，又懂得在次要问题上适当退让。

（四）工作部署协调

工作部署协调是本单位内各工作环节之间的协调，前一环节要为后一环节创造条件，后一环节要对前一环节进行有效监督，任何一个环节出现了问题，都会导致整个工作部署被打乱，造成本单位内的正常工作秩序陷入混乱。

秘书要做好工作部署协调，必须在拟订方案、计划时就要明确各环节的具体工作，同时对这些工作做好协调处理，比如文件处理的协调、车辆使用的协调、安全防卫的协调、突发事件的协调等。

举例来说，为了解决"文山会海"问题，秘书需要对会议安排做好协调。首先，秘书需要本着少开会、开短会的原则，梳理计划中的会议，筛减或合并部分会议；其次，对于那些需要领导参加的会议，秘书要根据轻重缓急程度来做出协调安排。

（五）社会协调

社会协调是对本单位和社会大众之间关系的协调，秘书应当辅助领导做好社会协调沟通工作。对于信访部门来说，要做好政府与群众之间的"窗口"，秘书在接受和处理信访问题时，更要积极发挥协调作用。

二、沟通协调工作的方式与特点

秘书的沟通协调工作所涉及的范围比较广泛，需要解决的问题也是很多。因此，秘书必须在调查研究的基础上，以实事求是的态度，对具体问题进行具体分析，对不同问题采取不同的解决方法。

所谓"不同的解决方法"，既有沟通协调方式的不同，也有沟通协调特点的不同。因此，秘书要充分了解沟通协调方式和沟通协调特点。

（一）沟通协调工作的方式

沟通协调的方式指的是秘书在开展沟通协调工作时采用的不同的协调方式。较常见的沟通协调方式有公文协调、会议协调、通信协调、会谈协调等。

1. 公文协调

公文协调指的是用制发公文的方式去进行沟通协调，使双方达成共识，并以此来规范双方的行为。公文签发环节的会签公文工作，便是一种典型的公文协调。除此之外，文件传阅、函询意见、制定规章制度也都属于公文协调。

进行公文协调，秘书可以先与相关部门就相关问题进行沟通协商，然后再以各方都认同的内容、达成的一致意见为基础，形成书面材料，要求各部门负责人签字，以此来确认各方权责，完成协调工作。

2. 会议协调

会议协调指的是以召开会议的方式去进行沟通协调，参会各方在会议中相互交流各自的意见，最终达成共识，制定出解决问题的具体方案。这种沟通协调方式主要用于难度较大或需要多方协调的事项。

在使用会议协调时，秘书要先与各方人员确定会议时间，而后再在会议上围绕具体问题进行讨论。秘书需要全程参与其中，充分发挥控制、协调作用，避免各方在会议上出现跑题、冲突等问题。

3. 通信协调

通信协调指的是以打电话、发传真或互联网沟通等形式进行协调，这是一种较常用且非常灵活的协调方式。对一些涉及面小、情况不太复杂的事项，秘书可以通过通信协调方式，以说服、疏导的方法进行协调。

4. 会谈协调

会谈协调指的是以面对面交流的方式进行沟通协调，秘书通过组织会谈、座谈，将各方人员聚集在一起，大家围绕共同面对的问题畅所欲言、各抒己见，寻求一致的解决方案。在会谈过程中，秘书要随时调节会谈的气氛与节奏，掌控会谈的进程，确保会谈朝着正确的方向进行。在会谈之后，秘书还需要整理好纪要、讨论文件。

（二）沟通协调工作的特点

沟通协调的特点指的是秘书在开展沟通协调工作时所表现出的特点，主要包括非权力支配性、非职责限定性、非确定地位性和认同疏导性四点。

1. 非权力支配性

秘书是不具有支配性权力的，但作为辅助领导进行管理的重要人员，秘书秉承着领导的意志，因此会在沟通协调过程中产生较大的影响力。正因如此，被协调各方才会因受领导权力辐射的影响，愿意接受秘书的协调。

2. 非职责限定性

在党政机关、企事业单位中，大多数管理职能都有明确的职责范围，管理者只能在确定的职责范围内行使权力，但秘书的沟通协调职能却没有确定的职责范围限定。秘书在沟通协调工作中表现出的非职责限定性，主要是由于其没有法定的支配性权力，依靠于领导的权力范围。在一些特定因素的影响下，秘书沟通协调的范围具有很大的空间，所辐射的范围也可大可小，这也在一定程度上增加了秘书沟通协调工作的难度。

3. 非确定地位性

由于非职责限定性特点的存在，秘书在沟通协调工作中不会有确定的地位，有些时候秘书是作为下级出现的，比如，促进上级领导间信息的沟通时；有的时候，秘书是作为同级出现的，比如，协调同级职能部门工作人员间的关系；有的时候，秘书是作为上级出现的，比如，对下属员工间的矛盾进行调解。

4. 认同疏导性

基于前面几个特点，秘书在开展沟通协调工作时，往往不能采用强制性手段，而多以信息沟通、情绪疏导为主，其目的是使协调各方能够达到同识，消除彼此分歧。晓之以理，动之以情，这样才能使各方在维护组织利益方面达成一致。从这一角度来说，沟通协调工作具有认同疏导性这一特点。

第三节　沟通协调工作的步骤与常见问题

沟通协调工作并不是秘书用"三寸不烂之舌"去说服他人，而是以科学、有效的方法协调各种关系。秘书要更好地完成这项工作，必须要遵循特定的步骤流程。

一般来说，一个完整的沟通协调工作需要经历准备阶段、沟通协调阶段、反馈阶段和总结阶段。每个步骤都有一些特定的工作任务，以及可能出现的各类问题，秘书既要搞清楚各个阶段工作的重点，也要了解沟通协调过程中出现的各类问题。

一、沟通协调工作的步骤流程

沟通协调工作就像盖房子，那准备阶段就是建地基，沟通协调阶段就是在砌墙造屋，反馈阶段就是做内部装潢、粉刷油漆，总结阶段就是清理房间、验收房屋。在沟通协调过程中，秘书要保持清醒头脑，真诚沟通，注重流程与方法。

（一）准备阶段

在准备阶段中，秘书需要做好三项工作，分别是受理协调事项、核查协调事项和制定协调方案。核查协调事项是为了深入了解事情的来龙去脉，搞清问题所在；制定协调方案则是根据政策、法规、制度，针对问题制定出具体的协调计划。

1. 受理协调事项

受理协调事项指的是按照领导或有关部门委托接受协调事项。

秘书在接到协调事项后，先要对协调事项进行登记，记录好领导的指示、委托人的意见、受理日期、受理形式、受理内容等。完成登记后，秘书还要对具体的协调事项进行审核，以确定是否受理及如何受理。

上级领导或本级领导交办的协调事项，是秘书必须要受理的；本单位或下属部门职责范围内却又无力协调的事项，也是秘书需要受理的；一些突发性事件的协调，也需要秘书受理。除了这些情况外，秘书可以不受理超出自己职权范围的事项。

2. 核查协调事项

核查协调事项是对确定受理的协调事项，进行调查、分析、研究，把事情的来龙去脉搞清楚。在这一环节，秘书一方面要充分收集与协调事项有关的各种文件资料，另一方面还要深入现场调查，多走访，多听取协调各方的声音。

在收集文件资料时，要做到全而细，既要撒开网大范围收集与协调事项相关的材料，也要多查阅相关政策文件，把具体规定记录下来。在走访调查过程中，秘书要综合各方意见，不偏听偏信。

3. 制定协调方案

秘书完成协调事项的核查后，便要着手制定具体的协调方案了。在这一环节，秘书需要先对收集到的资料与信息进行分析论证，并根据相关政策法规，正确把握领导意图，做出正确公正的判断，而后才能确定采取何种协调方式和方法。

一个完整的协调方案一般包括三方面内容：一是协调的时间、地点、事项，这是对协调事项基本信息的介绍；二是协调的方式、方法，以及相关人员，这是对即将开展的沟通协调工作的介绍；三是协调要达到的目标及效果，这是对协调工作预期结果的介绍。

秘书在制定协调方案时，从这三个方面入手，将必要信息填写清楚，将各类事项考虑周全，这样在方案实施时才会更高效。

（二）沟通协调阶段

沟通协调阶段的主要任务是根据协调方案完成沟通协调工作。具体来说，秘书需先将制定好的方案送领导审批，并将获批的方案抄送给被协调双方，而后才能推进方案的实施。

将领导审批过的方案抄送给被协调双方，可以让被协调双方提前为协调工作做好准备。秘书在实施协调方案时，需要注意以下几方面的问题：

1. 按既定方案执行，也要懂得灵活变通

秘书要按照既定方案推进协调工作，把国家的政策法规、领导的指示精神、具体的工作方法融合起来，应对被协调双方的各种"招数"。对于那些临场出现的变化，秘书要运用恰当的沟通技巧，随机应变，既要解决原有问题，又不能制造出新的问题；既要坚持原则，又要照顾协调双方的感受。

2. 趁早形成结论性意见，不要没完没了

在开展沟通协调工作时，秘书要注意观察现场情况，一旦发现被协调双方已基本取得一致意见时，要及时综合各方要求，结合既定方案，提出结论性意见或具体的解决方法，号召被协调双方做出最后决策。

秘书要管控好协调工作的节奏，不能任由协调双方没完没了地讨论，在形成结论性意见后，确保能够得到贯彻落实。若协调双方有一方提出不同意见，且协商讨论后依然分歧很大，秘书可以暂停协调，改日或稍后再进行沟通，不要让讨论无休止地进行下去。

3. 及时向领导汇报协调情况，不要自己拍板定调

在沟通协调过程中，秘书要及时向领导汇报协调的进展情况。如果出现了新变化、新情况，按照既定方案无法推进协调工作，秘书要在第一时间内向领导汇报，请求指示。秘书可以将自己对新情况的看法和意见，以及应对方法一同汇报给领导作为参考，切不可不请示领导，就自行拍板。

在这一阶段，沟通协调工作可能会因为各种原因无法取得预期效果，在这种情况下，秘书要坚持原则继续协调，但并非要执着于一次协调会谈，可以暂时停止协调，重新改进方案后，再开展沟通协调工作。

（三）反馈阶段

反馈阶段的主要工作是对沟通协调的结果进行督查，促进协调意见的落实，保证协调取得实质性效果。当协调结果获得了被协调双方的一致认同后，秘书要以文书的形式将其记录下来，以便各方贯彻执行。

在开展督查工作时，秘书可以用书面、面谈、电话联系、互联网通信等方式了解协调结果的落实情况。如果发现有新的问题，要继续进行协调，以保证协商

结果得到完全落实。

（四）总结阶段

这是沟通协调工作的最后一个阶段，秘书要做好总结工作，既要总结本次沟通协调实践中获得的经验，也要归纳同类协调工作可适用的规律。当然，想要总结出有益经验，秘书首先要学会对沟通协调工作进行正确评估。

正确评估沟通协调工作，要看是否达到预期协调效果，还要评估沟通协调工作的流程中是否正确执行了领导意图，是否公平公正对待被协调双方，解决问题的方法是否恰当……有问题的地方要加以改进，有价值的经验要保留。

二、沟通协调过程中的常见问题

在沟通协调工作中，会遇到各种各样的问题，对于那些具有普遍性的问题要多加注意，多掌握一些应对这些问题的方法。

（一）因语言不通导致的沟通不畅

在沟通协调工作中，协调对象可能来自全国各地，语言不通是比较常见的问题，会导致沟通不畅。

所以，秘书要提前了解协调对象的语言习惯，同时还要加强个人语言训练，多使用普通话，不必一味追求尽可能详细的解释，而要让自己的语言精练得当且易懂，更容易让人理解。

（二）因地位差异产生的交流障碍

在沟通协调工作中，秘书虽然秉承着领导的意志，却并不代表领导本人，如果协调方的地位较高，那秘书多少就会有些"人微言轻"，会因地位差异产生的交流障碍。

遇到这种情况该怎么办？秘书要反其道而行之，在面对上级或高层领导时，要做到不卑不亢，以高超的语言表达技巧与他们沟通。在面对下级和群众时，要尽量亲切和蔼，这样才能更容易让对方说出心里话。

（三）因环节过多造成的信息失真

一些复杂的沟通协调工作，往往有多个环节，而信息从一个人传递给另一个人的过程中，环节越多就越容易出现信息失真。当秘书无法与协调方面对面沟通时，通过其他人传递消息，可能会出现遗漏信息、信息遗失的情况。

因此，秘书在沟通协调中，要尽可能地减少中间的环节，有条件的话要面对面与协调双方沟通，获得最直接、最全面、最真实的信息。这样不仅能避免出现信息失真，还可以减少许多不必要的麻烦。

（四）因语意模糊带来的低效交流

信息表达不清是沟通协调工作中的大忌，一些秘书在开展沟通协调工作之前，没有进行充分的调研，对协调事项认知不足，没有真正领会领导意图，便"自信"地与协调方展开沟通，结果语言表达缺乏条理、措辞不当，而且还答非所问、跑题不断，影响沟通协调工作的效果。

除了上述问题，秘书还需要注意一些沟通协调过程中的"人为问题"，比如被协调一方故意不配合，或不断找理由。对于这种情况，秘书要"对症下药"，找准这些"人为问题"的根本原因，才能真正解决问题。

第四节　沟通协调工作的具体方法

秘书在开展沟通协调工作时，要因时而异，因事而异，灵活采取多种方法，解决不同问题，既要坚持原则，也要灵活多变。

在开展沟通协调工作时，秘书常用的方法有三种，即求同存异、灵活变通、分步解决，它们可以应用于绝大多数沟通协调场景。除了这三种方法之外，还有一些应对特殊情境的沟通协调方法，比如适时协调、信息沟通、换位思考和互补协调等。

一、求同存异

求同存异就是找出协调双方观点中的相同之处，保留观点之中的不同之处，适用于双方观点不相容这种情况。比如，同一单位内的两个部门，针对新的政策或制度，各有各的解释，并以此为依据，互不相让，导致工作无法推进，问题难以解决。

若遇到这种情况，秘书可以先对新政策、新制度以及双方的解释进行分析，若双方所说确实都有道理，便可以找出各方观点中的相同、相容之处，然后以这些内容为依据，制定一个各方都能接受的临时方案，对于那些无法融合的内容暂时搁置，待对新政策、新制度进行研究分析后，再行解决。如此操作虽然不能一步到位解决双方分歧，却可以让双方暂时搁置争议，先将手头工作推进下去，是一种实用性很高的沟通协调方法。

二、灵活变通

灵活变通指的是在坚持原则的同时，灵活处理各项事务，既遵守党和国家的路线、方针、政策，又符合被协调各方的利益诉求。上文提到的被协调各方对同一政策有不同解读的情况，也可以应用这种方法解决。

在工作实践中，秘书要坚持具体问题具体分析，以法律法规、政策制度为准则，不能违规做出承诺。同时，秘书要考虑协调各方的诉求，多采取一些缓解矛盾的变通方法，这样会更容易将"大事化小，小事化了"。

三、分步解决

分步解决是一种很高效的沟通协调方法，虽然"多走了几步"，却也能与"一步到位"所取得的效果相当。当遇到协调各方相持不下，且暂时又找不到各方观点有相容之处时，秘书可以采用分步解决的方法，一步一步解决问题。

具体来说，秘书可以先根据协调事项的具体特点，提出可操作的分步解决建议，在第一步沟通协调成功后，再推进第二步沟通，让协调各方进一步加深理解。这样，每成功推行一步，协调各方的理解与信任便会增强一分，这也为最终解决问题奠定了坚实基础。

四、适时协调

适时协调指的是在沟通协调过程中把握有利时机，抛出解决问题的建议，这样能取得事半功倍的效果。在具体操作时，秘书可以采用以退为进或步步紧逼的方法进行适协调。

（一）以退为进

当协调一方情绪爆发、难以控制时，秘书可以"退后"一步，为对方留出自己的空间，而不要与对方"硬碰硬"。当对方宣泄一番，冷静下来之后，再进行沟通协调，就更容易取得好的效果。在协调过程中，秘书要控制好自己的心态与情绪，不能被对方影响。

（二）步步紧逼

不同于"以退为进"的方法，"步步紧逼"要求秘书抓住时机，一举成功，主要适用于协调各方都表现出积极意向之时。当沟通协调工作初现曙光之时，秘书要一鼓作气推进问题解决，不要等协调各方的热情消退后，再进行协调。

五、信息沟通

信息沟通指的是打通协调各方的沟通渠道，促进信息在各方之间高效流通。党政机关中有一些问题，多来源于上下级或不同平级部门间信息沟通的不顺畅，所以想要解决这类问题，要及时做好信息沟通工作。

信息沟通并不是简单的通知、报告，而是在协调各方间架设起沟通的桥梁。在这一过程中，秘书要多为各方着想，不要以领导的语气与对方交流，更不要把自己的主观意见强加于人。对于那些较为复杂的矛盾，秘书要热心、耐心地寻找协调的关键点，如此才能获得有效的沟通协调效果。

六、换位思考

协调各方所处的立场不同，思考问题的角度也会有所不同，这样难以找到共同语言，容易出现分歧与矛盾。在这种情况下，秘书需要使用换位思考的方法，站在各方的立场上去进行沟通调解。

【案例1】

秘书小钱前往本机关某部门协调工作，没能取得预期效果，这让他非常生气。中午吃饭时，小钱跟好友抱怨说："这个部门的人真是有问题，明明上面有规定各部门间要相互协调，他们却死活不肯来帮我们完成手头的工作，我一定要去主任那里告他们一状！"

邻桌用餐的秦秘书听到后，笑着对小钱说："不要生气，我建议你可以对主任说'我们的工作近来很忙，想请其他部门的人来帮忙，其他部门很想帮忙，但他们也有一些难处，主任您能不能帮我们想想办法'。"小钱秘书采用了秦秘书的说法，事情果然很顺利便得到了解决。

在上述案例中，秘书小钱只考虑了自己部门的情况，没有考虑到其他部门的难处，如果直接给主任告状，很容易导致两个部门产生矛盾，但使用秦秘书的方法，将对方的难处一并说给主任，便取得了两全其美的效果。

在沟通协调工作中，秘书可以先站在一方的立场上，思考其针对当前情况的意见与要求；而后再站在另一方的立场上，确认他的意见与要求；最后从各方的意见与要求中找出共性内容，而后围绕这些"共性内容"再开展沟通协调工作。

七、互补协调

互补协调指的是采用两种相互作用的协调方法，争取最好的协调效果。比如，用强制力较强的协调方法搭配强制性较弱的协调方法，用公开场合协调搭配非公开场合协调的方法。

强制力较强的协调方法主要是利用政策法规去调节各方的行为，而强制性较弱的协调方法，则是利用伦理道德去影响，或是通过说服教育去让被协调双方达成一致意见。

公开场合协商可以直接把问题讲明，利于信息沟通，消除彼此误会，但有些问题不适合当面公开讲明，就应该使用非公开场会协调。在具体操作上，秘书可以先协调解决那些不宜公开的问题，而后再通过公开场合协商其他问题。

第五节　如何与上级领导相处

　　秘书与上级领导之间的相处属于对上关系协调范畴。在与领导相处过程中，秘书需要全面领会领导意图、贯彻上级政策指示、高效完成工作部署、及时汇报活动进展等行为，不断增进与领导的关系，做好领导与上级领导的沟通，不断推进相关工作的开展。

　　秘书与领导之间的关系，既有人际交往的共性特征，也有一些特殊之处。因此，秘书在与领导相处时，既要遵循一般的人际交往原则，也要从秘书工作的实际出发，遵守尊重领导的决策、服从领导的指挥，不擅自作主，不越权行事等原则。

一、提意见的注意事项

　　秘书与领导相处中最常遇到的问题便是为领导提意见、出主意，在做这项工作时，秘书必须要注意两方面问题：一是意见要当面提，二是要坚决服从领导安排。

　　（一）当面给领导提意见

　　领导最讨厌的不是有话不说的人，而是有话当面不说、背后却胡说的人。这不仅是党政机关、企事业单位职员需要注意的问题，也是秘书与领导相处的大忌。在领导背后谈东论西，不仅无法有效解决问题，还会影响工作的开展。

【案例1】

　　某机关召开年终总结大会，主任正在发言，当他说到"本机关今年已经完成了37项重要任务"时，坐在他旁边的秘书小吴拽了拽他的衣袖，并对他说："不是37个，是47个。"

在场的很多人都听到了小吴的话，主任有些面红耳赤，只得纠正自己此前的数据，继续把话讲完。

秘书当面给领导提意见并不是错事，但当面给领导提出不同意见，也要讲究方法，不能直来直去，要顾及领导的感受。秘书小吴的做法让主任下不来台，并不是一种正确的提意见方法。

（二）坚决服从领导安排

当面向领导提出不同意见，被采纳是好事，如果没有被采纳，秘书也不要心生不满。在确认领导的意图之后，秘书要不带个人感情地按领导意图去办事。

当然，对于领导做出的明显错误的决策，秘书不能盲目去执行。在这种情况下，秘书要继续诚恳、委婉地提出不同意见，并给出合理解释，辅助领导做出正确决策。

二、与领导相处的技巧

要想与上级领导友好相处，并做好秘书工作，秘书不仅要找准自己的位置，要掌握足够丰富的理论知识，而且还要掌握一些工作技巧。

（一）尊重但不吹捧

秘书要对领导的工作、地位、人格，给予配合、尊重与支持。在工作中，秘书对待领导不能出言不恭，有失礼仪，要尊重领导的个性，并根据领导性格类型选择相处方法。

如果领导性格内向，喜欢独自思考或办理事务，那秘书就要给领导留出足够多的空间，做好事前参谋、事后辅助工作，不要在领导独立思考时去打扰领导；如果领导性格外向，善于交际，喜欢与人沟通，那秘书便要有分寸地多与领导一起商量工作，积极发挥参谋作用。

尊重不等于吹捧，秘书与领导相处时，要有礼有节，不要溜须拍马，办事无原则，做人无底线。如果在党政机关内部掀起谄媚之风，不仅不利于秘书工作开展，还会危害党政机关正常运转，秘书要带头遏止这种风气。

（二）主动但不越权

秘书在辅助领导开展各项工作时，不能被动听指挥，而要主动围绕领导开展全方位工作。一方面，秘书要主动了解全局性工作，帮助领导更好地掌控全局；另一方面，秘书还要主动将所有工作划分出轻重缓急，领导集中精力做主要工作；第三个方面，秘书要主动研究领导的思考方法，分析领导意图，从而更好地落实领导安排的工作；最后，秘书要主动存储好工作中的各种资料，以备领导需要时，及时提供。主动做好这四个方面的工作，可以让秘书更贴近领导，更容易与领导产生一致认知。在这一基础上，秘书才能真正领会领导的决策内容，明白自己应该先做什么、后做什么。

主动并不意味着可以"随心所欲"，更不意味着秘书可以按照自己的想法越权行事。越权是对领导的不尊重，也是党政机关工作中严重的违规行为。秘书在积极主动的同时，一定要对自己的行为多加注意，不要出现越权举动。

（三）不偏倚，不拆台

在与多位领导相处时，秘书要一视同仁，不论哪位领导安排的工作，都要做好，不能"挑肥拣瘦"。如果某项工作由正职领导交由副职领导负责，那秘书在开展这项工作时，就要以这位副职领导为中心，需要请示、汇报工作，要直接与副职领导沟通，不能直接越过副职领导，向正职领导汇报。越级汇报，不仅会给工作增添很多麻烦，还会影响机关内部的和谐氛围，秘书必须要注意这一问题。

当领导与领导之间发生分歧时，秘书要充当劝慰者，不要乱搅和，也不要保持沉默。站在一边，冷落一边，为这边出谋划策，给那边落井下石，最终只会导致领导之间的分歧越来越大、矛盾越来越深。

（四）勤沟通，多理解

秘书是领导与职员间的沟通桥梁，所以要充分发挥上下达情、左右疏通的作用。在向下传达指示时，要站在上级领导的角度，把工作部署得清清楚楚；在向上汇报工作时，要站在下级职员角度，把每一处问题、每一点意见都说得明明白白。

不同位置的领导看待同一问题时，可能会有不同的观点。这些观点是客观存在的，并且不容易统一。秘书在日常工作中要及时沟通，努力缩小领导们在观点上的差异，做好协调工作。

秘书要处理好与领导的关系，关键在于为领导提供有效服务。秘书要以此为出发点，加强各方面能力的修养，提升自身沟通协调能力，这对于自身发展和工作的开展都是大有裨益的。

第六节 如何与平级同事相处

相比于与领导相处，秘书更多时间是与平级同事相处，同事关系的好坏会影响秘书沟通协调工作的效果。如果同事间关系不融洽，工作上矛盾不断、内耗严重，甚至积怨成仇，那不仅会影响办公室的工作氛围，也会有损单位或部门的形象。

秘书必须从多角度入手，努力协调好与同事的关系，将矛盾掐灭于"萌芽"时期，不要等事态一发不可收拾时才采取行动。对此，秘书可以从以下几方面开展工作。

一、努力营造和谐工作氛围

办公室内的氛围越好，同事间相处就越自在，工作也越容易出成绩。秘书要从自身做起，为办公室创造和谐融洽的氛围。有些时候，只言片语的关心，便会给他人的内心带来温暖。在办公室中，秘书对同事的长处要多加称赞，对同事的短处则不要说长道短。多夸赞他人的优点，少议论他人的是非，是营造和谐办公室氛围的重要方法。

二、工作分配公平公正

秘书作为领导的辅助，在分配工作上具有一定的支配权，在分配领导交办的各项工作时，要尽量做到公平公正，不能把困难复杂的工作交给同事，把简单好做的工作留给自己。在分配工作时，秘书既不能玩手段，也不可耍心机，唯有真诚对待同事，公平分配工作，才能得到同事的认可与信任。

三、赏罚分明，有理有据

很多时候，工作中取得的成绩，源于许多人的协调合作。秘书在汇报工作时，要实事求是，不偏不倚；在检查工作成果时，要赏罚分明，有理有据。

在工作中取得的成绩，如果有同事的帮助，不要独占成绩，贪他人之功；如果大多数工作都是同事做的，就不要去争抢功劳，夺他人之利。每个人的心中都有一杆秤，如果秘书自己心中的秤失了精准，就会影响办公室的风气。

四、及时发现并化解矛盾

秘书要对办公室内的人与事保持高度关注，一旦发现问题与矛盾，就要及时消除，不能有一丝一毫的拖延，以免问题与矛盾发展、恶化，对工作的开展产生负面影响。

在工作中出现失误是在所难免的，同事之间因为个性习惯、工作方式产生分歧、争吵也是正常的。对于此类情况，秘书要主动承担起沟通协调的职责，不能旁观，更不可添油加醋，而应该从集体利益出发，调节分歧，化解矛盾。

五、严于律己，宽以待人

在日常工作中，秘书要在办公室中树立"威信"，这种"威信"并不是凭借"领导助手"的身份获取的，而是靠秘书自己的人格魅力来获得的。在与同事相处过程中，秘书要严于律己，宽以待人，对自己的言行要严格要求，对同事的言语行为不要过于苛求。

一个拥有好人缘的秘书，开展沟通协调工作，很容易取得事半功倍的效果。秘书与同事之间的关系和谐融合，对于构建和谐办公室氛围，开展高效沟通协调工作，都具有重要意义。

第十四章
调查研究工作，获取信息的重要途径

调查研究工作是秘书日常工作中的一项重要任务。"没有调查就没有发言权""不做正确的调查同样没有发言权"，这些话都充分证明了调查研究工作的重要性。

秘书要充分认识到调查研究工作的重要性，了解调查研究工作的特点与原则，明确调研的类型、流程、方法，学会撰写调查研究报告。秘书只有掌握了以上这些知识和技能，才能提高自己的工作能力，出色地完成领导交付的调查研究任务。

第一节　调查研究工作概述

　　调查研究工作是调查与研究这两项工作的结合体，也可简称为调研工作。所谓调查，就是指运用方法和手段对客观世界进行了解、考查、统计后，来了解情况的一种认识活动。简而言之，就是运用各种方法和工具收集信息的过程。研究则是运用辩证唯物主义和历史唯物主义的观点对已了解的情况进行分析和概括的认识过程，简单来说，就是在调查的基础上发现问题、描述情况、解决问题、预测发展的过程。

　　调查与研究是两个既相互联系又相互区别的概念，调查是研究的基础和前提，如果没有调查，研究就无法展开；研究是调查的发展和深化，没有后续的研究，调查也就没有了意义。

　　调查研究工作的展开没有先后之分，不是先调查后研究，而是边调查边研究。在进行调查工作时，要对已知的材料进行初步的分析研究，在分析研究的过程中，需要对一些情况进行补充调查。

　　秘书的调查研究工作主要有三种：一是跟随领导一起进行调查研究，秘书主要扮演辅助者的角色，做一些安排调研场所、搜集调研材料、做好调研记录的辅助工作；二是领导下达的调研任务，秘书需要依据领导意图，在限定时间内自主完成调研工作；三是根据工作需要独立开展调研工作，这种情况下，秘书要独立确定调研课题、撰写调研提纲、安排调研计划、实地开展调研，最后将自己调研后获得的信息资料汇总给领导，辅助领导进行决策。

　　调查研究在秘书的日常工作中发挥着重要的作用，主要体现在以下几个方面。

首先，调查研究工作是秘书当好参谋的关键。由于机关、单位的领导事务繁忙，不能事事都亲自到基层开展调研工作，因此一些调研工作通常是由秘书来完成。在领导决策的过程中，秘书的调研工作贯穿于始终，是秘书当好参谋助手的关键环节。

其次，调查研究工作是秘书做好其他工作的前提。秘书的工作是"协助上司处理政务及日常事务并为决策及实施提供服务"，无论是处理政务、日常事务，还是辅助决策与实施，都需要参考大量且真实的信息，而调研工作正是获取信息的可靠途径。所以说，调查研究是秘书重要的工作任务和工作方法，也是其做好其他工作的前提和基础。

最后，调查研究工作是秘书提高自身素质的重要途径。秘书提高自身素质的途径主要有两个方面：一是不断学习理论知识，二是积极参加社会实践，调查研究工作就属于一种社会实践。秘书在进行调研工作时，多种能力都能得到有效地锻炼与提高。例如，在调查过程中，可以锻炼倾听能力、表达能力、交际能力；在研究过程中，可以锻炼分析能力和概括能力；在撰写调研报告时，可以锻炼文字表达能力。

第二节　调研工作的特点与原则

调查研究是机关单位了解情况、掌握政策的一种工作方法，也是秘书的一项基本工作。开展调查研究的目的，是为了解决问题、科学决策。秘书了解调研工作的特点与原则，有助于更好地展开此项工作。

一、调研工作的特点

（一）准确性

秘书通过调研所获取的资料信息，通常都是为领导的决策服务的，信息资料的准确与否，直接关系着领导决策是否科学。因此，秘书在进行调研工作前要做好筹划工作，避免盲目性调研，并且要选择可靠的调研渠道，保证调研资料的准确性。

（二）针对性

任何工作都具有特殊性，调研工作也不例外。有的调研课题立足于长远发展，有的调研课题是当下亟须解决的，有的调研课题属于局部战术性课题，有的则属于特定时期的倾向性课题。针对不同的调研课题，秘书要制定不同的调研计划和采用不同的调研方法。

（三）科学性

科学性是调查研究工作最本质的特点，也是衡量秘书调研工作能力的重要标准。秘书之所以要进行调查研究，就是为了要对事物有一个全面、完整、辩证的认识，然后通过这些认识来有效地指导实际工作。为了确保调研工作的科学性，秘书要做到头脑科学化、调研态度科学化以及调研方法科学化。

（四）广泛性

秘书的调研工作具有广泛性的特点。在机关单位中，秘书部门并不是专门负责开展调研工作的部门，专门负责这项工作的部门是调研室。调研室主要负责调研与政策、本地区重大问题相关的事项，调研内容较为单一，而秘书的调研工作与之相比，涉及范围却很广。由于秘书的调研工作往往要结合办公室中的其他工作来开展，所以凡是与领导管理、决策相关的内容，都可能成为秘书调研的内容，因此秘书的调研工作具有广泛性。

（五）时效性

秘书的调研工作通常不是按照某一时期的工作计划来安排的，往往具有临时性和突击性，而且这类调研工作的时效性都较强，一般需要急事急办。秘书开展这类调研工作，一定要用最短的时间完成调研任务，并及时将调研结果提交给领导。

二、调研工作的原则

（一）调研工作的一般原则

1. 实事求是

秘书开展调研工作要遵循实事求是的原则。秘书在面对调研对象时，不要有先入为主的成见，即认识和结论不应先于调研而产生，一切结论和认识都要来源于实际，应产生于调查研究之后。

另外，秘书的大部分调研工作都是领导下达的任务。秘书在开展调研工作的过程中，应准确把握领导的意图，但是不要盲目地去迎合领导的意图，一切都要从实际出发，不应夸大事实和回避问题。

【案例1】

某市市政府要在年终召开总结表彰大会，市长让各部门上交材料，作为年终总结评比的依据。市长收到资料后，大致翻阅了一下，发现大家都普遍报喜不报忧，因此对这些报告的真实性产生了怀疑。于是，市长便派冯秘书去调查核实，并提交一份报告给他。

冯秘书为了图省事，并没进行有效调研，只是根据各部门现有的资料和上报的资料进行了简单地核对，然后提交了一份报告。这份报告影响了年终评比的质量，那些成绩突出的部门没有被评优，反倒是那些写假材料的被评为先进部门，这严重挫伤了员工的积极性。

上述案例中冯秘书进行的调研活动就是无效调研，调研前是什么结果，调研后依旧是什么结果。冯秘书没有就领导提出的问题立足于实际深入调研，而是通过核对材料敷衍了事，令此次调研工作失去了意义。

秘书在现实工作中对这种现象要引以为戒，对领导下达的调研任务，要深入实际，实事求是，做到深入调研、有效调研，为领导的决策和管理工作提供真实的参考信息，不要让调研工作流于形式，失去意义。

2. 调研结合

调查与研究虽然是两个完全不同的概念，但是在调研工作中，只有将二者相结合，才能更好地开展工作。无论是在调查中，还是调查后，研究工作都要与其同步进行，在调查中随时研究分析，在研究中随时获取新信息、新材料。在调查与研究的往复循环中，集聚信息，深化认识，提高调研的成效。

3. 追求效率

追求效率、好中求快也是秘书调研工作的一项重要原则。调研工作的内容主要就是收集信息，而信息是具有时效性的，过时的信息毫无用处，因此调研工作必须在规定的时限内完成。这要求秘书在进行调研工作时，要自觉将调查与研究融为一体，做到边调查、边研究，避免因先调查、后研究而产生不必要的时间浪费。秘书平时也要主动进行调研，充盈自己的信息库，以便接到调研任务时，可以随取随用，提高调研工作的效率。

（二）调研工作的具体原则

1. 点与面相结合

通常来说，全体调研对象为"面"，全体中的某个或某部分为"点"，秘书在开展调研工作时，应先从"点"入手，然后再到"面"，要将点和面的调研结合起来。例如，某县进行农民收入情况的调研，秘书在进行调研时，先从"点"入手，在全县随机选择具有代表性的个人进行调查。然后再到"面"，利用全面调查或抽样调查的方式，对全县农民的收入情况有大致的了解。只有将点与面的调研相结合，才能保证调研工作的科学性。

2. 定性与定量相结合

这里的"定性"是指按照事物本身的性质分析；定量则是按照事物存在的数量分析。任何一个调研对象既有质的规定性，又有量的规定性，因此秘书在进行调研工作时，要将定性调研和定量调研有机结合起来。

定性调研侧重讨论调研对象"是什么""为什么"，定量调研则侧重讨论调研对象"有多少""达到什么程度"。通过定性调研，能对调研对象有一个基本认识；通过定量调研，能对调研对象有更深入的认识，因此在调研工作中，秘书要将二者相结合，才能取得良好的调研效果。

3. 直接与间接相结合

在调研工作中，秘书的个人精力是有限的，但是调研对象却是无限的。因此，秘书进行调研工作时，可以将直接调研与间接调研相结合。所谓直接调研就是与调研对象建立直接联系，获取关于它的第一手资料；间接调研则是不与调研对象产生直接联系，而是通过信息系统获取那些经过加工和处理的二、三手资料。

直接调研获取信息更加真实、准确，间接调研获取的信息量更大，这两种方式在调研工作中缺一不可。秘书在进行调研时，既要注重运用直接调研，也要善于运用间接调研，将二者相结合，从而获取准确、全面的信息。

第三节　调研的类型

调研的类型可按照调研对象范围、调研性质、调研内容、调研连续性、调研地域性等标准进行分类。

一、根据调研对象的范围分类

（一）全面调查

全面调查也称普遍调查，简称普查，即对调查对象总体范围内的所有对象进行调查，例如每十年进行一次的人口普查，就是对全中国范围内所有人口进行调查登记。

普查的开展有以下两种组织形式：一是由专门的调查机构，配备一定数量的调研人员，对调查对象逐一进行登记；另一种是由上级部门发放调查表格，下级部门安排定量的调研人员根据已经掌握的调研对象的资料，进行填报。由于普查的总体通常基数较大，通常需要配备一定数量的调研人员。

（二）非全面调查

非全面调查是指就调研对象中的一部分进行调查，然后再通过部分看整体，以窥探事物的全貌。非全面调查又可分为典型调查、重点调查、个别调查、抽样调查四种类型。

1. 典型调查

典型调查是指在整体中选出最具代表性的部分或单位，通过调查来认识整体的本质和发展规律。典型调查通常可分为两类，一种就是整体中择优或择劣，选择单个或数个典型代表进行调查研究，最终得出结论；另一种是划类选点的典型调查，即将调查总体划分类别，然后再从各类中选择数个典型代表进行调查。

只有选择正确的调查典型，才能最大限度地保证典型调查的科学性，这要求秘书在选择调查典型时，一定要多层次、全方面、多类型地进行考量，提高被选择事物的代表性。

2. 重点调查

重点调查是指在整体中选择部分起主要作用的对象，作为调查重点，进行调查研究。例如秘书要了解国家的调控政策对各市房价的影响，只需要选择一些如北京、上海、广州、深圳等大城市，进行重点调查即可。

3. 个别调查

个别调查是为了解决某个问题，对特定的人或事进行调查研究。个别调查与典型调查有些类似，都是从整体中选部分，但是二者的区别也很明显，典型调查选择的部分对象是随机的，而个别调查选择的部分对象是特定的。二者的调查目的也不尽相同，典型调查是为了揭示某些社会现象的本质和一般规律，而个别调查则是为了解决具体问题，就事论事。

秘书部门针对一些突发事件或事故的调查，或是对某个人、某个纠纷的调查，都属于个别调查。

4. 抽样调查

抽样调查是指从整体中抽取部分作为样本进行调查，通过样本的结论来推算整体结论的一种调查类型。秘书通常会采用这种调查方式来了解某项决策的落实情况，例如责任制落实情况、市场物价波动情况等。

二、根据调研的性质分类

（一）"冷线"调查

"冷线"调查是指对那些具有稳定性、长远性的课题进行的调查，调查研究的周期通常较长，调查的范围较广，因此被称为"冷线"调查。此类调查往往从课题的全局性和战略性出发，对问题的解决也从长远考虑，故有人将"冷线"调查称之为"望远镜"。

（二）"热线"调查

"热线"调查是指对那些具有灵活性、临时性的课题进行调查，通常是领导和人民群众普遍关注的热点问题，它有随机性大、反应快捷、常上常下的特点。由于这类调查的开展有着见微知著、以小见大的作用，因此有人将其称为"显微镜"。

三、按照调研内容分类

（一）基本情况调查

基本情况是指能代表本地区、本机关、本单位基本特点和面貌的情况。这里的基本情况所囊括的范围很广，例如机关单位的历史沿革、组织结构、干部队伍、发展现状、人事劳资、职工状况等情况。

地区、机关、单位不同，基本情况就不同。为了更好地做好基本情况调查工作，秘书应经常、主动地对本地区、本机关、本单位的基本情况进行了解。这样做的目的在于发现问题和解决问题。秘书只有对基本情况了如指掌，才能在辅助领导决策时提出准确、实用的建议。

（二）辅助决策调查

一项决策在落实过程中往往会出现始料未及的情况和问题，秘书需要就这些情况和问题进行调研，辅助决策的落实。

（三）突发事件调查

突发事件调查是指某一事件突然发生后，为了尽快了解该事件的具体情况进行的调查研究。秘书在面对机关单位内部的一些与经济、政治相关的突发事件或事故时，可以采用访问当事人或知情人、召开座谈会、现场调查、查阅相关档案资料等方式，开展调查工作。

（四）遗漏问题调查

这类调研也可称拾遗补缺调查，一般来说，以下几种问题属于遗漏问题：群众反映多但不知归哪个部门管的问题；分管部门明确但长期未解决的问题；多个部门都管但只管一部分的问题；处于多个部门临界点的问题。

秘书在日常工作中，要留心观察，及时发现遗漏问题。面对这些遗漏问题，秘书要在准确领会领导意图的前提下，自选调研课题，组织力量进行调研，为协助领导解决问题服务。

（五）专题性调查

专题性调查是针对某个问题或某项工作的调查研究，特别是一些迫切需要解决的问题。例如某县政府对"三农"问题的调查研究、某市对乡镇企业环保问题的调研，都属于专题性调查。

调研还有很多种分类方法，比如，按照调研的连续性分类，可分为：经常性调查、定期调查、一次性调查（临时调查）；按照调研的地域分类，可分为：地区性调查、省际调查、全国性调查、国际调查、城市调查、农村调查等。

了解调研的类型，有助于秘书在实际工作中更好地去匹配相应的调研方法，从而更加出色地完成调研工作。

第四节　调研的流程

秘书的调查研究工作要依据一定流程展开，调研的流程共分为四个阶段：准备阶段、调查阶段、研究阶段和总结阶段。

一、准备阶段

"凡事预则立，不预则废"，无论开展什么样的工作，都要做好前期的准备工作，调研工作也是如此。在调研工作的准备阶段，秘书应重点做好调研目的、调研对象、知识材料、调研计划、调研提纲以及调研人员的准备工作。

（一）调研目的

在准备阶段，秘书首先要做的就是明确调研目的。秘书要开展的调研工作可分为两种：一是领导交代的调研项目，二是秘书自选的调研项目。如果项目是领导交代的，在确定调研目的时，要以领导的意图为指导；如果是自选的项目，应重点关注其中的预测性、苗头性问题，并思考解决方案。

（二）调研对象

秘书明确了调研目的后，要对调研对象进行研究和选择，选择对象时要注意典型性和代表性。例如某省工业和信息化厅以"解决节假日高速服务区新能源汽车充电难"为目的进行了调研，基于这样的调研目的，调研对象应该怎样选择呢？

很多秘书看到这一问题的第一反应是将新能源车的车主和生产销售企业作为调研

对象，但这样的选择并不具备针对性，甚至对于解决上述问题没有什么大的帮助。

秘书应该依据调研目的深入思考，这次调研是为了解决"高速服务区"的充电难问题，基于此，秘书可以将调研对象一选定为高速服务区的工作人员；这次调研是由省工业和信息化厅展开的，他们在之前应该也处理过类似的问题，因此秘书可以考虑将其选定为调研对象二；解决新能源汽车充电难就要加强新能源充电基础设施的建设，充电设施的建设方可以作为调研对象三。如此一来，选择的调研对象就既全面又具有针对性了。

（三）知识资料

由于调研工作是一项专业性很强的工作，所以在准备阶段也要做好知识资料的准备。秘书主要从以下三方面来做好知识资料的准备。

1.做好与调研工作相关的规章、制度文件的准备。

2.做好与调研工作相关的研究成果、报刊资料的准备。

3.做好与调研工作相关的自然科学和社会科学方面的知识准备。

（四）调研计划

为了避免调研工作陷入盲目和无序的状态中，秘书应该制定好调研计划，然后再依照计划一步一步进行落实。一份完整的调研计划，不仅包含上文已经提到过的调研目的和调研对象，还要包括调研的时间、步骤、方式、组织分工、工具经费等内容。

【案例1】

小蔡是刚刚来乡政府上班的新秘书。某天，小蔡接到了王主任安排的任务，县长想了解一下该乡农村产业化的情况，让小蔡负责组织这次调研。

小蔡心想：这可是自己第一次调研，可不能出岔子！一边想着一边向电话走去，王主任见状便问小蔡："你是想给县里打电话直接对接？"小蔡点了点头，王主任接着说："小蔡你先别着急，我问你这次调研的主题确定了吗？县长来了你要带他去哪参观？陪同人员都有谁？大致时间安排是怎样的？这些你都确定了吗？"小蔡摇了摇头。

"既然这些都没有确定，你就不要联系县里。你先确定调研计划吧！"小蔡心里暗暗佩服，还是主任考虑周全，于是便先撰写调研计划，交由王主任修改了两次后，再和县里通电话进行了沟通。在王主任的帮助下，这次调研活动很快敲定了下来，县长下乡后对这次调研很满意。

调研计划是调研活动开展的向导，因此，在调研工作开始前都需要先确定调研计划，才能保证调研工作的顺利进行。上述案例中的小蔡由于第一次参与调研工作，差点什么都不准备，就直接和县里对接，这很可能陷入"一问三不知"的境地，还好王主任及时提醒，小蔡才恍然大悟。调研工作的顺序应是先计划、再对接，最终保证调研工作顺利完成。

（五）调查提纲

秘书制定好调研计划后，要依据调研计划准备一份调研提纲。调研提纲是调研计划的具体化，主要应围绕调研的目的、要求以及任务来拟写。

（六）调研人员

调研人员需要依据不同的调研任务来配备不同的人数，如果是做全面调查，则要分配好调研小组，分头行动；如果是专题性调查，则从对应的部门抽调相应的人员即可。秘书在协助领导选择调研人员时，要充分考虑调研人员的特点，取长补短，合理搭配，以此形成调研合力，取得良好的整体效果。

二、调查阶段

在整个调查研究的过程中，调查阶段是最重要的阶段。调查阶段的主要任务就是收集和整理与调研对象相关的信息和资料。在调查阶段，秘书需要注意以下几点。

（一）信息材料要真实可靠

调研的目的就是为了解决问题或辅助决策，因此秘书所了解到的信息材料是否真实可靠至关重要。如何保证信息材料的真实性呢？其实很简单，秘书在调查时要深入到基层和群众中去，或直接参加实践活动，多接触情况和问题，这样得来的信息很大程度上都是真实可靠的。另外，在收集信息材料的过程中，秘书要杜绝断章取义、经验主义、偏听偏信的行为。

（二）善于发现新材料

秘书要善于发现新材料，进而根据新材料发现新问题、新情况、新矛盾。这要求秘书在开展调查工作时具备极强的观察力、感悟力以及判断力，深入挖掘和探索新材料。

（三）做好信息资料的记录

俗话说"好记性不如烂笔头"，秘书进行调查工作时，对于在调查中所遇到的问题和情况，应做好文字记录，避免出现遗忘和疏漏，影响调研工作的进展。

三、研究阶段

研究与调查通常是同步进行的，但是二者所占的比重在不同的阶段不一样。在调研工作的初始阶段，调查多于研究，而在调研工作的收尾阶段，研究多于调查，这里的研究多指收尾阶段的集中研究。在研究阶段，秘书主要负责对调查得来的信息资料和初步成果进行进一步研究。

研究工作主要可分为以下几种。

（一）鉴别研究

鉴别研究就是"去伪存真""去粗取精"。秘书要对信息材料的全面性、可靠性、新颖性进行筛选与审核，若在鉴别过程中，发现有需要补充调查的内容，要及时进行补充。

（二）分类研究

分类研究是在鉴别研究的基础上，将信息材料按照一定标准进行分类。分类的过程实际上是一个寻找事物内在联系与区别的过程。

（三）综合研究

最后，秘书对经过鉴别与分类后的信息材料进行综合分析研究，对其进行"由此及彼、由表及里"的概括和思考，由此得出调研的结论。

四、总结阶段

（一）撰写调研报告

调研报告是对调研工作的系统总结，秘书在撰写调研报告时要做到实事求是、言之有物、切合实用。

（二）总结调研工作

在一项调研工作结束后，秘书要及时对工作进行总结，回顾调研过程中出现的问题，为以后的调研工作提供借鉴经验，并对调查材料进行立卷、归档处理。

调查研究的流程是秘书务必要了解的内容，这可以帮助秘书有条不紊地展开调研工作，并取得实际效果。

第五节　调研的方法

调研分为调查和研究两个部分，本节将为秘书详细介绍调查方法和研究方法。

一、调查的方法

（一）实地调查法

实地调查法是秘书亲临调查现场去了解实际情况的一种方法，多用于事故调查和典型调查。秘书在进行实地调查时，一定要做好详尽的记录，可以采用摄影录像的方式将实地调查的各种情况记录清楚。

为了避免有些单位弄虚作假，秘书在开展实地调查时可以不必事先通知，进行突击检查，这有利于获取真实的第一手资料。

（二）座谈会调查法

秘书在获得调查对象所在单位支持的前提下，可以召集相关人员开座谈会，借此来了解情况。这种基于调查召开的座谈会，参加人数不宜过多，三到八人最好。

参会人员的选择也是一门学问，因为只有参会人选对了，座谈会调查法才能发挥最大作用。秘书要基于以下原则来选择参会人：一是参会人应是相关问题的知情者；二是参会人有独到的见解和想法并且敢于当众发言；三是参会人应具有代表性。

秘书在召开座谈会前应为参会人员预留准备时间，事先告知参会人调研目的与调研内容，提前做好准备，从而提高工作的效率。

【案例1】

市政府秘书小李接领导通知，让其就"如何加快闲置土地的开发建设"这一问题召开一次调研座谈会，邀请几位专家学者共同探讨这一问题。小李第一次组织这样的活动，并未提前联系这些专家学者告知要讨论的内容，而是让大家在座谈会现场直接讨论，提意见，给建议。

由于没有给参会人员设定发言时间，座谈会开了三个小时，而且有些意见由于没有经过深度思考，比较浅显，对于解决问题没起什么大作用。

上述案例中的小李由于没有组织调研座谈会的经验，没有提前告知参会人员讨论的问题，让他们提前准备，由此导致了会议的低效。秘书要注意在召开调研座谈会之前，一定要提前告知参会人调研内容，为他们预留准备时间。秘书要明白座谈会不是用来思考观点的，而是用来集思广益的，不提前告知调研内容，不仅会导致会议的低效，而且难以取得实质效果。

（三）问卷调查法

秘书将需要了解的情况设计成问卷，发放给调研对象作答，以此来获取信息和资料。通常调查面较广、调查问题比较集中的调研工作采用这种方法。问卷调查法共涉及三种问卷类型，分别是封闭式问卷、开放式问卷和混合式问卷。

1. 封闭式问卷

封闭式问卷中的题目会设计成选择题或是非题，填写问卷的人只能在限定的范围内作答。其优点在于使用数字或符号作答，便于统计；缺点是答案的设置有限定范围，调查无法深入。

2. 开放式问卷

开放式问卷有问答题和填充题，问卷填写者根据题目自行答卷，畅所欲言，不受任何限制。优点是被调查人自由表达想法，所获得的信息资料丰富、具体；缺点是不便于统计、归纳和概括。

3. 混合式问卷

混合式问卷既包含选择题和是非题，也包含简答题和填充题，弥补了封闭式问卷和开放式问卷的不足，是现如今调研工作中使用最多的问卷类型。

　　问卷的设计要围绕着调研目的来展开，一份完整的问卷主要由前言、主体和结语三部分构成。

　　调研的问卷是有前言的，主要用于说明调查者的身份和调研的目的、意义、要求等内容，通常是以说明信的形式出现，这样可以消除被调查者的戒心和顾虑，换取他们的支持与配合。

　　问卷的主体为问题设计，这是问卷的主要内容，主要围绕着被调查者的基本情况、行为事实和态度意见三个方面展开。被调查者的基本情况是指与调查内容相关的个人资料，例如年龄、性别、文化程度、职业等内容；行为事实是指被调查者与调查内容相关的行为与事实；态度意见是被调查者对调研对象的看法和评价。

　　结语通常是用来指导被调查者填写问卷的说明，其内容主要包括：选择答案时使用什么符号、题目是单选题还是多选题、用笔用墨要求以及一些其他要求。

　　秘书在进行问卷问题设计时需要注意以下两点：一是不要提带有模糊性、暗示性、诱导性的问题；二是一张问卷最多包含25个问题或是将答题时间控制在20分钟，因为过于冗长的问卷会让填写者厌烦，进而影响问卷调查的质量。

　　（四）专家调查法

　　专家调查法指通过向专家学者咨询，来获取信息资料的方法。专家调查查法又可分为专家座谈会和函询法两种。

　　专家座谈会是指将专家学者召集到一起，通过会议对调查内容进行讨论，参会专家在会议上可以畅所欲言，最后综合各方意见，得出结论。

　　函询法是将需要解决的问题通过邮箱或社交软件发给多位专家，由专家各自给出自己的意见。秘书在对这些意见进行汇总与整合后，继续就不同意见和预测问题，询问专家意见，直到取得较为一致的结果。

　　（五）网络调查法

　　网络调查法是指在互联网上针对调研问题进行的一系列调查设计、收集资料和分析研究活动。

　　（六）文献资料调查法

　　文献资料调查法是指秘书通过查阅书籍、报刊、档案、图表等文献资料来获取信息资料的方式。

二、研究的方法

（一）演绎法

演绎法是指从一般原理出发，根据这一原理推导出具体结论，然后再将结论应用到一些具体现象的研究方法。

（二）归纳法

归纳法是从特殊现象推出一般原理，简单来说就是从多个同类别的事物中概括出它们的共同属性，而后再进行深入研究的方法。

（三）对比法

对比法就是将两个或多个既有共性又有个性的事物放在一起进行比较、分析，从而产生更加深刻认识的研究方法。

（四）统计法

统计法是一种定量研究法，即通过统计数字来表现事物的发展变化，然后依据数据得出规律性认识的一种研究方法。

秘书在进行调研时，选择恰当的调研方法，往往能事半功倍。秘书在选择调研方法时，务必要依据调研对象进行选择，如果调研对象为本单位职员，可以选择问卷调查法；如果调研对象是大学生，可使用网络调查法；如果调研对象为农民，则要深入基层，采用实地调查法较为合适。

第六节　调研报告

调研报告是调研成果的具体表现，秘书需要对最终调研成果进行分析、整理后，形成书面报告。调研报告是调研工作结束后必不可少的一个工作环节，因此了解如何进行调研报告的写作于秘书而言尤为重要。

一、调研报告的特点

（一）真实性

调研报告本质上就是"摆事实，讲道理"，客观事实是调研报告的基础，一切分析与研究都要建立在客观事实的基础上。这要求秘书在写调研报告时所使用的材料都必须是真实无误的，不可主观地进行夸大或缩小，这样分析事实得出的结论才具有说服力。如果调研报告失去了真实性，也就丧失了科学性和应用性，调研工作也就名存实亡了。

【案例1】

某日，石秘书跟随领导去到基层进行调研。他们刚刚到达目的地，基层领导就邀请他们吃饭，然后去周边的景点游玩。让石秘书惊讶的是，不仅调研的第一天是这样度过的，接下来几天也是这样度过的。直到调研结束的那天，领导与基层干部合影留念，然后又拍了拍基层干部的肩膀，嘱咐了几句，就拂袖而去了。这场调研工作就这样结束了。

"调研"结束后，领导让石秘书撰写一份调研报告，好向上级领导交差。领

453

导的这个要求难住了石秘书，他一直跟随领导游山玩水，根本就没有什么写报告的素材。但是，他碍于是领导下达的指令，只能去参考网上调研工作的资料，写了一份调研报告交差。

上述案例中，秘书在"走过场式"的调研基础上撰写的调研报告，这就是一份失真的调研报告。失真的调研报告不仅会严重影响决策的科学性，还妨碍方针、政策的贯彻与落实。秘书应对调研工作有一个正确的认识，调研就是为了了解事情的真相和全貌，然后得出解决问题的思路和对策，因此调研必须要立足实际，以实事求是为原则，以解决问题为目的，确保调研不失真，调研报告才能不失真。

（二）时效性

当一个问题需要去调研，那它一定是当下迫切需要解决的问题，因此调研工作的开展与调研报告的撰写一样是具有时效性的。秘书在接到调研通知后，应即刻进行调研，不应办事拖沓、拖泥带水，把新事拖成旧事，调研报告的撰写也就失去了意义。

（三）典型性

秘书在撰写调研报告时运用的材料是否典型，是调研报告成败与否的关键。如果选择的材料不典型，没有代表性，就无法揭示事物的本质和规律，也无法得到行之有效的解决问题的办法。这就要求秘书在写调研报告时，一定要选择典型的材料，这样才具有现实意义和指导意义。

二、调研报告的写作格式

机关单位中的调研报告主要由标题、正文构成。

（一）标题

1. 单标题

单标题是指只有一个正标题，它可分为以下几种。

（1）公文式标题

这类标题是由调研主题和文种构成，标题中多会直接蕴含"调研报告"和

"调查"的字眼。例如《关于某县防洪排涝工作的调研报告》《某市大学生就业情况调查》等。

（2）中心式标题

这类标题通常直接揭示调研报告表达的中心思想，具有简洁明了的特点。例如《本市老年人各有所好》《母猪也应该下放给农民饲养》等。

（3）提问式标题

这类标题通常是以疑问的语气发起提问，目的就在于抓人眼球，极具吸引力。例如《"人情债"何时了》《粮食霉变的原因何在》等。

2. 双标题

双标题是由正、副两个标题构成，正标题揭示调研的主题思想，副标题点明调研的地点、内容、范围，这种标题写法多用于典型经验和新事物的调研报告。例如，《独木桥下的思索——关于农村高考青年的调研报告》《女性老龄化问题值得重视——某市小学教师队伍建设中的两个问题》等。

（二）正文

正文是一篇调研报告中的主要内容，分为开头、主体、结尾三个部分。

1. 开头

开头也称前言，通常用于介绍调研工作的概况，或是介绍被调研单位或人的基本情况，或是说明调查的时间和方式，或是概括调研之后的结论，或是提出问题引出下文，以上内容都可以作为调研报告的开头，秘书可根据调研主题自行选择。

2. 主体

主体部分是调研报告的核心，这一部分至少要体现三方面的内容：一是此次调研工作的主题；二是列举与主题相关的事实依据；三是对这些事实进行分析和评价。这一部分是调研报告的重中之重，在行文方面可以按照以下结构来展开：

（1）纵式结构

纵式结构是按照起因、经过、结果的先后顺序来组织内容，目的在于将一件事情的来龙去脉讲清楚，让阅读者对整个事件的经过有一个全面、深入的了解，一般情况和揭露问题的调研报告多采用纵式结构。

（2）横式结构

这种结构是根据事物的内部联系和问题的逻辑顺序来组织内容，围绕中心思想，从不同的角度分析调研情况，通常会在每种分析前面添加小标题，横式结构适用于内容丰富、复杂的调研报告。

（3）综合式结构

综合式结构兼有横式和纵式两种结构的特点，通常在叙述调查过程时采用纵式结构，写收获、认识和经验教训时往往采用横式结构。

秘书在进行主体部分写作时，要注意详略得当、先后有序、突出重点。

3. 结尾

报告的结尾应当简明扼要，点明主旨或总结全文。在结尾中可以指出调研中存在的问题，并提出解决意见；或对调研的情况进行归纳，并展望未来。秘书可根据实际需要自行选择结尾内容，这里要说明的是如果在报告主体部分已经书写结尾，则不必再画蛇添足，另写结尾了。

以上介绍的只是调研报告的一般格式，有的调研报告在开头之前还会加入序言和摘要部分，结尾之后会添加附录。秘书在撰写调研报告时，可根据需要自行选择报告格式。

第十五章
信息工作，辅助决策的重要依据

信息工作是党政机关、企事业单位秘书日常工作中的一项常见工作。由于秘书是领导最重要的信息渠道之一，因此信息工作至关重要。

秘书要做好信息工作，必须认识到信息的特征、种类，掌握信息工作的原则、要求和程序，从而有效发挥秘书的参谋助手作用。本章系统地介绍了信息工作的各项内容，有助于秘书可以游刃有余地做好信息工作。

第一节　信息工作概述

信息就是指客观世界中存在的一切事物通过物质载体所发出的消息、情报、指令、数据中所包含的一切可传递和交换的知识内容。简单来说，信息是指那些具有新内容、新知识的消息。

信息有着客观性、共享性、时效性、开发性、无限性、依附性、传递性、可塑性八大特征。

客观性：客观性是信息的基本特征，是信息的价值基础。

共享性：信息在一定时间内可以供多个主体使用，这是信息区别于其他物质的显著特征。

时效性：信息只有在一定的时间范围内才具有价值。

开发性：信息作为一种资源，可以被充分开发和利用。

无限性：信息会随着时间的推移不断产生和发展。

依附性：信息只有依附物质载体才能保存下来。

传递性：信息可以通过载体或媒介进行传递。

可塑性：信息可以通过归纳、综合、精炼、浓缩等程序进行重塑。

信息工作是依托信息而存在的，所谓信息工作是指社会组织及其成员，对其管理、经营的工作事项中需要的资料和数据所进行的一系列收集、整理、储存、传递、反馈的活动。简单来说，信息工作就是一个从收集信息再到整理、传递、处理信息的一个过程。

　　在党政机关、企事业单位中，信息工作是十分重要的，秘书日常工作的方方面面都离不开信息工作。

　　首先，信息是决策的基础。扎实的信息工作有利于科学决策的产生，一项决策的成败与信息的正确、全面与否是画等号的。决策是在已有信息的基础上经过分析、推理后所产生的，而不全面、不正确的信息，都会导致决策失误的产生。

　　其次，信息是文件材料的重要素材来源。撰拟文件材料是秘书的日常工作，而起草文件材料，必须在掌握大量信息的基础上，再结合领导的意图，进行分析、整合，最终形成书面的文件材料。

　　再者，信息是秘书进行信访、咨询工作的依据。秘书接待来宾、群众来访、处理群众来信等信访、咨询工作时，要掌握相关的政策内容、规章制度、实际情况等信息，经过全面地分析后再做出回应。

　　最后，信息是秘书日常管理工作的必备条件。秘书在处理日常事务时，也要依托大量的信息作为依据。秘书要学会利用自己所掌握的信息，去沟通上下、连接内外、协调左右，协同各部门完成共同的任务。

　　总而言之，秘书的工作都离不开信息，所以秘书要强化信息意识，掌握信息工作的规律，只有这样才能在处理日常信息工作中游刃有余，完美胜任领导的参谋助手这一角色。

第二节　信息的分类

世界中的一切事物都具备生成信息的能力，所以信息涉及的范围是极其广泛的。信息按照不同标准，可以分为不同类别。

一、按照信息的表现形式划分

（一）语言信息：领导的口头指示、电话等。

（二）文字信息：文件、报纸、杂志、书籍等。

（三）声像信息：录像、录音、图片资料等。

二、按照信息源的性质划分

（一）社会信息：是指人们有意识、有目的地进行发送或传播的信息，例如各种政治信息、军事信息、经济信息、文化信息等。

（二）自然信息：是指自然界无目的、无意识地自发产生、自发传播的信息，例如日月星辰的东升西落、地球上的各种自然现象等都属于自然信息。

三、按照信息来源的方向划分

（一）横向信息：是指来源于同级组织的信息。

（二）纵向信息：是指来自本组织内部上级或下级单位的信息。

（三）外部信息：是指来自外国、其他单位组织的信息。

（四）内部信息：是指本组织系统内部的信息。

四、按照信息的稳定状态划分

（一）静态信息：即固定的信息，例如之前已经确定的统计数据。

（二）动态信息：即非固定信息，例如股票、基金的行情都是时刻在变化，这就属于动态信息。

五、按照信息起作用的时间划分

（一）长时信息：是指已经形成并处于相对稳定状态的信息。

（二）短时信息：是指那种时效性很强的信息，如果在一定时间内没有被发现，就失去了存在的价值，例如市场信息、谈判时对手的表情变化。

六、按照信息所起的作用划分

（一）有用信息：是指在日常工作中具有价值和意义的信息。

（二）片面信息：是指真实但不全面的信息。

（三）歪曲信息：是指放大或缩小事实，但与实际情况又相差不大的信息，这类信息大多是为了迎合领导心意而产生的。

（四）虚假信息：是指不真实、捕风捉影的信息。

（五）垃圾信息：是指那些毫无意义、毫无价值的信息。

以上介绍了许多种信息类型，那么机关、单位中的秘书每天在日常工作中可以接触到什么信息呢？一般来说，秘书经常接触以下几种信息。

一、日常工作中接触到的信息

秘书的日常工作主要包括帮领导办事、值班、接打电话、接待来访、安排活动等内容。在处理这些事务的过程中，秘书会接触到大量的信息。例如，接听电话时的来电号码、来电者单位、来电内容和要求；办事过程中接触的相关单位和人员的有关信息。这些日常工作事务中产生的信息都是非常重要的信息，若信息掌握不好，就会影响工作。

【案例1】

小米是陈县长的一位秘书，一天小米受到了陈县长的批评，起因是因为接了一个电话。小米接到一个电话，对方第一句话就问："陈县长在吗？"小米心想这肯定又是那些想走后门找陈县长办事的人，于是就随口问了一句"你是谁啊？"，语气有些不友善。结果对方听了之后，直接挂掉了电话，小米也没有当回事。

下午，陈县长接到了上级领导打来的私人电话，知晓了此事，于是就把小米叫到办公室批评了一通，质问他怎么接上级领导电话时语气那么差。小米这才恍然大悟，原来上午接到的电话是领导打来的。陈县长接着问："你的电话联络簿呢？上面不是有领导的座机电话吗？"小米挠了挠头，不好意思地说："上次打印机坏了，没有打印，后来就忘了。"小米赶紧打印了一封电话簿，并将其贴在了座机旁。

在上述案例中，秘书小米因为忽视了电话信息，导致了领导的不满。千万不要小看一份电话信息，它很可能会让领导对秘书的印象大打折扣，因此秘书在日常的工作中，尽量背下机关、单位中重要领导的分机号。如果背不下，就将重要号码抄写或打印贴在座机旁边，防止犯同样的错误。

二、会议工作中接触到的信息

会议是信息沟通、信息处理的重要途径。秘书在做会议工作时会接触到大量的信息，例如，本单位主办的会议，可以通过会议登记表掌握一些外来单位参会人员的姓名、职务、联系方式等信息。秘书要注意保存这类信息，这对今后的工作也许会有很大的帮助。

三、文书处理工作中的信息

文书是领导者了解信息的重要途径，也是秘书的一项重要工作。秘书每天都要处理大量的文书，其中不乏一些有助于开展工作的信息，秘书应留心收集、保存这些信息，以备不时之需。

秘书的各项工作都与信息息息相关，所以，必须认识到信息工作的重要性，并在日常工作中处理好各种信息工作，才能更好地发挥参谋助手的作用。

第三节 信息工作的要求与原则

信息工作是秘书工作的基础，想要做好信息工作，秘书就要清楚信息工作的基本要求，并且掌握信息工作的基本原则。

一、信息工作的要求

（一）真实准确

真实准确可以说是信息工作的灵魂所在，因此秘书在开展信息工作时，收集的信息一定要确保准确无误、真实可靠，否则费时费力收集来的信息，就失去了意义。

（二）具有价值

秘书在工作中所涉及的信息一定要是有价值的，换而言之就是所掌握的信息或多或少对完成某项工作有所帮助。

（三）广泛全面

即信息的收集和处理要注意广泛性，真实地反映事物各方面的情况。秘书只有向领导传递全面的信息，领导才能依据这些信息，做出正确的判断和决策。

（四）迅速及时

信息具有时效性，所以信息的收集、整理、传递、反馈也具有时效性。在信息工作中，秘书获取信息的速度在一定程度上决定了它的价值，尤其是经济信息等。这就要求秘书在进行信息工作时，要有强烈的时间观念，迅速及时地处理各项信息，最大化地保有信息的价值。

二、信息工作的原则

（一）超前原则

由于信息的产生永远是落后于客观事物状态的变化，所以信息具有滞后性。因此秘书在进行信息工作时，应秉持超前原则，提前收集信息。

【案例1】

一天，某粮食生产企业正在开会。在会议上，有领导提出应将资金用于购买生产设备上，改造生产技术，提高企业竞争力。秘书部的卢主任却提出了不同的见解，他说："我收集了几条信息，请各位领导思考：一是粮食市场已出现了粮价上涨的趋势；二是国际上的主要粮食进口国均遭受了自然灾害，所以他们的需求量会大大增加；三是供应我厂粮食原料的粮区今年遭受了严重的水灾，会出现供不应求的局面。基于以上三点，粮价近期必然上涨，所以我认为各位领导应先将重点放在购进粮食原料上，然后再利用盈利改造技术。"

领导们经过一番讨论后，决定采用卢秘书的建议。果不其然，不久后，粮价果然上涨，该企业一年就盈利了三千万。

上述案例中卢秘书所提供的信息，为企业带来了丰厚的利润，也体现了超前收集信息的重要性。卢秘书走在领导决策之前，提前收集了这些至关重要的信息，为领导决策提供了重要参考。

秘书在开展信息工作时，要以超前原则为指导，领导能想到的，秘书要预先想到，领导想不到，秘书要替他想到，提出具有前瞻性和预见性的建议，有效辅助领导进行科学决策。

（二）择优原则

客观来说，世界上存在的一切信息都是有用的。但在实际工作中，秘书收集到的信息，却既有有效信息，也有无效信息。很显然，对于实际工作而言，有效信息更有价值。因此，秘书在展开信息工作时，要遵循择优原则，选择有效和优质的信息，去除无效和劣质的信息。

（三）追踪原则

一项决策方案在落实过程中，往往会发生这样或那样的变化，因此秘书需要对决策的实施情况进行追踪，并及时向领导反馈相关的信息。这样便于领导随时准确掌握情况，并对决策方案及时做出调整和完善。

在如今这个信息时代，信息工作的重要性不言而喻。信息是机关、单位领导开展工作的基础和前提，秘书作为信息工作的主要负责人，一定要做好信息工作，为领导开展工作提供支持和帮助。

第四节　信息收集

　　信息收集是指秘书为了满足领导使用信息的需要，根据一定的目的，通过不同方式收集信息的过程。信息收集是信息工作的第一步，也是信息处理工作的基础。

一、信息收集的内容

　　信息收集通常是基于领导的工作需要，秘书在日常工作中收集相关信息。秘书收集的信息内容是极为多样的，主要包括以下几种。

　　（一）政策类信息：政策类信息主要指党中央和国务院下发的方针、政策以及法规性文件，它又可分为现行资料信息和历史资料信息。现行资料信息是指现行相关的政策法规或者上级主管部门下发的命令、指示、规定、计划等。历史资料信息是指以往相关的法令、政策、规定、决议等内容。

　　（二）经济类信息：主要指与经济发展速度、状况、市场竞争等相关的信息。

　　（三）经验类信息：是指反映各个机关、单位工作经验的相关信息。例如，党政机关和企事业单位下属部门的人员、物力、工作、生产等情况，以及统计数据、改革状况、典型经验、工作总结等内容，只要是可为工作提供借鉴经验的信息，都属于经验类信息。

　　（四）科技类信息：有关重大科技成果的信息内容。秘书作为领导的助手，应当明白科技信息的重要性，因为一项重大科技成果很可能带来一场技术革命，所以秘书应密切关注科技发展，力求掌握有关重大科技成果的相关信息资料。

（五）社会类信息：主要包括社会动态、时尚习俗、群众情绪、自然灾害等内容。

二、信息收集的方法

信息收集是信息工作中的一个重要环节，秘书要掌握一定的信息收集方法，这样才便于开展工作。秘书可采用以下方法进行信息的收集。

（一）观察法：即人们借助感官或者其他工具来认识客观事物，秘书既可直接使用视觉、听觉等感官来获取信息，也可借助录像机、摄影机、摄像机等工具来记录客观对象的活动。

（二）交换法：即秘书使用自己整理好的信息，与其他单位进行信息交换。

（三）调查法：即依照信息收集工作展开前确定的计划，就特定问题对特定的对象展开调查。

（四）阅读法：即秘书可以通过阅读文件、图书、报纸、期刊、档案等纸质资料以及每天处理的工作文件或信函来获取信息的方法。

（五）购买法：即通过购买的方式来获取与所要收集信息相关的数据、报刊、专利文献、磁带磁盘等资料。例如，秘书可在中国期刊全文数据库、专利技术全文资料网等网站自行购买相关资料。

（六）问卷法：即收集者向被收集者提供问卷，并要求其作答的信息收集方法。问卷法包括报刊问卷（即在报纸和刊物上刊载问卷）、邮政问卷（即通过邮局将问卷寄出）以及直发问卷（即直接分发问卷）。问卷法的实施步骤主要包括问卷设计、选择调查方式、问卷发送、问卷回收、问卷分析。

（七）网络法：即在互联网上通过搜索获取信息的方法。

（八）访谈法：即通过访问和谈话的方式去获取信息，访谈的形式主要包括面谈、电信访谈和书面访谈。面谈是指通过面对面交谈来获取信息；电信访问是指通过电话、邮箱、传真等工具收集信息；书面访谈是指将需要收集的信息设计成一系列相关问题，提供给被访者让其进行作答，以此来收集信息，有点类似于问卷法，但在设计上比问卷法更简单。

【案例1】

　　某国企总经理的秘书小欧外出办事时，偶然遇到一家公司在举办开业活动。小欧站在展牌前浏览该公司的资料，发现这家公司与自己公司经营的业务几乎一致。于是，小欧便拿出手机拍下了展牌上的资料。

　　小欧还主动和周围的人聊天，从大家的口中了解到了一些信息。旁边有位年轻人见小欧对这个活动感兴趣，便主动递给了小欧一份活动安排表。这份活动安排表上列出了活动内容以及出席嘉宾的姓名、单位和职务，小欧如获至宝，将这个安排表带回了公司，他还上网搜集了关于这家公司的相关信息。

　　以上案例中秘书小欧有良好的信息收集意识，他在收集对手公司信息时运用了访谈法、网络法、观察法等，获得了对手公司丰富而全面的信息。秘书要在日常工作中养成时刻收集信息的意识，想在工作中收集丰富、全面的信息，应将多种信息收集方法结合起来，不要只使用一种方法去收集信息。

　　秘书在收集信息时，收集范围一定要广而深。所谓"广"，是指收集信息的范围要大、领域要广；所谓"深"，是指收集与工作相关的正向或横向的信息。秘书只有在收集信息时做到广而深，才能为领导的工作提供充分的信息依据。

第五节 信息处理

经过信息收集工作所得到的原始信息，还需要经过归纳整理、分析研究等处理，才能成为有用的信息。信息处理主要有筛选和加工两个环节。

一、信息的筛选

信息筛选是信息处理的首要环节。所谓信息筛选，是指将分散、凌乱的信息进行甄别、提炼和整理。进行信息筛选的目的有两个：一是为了剔除虚假、无效、失效的信息，二是为了挑选出有价值的信息。

究竟什么信息属于有价值的信息呢？可从以下三个方面来判断。

（一）信息的准确度

信息的准确度决定了一条信息是否有价值。秘书可以从以下几方面来判断：信息的来源是否权威；信息反映的事实是否准确；信息是否只在特定环境下有效等。

（二）信息的相关度

信息收集是围绕领导下达的工作任务展开的，信息筛选也需要依据工作任务展开，只有能够对工作产生实质性帮助的信息才是有价值的信息。这要求秘书在展开信息筛选时，要根据实际工作的需要，来确定信息筛选的范围。

（三）信息的新鲜度

信息的新鲜度通常表现为信息是否包含新观点、新发现以及应用范围是否有新拓展。秘书要明白越新的信息，价值越高，因此在信息筛选时，要留存新信息，剔除旧信息。

秘书进行信息筛选时务必要同时满足以上三个要求，缺一不可，这样筛选出的才是有价值的信息。

秘书还可以采用以下方法进行信息筛选。

（一）类比法：对类型相同的信息，秘书要选留量大的信息，剔除量小的信息。

（二）专家评估法：对专业性和技术性都很强的信息，秘书无法正确来筛选信息，这时就需要约请专家或专业人员来进行评估，然后再根据评估结果决定信息的去留。

（三）时序法：对有先后时间的信息，秘书要依据信息时效性的特征，剔除旧信息，选留新信息。

二、信息加工

信息加工是在已筛选信息的基础上，进行二次加工，形成价值更高、更加便于使用者利用的信息。

（一）信息加工的内容

1. 信息的分类和排序

原始信息在经过筛选后，还处于一种杂乱无章的状态，需要通过二次加工，对这些信息进行分类和排序。

2. 信息的分析和研究

秘书需要对分类排序后的信息进行分析、比较、研究，这样可以使信息更具实用性。

3. 信息文稿的写作

信息文稿是一种信息的加工方式，指的是运用文字来描述信息内容的书面文稿。秘书在撰写信息文稿时，一定要简明扼要，在文稿中将时间、地点、人物和事件的起因、经过和结果交代清楚。撰写的文稿只需陈述客观事实即可，不要加入自己的看法和揣测。

（二）信息加工的方法

信息加工的方法可以分为基础加工法和深层加工法。

1. 基础加工法

（1）文字加工：信息文稿写作其实属于文字加工，就是通过简洁明了的语言概括原始材料中的实质性内容，将无价值、无意义的信息剔除出去。

（2）信息提要：即从大篇幅的文字材料中提炼有价值的信息要点，形成信息索引。

（3）信息分类：按照一定的要求，对信息进行分类。

【案例1】

办公室的材料越积越多，亟须整理，办公室主任让秘书小苗对这些信息材料进行分类整理。小苗立即着手这项工作，并按时间先后对文件进行了分类整理。

几天后，人力资源部的李主任到办公室来查找一份关于奖惩办法的文件。小苗问："这份文件是什么时候的？"李主任已经忘了时间，小苗没办法只能按照时间顺序挨个查找，找了很久后才找到这份文件。

上述案例中的秘书小苗因为选错了信息分类的方法，致使检索信息的效率大打折扣。秘书在进行信息分类时，要打开思维，选择最佳的分类方式，小苗没有考虑有人会忘记文件产生时间这种情况，结果导致了文件难找的窘况。

信息分类的方法有很多，例如，根据信息的来源、数量、内容等都可以分类，秘书应根据机关、单位的工作需要，从便于保管和检索出发，选择分类方法。

2. 深层加工法

（1）提前预测：是指通过整合已有的信息，从中了解事物的发展规律，预测事物未来的发展方向，从而获取新信息的方法。

（2）巧用对比：在信息加工的过程中，要通过比对不同的信息，从中找出异同，并据此提出问题、解决问题。

信息处理是信息工作中必不可少的一道程序，因为收集来的信息只有经过处理后，才会由原始信息变为有用信息，单一信息变为综合信息，零散信息变为系统信息。信息处理工作是整个信息工作的核心，秘书务必要高度重视。

第六节　信息储存

　　信息储存是指秘书将整理好的信息储存在电脑、纸张或U盘等载体中，以备日后查验或工作使用。秘书的信息储存工作主要包含：办公室信息储存，秘书个人信息储存。秘书应了解和掌握信息储存的方式、工作内容、要求，这样才能更好地开展信息储存工作。

一、信息储存的方式

　　（一）原件储存：指将纸质材料、录像带、胶片等存有信息的原件进行储存。

　　（二）计算机储存：将处理过后的信息以数据库、电子表格、电子文档或其他计算机文件形式，保存在计算机硬盘、移动硬盘或U盘上。秘书使用这种信息储存方式时需要注意，由于计算机文件是可以随时进行更改的，为了避免他人的错误操作或改动，一定要做好文件的加密处理工作。

　　（三）缩微胶片储存：是通过缩微摄影技术来进行模拟影像记录，无论是文件的信息内容，还是文件的外形特征，都可以通过缩微胶片来储存。

二、信息储存的工作内容

　　（一）登记：即将信息储存的完整记录进行登记，反映信息的储存情况。

　　（二）分类：对于需要储存的信息依照划分标准进行分门别类。

　　（三）著录：按照上述类别划分制作分类卡片，便于查用。

　　（四）保管：已经储存好的信息，还要做好保管工作，注意做好防火、防潮、防泄密等工作。

三、信息储存的要求

（一）储存的信息要有价值

秘书要注意，不是所有收集来的信息都需要储存，而是筛选出那些具有潜在价值和现实价值的信息进行储存。

（二）储存的信息要科学分类

信息存储时要注意科学分类，这样便于立卷、归档、检索。信息可以按照以下标准来分类。

1.按载体分类：文书类和电子类信息。

2.按形成的时间分类：当前信息和历史信息。

3.按层次分类：初级信息和高级信息。

4.按范围分类：内部、外部信息和国内、国际信息。

【案例1】

年末，某市市委书记让陈秘书整理一份本市所辖各个区县的经济数据。陈秘书说："没问题，各区县经济数据前几天已经让他们都发过来了，都储存在我的电脑里。"市委书记听罢就去处理工作了。

一上午过去了，书记也没有收到陈秘书汇总的经济数据，便来问陈秘书怎么回事。陈秘书挠了挠头说："书记，我把所有文件资料都储存在一个文件夹里了，这些经济数据文件的命名也不一样，我在一个一个筛选，所以就慢了点。"

上述案例中的陈秘书虽然做了信息储存工作，但是却没有做好信息分类工作，致使工作效率低下。如果陈秘书在收到各区县的经济数据后，就及时修改文件名，并将不同的信息放入不同的文件夹，就能省去了筛选文件的麻烦。

因此，秘书在进行信息储存工作时，一定要同步进行信息分类工作，按照一定标准将不同的信息放入不同的文件夹中，并修改相应的文件名，这样可以大大提高秘书的工作效率。

（三）储存的信息要便于检索

无论是文字材料的存储，还是音像制品的存储，都要分类编目，标好序号，便于检索。

（四）储存的信息要系统完整

秘书存储的信息要保证系统、全面，要能够完整地反映出某一时期某项工作的全貌，某项工作的储存信息不可中断、不可片面。

秘书需要认识到信息的储存工作不是一个孤立的环节，其贯穿于信息工作的整个过程，无论是信息收集阶段的信息，还是经过筛选、加工后的信息，都需要及时储存。

第七节　信息传递

信息传递就是秘书将经过处理和储存的信息，通过某些途径提供给领导或同事。传递是秘书正常开展信息工作的必要手段，如果整理好的信息最终无法传递出去，收集、处理、储存信息工作就失去了意义。

一、信息传递的要求

（一）时效性

信息传递的时效性是由信息本身的时效性决定的，传递的快慢往往影响着信息工作效率的高低。为了尽可能地保证信息传递的时效性，秘书在传递时可以采用现代通信手段，也可以利用简化审批程序、建立点对点联系等方式加快信息的传递。

（二）准确性

信息的传递务必要准确。信息是客观的存在，但信息传递却是一种主观的行为，传递什么信息、不传递什么信息是由传递者决定的，因此在传递的过程中比较容易出现失误。秘书进行信息传递时，要尽量减少传递的层级，开辟多种传递渠道，确保信息传递的准确性。

（三）保密性

由于机关、单位中的很多信息属于涉密信息，秘书在传递此类信息时，务必要做好保密工作。

【案例1】

某市召开了专项工作会议，刘县长要临时出差，于是便让王秘书代为参加。在会议上，市政府向各县参会者都发放了一份机密文件。王秘书参加完会议后，将机密文件和会议的内容整理成了报告，准备在刘县长回来后向他做汇报。

第二天，负责县政府官网信息上传工作的小景来找王秘书拷贝本周要上传的信息。王秘书当时着急去处理事情，就让小景打开电脑自行拷贝。由于王秘书没有对机密相关的文档做任何标记，小景把这份报告拷贝后上传到了县政府官网上。

上述案例中的王秘书为了更好地向领导汇报会议精神，便将会议内容和涉密文件撰写成了报告。但是他忽视了保密工作，最终导致了涉密信息被当作普通信息披露在了网站上，造成了泄密的严重后果。

因此，秘书在日常的信息传递工作中，一定要提高保密意识，对涉密信息进行加密处理，做好信息传递中的保密工作。

二、信息传递的重点

信息传递也有先后之分，秘书在向领导汇报信息时，要善于抓信息中的关键点，优先汇报重点信息。

（一）抓"空白点"

秘书要学会抓领导决策中的"空白点"。所谓"空白点"，就是领导在决策过程中未曾注意到却具有一定导向性的问题。对于与"空白点"相关的信息，秘书要优先传达，以便领导及时、科学地进行决策。

（二）抓"矛盾点"

秘书在传递信息的过程中也要学会抓"矛盾点"。由于领导的决策方案要依据秘书收集的信息或者以往经验来制定，缺少实践性，因此当决策交由下级部门执行时不免会出现难以实施或实施后效果不佳的情况。对于这种"矛盾点"，秘书要发挥上传下达的作用，及时反馈相关情况和信息。

（三）抓"症结点"

秘书要学会抓领导决策在落实过程中的"症结点"。这些"症结点"指的是决策在落实过程中遭遇的阻力和困难，秘书要善于发现这些症结，并提供解决办法。

三、信息传递的方法

（一）口头传递

口头传递是指用口头语言将信息传递出去的一种方式，它具有简单、直接、快速的特点。这种方式适用于直接向领导汇报紧急情况、向下级机关单位传递命令、回复口头咨询等工作。

（二）书面传递

书面传递是指将信息转换为文字、数据、图像等书面资料，再传递给信息接收者的一种方式。书面资料包括信函、报告、刊物、新闻稿……秘书需要注意书面传递只适用于传递时效性不强的信息内容，例如阶段性工作总结、工作经验交流材料等。

（三）电讯传递

电讯传递是指通过电话、传真、电报、电子邮件等传递信息的一种方式。

（四）网络传递

网络传递是指通过互联网聊天工具（QQ、微信等）、政府网站等媒介传递信息的一种方式，它具有信息传递量大、方便快捷的特点。

秘书在选择信息传递的方法时，应注意以下几个要点：一要考虑信息内容和接收对象，例如，机密级的信息尽量使用文书专人专递，组织内部的信息传递则可以选择召开会议；二要考虑传递时间和距离，例如，较为紧急的消息要选择电信手段。

第八节　负面信息的上报

秘书在日常工作中接收的信息纷繁复杂，其中既有正面信息，也有负面信息。有时一些负面信息往往对全局工作有着重要的影响，又不可不上报，因此秘书在信息工作中要遵循"有喜报喜，有忧报忧"的基本原则，如果"知忧不报"，任由负面情况蔓延，会对工作造成极大的负面影响。

秘书上报负面信息时，先要判断它是否达到上报领导的标准，它有没有价值，对领导是否有用。本节重点介绍负面信息的处理原则和处理艺术，以求为秘书在进行负面信息上报时提供更多的角度。

一、上报负面信息的原则

（一）如实上报

秘书在上报负面信息前，要对信息的内容进行核查，将一些不真实、不可靠的内容剔除出去，确保负面信息的真实性。另外，秘书在上报时务必要实事求是，不要加入主观臆断和个人色彩，更不要弄虚作假、掩盖事实。

（二）变换角度上报

秘书上报负面信息时，可以适当变换角度，将问题型信息转变为建议型、措施型信息。例如"某地发生某个突出问题"就可以变换为"某地重视解决某个问题"，紧接着再提出自己解决问题的建议，这样上报负面信息，领导更容易接受和采纳。

（三）适度上报

秘书上报负面信息时要遵循适度的原则。领导每天需要处理的事务很多，因此秘书在上报负面信息时，要把握好度，要选择那些紧急的、带有重大影响的负面信息优先上报。避免上报负面信息过多，分散领导的精力。

（四）及时上报

负面信息的时效性很强。一些负面消息如果上报不及时，便失去了价值与意义。这就要求秘书在上报负面信息时，一定要在保证信息准确性的前提下，做到迅速、及时，尤其对于重大事故、案件、灾情、疫情等负面信息务必要在六小时内上报领导，便于领导迅速采取应对措施。

【案例1】

夏先生因之前举报某公司开具发票问题，收到了当地税务局发来的《税务违法案件举报领奖通知》，告知他获得了15元的现金奖励。夏先生认为15元奖金根本无法抵消举报过程中产生的费用，举报奖励根本就起不到鼓励公众主动监督的作用。于是，他就这一现象向某报记者进行了爆料。

某报记者就这一事件，致电税务局局长办公室，了解情况。秘书小李接听了电话，称局长正在开会，会后再进行回复。结果，小李将此事忘记了。记者再次致电，小李又说会整理好书面材料，然后发给记者。直到记者发稿时，小李也没有给对方发任何书面材料。最终，记者在报纸上发表《举报发票违规仅获15元奖励》一文。税务局领导看到这篇文章后特别生气，将秘书小李痛批了一顿。

秘书小李在第一时间得知了负面信息，但却没有引起足够的重视，既没有及时上报领导，也未与记者沟通，最终导致负面信息经由报纸广泛地传播出去。

二、负面信息的上报艺术

（一）突发性问题及时报

一些秘书在面对突发性问题时，总是有这样或那样的担忧，不是害怕说多了，就担心报早了。其实这些想法是错误的，出现突发性问题，秘书应做到及时上报，只有这样才能为解决问题争取时间，在工作中掌握主动权。

（二）动态性问题连续报

秘书经手的很多工作都有动态性、连续性的特征。因此在工作中常常会出现这样的情况：当领导想就某重大事件的情况做进一步了解时，却没有了下文。这就是因为秘书没有做到动态性问题连续报。面对动态性问题，只要问题没有彻底解决，秘书都要密切关注该问题的一切动向，及时向领导进行汇报。即使在问题解决的后期，领导已经没有关注这个问题了，秘书也要对解决情况有所了解，避免领导突然问起时，无法作答。

（三）普遍性问题深入报

在机关单位的工作中，什么样的问题属于普遍性问题呢？举几个很简单的例子，如职工下岗、社会保障、农民负担等民生问题，都属于普遍性问题。这些普遍性问题往往较难解决，因此秘书在上报这类问题时，不要只上报一些表面问题，而是要深入实际，挖掘更深层次的信息，并针对问题做好解决方案，再上报给领导。

（四）苗头性问题分析报

苗头性问题，是指那些刚刚暴露但具有潜在扩大趋势的问题。秘书遇到这类问题时，要对其进行分析，明确该问题是共性问题还是个性问题，并估计如果问题扩大可能会出现的紧急情况。对于苗头性问题，秘书应在掌握具体情况并做出问题解决预案的前提下，做到早发现、早报告。

秘书一定要提高对负面信息的认识，增强上报负面信息的自觉性和责任感，敢于、善于收集和上报各种负面信息，做好领导的参谋和助手。

第十六章
辅助决策工作，秘书人才的成功之路

决策工作是机关、单位中领导的重要工作，秘书作为领导的参谋和助手，辅助决策工作自然也是秘书的工作之一。在领导的决策过程中，秘书的辅助决策工作有着不可替代的价值。

本章为秘书介绍了辅助决策工作的特点、方法、原则等理论性内容，也借助相关工作案例为秘书介绍如何辅助领导做好决策工作，以求从多个角度指导秘书做好辅助决策工作。

第一节　辅助决策工作概述

辅助决策工作是指在领导做决策的过程中，秘书为其提供知识、能力、经验、经历等方面的补充，确保决策的科学性。换而言之，秘书的辅助决策工作，是以秘书部门和秘书为主体，以所在的机关、单位的领导为服务对象，以出谋献策为方式，影响领导者决策行为的一个过程。

秘书辅助决策工作的存在是极为必要的，中央曾明确提出了秘书工作要实现"四个转变"，即"从偏重办文办事转变为既办文办事又出谋献策、从收发传递信息转变为综合处理信息、从单凭老经验办事转变为实行科学化管理、从被动服务转变为力争主动服务"，四个转变的核心就是"从偏重办文办事转变为既办文办事又出谋献策"，这里的出谋献策就是要求秘书能辅助领导做好决策前、中、后的各项工作，成为领导决策的得力助手。

做好决策前的辅助工作是确保科学决策的先决条件。在领导决策前，秘书需要依据决策需要解决的问题，搜集准确的信息、完备的资料和可靠的情报，为领导决策提供信息依据。秘书还应在决策前协助领导发现问题，预见决策实施后可能会出现的问题。

在领导制定决策的过程中，秘书要为领导提供参谋服务，协助领导选择决策方案，并将领导的想法完善化、具体化，例如形成具体方案、实施细则、阶段性总结、简报等文字材料。

决策进入实施阶段后，秘书还要积极跟进决策的落实情况，并对其中不合理的情况及时向领导汇报，以便领导做出调整，以此来确保决策的可行性。

秘书的辅助决策工作贯穿决策的始终，是确保决策顺利落实的重要抓手。

秘书在辅助决策工作中要摆正自己位置，增强"参谋"意识。秘书在决策过程中只是起辅助作用，是领导决策的参谋、助手，决策中关于方案选择、关键步骤的判断，必须是由领导来完成的，秘书不可代替领导从事这些工作。

秘书作为辅助决策的人，要妥善处理与领导的关系。一般来说，秘书辅助决策工作的顺利与否，与领导对秘书的信任程度成正比。如果领导对秘书很信任，秘书辅助决策的作用就能得到有效发挥；如果秘书不得领导信任，"能参善谋"在领导眼中也会变成"多嘴多舌"，秘书的辅助工作必然困难重重。

秘书的辅助决策工作意义重大，其既是对领导决策工作的必要补充，又是自身参谋能力的展现，还是提升秘书能力的有效途径。因此，秘书应积极主动地做好辅助决策工作，为领导决策做好助力。

第二节　决策的类型与特征

决策是机关、单位领导的一项重要工作，秘书作为辅助决策的人需要了解决策的含义、特点、类型等内容，这样才能更好地开展相关工作。

一、关于决策

关于决策的含义，从广义上来讲，它是现代各个社会组织为了解决各方面的矛盾需要考虑的对策；从狭义上来讲，它就是组织或个人为了实现某个目标而开展的方向、内容、方式的选择和调整活动。

简单来说，决策就是一个做选择的过程，当方案一、方案二、方案三摆在面前时，最终选定其中一个方案的过程，就是决策。

决策多见于管理工作中，是管理工作中的一个基本要素，美国著名的决策学家西蒙曾这样定义它："管理就是决策。"决策可以说是管理工作的本质。

决策既然与管理工作息息相关，这说明决策只能由身处管理层的领导制定，作为领导者助手的秘书只能辅助决策。

（一）构成决策的四个要素

1.决策要有目标

确定目标是决策的前提，关于决策目标的确定，现代管理学之父德鲁克曾提出了四个维度：一是这个决策要实现什么；二是这个决策的最低目标是什么；三是这个决策要达到什么目标；四是执行这个需要什么条件。秘书在辅助领导确定决策目标时，可以从以上四个方面进行思。

2. 决策要有最佳选择

每项决策过程中，都必须有两个或多个备选方案，因为如果只存在一个备选方案，那便不存在比较和选择。决策实质上就是一个选择最佳方案的过程。

3. 决策必须要付诸实施

决策只有通过实施，才能检验其是否正确、合理、有效，一项决策如果最终没有付诸实施，那就是毫无意义的决策。

4. 决策要有优化途径

决策实施过程中出现问题时，秘书要及时向领导汇报，与领导一起对决策进行优化。关于决策的优化途径，要具体问题具体分析，如果是决策方案错误，要对决策方案进行及时调整；如果是决策目标错误，要及时修正决策目标。

（二）决策的特征

在传统的管理中，决策属于个体的经验决策，是依据领导的过往经验、直觉来制定的。但在现在，仅凭领导者个人经验和直觉已经无法满足现代决策的需要了，因此需要更多人参与进来，集思广益，才能保证决策的科学性。

新时代的决策主要具有以下特征。

1. 群体性

虽然决策最终是由领导决定的，但是在决策的过程中，却有许多人参与其中。因此，新时代的决策是群体决策，有着群体性的特征。

管理学家诺曼在《群体解决问题中的长处和短处》一书中曾提及群体决策好处：一是提高决策质量；二是考虑更加周密、全面，提出的方案更为多样化；三是执行者参与决策更有助于决策的执行。

【案例1】

某企业想采购一批原材料，总经理找来市场部的张经理和销售部的刘经理，让他们各出一个采购方案。张经理凭借自己多年的经验，从以往的合作商中选择了一家关系还不错的供应商，拿到了对方的最低价格。刘经理则是列出了意向供应商，然后让秘书组织部门员工开会讨论，对供应商从价格、质量、交货周期、产能多个方面进行评估，听取了多方意见，最终择优选定了供应商。

总经理在看了二人的方案后，问张经理："你选的这家供应商价格确实是最低的，但是质量有保障吗？"张经理回答道："这是合作了很多年的供应商，质量没问题的。"总经理听了之后，质问道："你就凭合作多年就断定没有质量问题？未免太片面了。"总经理对比了两个方案后，最终选定了刘经理的方案。

上述案例中的张经理和刘经理，一个是典型的个人决策，凭借过去的经验直接选择供应商；一个是典型的群体决策，先凭借过去经验列出意向供应商，然后与部门人员共同讨论，再进行决策。明显，后者的科学性要优于前者。秘书在辅助决策的过程中，要及时提醒领导在参考过往经验的基础上听取多方意见，以此来提高决策的科学性。

2. 科学性

现代决策在决策程序上具有科学性。一个决策的制定通常需要经过收集和分析信息、确定决策目标、制定多种方案、选择方案、实施方案以及方案实施后的反馈和跟踪等多道程序，以此来确保决策的科学性。

3. 系统性

领导决策不是一个狭义的选择问题，而是一整个系统化的过程。在这个过程中，既有决策前的分析，也有实施过程的分析，还有实施后自洽性的预测分析，因此决策是具有系统性的。

二、决策的类型

（一）根据决策条件和可能的结果分类

1. 确定型决策

确定型决策是指在可控条件下进行的决策，决策者对手中的各种决策方案非常有把握，对于决策对象的自然状态和客观条件十分了解，决策目标也非常明确，决策实施后成功的可能性很大。这种确定型决策是一种极为理想的状态，在现实工作中其实很少能遇到。

2. 不确定型决策

不确定型决策是指决策者对于最终决策实施的结果无法预测，对于决策对象的自然状态和客观条件、决策目标也不能够确定。也就是说，最终决策方案的结果是不确定的，既有可能成功，也有可能失败。

3. 风险型决策

风险型决策是指决策者对各种决策备选方案的可行性具有一定的把握，对于决策对象的自然状态和客观条件能够确定，也有较为清晰的决策目标。但是，每一种方案都有可能成功，却具有一定的风险，需要决策者经过仔细筛选评估后，最终做出决定。

（二）根据决策目标性质分类

1. 常规型决策

常规型决策是指在工作中那些经常重复出现的，如同例行公事一般的决策。这类决策通常是由决策者依据过往经验做出的，主要特点是有法可依、有章可循。

2. 非常规型决策

非常规型决策具有偶然性和随机性，是决策者需要对之前没有遇到过的情况做出的决策。这类决策很难依据以往经验来制定，因而具有一定的难度。

（三）根据决策目标的规模和影响程度分类

1. 战略决策

战略决策主要用于那些涉及全局性、整体性的重大问题上，也可称之为宏观决策，其具有长期性的特征。

2. 战术决策

战术决策主要用于解决那些局部性、具体性的目标，也称微观政策，具有短期性的特征。

（四）根据决策目标要求分类

1. 最优决策

最优决策与确定型决策一样，都是在理想条件下的目标决策，这种决策出现的情况很少。

2. 满意决策

满意决策是指在现实条件下，在各种备选决策方案中进行考量后，选出了相对满意的决策方案。这种决策类型在现实工作中较为常见。

（五）根据决策目标数量分类

1. 单个目标决策

单个目标决策是指决策目标只有一个，特点是目标集中，便于决策。

2. 多个目标决策

多个目标决策是指决策目标有多个，这种决策类型通常是将多个目标分解成单个小目标后，再分别进行决策。

三、决策的程序

（一）发现问题：决策是为了解决问题而制定的，因此发现问题是提出决策的依据，也是决策的起点。这里的问题有时是由上级部门提出的，有时是由本部门领导提出的，有时是秘书发现上报给领导的，所以秘书要善于在日常工作中发现问题，捕捉问题；

（二）确立目标：确立目标既是决策活动的前提，也是决策活动的中心环节，只有选定了目标，决策活动才能有效向前推进。

（三）拟制决策方案：决策目标确定后，秘书可着手拟制备选的决策方案，备选方案的数量必须在两个以上，便于接下来的对比择优。

（四）分析、选择决策方案：分析各备选方案的利弊，择优确定决策方案。

（五）实施决策方案与追踪反馈：在决策实施后，秘书要定期追踪落实情况，如果在落实过程中遇到难题，要及时向领导反馈。

以上就是决策的五个基本程序，它们是决策科学化的重要保证。在这个五个步骤中，秘书的辅助决策作用始终贯穿所有环节。

第三节　辅助决策的特点与原则

领导作为决策者，其决策对于企业、社会发展起着重要作用。秘书作为领导在工作上的助手，要积极辅助领导决策。

秘书只有了解辅助决策工作的特点与原则，才能在现实工作中更好地辅助领导进行决策。

一、辅助决策的特点

（一）同步性

由于秘书和领导在空间和时间上存在密切的联系，二者的信息通常是互通的，所以领导决策与秘书的辅助决策往往是同步进行的。

（二）时效性

信息是领导决策的基础和依据，所以秘书在辅助领导决策时要做好信息收集工作。而信息是具有时效性的，这决定了秘书的辅助决策也具有时效性。因此，秘书在辅助领导决策时，要讲究高效率，以最快速度为领导提供足够准确的信息。

【案例1】

临近春节，秘书老李在街上发现今年的烟花生意很火爆，考虑到去年春节因为燃放烟花爆竹引起了几起火灾，老李的心中不免有些担忧。于是，老李向镇长提出了立即组织一次全镇安全检查，并开展一次防火安全教育。

由于镇长正在忙年终总结，于是就对老李说："等忙完这阵子再说。"老李心想："马上就要过春节了，这事可拖延不得。"老李灵机一动，他想到下午领导要开办公会，于是就赶写了一份"春节期间关于我镇火灾隐患的安全调查"，并在开会之前交到了镇长。镇长看了老李的报告，便将这件事在会上公开讨论。最终，镇政府决定在全镇进行了防火安全检查，并开展了防火安全教育讲座。

以上案例中的"开展防火安全检查与教育"这一决策，就极具时效性。秘书老李通过镇上的烟花生意火爆的现象，看到了背后潜在的火灾安全隐患，并且春节临近，因此防火安全检查与教育也刻不容缓。秘书老李自行开展调研，写成调研报告，推动了决策的制定与落实，出色地完成了这项辅助决策的工作。

秘书辅助决策工作的内容之一就是为领导搜集可供参考的信息，推动那些具有时效性的决策加快落实。面对迫切需要处理的问题，但领导没有时间处理的情况，秘书可自行展开调查研究工作，撰写调研报告，借此督促、辅助领导进行决策。

（三）全程性

秘书的辅助决策工作贯穿了决策准备、决策制定、决策执行的全过程，因此具有全程性。

（四）综合性

秘书的辅助决策工作并不是单一辅助，而是综合性的辅助。秘书既要做好事务性的工作，也要参与决策备选方案的讨论，还要督查决策的实施。

二、辅助决策的原则

（一）定位原则

秘书在辅助决策工作中要时刻明晰自己的定位，即牢记自己是辅助领导决策，是帮助领导谋划，而非替领导决断。秘书只有明确自己"辅助"的位置，积极参与决策，在决策中发挥主动性和创造性，做到不失职不越权，才能保证辅助决策工作的顺利进行。

在现实工作中，一些秘书在一项决策尘埃落定后，总是认为自己比领导的功劳大，居功自傲，或是在辅助领导决策时，自己指点江山，凌驾于领导之上，这些行为都是不可取的。秘书在辅助领导决策时，要时刻谨记自己参谋的地位，切忌喧宾夺主。

【案例2】

某县县长在出差前向秘书小胡交代了一项任务，即他出差回来后要分别接待两位投资商洽谈同一个投资项目，秘书小胡与主管经贸的部门一起预先做好方案和安排。

秘书小胡对两位投资商分别进行了调研和了解，一位投资商信誉很好，但实力相对较弱；另一位投资商虽然信誉不如前者，但实力却很强，而且有非常强的投资意愿。小胡认为县长出差回来后还有很多公务要处理，根本没有必要与两位投资商洽谈，于是便自己做主，只做了县长与后一位投资商洽谈的预案和安排。

结果，县长出差回来后，发现小胡只安排了一位投资商的预案，认为小胡并没有理解自己想要通过多方会谈、比较竞争选择最佳投资者的意图，还自作主张只安排了一位投资人。于是，他对小胡提出了批评。

上述案例中的秘书小胡没有找准自己在辅助决策中的定位，违背了定位原则，不仅没有准确领会领导的意图，还替领导做决定，这样的做法是错误的。

秘书在辅助决策工作中一定要明确自己的定位，不应越权处理工作，即使发现领导下达的决策中有什么不妥之处，也要先向领导汇报，而非以自己的想法代替领导的想法，直接替领导做决定。

（二）信息原则

信息是决策的基础和前提，一个科学的决策必须有准确、全面的信息作为支撑，决策的过程实质上就是信息的收集、加工、传递和反馈的过程。基于此，秘书在决策过程中应做好信息的收集和整理工作，供领导决策时参考。

秘书在收集信息时，务必要注重信息的准确性，在不确定所掌握的信息是否准确时，不随便提建议。究竟什么样的信息才算是准确的呢？一位将军收到的一份情报，上面写着："敌人集结数千人，似欲侵犯我军。"这样的信息属于模棱两可的信息，领导根本没有办法根据这样的信息做出正确的决策。那这样的信息如何变得准确呢？至少要写明敌军的明确人数、番号、特点、是从何处来的等具体信息，这才算得上是一份准确的情报。

秘书在现实工作中也要注意这一点，提供给领导的信息一定要尽可能地详尽、具体，那种模棱两可、提供不了任何帮助的信息，不要出现在领导的面前。

（三）超前原则

不确定性、可变性、风险性都是决策的典型特质，所以秘书进行辅助决策的工作时要有超前意识，要提前预见在决策过程中可能会出现的各种问题，做到心中有数，并且能提前做好应急预案。总而言之，秘书一定要有"先见之明"，这样才能更好地辅助领导决策。

（四）系统原则

"决"表示决断、拍板，"策"表示策略、谋划，单从字义上来看，决策貌似是一种瞬间行为，其实决策是一个系统的过程，其由决策前、决策时、决策后三部分构成，因此要求秘书在辅助决策的过程中要遵循系统原则。这就要求秘书在辅助决策的过程中，要时刻保有整体观和大局观，了解决策过程中各种关系的发展变化，并协调各方力量为决策服务。

（五）诤谏原则

正所谓"一着不慎，满盘皆输"，如果决策出现失误，将会对接下来的工作产生重大影响。为了避免决策失误的情况发生，秘书在辅助决策的过程中要秉承诤谏原则，觉察到决策中存在不足和过失等问题，一定要及时向领导进言。

现实工作中，很多秘书有"领导说得都对"的错误认识。基于这种认识，秘书即使发现决策过程中存在的问题和不足，也会选择保持沉默、知而不诤，最终导致决策失误，浪费了大量的人力、物力和财力。

秘书要有唐代魏征"犯颜直谏"的精神，发现决策中的不足和过失，要直言不讳地提出自己的观点和意见，切不可患得患失、缩手缩脚。

（六）适度原则

秘书在辅助领导决策时要做到谋而有度，即坚持适度原则。也就是说，秘书给领导提建议时，要掌握好方式、方法和分寸。如果秘书在提建议时不讲方法，再好的建议也可能不会被领导采纳，反而还让领导产生反感。

秘书在向领导提建议时，相同的建议最多提两次。秘书在提建议时，也要注意自己的语气，要使用商量的口吻来进行沟通，避免冲突。

第四节　辅助决策的程序

秘书辅助决策的程序主要分为协助领导确定目标、协助领导设计方案、协助领导选定方案、协助实施与反馈四个步骤。

一、协助领导确定目标

确定目标是整个决策活动的出发点和落脚点，制定任何决策都是为了解决某个问题，从而实现所确定的目标。如果没有明确的目标，一项决策的制定和实行就难以展开。秘书在协助领导确定决策目标时，要尽可能地将目标细化、量化。

在协助领导确定目标的过程中，秘书要做到以下几点。

（一）协助领导发现问题

发现问题是确立决策目标的前提条件。秘书作为辅助决策的人员，一定要善于发现问题，因为只有发现了问题，才可以解决问题，从而实现决策的最终目标。换句话说，发现问题的过程其实就是确认目标的过程。

秘书要如何协助领导发现问题呢？一方面要掌握领导近期工作的重点，另一方面是要做好领导近期工作重点的深入调查研究，挖掘那些潜在的、未来可能发生的问题，并将其提供给领导参考。

（二）为决策目标提供依据

秘书要为决策目标的确定做好信息的搜集，为领导提供各种依据。具体来说，为领导提供事实依据和理论依据，事实依据是指直接从实践中获取的第一手资料和数据，理论依据是指制约决策的法律和法则、指导决策的理论以及上级机关的政策和规定等内容。

二、协助领导设计方案

在决策目标确定后，秘书应依据领导的意图，来拟制若干个可供领导选择的决策方案。

一般来说，备选方案的内容主要包括制定决策的依据、决策要实现的目标、现有设备和技术等现实条件、实现目标的途径和方法以及可能会出现的问题和解决办法。

这些备选方案质量的高低直接关系着决策的成败。因此，秘书在设计决策方案时，应遵循以下设计原则。

（一）科学性原则

秘书在决策备选方案时，应以科学性原则为指导，而判定一个方案是否具备科学性的标准是：是否具有理论依据，是否符合客观规律，是否符合实际情况，是否符合国家方针政策和法律法规的规定。

（二）全局性原则

全局性原则是指秘书在设计备选方案时，应站在全局的高度上考虑问题，并对问题做出全面的分析，只有这样提出的备选方案才切实可行。

（三）差异性原则

秘书提出的备选方案要具备差异性，备选方案要从不同角度、采用不同方法来解决同一个问题，而且秘书还要熟知每一种方案的特点和优劣，以供领导决策时参考。

三、协助领导选定方案

所有备选方案都应交由领导选择，最终敲定一个决策方案。在领导选择方案的这个过程中，秘书同样需要做好协助。

在协助领导选定方案时，秘书应遵循以下原则。

（一）效益性

任何决策的产生都是为了获得效益，这里的效益指的是社会效益和经济效益。经济效益的高低取决于决策所创造的价值，而社会效益的高低取决于对社会的有用程度。一项决策的产生，不仅要考虑经济效益，还要考虑社会效益。

（二）相对性

任何方案都不可能是尽善尽美的，所以秘书在协助领导选择方案时，要遵循相对性的原则，协助领导权衡决策方案利弊，选出利大于弊的相对最佳的方案。

（三）可行性

一个决策方案是否可行也是秘书协助领导选定方案时必须要考虑的事情。选择决策方案，既需要从长远发展来看是否可行，又要结合承办单位的经济实力、时间期限等具体情况，预估该方案在具体过程中是否能顺利落实。

四、协助领导实施反馈

（一）辅助决策的实施

当一项决策确定好之后，秘书还要协助领导去落实决策。在决策落实的过程中，秘书应做好以下工作。

1. 辅助领导召开决策会议，并做好会前、会中的服务工作。

2. 做好相关决策文件的起草、校核等工作，将领导的决策形成书面文件。

3. 及时将决策文件下发到执行部门，并与执行部门对接清楚有关决策的目标、内容、实施步骤、方法等具体内容，便于他们去执行。

4. 做好领导决策的督办工作，及时督促检查、跟踪问效。

（二）辅助实施情况的反馈

秘书在决策落实的过程中，要及时向领导做好如下信息的反馈。

1. 决策落实过程中有效的方法和经验。

2. 决策落实过程中出现的新情况、新问题、新趋势。

3. 决策落实过程中出现的偏差、失误以及出现的原因。

第五节　辅助决策的方法

秘书在进行辅助决策工作时，掌握以下方法，往往会收到事半功倍的效果。

一、求同存异法

求同存异不仅是一种辅助决策的方法，也是秘书在这项工作中应当遵守的原则。当领导选定一项决策方案时，秘书首先要表示认同。在求同的基础上，再加入自己的思考，考虑决策是否具有合理性和可行性，如果决策落实下去可能产生什么结果，这就是所谓的求同存异法。

使用这一方法辅助决策，秘书要先认可领导的决策方案，顺着领导的思路向下延伸，促进领导的认同。在获得领导的认同后，秘书再提出不同的建议，这样更容易为领导所接受。

秘书使用这种辅助决策的方法时，要注意以下两点：一是赞美之词的使用要适当，不要使用一些诸如"高瞻远瞩""英明远见"之类的词，要实事求是的肯定与夸赞，不要让赞美变为拍马屁；二是要因人而异，一些性格直爽的领导喜欢有什么说什么，不太习惯秘书夸自己。秘书面对这样的领导征求意见时，可以委婉地表达，例如"这个问题我是这么看的""对这件事我有以下想法"等。

二、比较选优法

比较选优法就是将多套决策方案进行对比，从中选出最佳的方案。在对比方案时，可以遵循"两利相权取其重，两害相权取其轻，有利无害者最佳，利大害小者可用，利小害大者必舍"的原则。

对比决策时，可以采用纵向比较或横向比较。所谓纵向比较是与历史上成功或失败的决策案例进行比较，横向比较则是与同时代的不同国家、地区、单位的决策案例进行对比。

秘书在使用比较选优法时，一定要全面、客观的进行对比，不要掺杂个人情感因素在里面。例如，在参与比较的方案中，涉及你的家乡，由于这层关系的存在，就认为这个决策好，像这种掺杂个人情感的比较选择，显然已经失去了意义。

三、补充完善法

补充完善法主要针对的是已经确定的决策方案。这类决策通常已经进入了落实阶段，秘书若在决策落实的过程中发现不合理或者疏漏之处，要及时对决策进行完善和修正。

秘书采用补充完善法进行辅助决策时，应注意以下几点。

（一）完全理解

秘书一定是在完全理解原方案的基础上，提出自己经过深思熟虑的意见，不可不假思索或略加思索就给出建议，获得领导肯定并批准的情况下再进行补充完善。

（二）学会察言观色

秘书在辅助领导进行决策时，一定要学会察言观色，应看领导脸色说话，领导高兴的时候，秘书可以多提建议，领导不高兴的时候，就要少提建议，而且要挑重要的建议先说，一些次要的意见，可以以后找机会再提。

（三）抓住重点

有些领导已经确定的决策，秘书可能会发现一些问题。要进行补充完善时，不必面面俱到，而是要抓住重点，对其中的主要问题提出解决方案即可。

四、漫谈聊天法

漫谈聊天法是一种较为自在、不太正式的辅助领导决策的方法，这种方法不分时间、地点，也无固定程序，秘书可以在漫谈中向领导提出自己的个人见解。在这样的聊天情境下，听者随和，讲者敢讲，大家互不戒备，推心置腹，在一个轻松愉快的氛围中交流。

秘书与领导漫谈聊天时，也应注意以下几点。

（一）漫谈中带有目的

秘书表面看起来是在与领导漫谈，实则要借此机会向领导提出有关决策的建议，在轻松愉快的氛围下更容易被领导采纳。

（二）漫谈时注意分寸

秘书与领导漫谈时不可模糊上下级关系的界限，在聊天时需要掌握好分寸。领导毕竟是上级，所以在领导面前不可无组织、无纪律，什么话都说。

五、提供资料法

提供资料法是一项决策的主题确定后，秘书就着手开始搜集资料，无论是关于历史的还是现实的，国内的还是国外的，只要是与决策相关的资料，秘书都要尽可能地收集，手中的资料尽量做到全面、具体。

提供资料法可以说是一种无声的建议，还可以细分为以下几种方式。

（一）主动提供和被动提供

主动提供是领导没有主动要求提供资料，但秘书已经提前工作，主动提供了资料。被动提供是指领导想要什么资料，秘书能及时提供。

（二）有意提供和无意提供

有意提供是指秘书递交的资料是专门为领导的某项决策服务的。无意提供是指秘书为领导提供的某些资料，是仅供领导参考，为以后的决策备用的。

六、咨询建议法

咨询建议法是指秘书要通过调查研究，针对那些即将落实的决策，提出具有可行性和补充性的意见或建议。

秘书在使用咨询建议法时，应注意以下几点：一是要实事求是，很多秘书为决策方案提建议时，会受领导决策方案不可动摇、十全十美等错误认识的影响。秘书应摆脱这种错误认识，要明白自己提建议的出发点是为了让决策更完善，因此一定要实事求是地对决策方案存在的问题提出建议；二是要能提交咨询报告，秘书与领导交换意见后，得到领导认可，再将所有的意见进行整理、汇总，形成书面咨询报告，请领导考虑采纳。

七、预测导向法

预测导向法是指秘书要有前瞻眼光，能够预估决策方案未来可能发生的结果，并有针对性地提出具有远见和价值的建议。

秘书在辅助决策过程中使用预测导向法时，一定要尽可能详尽、准确地对一项决策的现实状态和发展趋势进行分析，并对未来可能发生的变化做出有依据的描述，进而提出应对的方法。

第十七章
督查工作，实现决策的重要保障

督查工作是秘书的一项日常工作，了解督查工作的相关知识，对于秘书来说尤为重要。本章主要从督查工作的原则与内容、流程、方法、制度和常见问题五个方面来展开，以求帮助秘书能全面、系统地了解督查工作。

第一节　督查工作概述

督查的含义是指对工作任务的执行情况进行监督检查，并督促执行，提高效率。督查工作是机关、单位中的一项常见工作，通常是由秘书部门来负责。

一、督查工作的含义

督查工作从广义上来说是指上级机关对所属的下级部门和单位贯彻上级决策、执行工作任务情况的检查和督促，确保上级政策的落实和实施；从狭义来说，督查工作主要指秘书部门依据工作需要、领导指示或群众反映，对其所在组织下属部门和单位的工作进行检查和督促。

二、督查工作的特点

督查工作主要具有以下特点。

（一）政治性

机关的秘书督查工作具有鲜明的政治性。由于机关的工作主要就是围绕党的大政方针来展开的，这就要求秘书和秘书部门开展工作时，要严格按照党和国家的政策办事，依据党和国家的政策来处理督查工作中遇到的各种问题。

（二）间接性

秘书督查工作需遵循"领导同志负责，秘书协助"的原则，由于秘书只是负责监督和检查，并不直接参与到具体工作中去，因而秘书的督查工作具有间接性。秘书和秘书部门不直接处理问题、不直接参与事项处理，只负责向承办单位、部门传达领导的指示，或是向领导反馈承办部门在办理事项过程中所遇到的问题，发挥着承上启下的作用。

（三）权威性

为了方便督查工作的展开，在具体的执行过程中，领导往往会授权给秘书，例如秘书可代表领导了解和检查下级单位的工作，或是可列席本机关和下级单位的有关会议。正因为受命于上而行权于下，因而该工作具有一定的权威性。

（四）层次性

督查工作的实施往往实行的分级责任制，即按照一定的管理层次来开展工作，具有层次性的特点。每一级党委、政府对各自的督查工作负责，秘书在其中则负责协助领导做好交办、催办、审查材料、上报结果等工作。

（五）时效性

督查工作存在的意义是为了加快各种具体工作的办理速度，使各项工作尽快落实，从而提高办事效率。因此，督查工作具有很强的时效性，秘书必须在规定的时限内对承办单位的各项工作进行督促和检查，做到及时、快捷和高效。

三、督查工作的地位和作用

督查工作是机关、单位领导实施管理的有效手段，也是秘书部门至关重要的一项工作，在秘书工作中占据着重要的地位。督查工作的顺利开展，对于保证党政机关和企事业单位重要决策的落实、确保各项工作顺利高效地开展都有着重要意义。督查工作的作用主要体现在以下几点。

（一）促进领导决策科学化

常规的决策通常是领导依据个人或团队的知识、经验制定出来的。秘书通过督查工作对决策的落实情况进行跟踪监测，对决策落实过程中出现的问题及时予以分析和解决，对原有的决策进行修订，这样可以最大限度保证领导决策的科学化。

（二）有效提高工作效率

在一项决策落实的过程中，可能会出现职责不清、推诿扯皮、办事拖拉、议而不决、决而不行等办事效率低下的情况，而督查工作可以纠正和改善这些情况，从而有效提高各个单位的工作效率。

（三）促进工作作风的转变

督查工作对领导干部的工作作风有监督作用。有时候一项政策之所以出现问题，其实不是政策本身有问题，而是在落实的过程中出现了问题。秘书做好督查工作，可以有效防止官僚主义和形式主义的工作作风，还有利于促进各级领导干部深入基层，多做实事，形成一种务实的良好工作风气。

第二节　督查工作的原则与内容

秘书要对督查工作的原则和内容有全面的了解和认识，这样有利于秘书更好地开展督查工作。

一、督查工作的原则

（一）实事求是

秘书进行督查工作，务必要遵循实事求是的原则。这是指秘书在督查工作中要全面、准确、真实地向领导反映决策的落实情况和工作实施过程中存在的问题，不要依据个人的经验和好恶而对真实情况有所取舍，更不能隐瞒不报或夸大事实。

（二）领导授权

领导授权是秘书在督查工作中需要遵守的最基本原则。所谓领导授权，是指秘书的督查工作要在领导的授意下进行，要依据领导的指示来开展工作，而不是想做什么就做什么，没有得到领导允许的事项不应私自行动。

秘书要学会发挥主动性和积极性，既要在领导的授权下开展工作，也要积极主动地完成工作，把握好工作中的尺度，不要越权处理工作。

（三）分级负责

督查工作要依照"领导负责、分级承办"的原则来实施。所谓分级负责，是指在实施督查的过程中根据行政管理层级的划分，利用一级抓一级、一级处一级的方式来进行督查工作。具体而言，就是关于方针、政策、决策、工作部署的落实，属于哪个部门的工作，就由哪个部门负责承办和检查，秘书不需要负责督查每一个部门的落实工作。

督查工作分级负责，是为了实现督查事项"件件有人负责，事事有部门承办"。对于那些需要多个部门共同承办的事项，也可以明确主要责任人，以免工作中出现无人负责的"空档"现象。

（四）不直接参与落实

一般情况下，秘书是不直接参与具体落实工作的，应由下级承办部门或单位来负责具体的落实工作。因此秘书在进行督查工作时，要分清工作的主次，明确自己的工作重点并不是直接参与到工作的落实中，而是在下级承办部门和上级领导之间架起一座沟通联系的桥梁，发挥上传下达的作用。秘书应将工作重点放在了解情况、研究问题和督促解决问题上。

（五）注重时效

督查工作不是一项长期的工作，而是需要在一定的时限中完成，这要求秘书要具有极强的时间观念。对于常规事项的督查，要保时、保质地完成；而对于那些需要时间较长的重要决策落实和工作部署，秘书要有意识地按照实际情况将落实工作分成若干个阶段，分阶段对工作进行跟踪和督查。秘书在每一阶段的工作完成后，也要及时向领导反馈信息，以便及时解决相关问题。

【案例1】

某市的督查工作中，层层需要准备文件和资料，级级安排填写表格，处处要求留形留痕，甚至要求每一层级都建立微信工作群，要求相关人员每天在群里汇报工作。这种层层加码式的督查工作，不仅没有什么实效，还让基层的领导干部苦不堪言。

开展督查工作的目的是为了解决问题，提高工作效率，而像上述案例中这种层层加码、流于形式的督查，看似很重视工作，实则是陷入了形式主义的泥潭，使得督查工作变得烦琐，致使一些基层干部疲于应付。

秘书在开展督查工作时，应重内容、轻形式，始终将解决问题、推动工作落实放在首位，坚持"督查不包办、参与不干预、指导不评价"，真正发挥督查工作的作用。

二、督查工作的基本内容

（一）领导决策的督查

领导决策的督查也称"决策督查"，这是秘书督查工作的主要内容。决策督查主要包含以下三方面的内容。

1. 督查文件精神

党政机关的重大方针政策通常是以文件的形式发布，而这些文件精神要落地落实，就需要依托督查工作来实现。加强对各级机关文件精神落实情况的督促检查，是秘书督查工作的内容之一。

2. 督查会议决定

通过会议形式来确定一些重大工作的部署，是党政机关进行决策的常用方式，而会议决定的落实也需要督查来实现。党政机关常见的会议主要有政府常务会议、经济工作会议、农业工作会议、财政工作会议等，秘书需要依据不同会议决定的内容进行督查立项，然后再交办给相关单位进行落实。

3. 督查年度工作计划

党政机关、企事业单位每年都会以工作计划的形式，对本年度的工作进行规划。在这些工作计划中，有目标，有任务，有措施，秘书的督查工作也涉及对相关目标、任务、措施的督促检查。

（二）专项查办

决策督查和专项查办是秘书督查工作的两大重要内容，决策督查主要是从宏观层面来推动领导决策的落实，专项查办则是对领导交代的具体事情的督查。专项查办主要包括以下内容。

1. 督查领导的批示交办文件

当领导对某项工中存在的问题提出要求，就会签发批示文件。这些批示文件是需要秘书及秘书部门通过督查工作进行落实。

2.督查人大议案、政协提案

在每一届人民代表大会、政协会议上，参会代表都会提出许多的议案和提案，这些议案、提案会由政府部门承办，秘书要在这些部门的承办过程中发挥督促、催办的作用。

3.督查新闻媒介反映的意见和建议

报纸、电视、广播等新闻媒介中反映的群众意见和建议，秘书可从其中挑选典型、突出问题，进行督查立项后，交由相关部门进行承办，并进行催办、落实。

（三）工作失误的督查

落实一项决策的过程，是一个不断发现问题、解决问题的过程，秘书在工作落实中发现问题时，要及时督促检查，并及时协助相关部门解决问题，促使决策尽快落实。

（四）工作执行不力的督查

一些决策的实施必然会触及一些部门或个人的利益，所以在工作的落实过程中，难免会产生一些推诿和顶牛等工作执行不力的情况。

秘书发现这些现象，应明确责任，对其提出指令性的要求；对于顶牛者，应采取教育、行政、经济等方式进行督促和约束，消除承办部门的消极态度，促进决策落实工作有序推进。

（五）工作时效的督查

当一项决策工作无法继续推进时，秘书要及时了解原因，究竟是执行部门努力不够的问题，还是其他问题，然后针对问题对症下药，催促慢的，推动停的，保证各项工作的时效。

【案例2】

某县为了落实市委、市政府"替企业排忧解难、促进企业健康发展"的号召，召开了一次企业家座谈会。在会议上，一位企业家说："公司门前的路段没有安装路灯，女员工每次上下夜班都提心吊胆。"

会议结束后，县委将这项工作交由秘书督查部门办理。秘书经过调查发现该公司所在路段确实是背街小巷，晚上没有路灯确实存在安全隐患。秘书了解了真实情况后，找市政部门协商，他们表示背街小巷的路灯由各单位自己出资市政协调安装。秘书马上进行协调，筹集到了安装路灯的资金。才十天，该路段的路灯就亮了起来。

上述案例就是督查事项快速落实的成功案例，秘书在收到县委的督查事项后，及时进行调查，了解情况，并通过协调以最快的速度解决了路灯问题，确保了工作时效。

督查工作时效的快慢，直接关系着领导决策的落实与实现，因此秘书对于此项工作务必要给予一定的重视。

第三节　督查工作的流程

督查工作是推进政策、政务、事务落实的一种有效手段，秘书要做好这项工作，就要了解和掌握督查工作的具体流程。机关、单位的督查工作主要有以下几个环节：

一、立项

所谓立项，是指当上级部门或领导制定重大决策和部署重要工作后，秘书需要按照领导或上级部门的意图，制定督查方案，分解立项，量化任务，明确责任。立项通常按照以下步骤来进行。

（一）来件登记

在党政机关和企事业单位中，上级部门或本级领导的批示文件通常都会交由秘书督查。秘书收到这些文件后，要及时做好登记，将来件机关、文号、日期、内容摘要、领导批示意见、承办单位、转办时间、转交文号、办结期限、反馈形式等内容标注清楚。来件登记可采用分级登记、分类登记、分单位登记等登记方式。

（二）拟办送审

在做好登记后，秘书可以根据上级和领导的要求，着手对送来的文件进行分析，提出拟办意见，并确定承办单位、明确办理方式、规定办理期限，最后送领导进行审批。待领导审批通过后，督查工作就可以正式展开了。

秘书在进行分解立项时，要遵循科学性的原则，明确任务、职责以及完成时间等内容。秘书在确定督查方案时，要将决策内容中的要点准确提炼出来，进而再分解为单个的、容易落实的项目，将任务量化后，下发至承办部门，并按照完成时限进行督促检查。

二、办理

（一）转办

转办是指督查工作立项通过后，将工作转办给承办单位。转办的方式主要有以下三种。

1. 发函转办，适用于一般督查事项。

2. 电话通知，适用于急办或偏远地区的督查工作。

3. 会议通知，重要督查事项一般先开会研讨，再进行转办。

（二）催办

催办是指催促承办单位加快办理速度，提高办事效率。为了确保相关工作在规定的办理期限内完成，当该工作转办一段时间后，秘书应采取相应的方式进行催办。

催办的方式也比较灵活，秘书既可以选择口头催办、电话催办，也可以选择发函催办和派人催办，选择催办方式可依据实际情况确定。

如果在催办过程中发现了问题，秘书要及时向上级部门或领导汇报，然后尽快采取相应的措施。

（三）协办

协办是指在面对一些较为复杂的督查事项时，往往需要多个地区或单位共同办理。在协办工作中，秘书要发挥好桥梁和纽带的作用，做好各地区、单位之间的协调工作。

在协办工作中，秘书要做到具体问题具体分析，如果该事项属于多个单位承办，务必要明确主办单位，其他单位给予配合。如果各承办单位对督查事项存在分歧，秘书应认真听取各方面的意见，然后汇总各方意见，上报领导，再提出解决方案。

三、办结

承办单位完成督查事项后，要及时向秘书或秘书部门上报办理情况。秘书对承办单位的办理结果要进行严格的审核和把关，对于不符合交办要求的事项，要退回承办单位，令其补办或重办。

四、反馈

当督查事项完成后，秘书要及时向上级部门或领导反馈结果，做到批必办、办必果、果必报。

五、归档

在督查事项确认办结后，秘书要负责将与该事项相关的领导批示、办结报告、检查反馈等文字材料，整理成档案，交由机关、单位办公室归档。

第四节　督查工作的方式方法

开展督查工作要讲究方式方法，如果方法得当，会收到事半功倍的效果；反之则会徒劳无功、适得其反。

一、督查工作的方式

（一）按照督查组织结构划分

1."组团式"督查：多个部门组成督查组开展督查工作。

2."旗帜式"督查：为了表示对某项工作的高度重视，秘书要深入到相关部门进行督查工作。

3."火车头式"督查：这种督查方式通常是由领导充当"火车头"般的角色，带队到相关部门去开展督查工作。

4."单打独斗式"督查：即秘书对某个特定区域展开独立督查。

（二）按照督查手段划分

1."书面报告式"督查：即承办单位或部门按照督查人员的要求呈交书面报告，以此来汇报决策工作的落实情况。

2."实地查看式"督查：即秘书到现场进行督促与检查。

3."暗访式"督查：即为了真实全面地了解情况，秘书在上级领导的安排下，不和督查对象提前打招呼，不暴露自己的真实身份，直接深入现场进行督查。

4. "会议式"督查：即召集各个承办单位共同开会，在会议上听取汇报，并就工作中的问题进行探讨。

5. "电话式"督查：即通过电话询问督查对象工作落实的进展情况。

6. "发函式"督查：是指向督查对象发放"催办通知单"或"督查事项追踪反馈通知"等文件，督促相关部门及时查办、批办事项。

7. "媒体式"督查：即通过与新闻媒体合作的形式，展开督查工作。秘书可联系媒体人员，利用电视、网络、广播、报纸等对决策的实施过程进行报道，表扬先进督促后进，利用舆论来推进相关工作的落实。

（三）按照时间跨度和频率划分

1. "不定期式"督查：针对某个特定的督查事项，根据目前已掌握的情况，随时进行督促检查。

2. "定期式"督查：即对一些年度性的工作定期展开月督查或季度督查。

3. "突击式"督查：面对一些紧急的突发状况，临时决定开展督查工作。

秘书选择督查的方式，应注意以下几点：首先，要对症下药、量体裁衣。根据督查工作的具体任务来选择合适的方式，不同的任务，采取不同的方法；其次，要从实际出发。在选择督查方法时，要从实际出发，切忌生搬硬套；最后，要注重实效。秘书在开展督查工作时，应求真务实，不要搞形式主义。

二、"两结合"方法

秘书在开展督查工作的过程中，要会巧妙利用"两结合"方法，确保督查工作的有效进行。

（一）督查与调研相结合

秘书在督查工作中，要将督查与调研结合起来。秘书在进行调研工作时，可以采用座谈会、直接交谈、现场考察、数字统计等方式。当面临重大决策的调研时，秘书可与相关部门共同组成联合调研组，进行规模化的调研。调研是督查工作中非常重要的方法，调研是为了更好地督查，因此秘书对于调研工作要给予一定的重视，做到督查与调研相结合。

（二）明察和暗访相结合

秘书在进行督查工作时，也要做到明察与暗访相结合，对于一些特殊工作事项和问题，应做到先暗访，再明察。例如，在处理一些关于住房、教育、医疗等热点问题时，可以派人员到相关部门进行暗访，了解更多的真实情况。在暗访结束后，再对某些问题进行明察，直接对暗访单位的人员进行座谈。

暗访是开展督查工作的有力手段，深入暗访远比坐在办公室听汇报更具有现实意义，实际情况是怎样的，以及各种制度、政策是否有按上级指令进行落实，这些情况是坐在办公室里了解不到的。暗访有助于揭露问题的真相，还能真正解决一些长期无法解决的"疑难杂症"，因此秘书应将明察与暗访相结合的督查方法应用到实际工作中。

【案例1】

某市市委下发工作不喝酒的禁酒令，要求全市领导干部在工作期间一律不准饮酒。在该指令下发后，市委办公厅的秘书小何就此展开了督查工作，先后在群众中询问、到餐馆暗访。结果发现部分领导干部没有把禁酒令当作一回事，在工作期间饮酒的行为依旧屡见不鲜。

上述案例中的秘书小何采取暗访督查的形式，通过到群众、餐馆中暗访，发现了一些未落实上级指令的领导干部。暗访是展开督查的有力手段，极大地保证了督查结果的真实性，秘书可以多借助暗访的督查方法展开工作。

三、处理好督查工作的几对关系

为了更快、更好地开展督查工作，秘书在实际工作中要重点处理好以下几对关系。

（一）形式与效果的关系

这里的形式是指在遵循实事求是原则的前提下，为了提高督查工作的实效而采取的一些做法，效果则是指对决策的落实程度。在督查工作中，复杂、虚空的形式无法取得好的效果，秘书在开展工作时，应该采取恰当的形式来取得实际的效果，切忌搞形式主义和面子工程。

（二）决策与落实的关系

决策与落实是督查工作中两个不可分割的整体，因为没有决策就谈不上落实，没有落实，决策也就失去了意义。而秘书开展的督查工作，就是督促决策落实的一个过程。

（三）交办与主动的关系

秘书应该意识到督查工作不仅是完成领导交办的任务，也是自己的职责，应主动深入群众中，主动发现问题。

第五节 督查工作制度的确立

确立相应的督查工作制度，更有助于形成规范化、制度化、科学化的管理体系，从而令秘书更好地展开督查工作。督查工作主要涉及了以下工作制度。

一、查办审批制度

凡是需要督查的工作事项，都需要经过领导的审批，这就是所谓的查办审批制度。上级机关的领导将一件工作事项批办给本机关、单位领导，上级机关的秘书部门将一件工作事项批办至本机关、单位的秘书部门，这些情况需要秘书部门上报领导审批。此外，由秘书或部门主动查办的事项，务必要先上报领导审批，审批通过后才可以进行查办工作。

二、工作检查制度

工作检查制度是督查工作中一项极为常见的制度，只要存在工作，就必然存在检查。在开展一项工作时，各级部门都要对下级的贯彻落实情况进行普遍检查和重点抽查，确保工作的顺利进行。

秘书在进行工作检查时，切忌搞形式主义，以偏概全，一定要深入基层和群众，认真听取各方面的意见和建议。如果在检查工作的过程中发现问题，要及时上报领导，然后根据领导指示提出处理意见。

三、工作联系制度

督查工作是一项联系性非常强的工作，既要沟通上下，又要联系左右，秘书在展开工作时要保持同领导、承办部门、人民群众的密切联系。

秘书可以通过召开督查工作联络会、经验交流会的方式，来加强联系、交流经验、协调关系、化解矛盾，从而推动督查工作顺利进行。

【案例1】

某县旱情严重，陈秘书跟随林市长到这里视察，向当地的农民询问有什么需要解决的困难。据村民反映，因为缺钱无法修建水渠，庄稼无法灌溉而枯死。林市长听了之后，当即决定给村里修渠补贴10万元。

林市长将这项工作交给了陈秘书去落实。陈秘书先找财政局局长，但财政局局长说财政紧张，修水渠的经费应该由水利局解决。陈秘书又找到水利局，水利局局长又说相关款项已经发放到各县区了，应该由各县区自己解决。接着，陈秘书找到了农委了解情况，农委告知陈秘书修水渠算是农田基本建设，该归农业局管。于是陈秘书又找到农业局，结果农业局声称资金紧张。

陈秘书没办法，只好找到分管农业的孙副市长，将各方意见汇报给他。孙副市长叫财政局、水利局、农业局过来开了个会后，才解决了10万元补贴。

从以上案例中不难看出，一项督查工作的落实离不开工作联系制度。陈秘书前前后后联系了财政局局长、水利局局长、农委、农业局、孙副市长，最终才将补贴问题解决了。

由此可见，工作联系制度是一项督查工作顺利开展的基础。因此在督查工作中，秘书必须落实工作联系制度，遇到问题及时与领导、相关部门、人民群众进行联系沟通，推动督查工作的有效落实。

四、请示报告制度

在督查工作中，秘书和各承办部门要落实请示报告制度。每当一项工作部署下发时，各个部门都应做到及时向上级汇报工作进度和落实情况。

请示报告制度有明确的时限规定。如果文件或会议明确规定了报告期限，就需要有关人员或部门按时请示报告；对于那些未确定报告日期的工作事项，通常是在文件下达或会议结束后的三个月内，进行报告。

秘书和相关人员在工作落实中遇到了重大或特殊问题，要及时向领导进行请示，避免因问题无法解决而延误完成工作的规定期限。

五、保密归档制度

保密归档制度是秘书在开展督查工作的过程中务必要遵守的制度。当一项督查工作完成后，在工作过程中使用的各种文件、资料，秘书要及时进行整理，并立卷归档。秘书对于一些不应公开的督查事项，也要做到严格保密，避免因泄密给督查工作造成重大损失。

督查工作制度的确立，既有利于明确职责范围和岗位责任，保证工作任务的完成，又有利于提高工作效率和工作水平。因此，秘书在督查工作中，要严格遵守督查制度。

第六节 督查工作中的常见问题

在实际工作中，由于秘书对督查工作的认识并不到位，在执行时常存在一些问题。

一、督查意识极为薄弱

一些秘书缺乏督查意识，致使督查工作走形式，简化工作流程，将督查停留在听汇报、看报告、查数据这些表面工作上。一些秘书向上不如实反映情况，编造报告，糊弄上级；或者草率布置工作任务，走走过场，只求形式不求效果。

【案例1】

现在很多督查工作中都存在这样的现象：督查组不到，通知先到。某市督查组提前给基层发通知：两个月后会到这里督查。因为有充足的时间，基层领导召开了多次会议进行安排部署，还对各种要检查的材料进行修改完善，力求为督查组留下一个好印象。

两个月后，督查组下到基层，只是随便翻翻材料，然后又嘱咐了基层领导几句，就结束了督查工作。

类似案例中的现象很常见。一些督查人员为了省事和交差，经常提前下放督查通知，给予督查对象准备时间。督查人员进行督查工作时就是走走过场，不认真督查，也不深入督查，一场本应查问题、促落实的督查工作变成了走过场。

二、缺乏合作意识

一些秘书认为督查工作只是秘书部门的事情，不需要其他部门的帮忙，与其他部门缺乏沟通与合作。

还有一些秘书认为督查工作与其他秘书工作没有联系，结果导致督查工作陷入单打独斗的境地，没有形成督查工作的合力。

三、督查缺乏务实性

一些秘书的督查工作缺乏务实性，主要体现在没有明确督查目的、考虑个人得失、将调研与督查相分离等方面。

（一）没有明确督查目的

开展督查工作的目的就在于解决问题，但一些秘书在督查时往往没有目的，也不明白自己想要解决什么问题。实地督查时就是随便走走，到处看看，然后随便写一篇报告，应付领导交付的督查工作。

（二）考虑个人得失

一些秘书在督查工作中考虑个人得失，而不关注督查工作本身，有风险的事情不做，得罪人的事情不做，吃苦的事情不做，没有个人好处的事情也不做。

（三）调研与督查相分离

有些秘书在督查工作中只知督查，而不进行调研，认为督查和调研是两码事。他们不深入思考工作中遇到的问题，也不从理性的角度思考和研究工作，将调研和督查完全分离。

秘书应时常对督查工作中存在的问题进行思考和反思，并及时做出调整，以促进工作有效落实和自身督查能力的全面发展。

第十八章
保密工作，组织发展与稳定的关键

秘书在英文中释义为"Keeper of Secret"，意为保守秘密的人。这是因为秘书接触到的信息较为广泛，而其中也不乏一些机密文件，这就必然要求秘书需要良好的安全意识和保密意识。

保密工作是秘书工作的重要组成部分，本章围绕保密工作的常识、要求、内容以及误区而展开，让秘书较全面地认识和了解保密工作。

第一节　保密工作的基本常识

保密工作是一项涉及政治、经济、法规等多方面知识的综合性工作，也是秘书的一项基本工作。正确认识秘密的类型、了解国家秘密的等级以及知晓保密相关的法规政策，有利于秘书做好保密工作。

一、关于秘密

（一）秘密的概念

秘密是相对于那些可以公开的事情而言的，是个人或群体在一定时间和范围内，为了保护自身的安全和利益，需要加以隐蔽，不让外界知悉的事情的总称。

（二）秘密的分类

秘密主要可以从以下三种角度进行分类。

1. 按照层次划分

（1）国家秘密

国家秘密，是指那些关系国家安全和利益，依照法定程序被认定在一定时间内仅限一定范围的人员所知悉的事项。这里需要注意只有经过法定程序认定的才可以称之为国家秘密，任何未经法定程序认定的秘密，都不属于国家秘密。

根据《中华人民共和国保守国家秘密法》（以下简称《保密法》）的规定，国家秘密主要包含以下事项：国家重大决策；国防建设和武装力量活动；外交外事活动；国民经济和社会发展；科学技术等。

国家秘密具有阶段性、法定性和相对性的特征，受国家相关法律的认可和保护。

（2）商业秘密

《中华人民共和国反不正当竞争法》中第十条规定了商业秘密的内涵，即不为公众所知悉的，能够为权利人带来经济利益的，具有实用性并经权利人采取保密措施的技术信息和经营信息。

商业秘密主要包括文件资料秘密、科研技术秘密、经营策略秘密等。

（3）工作秘密

工作秘密是指在公务活动中产生的，不属于国家秘密范畴，但又不可以对外公开的事项。例如文件保密、会议保密、经济情报保密等内容都属于工作秘密的范畴。

（4）个人秘密

凡是涉及个人隐私和利益，并受法律保护的一些不适合公开的事项，都属于个人秘密。

2. 按形态划分

（1）原始秘密

原始秘密是指初次产生的，经由国家机关首次认定为国家秘密，属于原始秘密。

（2）派生秘密

派生秘密是在已经定密的事项基础上，再进行处理、加工后派生出的秘密。

3. 按照内容划分

（1）政治秘密：涉及重大政治决策、决定和部署的秘密事项。

（2）军事秘密：涉及国防建设和军事活动的秘密事项。

（3）涉外秘密：涉及外交和外事活动的秘密事项。

（4）经济秘密：涉及国民经济发展和社会发展的秘密事项。

（5）其他秘密：除上述领域外其他领域的秘密事项，例如司法秘密、文教秘密等。

4. 按秘密的存在方式划分

（1）有形秘密：指具有实物载体的秘密，例如声像类秘密、文献类秘密等。

（2）无形秘密：指不以实物为载体但实际存在的秘密，如口头性秘密、设计方法等。

（三）秘密的等级

根据《保密法》中的相关规定，国家秘密划分为绝密、机密、秘密三个等级。

1. 绝密

绝密是我国最高等级的国家秘密，一经泄露，会对我国的国家安全和利益造成特别严重的损害。

2. 机密

机密为我国重要的国家秘密，如果遭到泄露，会使国家安全和利益遭受严重损害。

3. 秘密

秘密属于我国一般国家秘密，如果泄露出去会使国家安全和利益遭受到一定的损害。

二、保密的纪律与责任

（一）保密纪律

保守党和国家的秘密，保守机关单位的工作秘密，是秘书最基本的职业道德。因此，秘书一定要严格遵守保密纪律，将《党和国家工作人员保密守则》牢记于心，做到："不该说的机密绝对不说；不该问的机密绝对不问；不该看的机密绝对不看；不该记录的机密绝对不记录；不在非保密本上记录机密；不在私人通信中涉及机密；不在公共场所和家属、子女、亲友面前谈论机密；不在不利于保密的地方存放机密文件和资料；不在普通电话、明码电报、普通邮局传递机密事项；不携带机密材料游览、参观、探亲、访友和出入公共场所。"

（二）保密责任

《保密法》中对于泄露国家秘密的违规行为做了相应的规定，凡有摘抄密件、复印密件以及对已复制密件疏于管理的行为，都违反了保密制度。

【案例1】

某市海防工委办公室为了加强管理，自行摘录、编印了上级相关部门的有关文件，供下属相关单位或公司学习。这些文件是属于国家秘密文件的，然而海防工委办公室并没有意识到这个问题。他们没有规定文件的发放范围，致使文件发放过宽过滥，仅该市边贸总公司就领取了29份。

某公司的王某到边贸总公司借阅该文件后，还擅自复印，并且还在和他人谈生意时，将文件提供给了他人。

上述案例中的海防工委办公室发文过宽过滥、外部人员私自复制文件的行为，都属于违反保密法规的行为。机关单位中的秘书作为内部秘密文件的经手人，要严格遵守保密法的相关规定，不应私自摘抄、复印密件，更不应将复印、摘抄的密件假手于他人。因为一旦发生泄密行为，无论过失还是故意，都会对机关单位造成重大影响。

对于违反《保密法》相关规定的人员，会依据实际情况给予相应的处罚。如果是故意或过失泄露国家秘密，但情节较轻，会酌情给予行政处分；如果是故意或过失泄露国家秘密情节严重的，则要依法追究刑事责任。

第二节 保密工作的基本要求

在现实工作中，秘书时常可以接触到办公室中的机要、机密文件，因此必须了解保密工作的原则和相关要求，切实做好保密工作。

一、保密工作的原则

（一）积极防范

秘书要将保密工作的重点放在预防上，做到以预防为主，防患于未然。

（二）突出重点

党政机关、企事业单位的秘书要依据办公室的实际情况，确定出保密工作中的重点环节和重点人员，对其进行监督和管理。

（三）有保有放

秘书要明白保密本身不是目的，保密是为了更好地开展工作，维护国家安全和利益。因此，秘书在保密工作中，既要采取必要的保密措施，又要允许相关人员依据工作的需要，在不威胁到国家安全和利益的前提下，依法去接触、使用国家秘密。

（四）内外有别

内外有别是指秘书进行保密工作时，应注意区别保密对象。面对不同的人群，应做到因人而异。例如，对于党务而言，内外有别是指只需要党内知悉的秘密，绝对不可扩大到党外。

二、保密工作的要求

（一）树立保密意识

秘书应树立保密意识，通过参加知识竞赛、专题讲座等与保密相关的教育活动，提高对保密工作的认识，以及做好保密工作的自觉性和责任心。

（二）管好自己的手

秘书作为机关单位领导的左右手，往往能够接触到大量的机密文件和材料，例如上下传阅的机密文件、记录重要会议内容的笔记本、储存相关机密文件的电脑或硬盘等。越是职位高的领导，其秘书接触的机密就越多。

在工作中，有些秘书过于缺乏防范意识，将一些机密文件随意放置在桌面上，有些秘书携带机密材料出去应酬，这些行为对于保密工作而言，是绝不可踩的雷区。秘书务必要将机密文件及时放回规定的地方。外出时，要锁好门窗，避免闲杂人等进入。

【案例1】

某一天，领导到秘书办公室找小程交代一些事情，结果发现办公室的门竟然开着，里面却没人。领导进入办公室一看，一些上级部门发送来的机密文件就随意摊放在桌子上。小程回到办公室后，被领导训斥了一顿。

上述案例中的秘书小程将机密文件摆放在桌子上，很容易造成泄密。所以，秘书在保密工作中要管好自己的手，机密文件要收藏好，不随手拿，不随手放。

（三）学会守口如瓶

秘书要有守口如瓶的专业素养，尤其是机关单位中那些接触秘密较多的秘书，更应该学会管好自己的嘴。

在现实生活中，有些秘书为了面子，常常将一些机关、单位的内部机密告知自己的朋友，并嘱咐朋友不要外传。然而朋友会觉得你既然已经将消息告知了他，说明也不是什么秘密，于是他会告知他人，就这样一传十、十传百，机密消息被广泛传播。

　　还有些秘书为了显示自己的重要性，还会故意散布一些有关人员调动、岗位变动的内部消息，甚至会将领导开会讨论未经确定的事情散布出去。

　　无论是以上哪种行为，都极为不可取。任何未经上级部门或领导同意发布的内部消息，都属于"不能说的秘密"，秘书绝对不可向旁人透露一丝一毫。

第三节 秘书保密工作的内容

在实际工作中，秘书究竟应该将什么样的信息纳入保密范围呢？秘书保密工作的内容主要涉及以下几个方面。

一、会议保密

组织会议是秘书或秘书部门的一项重要工作，会议保密也因此成了秘书保密工作中的重要内容。周恩来同志曾对身边的秘书提出过关于做好会议服务的三项要求：一是要保密，二是要信息传达准确，三是文件的传达一定要及时、迅速。周恩来同志将保密置于会议服务的第一位，足以见得会议保密的重要性。

秘书的会议保密工作主要从以下三个方面展开。

（一）会议前

在涉密程度较高的会议开始前，秘书应与相关部门一起检查会场的设施，对现场的扩音、录音设备等进行保密检查，以防出现设备泄密的后果。秘书还应与现场的安保人员一起，做好与会人员的入场检查，防止与会议无关的人员混入会场。

（二）会议中

会议开始后，秘书保密工作的重点是发放会议文件。会议文件大多属于机密文件，秘书要按照领导与单位的要求进行印发，并标明具体密级，统一进行编号，然后再登记发放，不可利用职务之便乱印、乱发。

参会者需要秘书向领导递交的文件，如果是密封的文件，秘书不可私自拆阅；如果是非密封的文件，秘书在递交时不免会看到文件的部分内容，对于自己已知的内容，不应告知他人。

（三）会议后

会议结束后，秘书应协同相关人员一起，对于会场、与会人员的住所等地进行全面的保密检查，防止有会议文件、与会人员笔记本等遗留的情况发生。这些涉及会议内容的物品一旦被无关人员捡到，会致使会议内容泄密。

二、文件保密

文件保密也是秘书保密工作中的一项重要内容，应列入保密范围的文件主要有：

（一）各类请示、批示文件

请示，是下级机关、单位部门就相关事项的解决向上级部门呈送的公文。批示是上级部门领导对这些请示所给出的意见和建议。

机关单位中的请示、批示按照其机密性和性质可分为公开性、指导性、内部性、机密性的文件，其中前两种属于公开性的文件，不具备机密性，后两种则属于保密性的文件，仅限一定范围内可知，任何扩散、泄露文件内容的行为，都会造成严重的后果。

因此，秘书应该在接文、发文的过程中，采取相应的保密方法与手段，做好保密工作。

（二）没有经领导签发的批复稿

批复是领导意愿和权威的体现，如果是已经确定的批复，秘书要及时下发至相关部门。但是，未经领导签发的批复稿，秘书要做好保密工作，不应随意下发至相关部门，也不要向他人随便提起。

上述文件类型均属于保密文件的范畴，秘书在协助领导处理这些文件时，要做好文件保密工作。

关于文件保密工作，秘书要做到以下几点。

（一）本单位的请示不应告知外人

某单位的请示文件属于该单位的机密，不应告知其他单位无关的人员。甚至有时候一些机密文件，对于本单位中的无关人员也要保密。秘书作为各种文件上传下达的中间人，一定要明确文件的保密范围，不该知道文件内容的人一律不说。

（二）领导的批示不应随意告知呈报单位

下级部门的请示呈报上来后，上级部门的领导会进行批示，秘书要及时将批示下发到有关部门。但是，领导常会做出一些意见式的批示，例如"请某部门先拿意见""我意拟同意，请某领导阅示"等，这类批示并非是最终确定的结果，秘书不可将这些意见式的批示告知呈报单位，避免下级部门按照还未确定的批示去执行。

（三）具体办理过程要严格保密

一份请示往往要经过上级部门领导的多次讨论、反复研究，才能给出最终的批示结果。在批示过程中，一定会产生许多不同的意见，但是这些意见都是未经确定的，如果秘书擅自将这些未确定的意见散布出去，可能会让领导最终的批示陷入被动的局面。因此，秘书在批示的过程中要对外严格保密，避免因文件泄密为工作带来严重后果。

（四）巧妙使用模糊回答法

有时下级部门提交的一些请示文件因为涉及面广，所以批示时间可能过长。有些单位可能急于收到回复，会时常找秘书来询问批示的结果。面对这种情况，秘书可以采用一些诸如"正在办理，再等等吧""我已经帮你催办了"等模糊回答来应对。这样的回答不仅对下级部门起到了安抚作用，也能够避免泄密。

三、宣传报道保密

机关组织一些重要的政务活动和重大会议都会有媒体参与报道，通常报道的内容都是由秘书部门来进行对接。

秘书在把控相关活动报道的内容时，也要做好保密工作，避免一些"不能说的秘密"通过媒体报道泄露出去。秘书与媒体对接时，要处理好保密与交流的关系，一方面要确保机关组织的机密在报道中不泄密；另一方面，及时和媒体人员保持联系，对报道中可能涉及的机密内容进行处理。

那么在机关单位中，哪些内容属于不可宣传报道的机密内容呢？主要有以下这些：机关单位尚未公布或不准公布的关于外交、军事、政治、经济等方面的方针政策和重要举措；秘密、内部会议和活动中涉及的秘密文件、讲话、资料以及情况等内容，未经允许，不得进行宣传报道。

四、通信保密

秘书不得在普通的固定电话、无绳电话、移动电话、电视电话、对讲机中谈论涉密信息，以防被一些敌对势力窃听。秘密信息也不允许通过邮递的方式传递，务必要派专人传送，防止泄密。

秘书应尤为警惕手机泄密。智能手机的普及，确实为人们带来了极大的便利，但这也不可避免地为信息安全带来了隐患。一些手机能够在不振铃、无任何来电的情况下，由待机状态自动变成通话状态，从而导致泄密。

因此，秘书在组织重大会议或接待重要人士时，要将所有参会人员的手机统一保管，或者在会场周围安装手机信号屏蔽器，避免会议内容泄露。

五、计算机保密

如今，计算机已经成为机关单位中必不可少的办公设备，但是计算机也容易造成泄密。

秘书使用的办公电脑，通常都属于涉密电脑。因此秘书使用涉密计算机时，要注意：不得在涉密计算机上安装其他设备；涉密计算机不允许连接互联网，即使其中涉密信息已被删除或格式化后，也不可以连接；若涉密计算机损坏，需要到保密部门指定的维修点进行维修，不可任意选择维修地点。

《保密法》第二十四条明确规定："任何组织和个人不得将涉密计算机、涉密存储设备接入互联网及其他公共信息网络。"所以，秘书务必要严格做到涉密计算机与互联网物理隔离，做到"涉密信息不上网，上网信息不涉密"，避免机密材料泄露。

六、人际交往中的保密

正所谓"病从口入，'密'从口出"，很多秘密有时往往都是秘书在人际交往中不经意间说出去的。由于秘书身份和工作的特殊性，很多交往对象总是试图从秘书口中获知一些内部信息。

面对这样的情况，秘书应该如何应对呢？首先，秘书在人际交往中要明确对方的身份，确定哪些话可以说，哪些话不可以说。自己的亲人、朋友询问内部信息，秘书应学会高情商的礼貌回绝或转移话题，切忌吞吞吐吐，让对方从你的反应中看出端倪。

第四节　了解可能陷入的保密误区

很多秘书由于对于保密工作没有正确的认识，因此常常会陷入保密误区中。下面，我们就介绍一些常见的保密误区。

一、我的职位低，无密可保

有一些秘书会有这样的想法：我只是基层单位的小秘书，不会知道什么机密，所以无密可保。

但实际上并不是这样的。根据《保密法》中的有关规定："县级以上国家机关和涉及国家秘密的单位，根据实际情况设置保密工作机构或者指定人员，管理本机关和本单位保守国家秘密的日常工作。"也就是说，无论是否在基层，只是机关、单位中的一分子，就负有保密的责任和义务，保密工作是无关职位大小的。

基层秘书虽然不会直接接触重大机密，但是会接触到领导个人秘密、机关秘密、工作秘密等内容，这些秘密也需要秘书严格落实保密工作。

二、保密工作是保密部门的事情，与我无关

一些秘书还存在这种错误认识，保密工作是由专门的保密部门负责的，和我无关。事实上，保密工作不仅是各级党委、政府的重要职责，也是领导干部和普通职员的政治责任。我国每一个公民都负有保守国家秘密的责任和义务，秘书则承担着更多的保密责任。秘书必须清楚地认识到，保密工作是事关每个

人的事情。

三、政府信息都可以公开

2007年，《中华人民共和国政府信息公开条例》开始实施，再加之近年来党中央大力提倡"政务信息公开化"，很多秘书都产生了误解，认为无论什么样的信息都应该公开化、透明化。

其实，所谓政务信息公开化应是信息公开和保密工作并举，而并非是完全公开。一些秘书以为政府信息都可以公开，致使很多机密性文件被公之于众。

【案例1】

某县教体局收到了省委有关专项工作组下发的一份秘密级文件，该局局长批示传达至各学校落实。秘书小陈为了尽快落实文件精神，直接将文件全文拍照并发送到了各学校校长微信工作群。某校校长随手将照片转发至学校教师的微信工作群，文件又被群成员多次转发。机密文件迅速在数十个微信群中传播，造成了严重泄密。

上述案例中的秘书小陈正是陷入了任意公开政务信息的误区，将秘密文件拍成照片发在微信群中，致使秘密文件内容完全被公开化。

秘书一定要清楚地认识到政府政务信息的"泛公开化"是一种错误的做法，对于上级机关、组织下发的文件应有选择性地公开，做到该公开的公开，该保密的保密，切忌像小陈秘书这样"一拍了之"。

四、对外防范需加强，对本单位则不需要

有些秘书"防外不防内"，这样的做法是非常错误且危险的。根据我国《保密法》中的相关规定："国家秘密是关系国家的安全和利益，依照法定程序确定，在一定时间内只限一定范围人员知悉的事项。"也就是说，任何被认定为秘密的内容，无论是本单位内部员工，还是单位外的无关人员，只要不在法定程序规定的可公开范围中，秘书都要对其进行保密。

【案例2】

某省政府办公厅的秘书席世国，置党纪和国法于不顾，在境外间谍分子熊某金钱的诱惑下，利用职务之便向熊某提供了近百份秘密文件和材料。席世国因此获得了4300美元、14万台币、6600元人民币报酬。最终，席世国被以为境外窃取、非法提供国家秘密罪判处无期徒刑，剥夺政治权利终身。

正所谓"日防夜防，家贼难防"，席世国利用自己可接触秘密文件和内部材料的便利，出卖国家秘密牟取私利，极大地危害了国家安全和利益。

近年来，越来越多的间谍破获案例表明，很多间谍获取的国家秘密都是出自机关单位的内部，而且很多境内外的情报机构也会将策反之手伸向内部人员，因此秘书不能"防外不防内"，对外闭口不谈，对内和盘托出，很可能会引发泄密。

五、无意泄密不会受到处罚

一些秘书认为无意泄密不会受处罚，但事实并非如此。近年来查出的泄密案中，过失泄密占了相当大的比重，很多泄露国家秘密的人都声称自己是在工作中无意而为之，但是这不能免于受处罚。

《中华人民共和国刑法》中明确规定了过失泄露国家秘密罪：过失泄露国家秘密者，情节严重的，处三年以下有期徒刑或拘役，情节特别严重的，处三年以上七年以下有期徒刑。无意泄密并不能成为不受法律处罚的条件，任何危害到国家安全与利益的泄密行为，都必然受到法律的处罚。

在秘书日常具体琐碎的工作中，保密工作无处不在，秘书要避免上述保密误区，提高保密意识，认真落实保密工作，做好国家秘密、工作秘密的守护人。

第十九章
值班工作，不可或缺的经常性工作

值班工作是值班人员在值班期间处理工作事项的活动，也是秘书的一项经常性工作。我国各级党政机关以及规模较大的企事业单位，一般都设有值班室，会在节假日设有值班专职人员，以此来保证机关单位工作能正常运转。

本章内容可以使秘书了解值班工作的安排，知晓值班信息如何记录，清楚如何进行值班应急工作的处理，从而更好地完成值班任务。

第一节　值班工作概述

值班工作是各个机关、单位办公室工作的重要组成部分，承担着沟通上下、协调左右、联系内外的重要职责。值班工作一般有以下几个特征。

一、连续性

许多机关单位实行的是24小时值班制或是轮岗制，值班人员必须保证值班期间的工作不能间断，因而值班工作具有较强的连续性。

二、原则性

党政机关的值班工作大都是政务工作，秘书在处理这些工作的过程中，要严格按照规章、制度和程序来办事。例如，值班秘书对于突发事件的处理，既要做到及时向上级领导请示、汇报，也要学会当断则断、不延误时机；在接待来访者时，要做到热情、诚恳，但不应随便满足对方的要求。

三、临时性

值班期间处理的大部分工作，基本上都是临时工作，例如处理突发事件、接待来访人员、上下级工作联系以及上级领导临时交办的一些工作，所以值班工作具有临时性的特征。

四、时效性

一般在值班期间所承办的工作，都具有很强的时效性。因此，值班秘书需要及时完成相关工作，不可拖拉或延误。无论是突发性事件还是领导临时交办的事情，都要立即办理。

值班秘书在进行值班工作时，一定要秉持准确、认真、及时、热情的工作态度，从而保时、保质、保量地完成值班期间的工作任务。

五、准确性

值班工作讲究准确性，它体现在三个方面：在接听电话时，务必要准确记录对方所说的内容，如果对方所传达的事情过于精细，必要时可以采取电话录音，挂断电话后，再根据录音整理要点，然后再向领导进行汇报；写在纸上的文字记录一定要准确，对方说什么，记录上就写什么，不要根据自己的理解来记录信息；信息的传达同样要准确，不要私自扩大或缩小传递的范围。

如果将机关单位比作一个正常运转的机器，那么值班工作就是机器中不可或缺的零部件，发挥着不可替代的作用。做好值班工作，对迅速了解重要情况、及时传达贯彻政令、提高各机关单位工作效率，有着重要的作用。

第二节　值班工作制度和安排

党政机关和一些企事业单位为了保证节假日期间工作的正常运转，会安排工作人员到岗值班。秘书不仅是值班工作的参与者，同时也负责相关工作人员的值班工作安排。

一、值班工作的内容

值班工作是指在双休日、节假日以及日常下班后，安排一个或多个工作人员正常到岗上班的工作形式。不同级别的机关单位值班制度有所不同，中央、省、市级的国家机关会设立专门的值班室，安排多位值班人员保证工作正常运转，实行的是24小时值班制；而区县一级的政府机关没有专门的值班室，由秘书安排工作人员轮流值班。

值班工作的内容主要有：

（一）接收、处理、上报、下发文稿、信函等相关文件。

（二）承接上级领导的通知、指示和下级的电话请示、报告事宜。

（三）完成本机关、单位领导安排的工作。

（四）做好外来人员的接待工作。

（五）处理值班期间的紧急情况和突发事件。

（六）写好值班日志。

二、值班工作需要遵守的制度

机关单位的值班工作是一项规范化的工作，因此相关单位都各自制定了值班制度，要求值班工作人员严格遵守。

（一）岗位责任制度

值班工作人员一旦到岗，就要坚守岗位，认真完成值班期间的工作任务，不能因为私事、急事擅离职守。

值班人员可能在值班期间遭遇突发情况，但事有轻重缓急，若是遇到亲人去世、孩子生病等紧急事件，可以先自行找同事替班，如果找不到同事来替班，可向上级领导说明情况，由领导安排人员来交接工作。

（二）请示报告制度

值班人员在值班时，经常会遇到一些没有把握处理和答复的事宜。面对这些事项，值班工作人员应遵守请示报告制度，做到先请示，后办理，不应自作主张，私自回复。

（三）保密制度

由于机关单位工作的特殊性，因此在值班工作中时常会接触一些机密性的文件和事项，值班人员必须严格遵守保密制度。值班人员应树立保密意识，对值班期间经手的涉密文件要妥善保管，而且要做到不该说的机密绝不说，不该知道的机密绝不问。

（四）交接班制度

交接班制度，是值班人员在与同事交接换岗时，将值班记录、值班情况、已办和未办事宜、注意事项等内容向接班人员交代清楚，以此来确保值班工作的顺利进行。特别是一些尚未处理妥当的事宜，一定要和接班人员交代清楚。

（五）防范制度

值班人员在值班时，应做好防特、防盗、防火、防自然灾害的四防工作。值班期间，值班人员应坚守岗位、尽职尽责，确保单位和公共财产安全。

【案例1】

一天，小李在值班的时候，准备使用打印机打印领导发过来的文件。他刚准备插上打印机插头，插座上却突然冒出了火花，点燃了桌面上放着的纸张。小李见状赶紧拿起值班室中灭火器，扑灭了桌面上的火苗。

小李见值班室存在安全隐患，赶紧联系了电工，换掉了那个漏电的插座。还好这件事是在小李值班的时候发生，若是在没人的时候发生，很有可能会引发火灾。

上述案例中小李的做法很对，对插座存在的安全隐患，没有选择置之不理，而是出于对安全的考虑，及时联系电工更换了插座，这不仅保证了单位的公共财产安全，也保障了值班人员的人身安全。

三、秘书安排值班工作时的注意事项

秘书除了参与值班工作外，也要对值班工作进行安排。秘书负责编制值班表（如下表），并在办公室进行公示。在安排值班工作时，秘书要注意以下几点。

（一）及时通知

秘书除了在办公室公示值班表外，还应负责通知到个人。现如今几乎每个机关单位都有工作群，到周末或节假日值班时，秘书可以在工作群中公示相关值班人员，确保相关人员知晓值班事宜。避免因秘书未及时提醒，而造成缺岗、空岗现象。

（二）紧急联系人要注明

值班表中应注明值班日期、人员、时间和地点，另外也要写清注意事项。秘书在注意事项中可以写一些比较常规的要求（如下表），例如每天按时值班、交班、不留空档，认真填写值班记录，最重要的是一定要在这里备注好紧急联系人的电话，防止值班人员遇到急事、要事不知道找谁请示。

	上午 7:30~12:30	下午 12:30~17:30	晚上 17:30~22:30	……
×月×日	吴友	韩旭	李文	
×月×日	……	……	……	
……				
值班地点	……	……	……	
注意事项	1.每天按时值班，按时交接班，不迟到，不早退，不留空档； 2.认真填写值班记录； 3.有急事、要事可与某领导联系，联系电话：13456718910。			
值班任务	1.及时传递信息，做好电话记录； 2.对来访者询问登记； 3.处理突发事件； 4.提高警惕，加强巡逻，做好四防工作。			
备注				

第三节　值班信息记录

值班信息记录是值班工作中的重要内容。记录信息务必要详细、准确、完整。值班信息记录主要分为以下三方面内容。

一、值班电话记录

值班人员在值班期间接到的电话来访，要做好详细的记录，记录来电时间、来电者姓名、来电内容，如果对方在电话中提到了日期、时间、数字等重要信息，一定要仔细记录、认真核实。例如，值班人员如果接到会议电话通知，就要记录清楚会议名称、会议时间、地点、参会人员以及会议要求等内容；如果接到公务接待通知，就要记录好来电人的单位、姓名、联系电话和公务内容，并及时上报给相关的负责人。

值班人员在接听电话的过程中，如果有没有听清楚的数字信息，例如不确定对方说的是10还是4，务必要请对方再重复一遍。很多初入职场的秘书往往因为对方说话急一些，或者对方职位较高，不好意思向对方开口确认，最终自己盲选一个信息。如果刚好选对了，自然是皆大欢喜；如果选错了，就会影响后续工作的展开。

值班人员记录完所有的信息之后，务必要将所有信息与来电者再进行确认，以防遗漏、误记信息。

如果接到了紧急电话，除了做好必要的记录外，还要请示后立刻上传下达，及时将该紧急事宜通知到具体承办部门。

【案例1】

小张是某县级人民法院的一位秘书，他在值班时，接到了市中级人民法院秘书部门打来的电话，通知法院领导到市里开会。由于对方说话比较急，小张没有听清究竟是3月4号还是3月10号，正在他纠结要不要再问一遍时，对方就已经挂断了电话。

小张想打回去再确认一下，但又觉得对方说得这么着急，肯定还有别的事情忙，最终不好意思打扰，自己确定3月10日为会议日期。结果，3月4号当天，领导因没有参会受到批评。

小张因为"不好意思"没有及时向对方确认信息，最终导致领导耽误了会议行程。

确保登记信息的准确性，是值班工作的基本要求。因为值班工作是具有连续性的，如果期间有一个值班人员记错了来电中的信息，那接下来的接班人员都会受到这个错误信息的影响，他们会再将错误的信息传递出去，这样会严重影响工作的正常开展。

二、来访登记

在值班过程中，也会有许多人员到访，值班人员要做好来访人员的登记和记录。

通常机关单位的值班室或者值班办公室中都有来访登记表，用于登记来访人的信息。各机关单位的登记表都大同小异，来访登记表大多都有以下内容：序号、来访时间、来访人单位、来访人姓名、来访目的、处理意见、拟办意见、领导意见等内容（如下图），值班人员按照表格内容依次登记信息即可。

序号	来访时间	来访人姓名	来访目的	被接见人员的部门、姓名	是否预约	实际接见人	备注

值班期间的来访通常有两种情况：一种是领导约定来访，一种是群众来访。

领导约定来访时，值班人员按照上述要求登记后，可与领导取得联系，再按照领导的指示办理。群众来访时，值班人员应详细记录来访者的信息，对于不清楚的问题要向来访人做简单地询问，并及时向有关部门上报群众反馈的问题。

来访登记表填写完成后，一定要签上值班人员的名字，以明确责任人。

三、值班记录（日志）

值班人员在值班期间所接收的电话来访、信函、电报，以及处理的所有事情，都要在值班日志中有所体现。

时间	日 时 分－日 时 分	值班人	
记事			待办事项内容
承办事项			
处理结果			

值班日志存在的目的是为了让交接班人员清楚地了解值班期间所发生的事情。当值班期间某一项工作出现问题时，也可以通过值班日志来核实情况，从而明晰第一责任人。

值班人员在写值班日志时，务必要注意以下几个要点。

（一）内容简明扼要，字迹清晰工整。

（二）写值班日志时要客观，不对内容妄加评论，不带个人感情。

（三）实事求是，不弄虚作假。

【案例2】

小梁值班时，上级部门要求上报某项数据，他不小心说错了一处数据，结果对方在核算总数据时，怎样都算不对，于是又打电话过来确认。小梁仔细查看数据报表，发现自己不小心看错了一个数据，于是又重新给对方报了一遍。

小梁觉得报错数据这种事没必要写进值班日志中，让领导觉得他办事不靠谱。于是小梁没有将此事写进日志，也没有告知接班的小刘。

结果小刘在值班时，接到上级部门的电话，声称数据还是有问题，需要核对。小刘很困惑：需要核算什么数据？值班日志中并无记录，小梁交接的时候也没有说。于是，小刘只能电话联系小梁，将事情搞清楚后，才解决了数据的问题。

上述案例中小梁美化了值班日志，没有记录自己的错误，因此影响了接班人员与上级政府部门对接的效率。如果小梁能够实事求是地将看错数据一事写进值班日志，并且记录好出错的数据在哪一页哪一行，接班人员再接到上级部门的电话，协助核对即可。因此，值班人员在填写值班日志时，务必要实事求是，以免为自己、他人造成不必要的麻烦。

第四节　值班应急处理

在值班期间，秘书经常会遇到一些突发事件或紧急事件，这类事件通常有时间急、责任重、难度大的特点，而且往往不好找到相关领导、负责人，这就考验秘书的应急处理能力。

值班应急处理中的"急"主要包含以下内容。

一、急件的处理

秘书在值班时，收到了需要处理的急件，必须先暂停手里的其他工作，优先处理急件。处理急件的具体做法是：

电话联系相关负责人，告知急件内的信息，并向其请示如何处理。对方给出处理意见后，做好电话记录，以备查。

按照相关负责人的批示迅速展开工作，急件若需要转给其他单位，要尽快通知相关单位来取件。

急件转交后，要追踪办理情况，并及时向相关负责人反馈，直到急件办理完成为止。

二、急事的办理

生产事故、地震、洪水……这些都属于突发紧急事件，是需要快速办理的急事。秘书遇到这类事件务必予以高度重视，并立即办理。

秘书在进行急事的办理时，可以参照以下几点。

迅速了解突发事件的相关情况。秘书要清楚、全面了解事件发生的时间、地点、影响范围、损失大小等信息，并进行准确记录。

秘书要及时报告。秘书对于在值班期间所遇到的突发事件、重大事故，必须要反应灵敏，在了解相关情况后，一定要及时向领导报告，必要时还应整理成书面报告分送至相关部门和领导。

协助处理。秘书可根据事态的紧急情况，协助领导赴现场处理，并通知相关部门紧急前往现场进行救援。

关注紧急事件的进展，做好追踪反馈。

三、急案的调查

秘书在值班期间还有可能会遇到一些紧急、突发的案件，例如泄密事件、重大刑事案件、重大交通事故。对于这类事件，秘书应尽快查清来龙去脉，并上报领导。

关于急案的调查，秘书可依照以下流程展开。

（一）了解相关案情情况，明确相关责任人。

（二）及时向上级报告案情，案情较复杂的案件，可由领导挂帅，成立临时调查组，展开调查。

（三）经过内部调查明晰相关情况后，可向公安部门寻求帮助，令其派警员协助处理。

（四）协助公安部门调查案件。

（五）做好善后工作，尽快恢复正常工作秩序。

四、急信的上报

秘书在值班期间时常会接到急信，需要紧急上报。如果收到需要紧急上报的信息，可参照以下做法进行处理。

秘书在接到急信后，要对相关情况做好准确的记录，确保信息的完整性，如果是传真报告则不需要记录。

在接到电话、传真报告的需要紧急上报的信息后，秘书先要确认该信息的真实性。因为经常有一些不法分子会冒充"记者""员工"，打值班电话谎报重要情况，所以秘书在接到这类电话时，要先和相关部门确定消息是否准确，确定之后再上报领导。万万不能不经确认就上报，干扰正常工作的开展；

秘书要及时向相关领导报告，并按照上级指示进行办理。通常来说，秘书在上报时应要遵守以下程序：先要向值班主任或主管领导进行报告；然后再根据办公室主任或主管领导的指示，上报其他领导。

秘书要及时追踪"急信"的办理情况，并向有关领导进行反馈。

秘书在值班期间进行应急处理时，要遵循"小事自行处理，大事请示领导"的原则，不要事事都去请示领导。值班期间的小事指的是群众来访、政务咨询等日常事务，大事就是水灾、火灾等灾情处理。秘书不断拿小事去请示领导，不仅会引起领导的厌烦，还会让领导对秘书的能力产生怀疑。

【案例1】

某国企在元旦时开始策划本年度的营销活动，经理把这项工作交给了秘书小林负责。在活动的筹划阶段，小林无论大事小事，都要向业务经理请示。到了活动的实施阶段，宣传的内容、时间和形式，小林都会通过电话、微信等方式向经理请示。

临近春节，营销活动的产品存量不足。小林再次请示业务经理。业务经理刚好出国考察，无法取得联系。由于得不到业务经理的指示，小林直接暂停了营销活动，对手公司抓住机会，加大宣传，仅用一周的时间就抢占了市场。因为小林的事事请示，致使本次的营销活动失败。

现实中，像小林一样"事事请示"的秘书也比较多。在机关单位中，积极向领导请示是一种很好的习惯，但事事请示着实没必要。事事请示看似在积极主动地完成工作，实则是一种不愿意担责任的行为。

所以秘书在值班时，遇到自己职权和能力范围内的事项，自行处理；遇到超出自己职权范围或者重大的事项，再向领导请示。